아이디어가 샘솟는

포토샵 & 일러스트레이터 실무 디자인

아이디어가 샘솟는 **포토샵 & 일러스트레이터 실무 디자인**

1쇄 발행 2021년 8월 30일

지은이 원다예
펴낸이 장성두
펴낸곳 주식회사 제이펍

출판신고 2009년 11월 10일 제406-2009-000087호
주소 경기도 파주시 회동길 159 3층 3-B호 / **전화** 070-8201-9010 / **팩스** 02-6280-0405
홈페이지 www.jpub.kr / **원고투고** submit@jpub.kr / **독자문의** help@jpub.kr / **교재문의** textbook@jpub.kr

편집부 김정준, 이민숙, 최병찬, 이주원 / **소통기획부** 송찬수, 강민철 / **소통지원부** 민지환, 김유미, 김수연
기획 및 교정 · 교열 송찬수 / **표지 · 내지 디자인** nu:n
용지 타라유통 / **인쇄** 한길프린테크 / **제본** 보경문화사

ISBN 979-11-91600-35-3 (13000)
값 21,000원

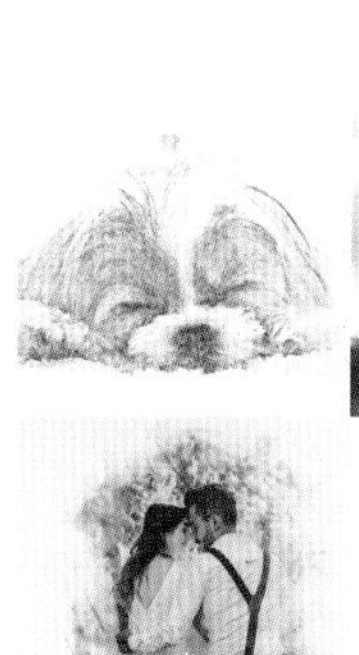

아이디어가 샘솟는

포토샵 & 일러스트레이터 실무 디자인

원다예 지음

제이펍

※ 드리는 말씀

- 이 책에 기재된 내용을 기반으로 한 운용 결과에 대해 저자, 소프트웨어 개발자 및 제공자, 제이펍 출판사는 일체의 책임을 지지 않으므로 양해 바랍니다.
- 이 책에 등장하는 회사명, 제품명은 일반적으로 각 회사의 등록 상표(또는 상표)이며, 본문 중에는 ™, ©, ® 마크 등을 생략하고 있습니다.
- 이 책은 Adobe Creative Cloud를 기준으로 하며, 대부분의 버전에서 실습할 수 있습니다.
- 2021년 3월 업데이트 이후 포토샵의 [모서리가 둥근 직사각형 도구]가 [사각형 도구]와 통합되었습니다.
- 이 책의 예제 파일은 본 도서의 실습용으로 제공하며, 이외의 용도로 사용 시 발생하는 문제에 대해 저자 및 제이펍 출판사는 일체의 책임을 지지 않으므로 양해 바랍니다.
- 예제 파일은 https://bit.ly/design_jpub 에서 다운로드할 수 있습니다.
- 책 내용과 관련된 문의사항은 지은이 혹은 출판사로 연락해 주시기 바랍니다.

- 지은이: wondaye@naver.com

- 출판사: help@jpub.kr

Idea 차례

 차례

갤러리로 보는 차례

CHAPTER  EXPRESSION TECHNIQUE

CHAPTER 2 SPECIAL EFFECTS

Idea 갤러리로 보는 차례

CHAPTER 3 OBJECT & BACKGROUND

CHAPTER 4 TEXT EFFECTS

CHAPTER 5 PHOTO EFFECTS

Idea 갤러리로 보는 차례

CHAPTER 6 ILLUSTRATOR TECHNIQUE

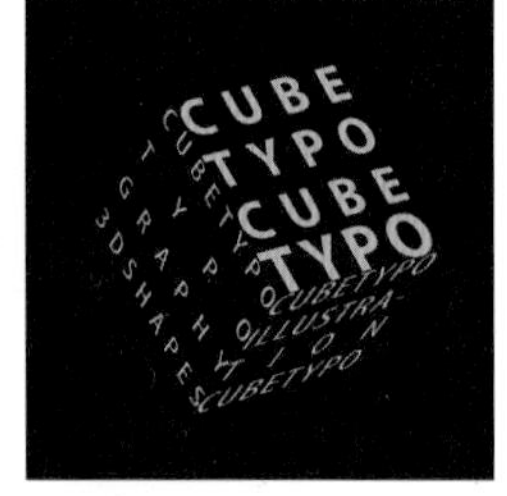

Idea 머리말

이 책은 실무에서 디자인 아이디어를 얻는 데 도움이 될 수 있도록, 최대한 다양한 표현 기법을 담고자 실습 과정 중 일부 과정은 간단하게 정리했습니다. 포토샵과 일러스트레이터를 한 번이라도 다뤄 본 예비 혹은 실무 디자이너를 대상으로 하는 책이므로, 실습 과정이 다소 어렵게 느껴진다면 포토샵과 일러스트레이터 입문서나 유튜브 등을 통해 프로그램 기본 사용 방법부터 익히기 바랍니다.

디자인에서 이미지는 주요한 요소로서 전체적인 인상을 결정합니다. 이미지로 메시지를 표현하며, 시각적 아이덴티티를 구축하는 것이지요. 디자이너들은 한 장의 이미지가 지닌 이런 강력한 힘을 잘 알기에 전하고자 하는 이야기를 결과물에 담기 위해 무수히 고민합니다.

- **좋은 이미지를 만들기 위해서는 무엇이 필요할까?**
- **어떻게 시선을 사로잡을 것인가?**
- **평범한 이미지를 특별하게 만드는 것은 무엇일까?**

이 책은 여러분의 고민을 조금이라도 덜어 드리고자, 대표적인 그래픽 프로그램인 포토샵과 일러스트레이터를 사용하여 만들 수 있는 다양한 디자인 표현 기법과 아이디어를 담고 있습니다.

Expression Technique, Special Effects, Object & Background, Photo Effects, Text Effects, Illustrator Technique 총 6개의 챕터로 구분하여 61개의 아이디어를 담았으나, 특별히 순서가 있는 것은 아닙니다. [갤러리로 보는 차례]에서 완성된 결과물을 쓱 훑어보세요. 보는 것만으로 새로운 아이디어가 떠오를지도 모릅니다. 그런 다음 궁금한 기능이 있다면 직접 실습해서 확실하게 나만의 테크닉으로 발전시켜 보세요.

아무리 멋진 아이디어가 떠올랐다고 하더라도 그것을 잘 표현할 수 있어야 하고,
반대로 잘 표현된 결과물을 가지고 생각을 확장할 수도 있어야 합니다.

이 책이 오늘도 시안을 위해 며칠 밤을 지새웠을지도 모를 디자이너들과 디자인을 시작하는 이들에게 조금이나마 도움이 되면 좋겠습니다.

감사합니다.

2021년 여름
원다예 드림

Idea 이 책의 구성

6개 챕터의 61가지 아이디어 중에서 궁금한 기법을 찾아 실습해 보고 여러분의 디자인에 적용해 보세요.

Idea 총 61개의 아이디어로 구성되어 있으며, [차례] 혹은 [갤러리로 보는 차례]를 통해 궁금한 기법을 빠르게 찾아 실습할 수 있습니다.

실습 기본 정보 기법의 난이도부터 실습에 필요한 예제 파일과 결과를 비교해 볼 수 있는 완성 파일 등을 확인할 수 있습니다.

주요 기능 실습 중 자주 사용하는 기능이나 핵심 기능을 알 수 있습니다.

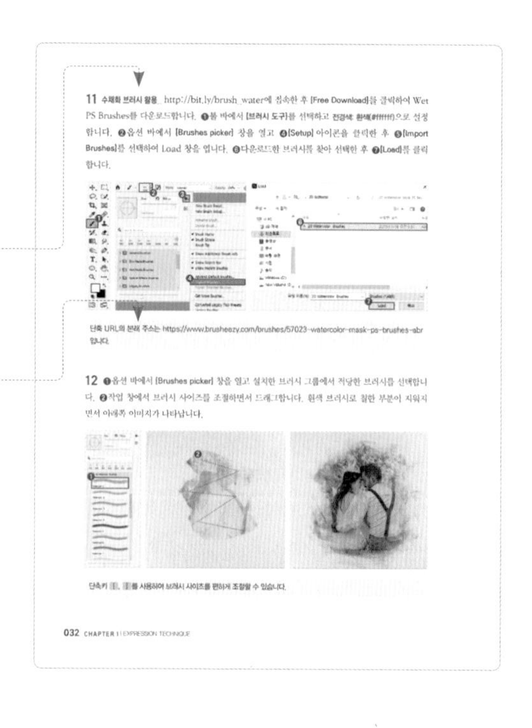

친절한 구성 옵션 설정과 메뉴명 등을 구분하여 최대한 편리하게 실습할 수 있도록 구성하였습니다.

TIP 실습 중 실수하거나 놓칠 수 있는 작업들을 꼼꼼하게 TIP으로 정리했습니다.

이 책을 학습할 때 필요한 예제 및 완성 파일은 아래 링크에서 다운로드할 수 있습니다.
https://bit.ly/design_jpub

EXPRESSION TECHNIQUE

우리는 여러 감정을 다양한 시각적 표현으로 전달할 수 있습니다. 감성적인 터치를 더한 수채화, 은은한 광택이 더해진 유화, 따스한 손맛이 느껴지는 연필 스케치, 이미지를 단순화하는 방법 등 여러 표현 기법을 살펴보겠습니다.

Idea 01 패턴을 활용한 이미지 단순화

이미지를 단순화할 때 패턴 기능을 활용하면 다양한 형태로 응용할 수 있습니다. 예제에서는 패턴을 원으로 사용했으나 다른 도형으로 패턴을 만든다면 또 다른 느낌을 연출할 수 있겠지요. 심플함이 주는 매력에 빠져 보세요.

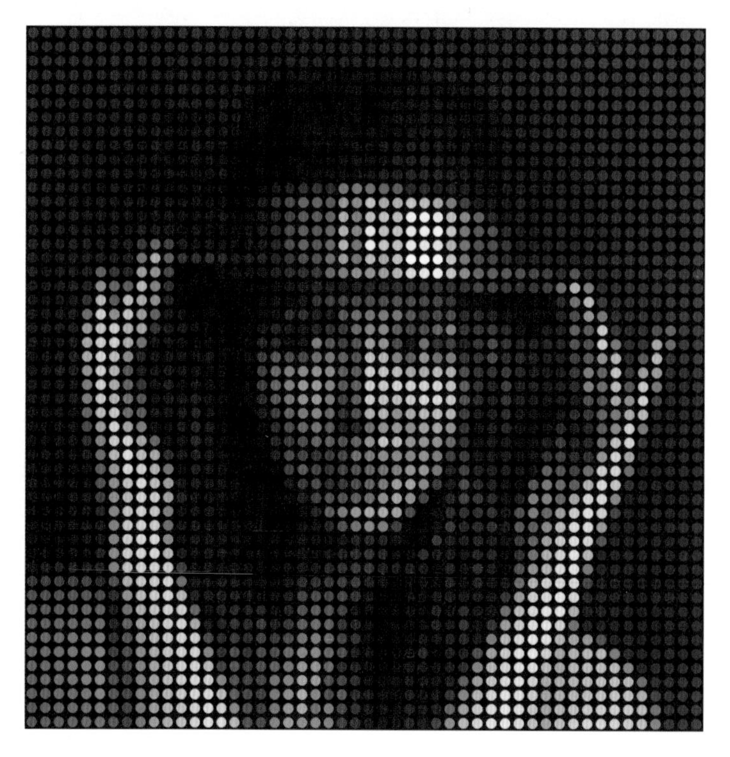

난이도 ★★★☆☆
예 제 Girl.jpg
완 성 Dotimage.psd

Mosaic Filter
Pattern

01 스마트 오브젝트로 변환_ ❶ Ctrl + O를 눌러 Girl.jpg 예제 파일을 엽니다. ❷Layers 패널에서 **[마우스 오른쪽 버튼]**을 클릭한 후 **[Convert Smart Object]**를 선택하여 스마트 오브젝트로 변경합니다.

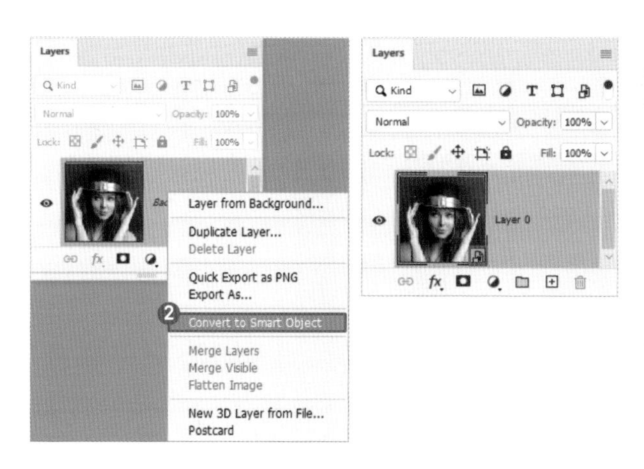

스마트 오브젝트로 변경하면 필터를 적용하거나 수정하더라도 원본에 직접 적용되지 않아 다시 원래대로 복구하거나 다른 필터를 적용하기에 편리합니다.

02 조정 레이어 추가_ ❶Layers 패널에서 [Create new fill or adjustment layer] 아이콘을 클릭한 후 [Solid Color]를 선택하여 검은색(#000000) Color Fill 레이어를 만들고, ❷Layers 패널에서 가장 아래쪽으로 옮깁니다.

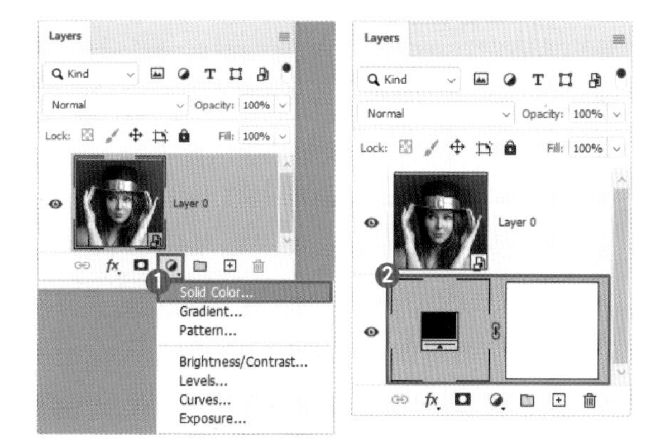

03 Mosaic 필터 적용_ ❶Layers 패널에서 [Layer 0]을 선택하고 ❷메뉴 바에서 [Filter-Pixelate-Mosaic]을 선택합니다.

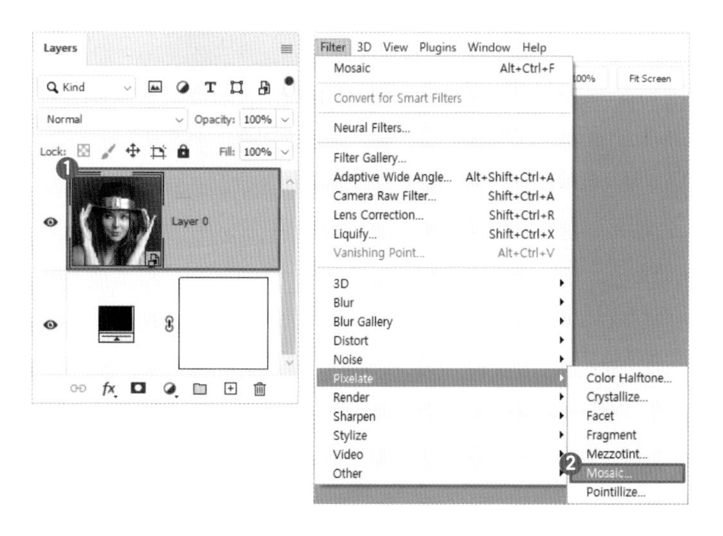

04 ❶Mosaic 창이 열리면 **Cell Size: 18square**로 설정하고 ❷**[OK]**를 클릭하여 모자이크 필터를 적용합니다.

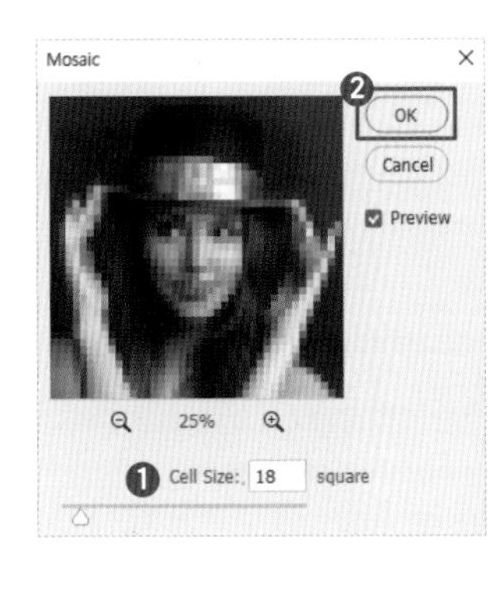

05 **패턴 만들기_** ❶ Ctrl + N 을 눌러 **18×18px, 검은색(#000000)**으로 새 창을 만들고, 작업 창을 크게 확대합니다. ❷툴 바에서 **[원형 선택 윤곽 도구]**를 선택하고 **전경색: 흰색(#ffffff)**으로 설정합니다. ❸작업 창에서 Shift 를 누른 채 드래그하여 작업 창에 꽉 찬 정원으로 선택 영역을 지정합니다.

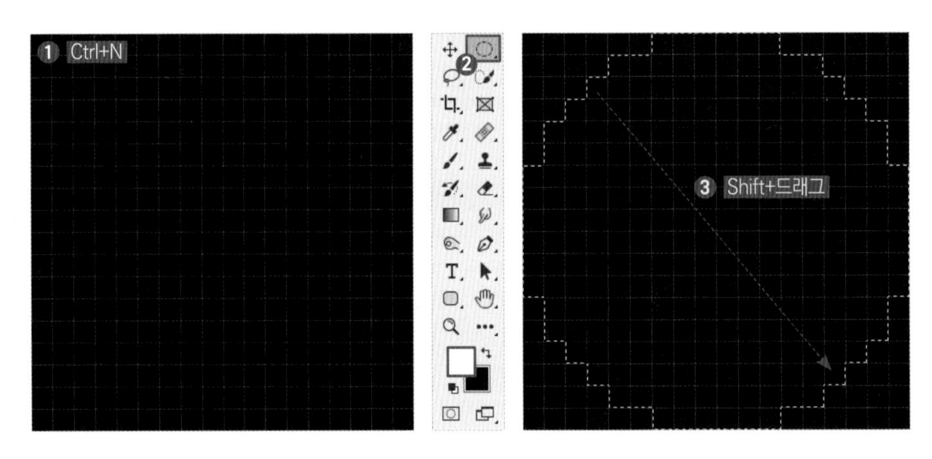

06 ❶ Alt + Delete 를 눌러 선택 영역에 전경색을 채우고, Ctrl + D를 눌러 선택 영역을 해제한 후 ❷ 메뉴 바에서 [Edit-Define Pattern]을 선택하여 패턴으로 등록합니다.

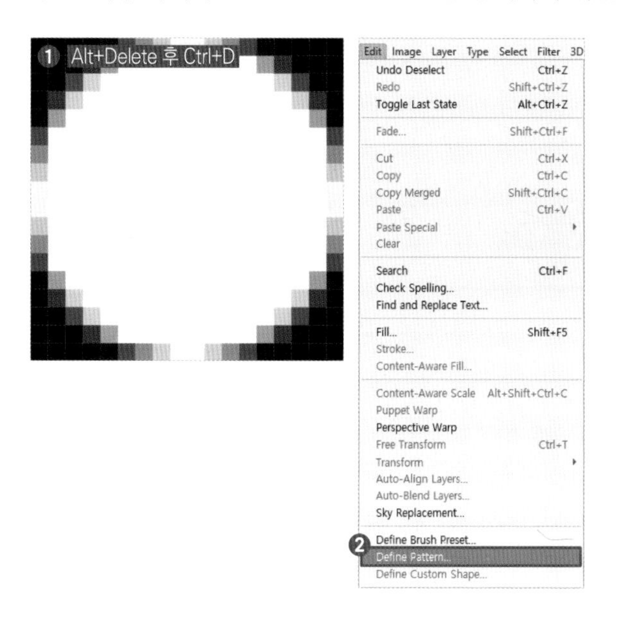

07 **레이어 마스크 활용_** ❶ 예제 파일 작업 창으로 돌아와서 [Layer 0] 레이어를 선택한 후 [Add layer mask]를 클릭하여 **[레이어 마스크]**를 추가합니다. ❷ 메뉴 바에서 [Edit-Fill]을 선택하여 Fill 창을 열고, ❸ Contents: Pattern, Custom Pattern: **앞서 등록한 패턴**으로 설정한 후 ❹ [OK]를 클릭합니다.

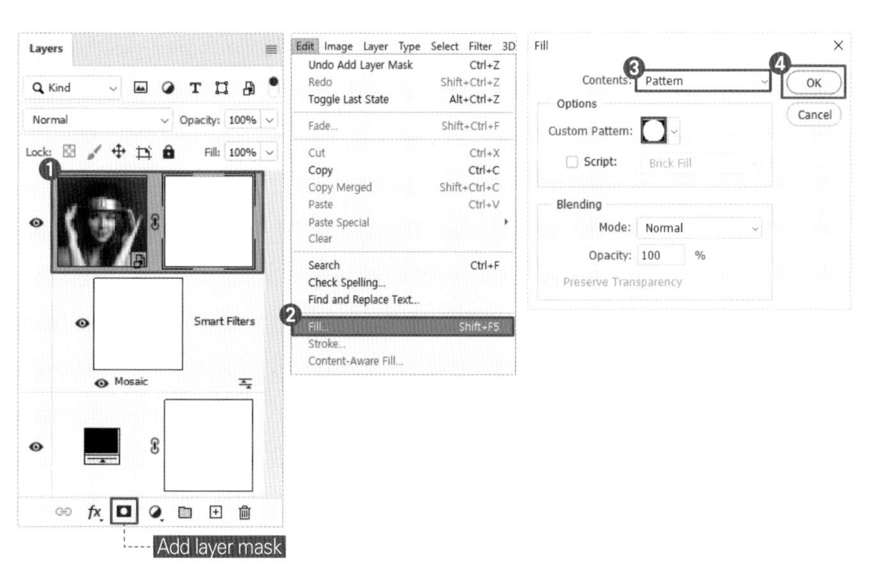

08 레이어 스타일 적용_ ❶ 레이어 마스크에 패턴이 추가되면서 무수한 점으로 구성된 사진처럼 표현되었습니다. 점 모양을 선명하게 표현하기 위해 레이어 스타일을 활용해 보겠습니다. ❷ Layers 패널에서 [Add a layer style] 아이콘을 클릭한 후 [Stroke]을 선택하여 Layer Style 창을 엽니다.

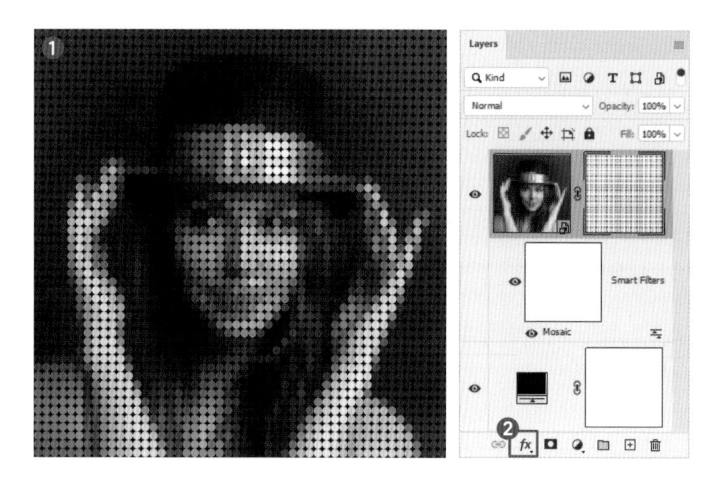

09 ❶ Layer Style 창을 열리면 Size: 2px, Position: Inside, Color: #000000으로 설정하고 ❷ [OK]를 클릭하여 완성합니다. 패턴에 테두리가 적용되면서 점 사이에 간격이 확보되어 좀 더 또렷해졌습니다.

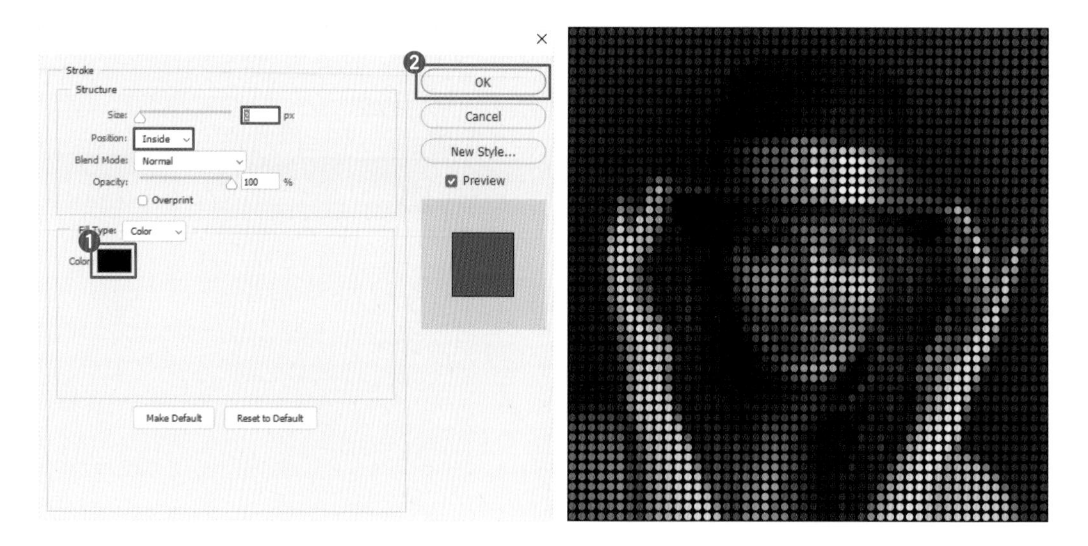

Idea 02

카툰 이미지 만들기

미국에서는 주로 코믹스(Comics)라고 하고, 유럽에서는 카툰(Cartoon)이라고 하는, 만화 느낌으로 이미지를 단순화하는 방법을 살펴보겠습니다.

난이도 ★★★☆☆

예 제 Man.jpg

완 성 Cartoon.psd

Poster Edges

Oil Paint

---

01 스마트 오브젝트 변경_ ❶ Ctrl + O 를 눌러 Man.jpg 예제 파일을 엽니다. ❷Layers 패널에서 **[마우스 오른쪽 버튼]**을 클릭한 후 [Convert Smart Object]를 선택하여 스마트 오브젝트로 변경합니다.

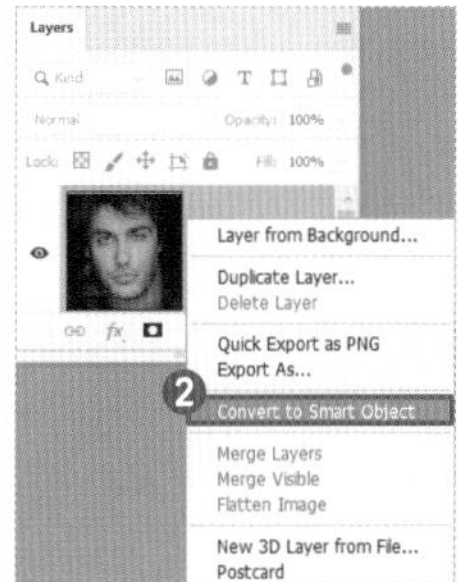

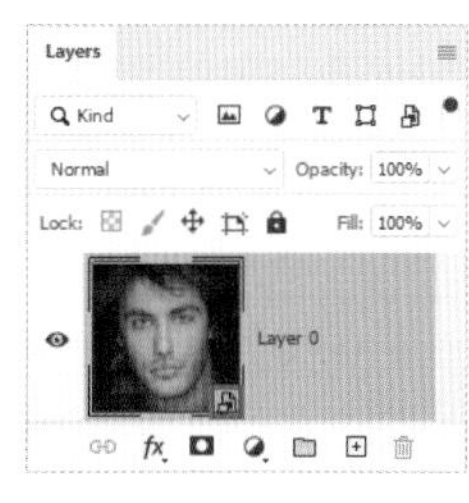

02 레이어 복제_ ❶ Ctrl + D를 2번 눌러 레이어를 2개 더 복제한 후 레이어 이름을 각각 Man1, Man2, Man3으로 변경합니다. ❷[Man2]와 [Man3] 레이어의 [눈] 아이콘을 비활성화하여 [Man1] 레이어만 보이게 합니다.

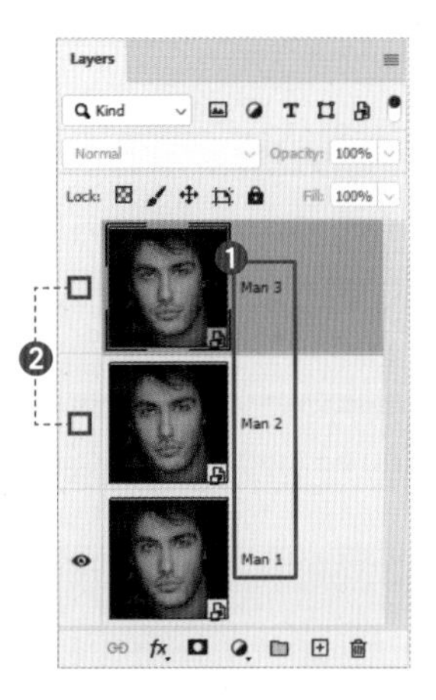

03 Artistic-Poster Edges 필터 적용_ ❶[Man1] 레이어를 선택한 후 메뉴 바에서 [Filter-Filter Gallery]를 선택하여 Filter Gallery 창을 엽니다. ❷[Artistic>Poster Edges]를 선택하고, ❸Edge Thickness: 0, Edge Intensity: 0, Posterization: 2로 설정한 후 ❹[OK]를 클릭하여 포스터 효과를 표현합니다.

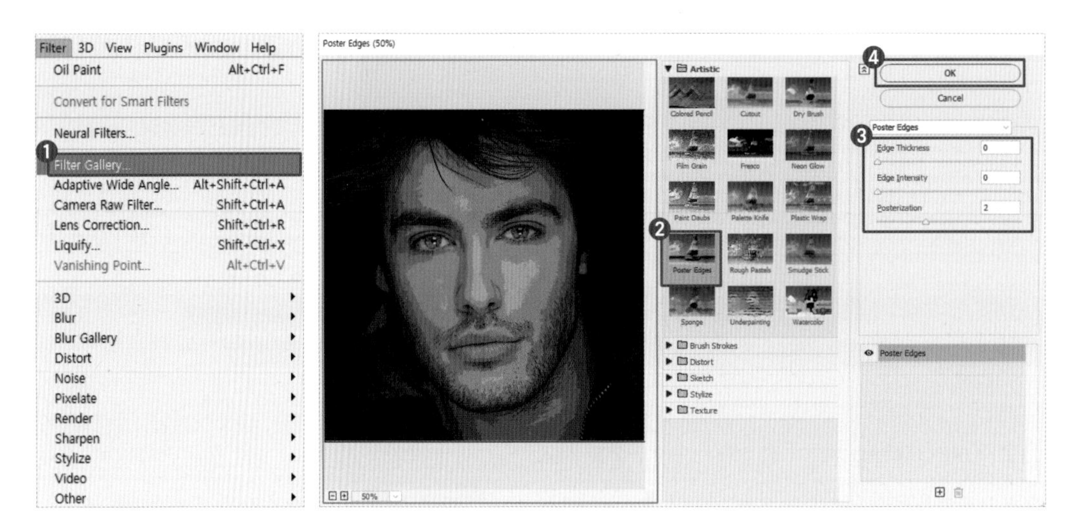

04 가장자리 대비 높이기_ ❶메뉴 바에서 [Filter-Sharpen-Unsharp Mask]를 선택합니다. ❷Unsharp Mask 창이 열리면 Amount: 80, Radius: 5, Threshold: 10을 적용하고 ❸[OK]를 클릭합니다.

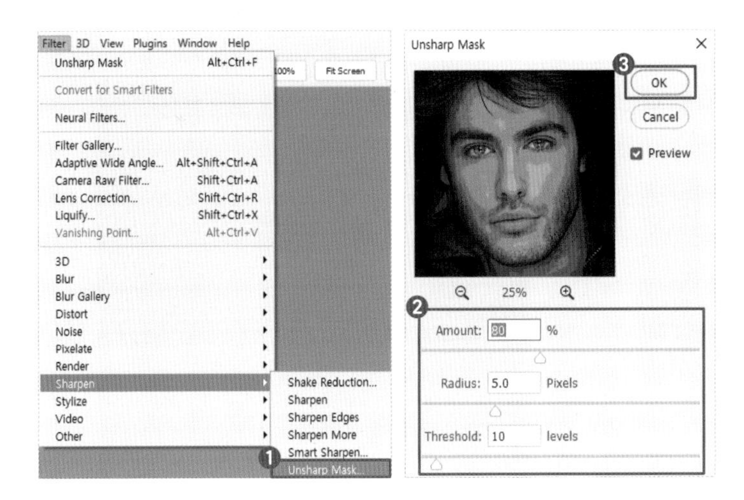

05 ❶메뉴 바에서 [Filter-Stylize-Oil Paint]를 선택합니다. ❷Oil Paint 창이 열리면 Stylization: 4, Cleanliness: 3, Scale: 0.1로 설정하고, 나머지 옵션은 모두 0으로 설정한 후 ❸[OK]를 클릭합니다.

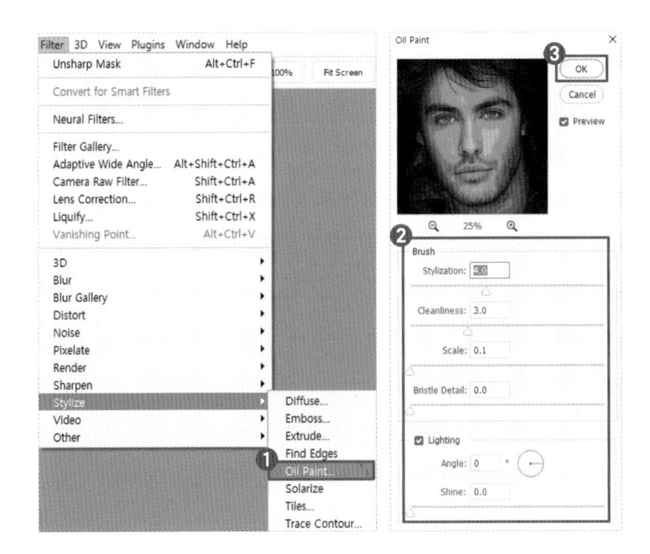

06 ❶메뉴 바에서 다시 [Filter-Sharpen-Unsharp Mask]를 선택하여 Unshap Mask 창을 엽니다. ❷Amount: 60, Radius: 5, Threshold: 5로 설정한 후 ❸[OK]를 클릭합니다. 이미지의 경계가 뚜렷해진 것을 확인할 수 있습니다.

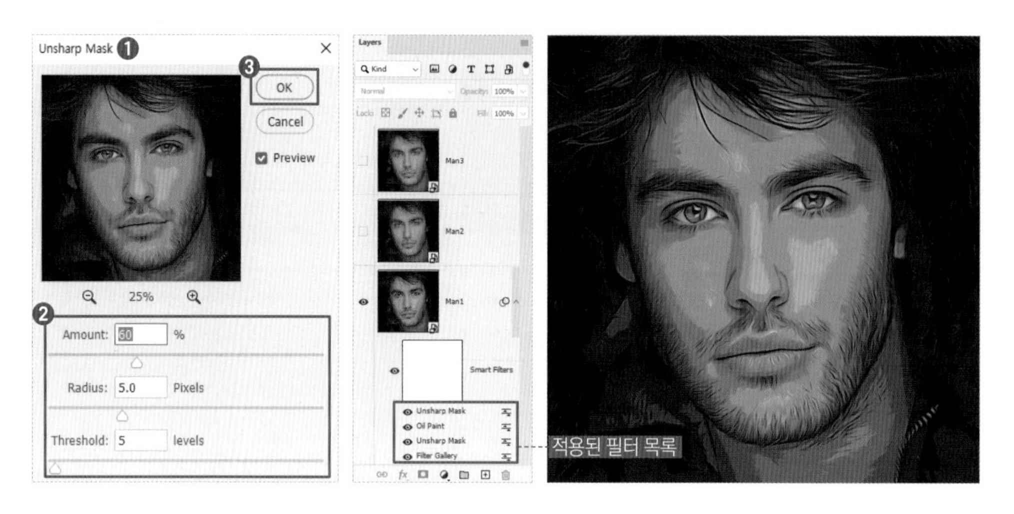

07 [Man2] 레이어 수정_ ❶Layers 패널에서 [Man2] 레이어를 선택하고, [눈] 아이콘을 활성화한 후 ❷메뉴 바에서 [Filter-Filter Gallery]를 선택하여 Filter Gallery 창을 엽니다. ❸[Artistic>Poster Edges]를 선택한 후 ❹Edge Thickness: 0, Edge Intensity: 1, Posterization: 6으로 설정하고 ❺[OK]를 클릭합니다.

08 ❶메뉴 바에서 **[Filter-Stylize-Oil Paint]**를 선택하여 Oil Paint 창을 열고, ❷**[Man1]** 레이어와 동일하게 **Stylization: 4, Cleanliness: 3, Scale: 0.1, 나머지: 0**으로 설정한 후 ❸**[OK]**를 클릭합니다. ❹Layers 패널에서 **Blending Mode: Soft Light**로 설정하여 두 레이어를 합성합니다.

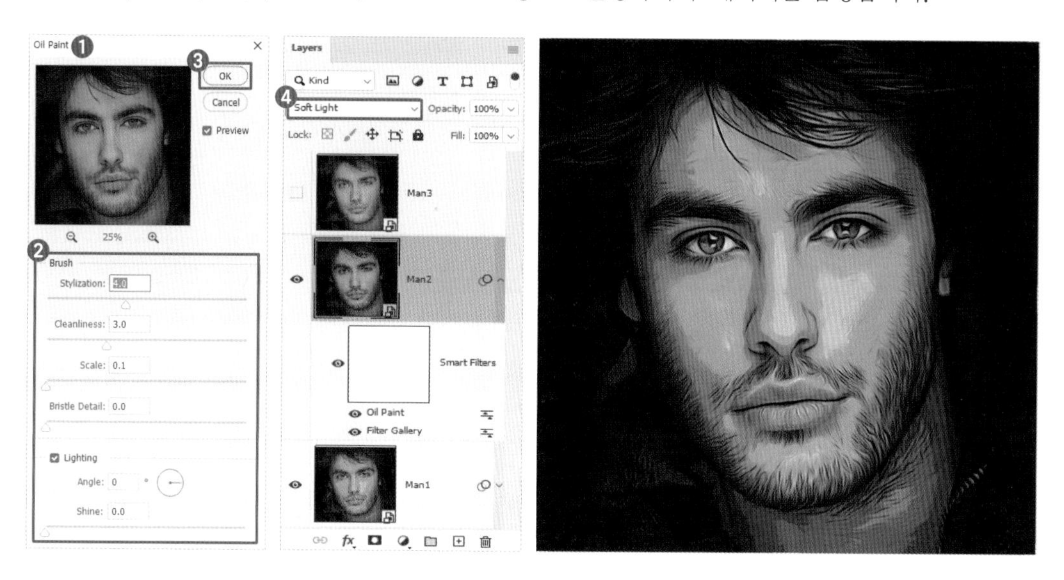

09 **[Man3] 레이어 수정_** ❶Layers 패널에서 **[Man3]** 레이어를 선택하고 **[눈]** 아이콘을 활성화한 후 ❷메뉴 바에서 **[Filter-Other-High Pass]**를 선택합니다. ❸High Pass 창이 열리면 **Radius: 3Pixels**로 설정하고 ❹**[OK]**를 클릭합니다.

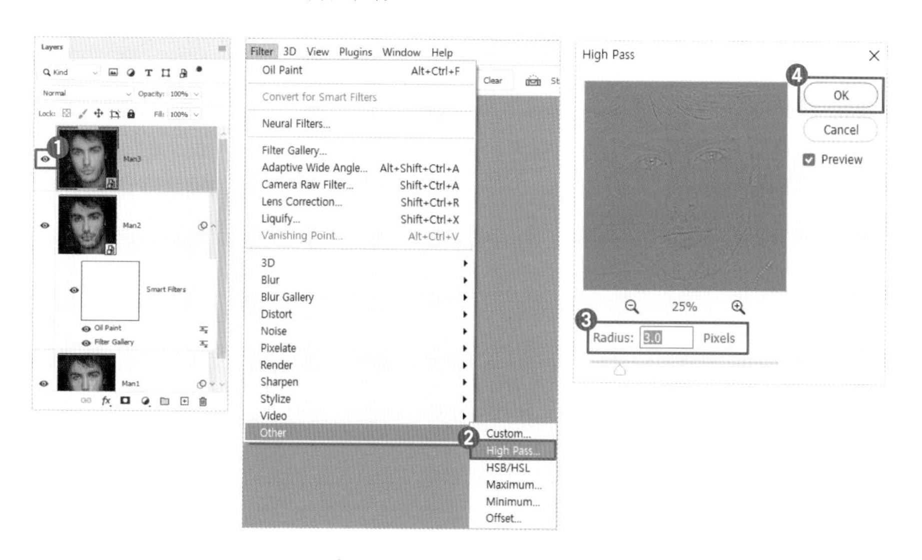

High Pass 필터는 명도 차이가 뚜렷한 지점의 경계를 밝게 하고, 나머지 부분은 회색으로 표현합니다.

10 Layers 패널에서 Blending Mode: Soft Light로 설정합니다.

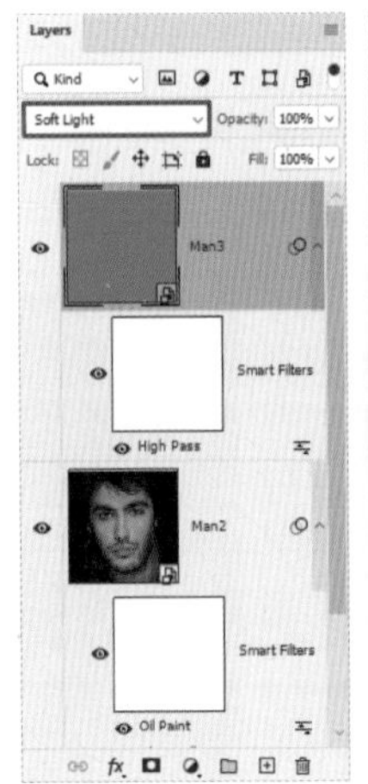

11 **이미지 병합 및 Blur 필터 적용_ ❶** Ctrl + Shift + Alt + E를 눌러 작업 창에 보이는 모든 이미지를 하나의 레이어로 복제한 후 이름은 Blur로 변경합니다. ❷메뉴 바에서 [Filter-Blur-Surface Blur]를 선택합니다.

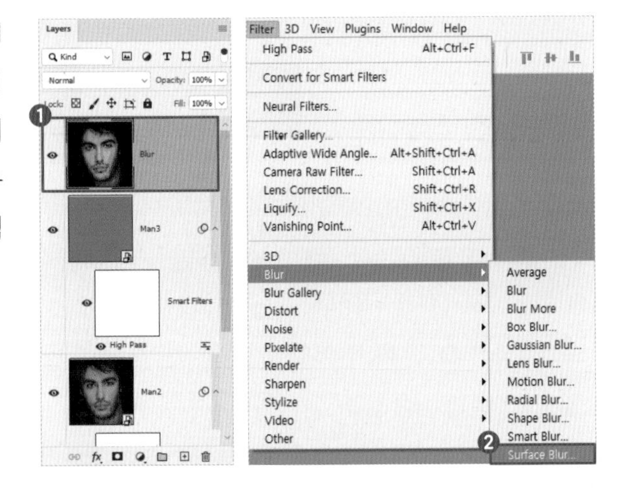

12 ❶Surface Blur 창이 열리면 Radius: 30Pixels, Threshold: 10levels로 설정하고 ❷[OK]를 클릭하여 완성합니다.

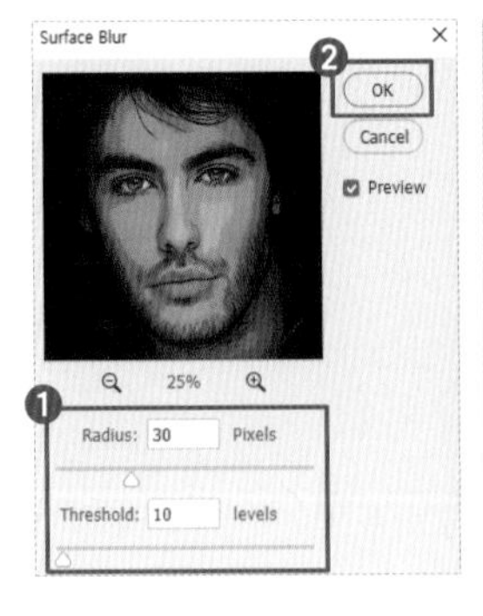

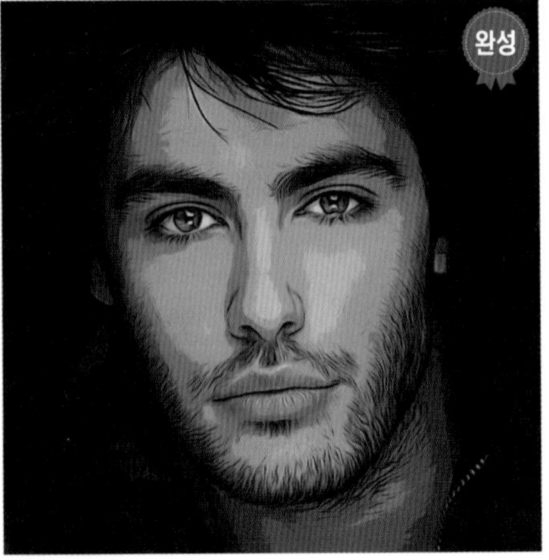

Idea 03 붓 터치 느낌을 살린 감성 수채화

학창 시절 미술 시간에 그린 수채화의 감성을 포토샵에서도 간단하게 표현할 수 있습니다. 사진 한 장을 준비해서 붓 터치가 느껴지는 감성적인 이미지를 표현해 보세요.

난이도 ★★★★☆
예 제 Couple.jpg, Paper.jpg
완 성 WaterColor.psd

Watercolor
Dry Brush
Cutout
Find Edges

01 예제 파일 열기_ Ctrl + O를 눌러 Couple.jpg 예제 파일을 엽니다.

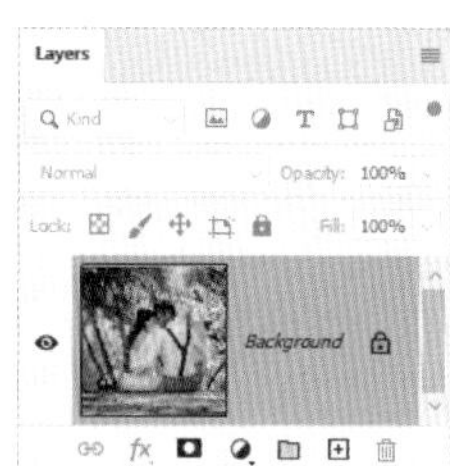

02 ❶Layers 패널에서 Ctrl + J를 눌러 레이어를 복제하고 ❷복제된 레이어에서 **[마우스 오른쪽 버튼]**을 클릭한 후 **[Convert Smart Object]**를 선택하여 스마트 오브젝트로 변경합니다. ❸복제된 레이어 이름은 **Effects**로 변경합니다.

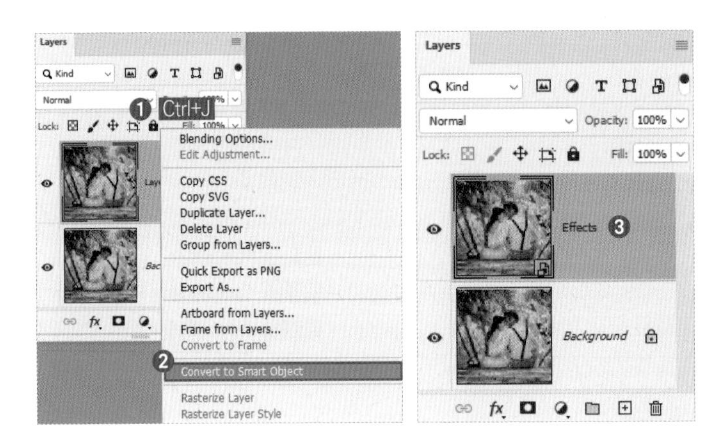

03 Dry Brush 필터 적용_ ❶메뉴 바에서 **[Filter-Filter Gallery]**를 선택하여 Filter Gallery 창을 엽니다. ❷**[Artistic>Dry Brush]**를 선택하고 ❸**Brush Size: 0, Brush Detail: 10, Texture: 1**로 설정한 후 ❹**[OK]**를 클릭하여 붓 터치 느낌을 표현합니다.

04 Cutout 필터 적용_ ❶메뉴 바에서 [Filter-Filter Gallery]를 선택하여 Filter Gallery 창을 열고, ❷[Artistic>Cutout]를 선택한 후 ❸Number of Levels: 8, Edge Simplicity: 1, Edge Fidelity: 3으로 설정하고 ❹[OK]를 클릭하여 색상을 단순하게 표현합니다.

05 필터 블렌딩 모드 변경_ ❶Layers 패널에서 [Effects] 레이어에 적용된 2개의 필터 중 위쪽 [Filter Gallery]의 [Blending Options] 아이콘을 더블 클릭한 후 ❷Mode: Pin Light로 설정하고 ❸[OK]를 클릭합니다.

06 필터 적용 및 블렌딩 모드 변경_ ❶메뉴 바에서 [Filter-Blur-Smart Blur]를 선택한 후 ❷Radius: 20, Threshold: 5로 설정하고 ❸[OK]를 클릭합니다.

07 ❶Layers 패널에서 [Smart Blur]의 [Blending Options] 아이콘을 더블 클릭한 후 ❷Mode: Screen, Opacity: 30%로 설정한 후 ❸[OK]를 클릭합니다.

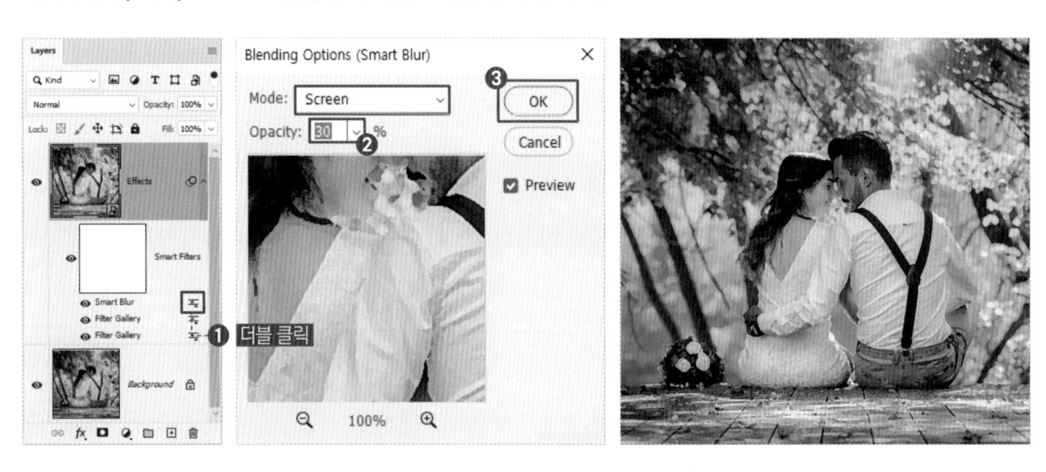

08 메뉴 바에서 [Filter-Stylize-Find Edges]를 선택하여 가장자리를 강조합니다.

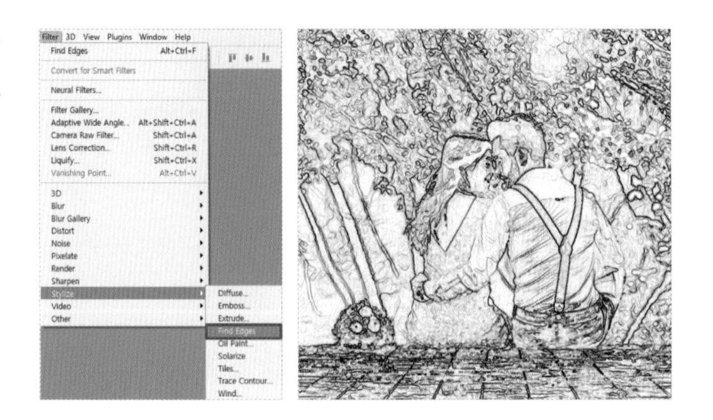

09 ❶Layers 패널에서 [Find Edges]의 [Blending Option] 아이콘을 더블 클릭한 후 ❷Blending Options 창에서 Mode: Multiply, Opacity: 30%로 설정하고 ❸[OK]를 클릭합니다.

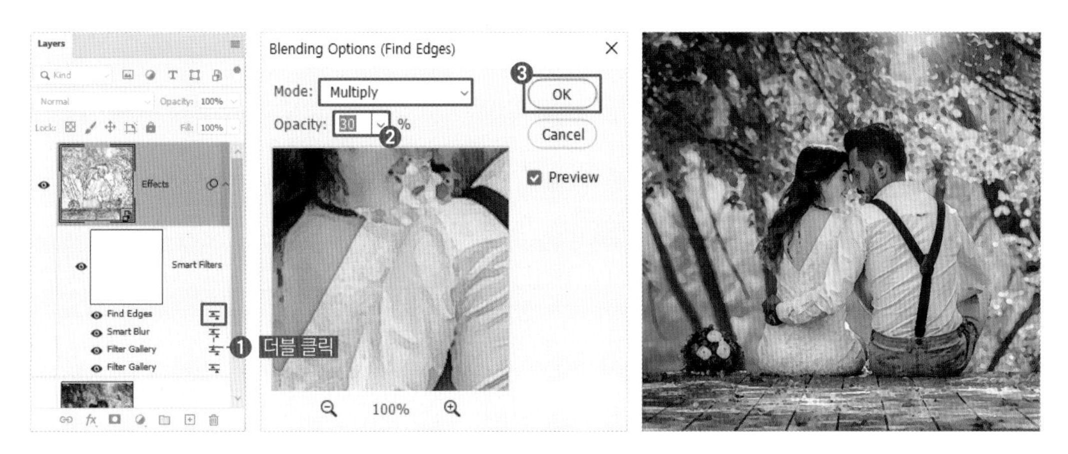

10 레이어 마스크 적용_ ❶Paper.jpg 예제 파일을 열고(Ctrl+O), 기존 작업 창으로 드래그하여 ❷Layers 패널에서 맨 위에 놓고 ❸Blending Mode: Multiply로 설정합니다. ❹[Effects] 레이어를 선택한 후 ❺ Alt 를 누른 채 [Add layer mask] 아이콘을 클릭하여 검은색 레이어 마스크를 추가합니다. ❻[Background] 레이어의 [눈] 아이콘을 비활성화합니다.

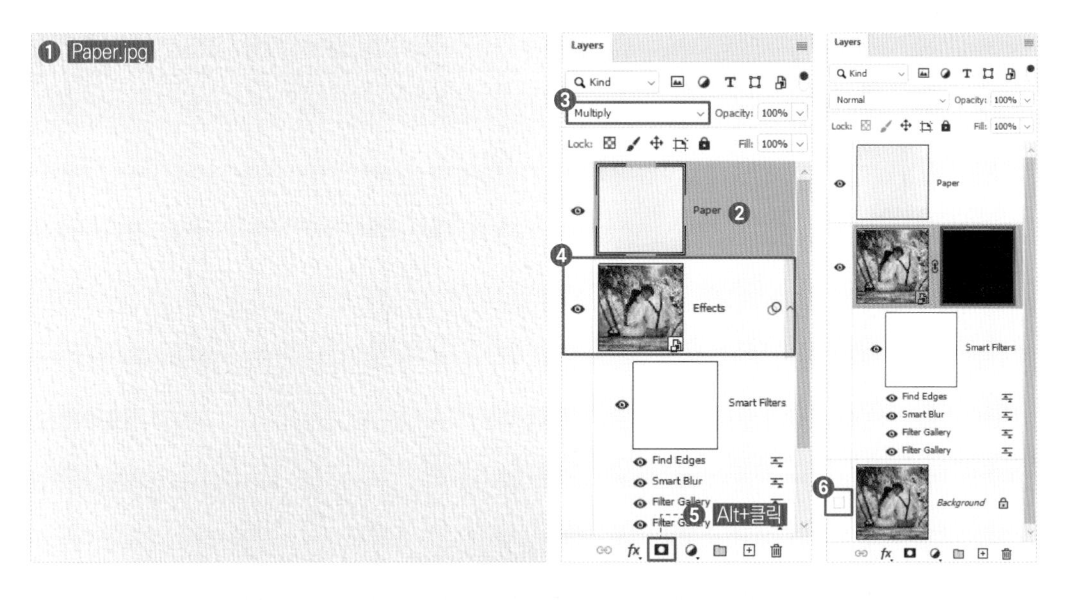

레이어 마스크가 흰색이면 레이어의 내용이 모두 표시되고, 검은색이면 레이어의 내용이 모두 가려집니다.

11 수채화 브러시 활용_ http://bit.ly/brush_water에 접속한 후 **[Free Download]**를 클릭하여 Wet PS Brushes를 다운로드합니다. ❶툴 바에서 **[브러시 도구]**를 선택하고 **전경색: 흰색(#ffffff)**으로 설정합니다. ❷옵션 바에서 **[Brushes picker]** 창을 열고 ❹**[Setup]** 아이콘을 클릭한 후 ❺**[Import Brushes]**를 선택하여 Load 창을 엽니다. ❻다운로드한 브러시를 찾아 선택한 후 ❼**[Load]**를 클릭합니다.

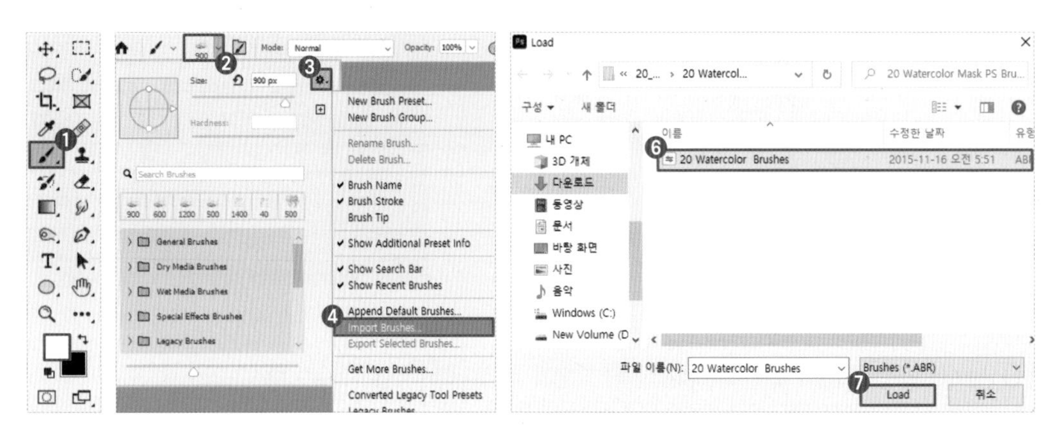

단축 URL의 본래 주소는 https://www.brusheezy.com/brushes/57023-watercolor-mask-ps-brushes-abr입니다.

12 ❶옵션 바에서 **[Brushes picker]** 창을 열고 설치한 브러시 그룹에서 적당한 브러시를 선택합니다. ❷작업 창에서 브러시 사이즈를 조절하면서 드래그합니다. 흰색 브러시로 칠한 부분이 지워지면서 아래쪽 이미지가 나타납니다.

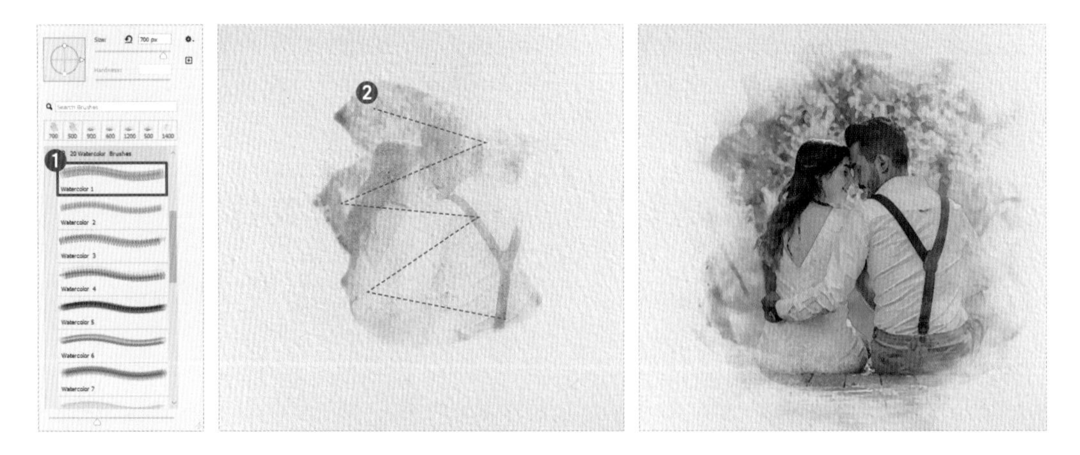

단축키 [,]를 사용하여 브러시 사이즈를 편하게 조절할 수 있습니다.

13 이미지 보정_ ❶Adjustments 패널에서 [Curves] 아이콘을 클릭하여 조정 레이어를 추가한 후 ❷Layers 패널에서 추가된 [Curves 1] 조정 레이어를 맨 위에 배치합니다. ❸Properties 패널에서 곡선 모양을 다음과 같이 조절하면 아래쪽 레이어에 보정 값이 반영되어 완성됩니다.

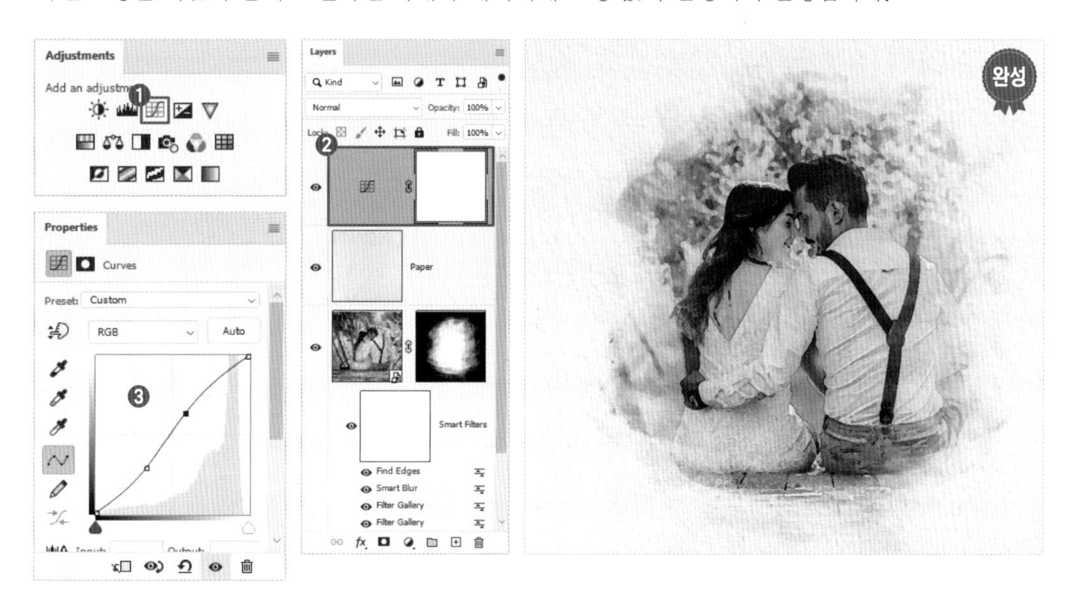

Idea 04

부드럽게 퍼지는 번짐 수채화

물감이 물을 만나 어우러져 색다른 느낌을 주는 번짐 수채화 이미지를 만들어 보겠습니다.

난이도 ★★★☆☆

예 제 Woman.jpg

완 성 WColor.psd

Glowing Edge

Layer Mask

Desaturate

01 예제 열기_ ❶ Ctrl+O을 눌러 Woman.jpg 예제 파일을 열고, ❷ Ctrl+J를 눌러 레이어를 복제한 후 이름은 Blur로 변경합니다.

02 Smart Blur 필터 적용_

❶메뉴 바에서 [Filter-Blur-Smart Blur]를 선택합니다. ❷Smart Blur 창이 열리면 Radius: 20, Threshold: 25로 설정하고 ❸[OK]를 클릭합니다.

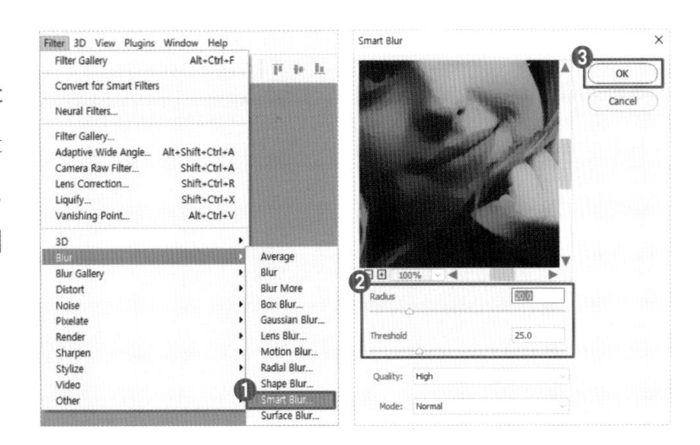

03 레이어 복제 후 효과 적용_

❶Layers 패널에서 [Background] 레이어를 선택한 후 Ctrl + J를 눌러 복제한 후 ❷Layers 패널 맨 위로 옮기고 이름은 Line으로 변경합니다.

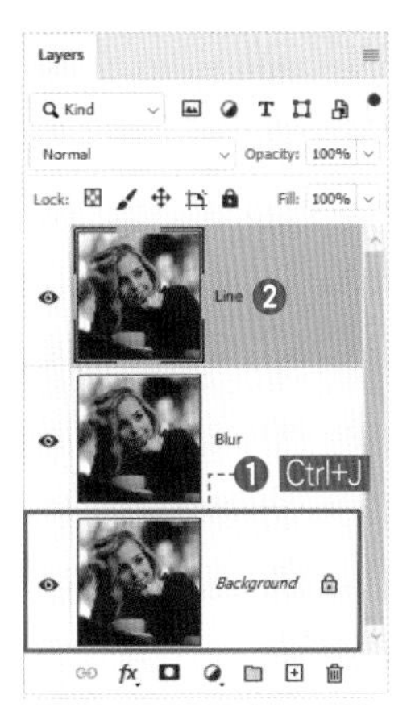

04

❶메뉴 바에서 [Filter-Filter Gallery]를 선택하여 Filter Gallery 창을 엽니다. ❷[Stylize〉Glowing Edges]를 선택한 후 ❸Edge width: 1, Edge Brightness: 10, Smoothness: 15로 설정하고 ❹[OK]를 클릭합니다. 외곽선에 네온 효과가 적용됩니다.

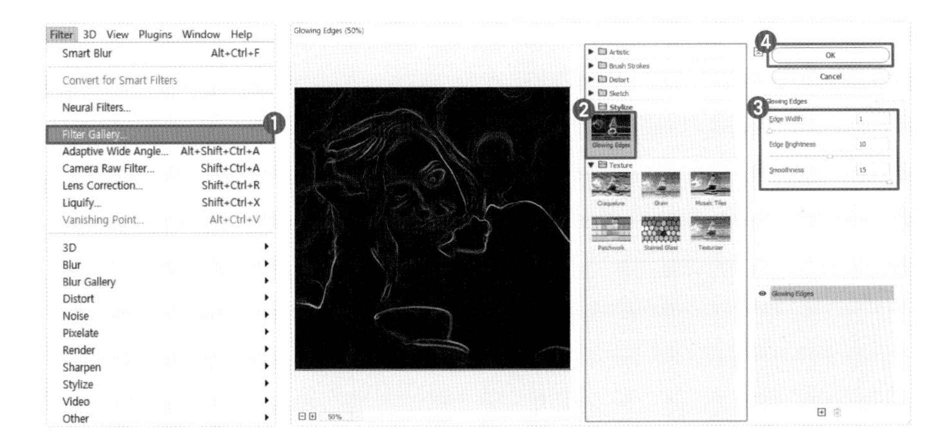

05 ❶메뉴 바에서 [Image-Adjustments-Desaturate]를 선택하여 흑백 이미지로 만들고, ❷ Ctrl + I 를 눌러 이미지를 반전시킵니다. ❸Layers 패널에서 Blending Mode: Multiply로 설정합니다.

06 ❶Layers 패널에서 [Blur] 레이어를 선택하여 Ctrl + J 를 눌러 복제한 후 ❷ Ctrl + I 를 눌러 이미지를 반전시킵니다. ❸Layers 패널에서 Blending Mode: Color Dodge로 설정합니다.

07 레이어 마스크 활용_ ❶Layers 패널에서 [Add layer mask] 아이콘을 클릭하여 [Blur copy] 레이어에 레이어 마스크를 추가합니다. ❷툴 바에서 **[브러시 도구]**를 선택하고 **전경색: 검정(#000000)**으로 설정합니다. ❸옵션 바에서 [Dry Media Brushes>KYLE Ultimate Charcoal Pencil] 브러시를 선택하고 ❹Opacity: 18%, Flow: 55% 정도로 설정한 후 ❺작업 창에서 이미지 전체를 여러 번 덧칠하여 다음과 같이 표현합니다.

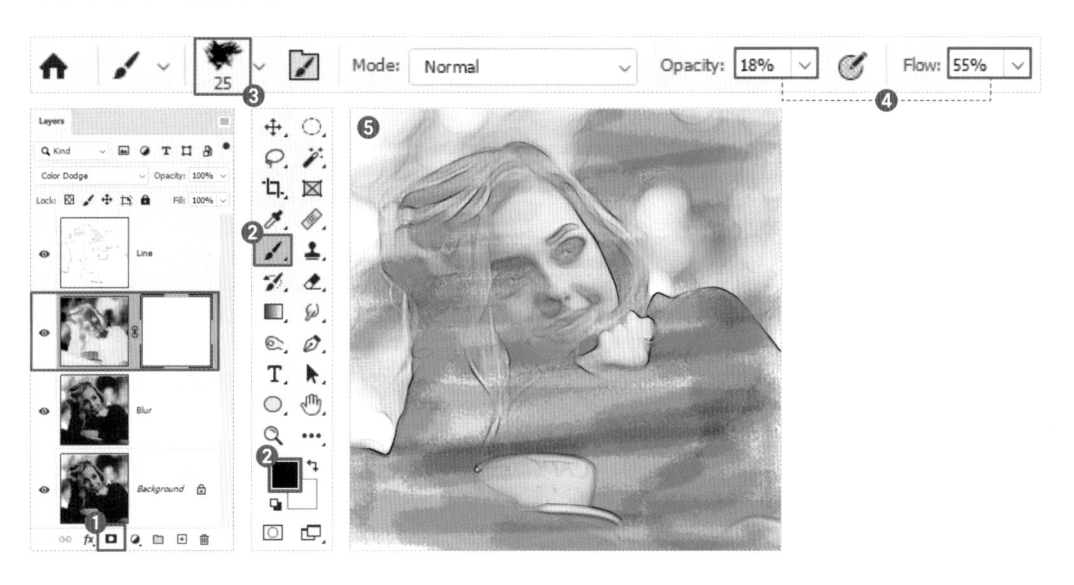

08 ❶옵션 바에서 브러시 종류를 [Wet Media Brushes>Kyle's Inkbox]로 변경하고 ❷작업 창에서 인물 부분을 중심으로 드래그하여 칠합니다. ❸Layers 패널에서 Blending Mode: Color Dodge로 변경합니다.

09 ❶Layers 패널에서 [Line] 레이어에도 레이어 마스크를 추가한 후 ❷작업 창에서 지우고 싶은 선이나 가리고 싶은 부분이 있다면 브러시로 드래그하여 정리합니다.

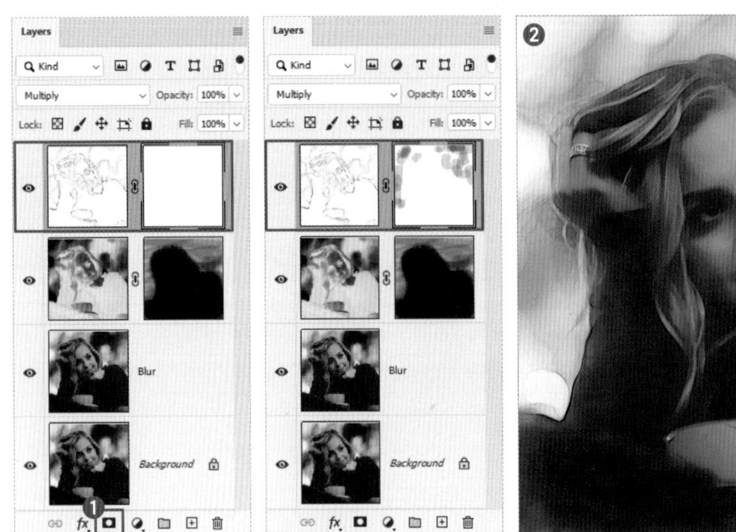

10 조정 레이어 추가_ ❶Adjustments 패널에서 [Curves] 아이콘을 클릭하여 조정 레이어를 추가하고, ❷Layers 패널에서 조정 레이어를 맨 위에 배치합니다. ❸Properties 패널에서 곡선 형태를 다음과 같이 조절하면 전체 이미지에 조정 값을 반영합니다.

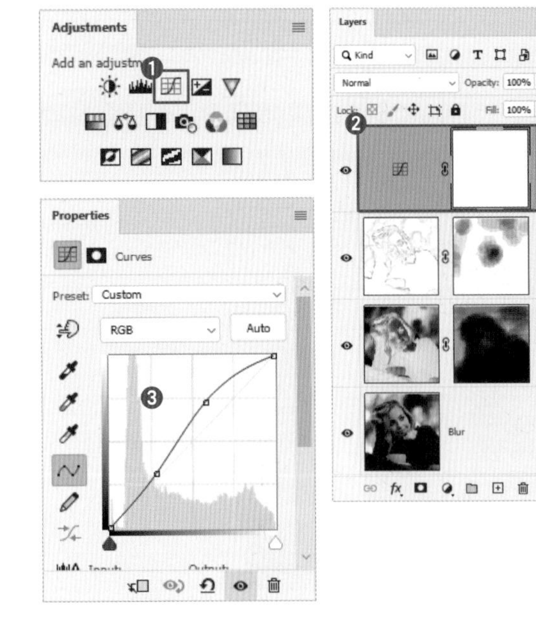

11 레이어 병합 및 질감 추가_ ❶ Ctrl + Shift + Alt + E를 눌러 병합된 이미지를 복제하고 이름은 ALL로 변경합니다. ❷메뉴 바에서 [Filter-Filter Gallery]를 선택하여 Filter Gallery 창을 엽니다. ❸[Texture>Texturizer]를 선택하고 ❹Texture: Sandstone, Relief: 3으로 설정한 후 ❺[OK]를 클릭하여 종이 질감을 추가합니다.

12 Layers 패널에서 Opacity 옵션 값을 적절하게 조절하여 완성합니다.

Idea 05 손으로 그린 듯한 스케치 이미지

손으로 그린 듯한 스케치 이미지를 만들어 보겠습니다. 일단 이미지를 흑백으로 변경한 후 필터를 적용하고 레이어 블렌딩 모드로 혼합하면 간단하게 완성할 수 있습니다.

난이도 ★★☆☆☆
예 제 Puppy.jpg
완 성 Puppy.psd

Desaturate
Invert
Minimun

01 예제 파일 열기_ Ctrl + O 를 눌러 Puppy.jpg 예제 파일을 엽니다.

02 흑백 이미지 변환_ 메뉴 바에서 [Image-Adjustments-Desaturate]를 선택하여 흑백 이미지로 변환합니다.

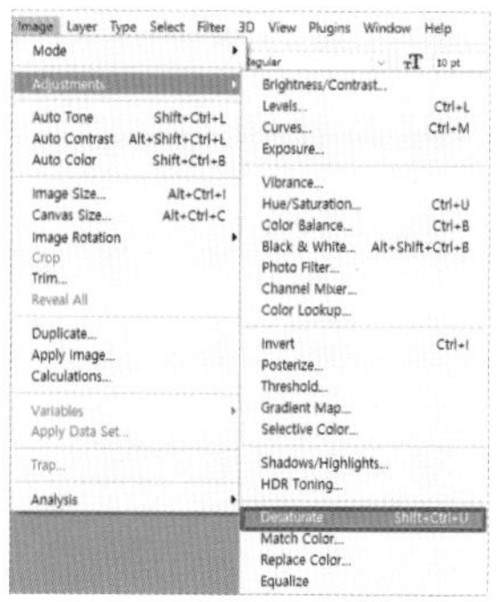

03 이미지 반전_ Ctrl + J 를 눌러 레이어를 복제한 후 Ctrl + I 를 눌러 이미지를 반전시킵니다.

이미지 반전은 메뉴 바에서 [Image-Adjustments-Invert]를 선택해도 됩니다.

04 Minimun 필터 적용_ ❶메뉴 바에서 [Filter-Other-Minimun]을 선택하여 Minimum 창을 열고 ❷Radius: 0.5, Preserve: Roundness로 설정한 후 ❸[OK]를 클릭합니다.

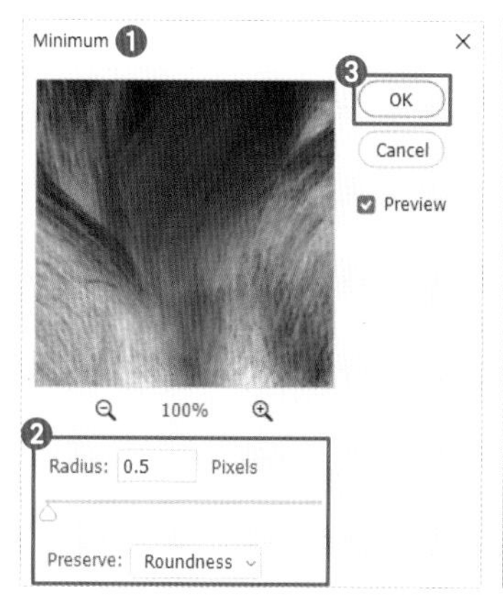

05 블렌딩 모드 변경_ Layers 패널에서 Blending Mode: Color Dodge로 설정합니다.

06 조정 레이어 추가_ ❶Adjustments 패널에서 [Curves] 아이콘을 클릭하여 조정 레이어를 추가하고, ❷Properties 패널에서 다음과 같이 곡선을 조절하여 보정하면 완성됩니다.

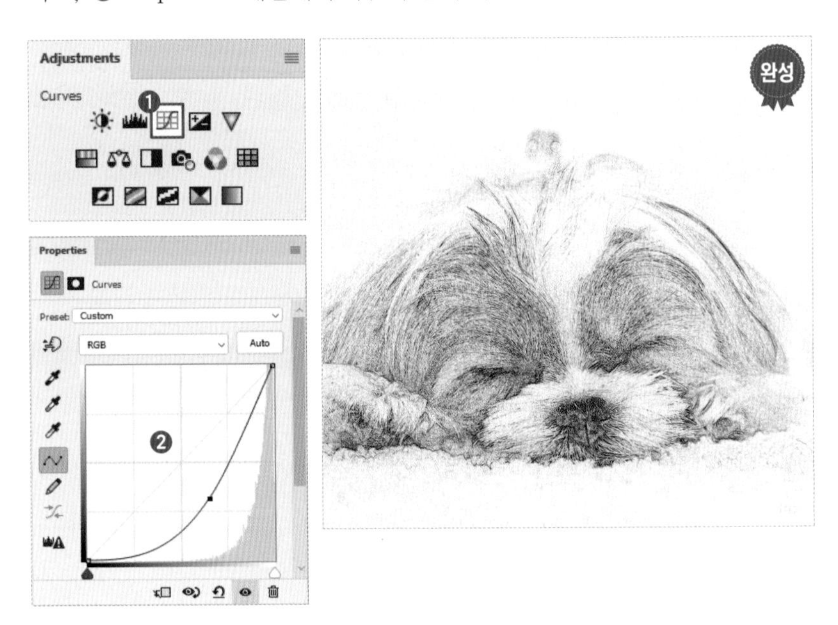

Idea 06 정밀 묘사처럼 풍부한 명암의 연필 스케치

디지털 이미지를 정밀하게 표현한 그림처럼 변경해 보겠습니다. 풍부한 명암 표현으로 손으로 그린 그림의 따뜻한 감성을 느낄 수 있습니다.

난이도 ★★★☆☆
예 제 Woman2.jpg
완 성 Sketch.psd

Layer Mask
Crosshatch

01 예제 파일 열기_ ❶ Ctrl + O 를 눌러 Woman2.jpg 예제 파일을 열고, ❷ Ctrl + J 를 눌러 레이어를 복제한 후 이름은 BW로 변경합니다.

02 이미지 보정_ 메뉴 바에서 [Image-Adjustments-Desaturate]를 선택하여 흑백 이미지로 변경합니다.

03 ❶메뉴 바에서 [Image-Adjustments-Brightness/Contrast]를 선택하고 ❷Brightness/Contrast 창이 열리면 Brightness: 23, Contrast: 34로 설정한 후 ❸[OK]를 클릭합니다.

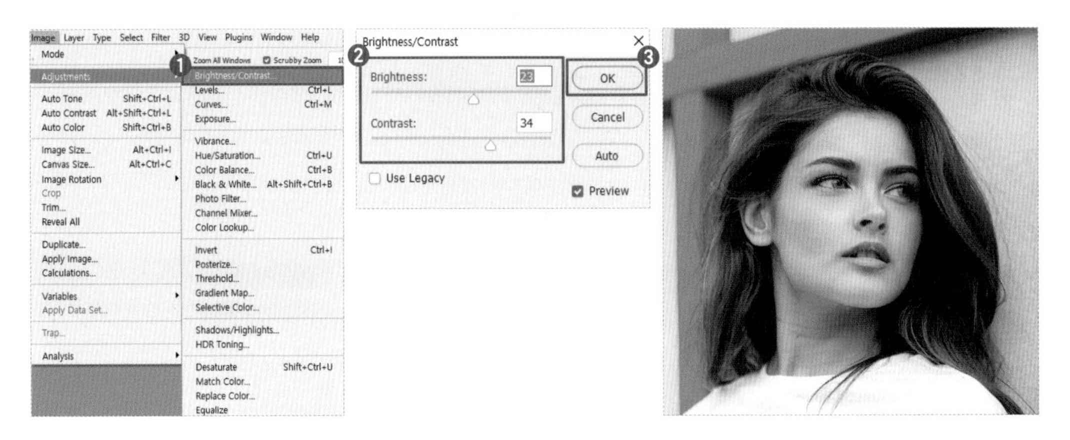

04 필터 적용_ ❶메뉴 바에서 [Filter–Filter Gallery]를 선택하여 Filter Gallery 창을 엽니다. ❷[Brush Strokes>Crosshatch]를 선택하고, ❸Stroke length: 3, Sharpness: 2, Strength: 1로 설정한 후 ❹[OK]를 클릭합니다.

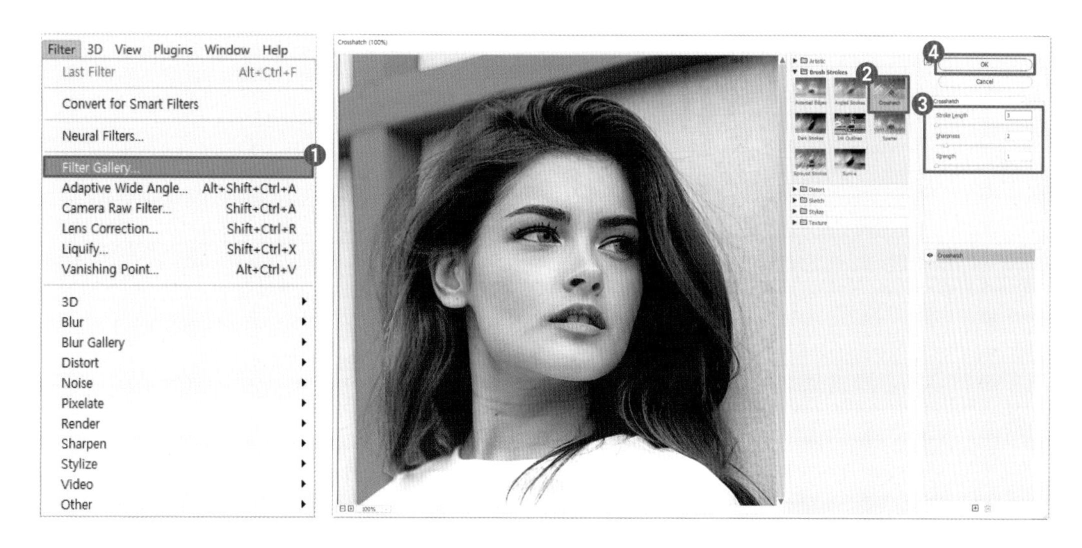

05 브러시로 명암 표현_ ❶Layers 패널에서 [Create a new layer] 아이콘을 클릭하여 레이어를 추가한 후 레이어 이름은 Brush로 변경합니다. ❷배경에 흰색을 채운 후 ❸Layers 패널에서 [Add layer mask] 아이콘을 클릭하여 [Brush] 레이어에 레이어 마스크를 추가합니다.

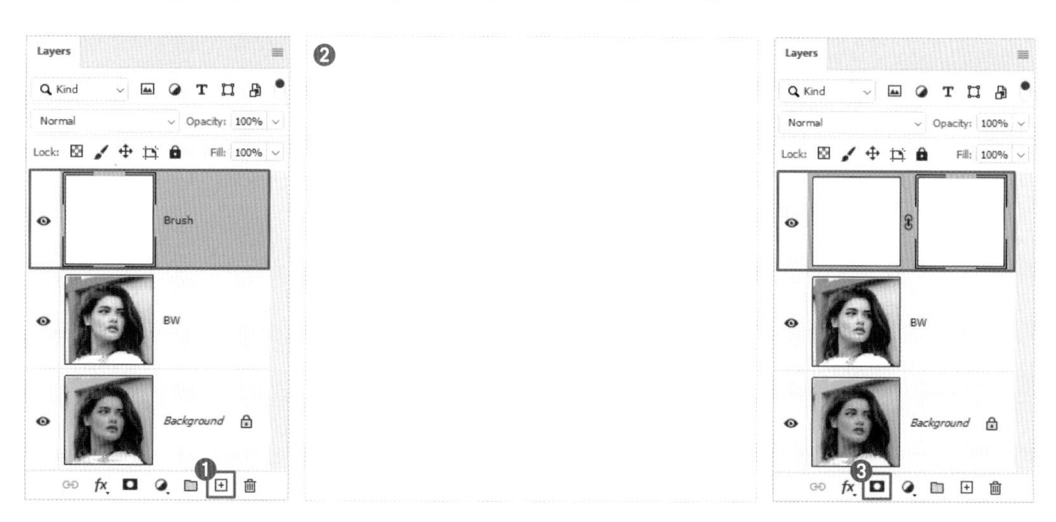

06 ❶툴 바에서 **[브러시 도구]**를 선택하고 **전경색: 검정(#000000)**으로 설정합니다. ❷옵션 바에서 [Brushes picker] 창을 열고 ❸[Setup] 아이콘을 클릭한 후 ❹[Legacy Brushes] 선택하여 레거시 브러시 세트를 추가합니다.

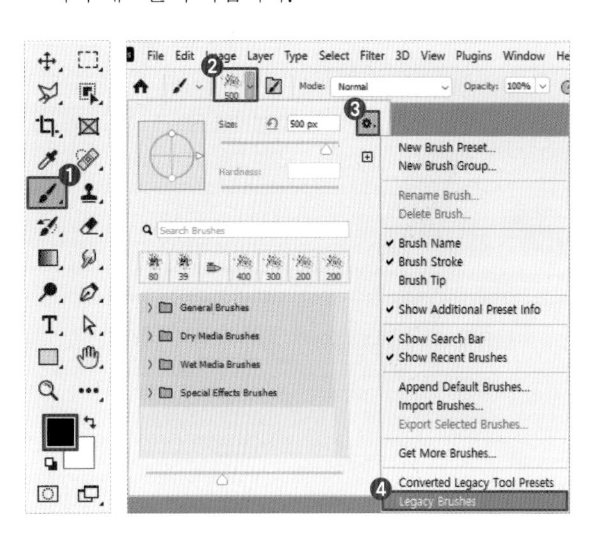

07 ❶옵션 바에서 앞서 추가한 [Legacy Brushes>Default Brushes>Rough Round Bristle] 브러시를 선택하고 ❷Opacity: 16%, Flow: 5% 정도로 설정합니다. ❸작업 창에서 밑바탕을 채운다는 느낌으로 브러시 사이즈를 키워 한쪽 방향으로 드래그하면서 화면 전체를 채웁니다. 흐릿하게 이미지가 보이기 시작합니다.

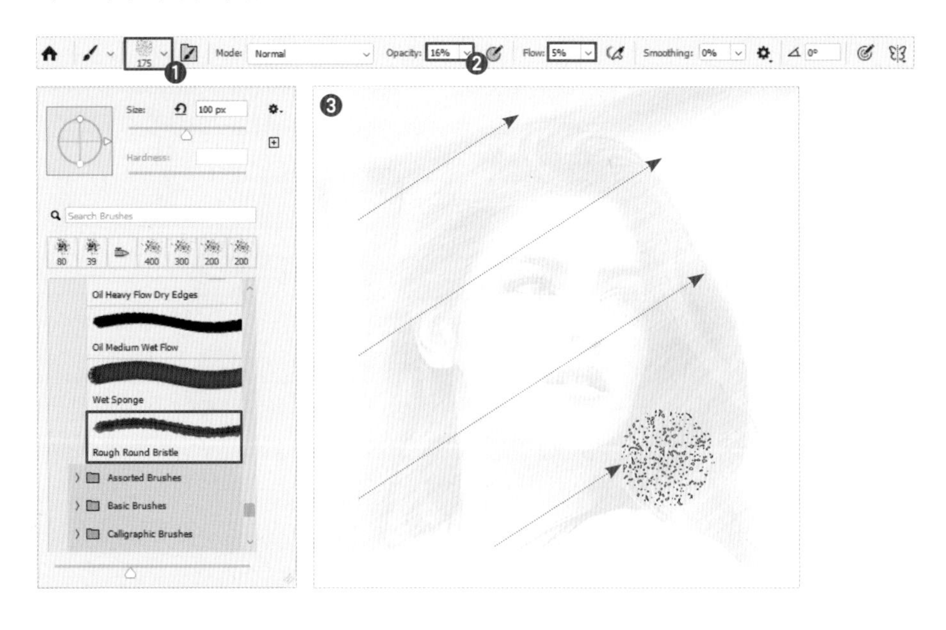

08 ❶반대 방향으로 한 번 더 드래그하면서 밑바탕을 채웁니다. 이미지가 살짝 더 선명하게 보입니다. ❷브러시 사이즈를 줄이고, **Opacity: 25%** 정도로 조금 높인 후 ❸눈, 코, 입 부분을 덧칠해 좀 더 또렷해 보이도록 합니다.

09 브러시 사이즈를 조금 키우고 머리카락 부분을 드래그하여 선명하게 표현합니다. 전체적으로 좀 더 선명하게 표현할 부분을 찾아 드래그합니다.

10 조정 레이어 추가_ ❶Adjustments 패널에서 **[Levels]** 아이콘을 클릭하여 조정 레이어를 추가하고, ❷Properties 패널에서 다음과 같이 레벨 그래프를 조절하면 이미지의 대비가 높아지면서 좀 더 선명해집니다.

Idea 07 분필로 그린 칠판 그림

학창 시절 한 번쯤은 칠판에 낙서한 기억이 있을 것입니다. 학창 시절의 기억을 소환하여 칠판 그림을 표현해 보겠습니다.

난이도 ★★☆☆☆
예 제 Board.jpg, Branch.png
완 성 Choke.psd

Desaturate
Invert
Minimun

01 예제 파일 열기_ ❶ Ctrl + O 를 눌러 Board.jpg와 Branch.png 예제 파일을 열고, ❷Branch 작업 창에서 꽃 이미지인 [Layer 1] 레이어를 Board 작업 창(Board 작업 창의 탭)으로 드래그해서 복제 배치합니다.

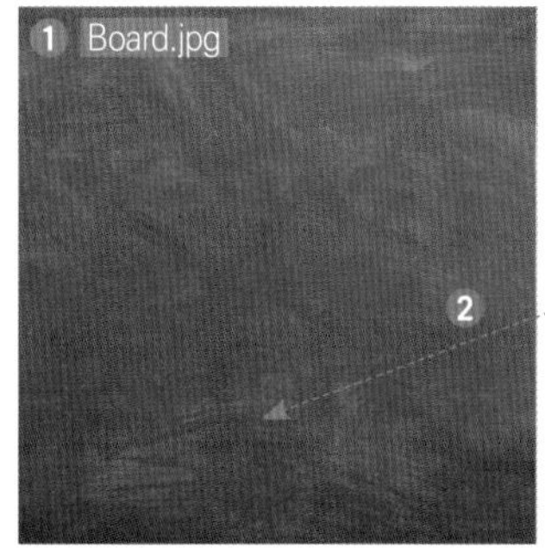

02 ❶ Ctrl + T 를 눌러 자유 변형을 실행하여 이미지의 사이즈를 줄인 후 Enter 를 눌러 배치하고, ❷Board 작업 창의 Layers 패널에서 꽃 레이어의 이름을 [Branch]로 변경합니다.

03 필터 및 블렌딩 모드 적용_ ❶툴 바에서 **전경색: 흰색(#000000)**으로 설정한 후 ❷메뉴 바에서 [Filter-Filter Gallery]를 선택합니다. ❸Filter Gallery 창이 열리면 [Sketch>Charcoal]을 선택하고 ❹Charcoal Thickness: 2, Detail: 5, Light/Dark Balance: 7로 설정한 후 ❺[OK]를 클릭합니다.

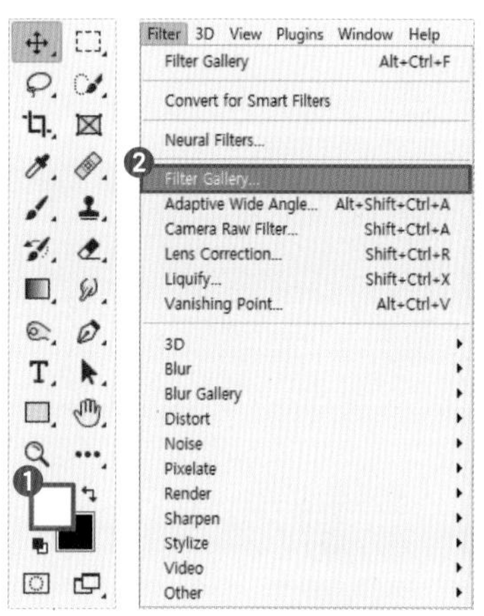

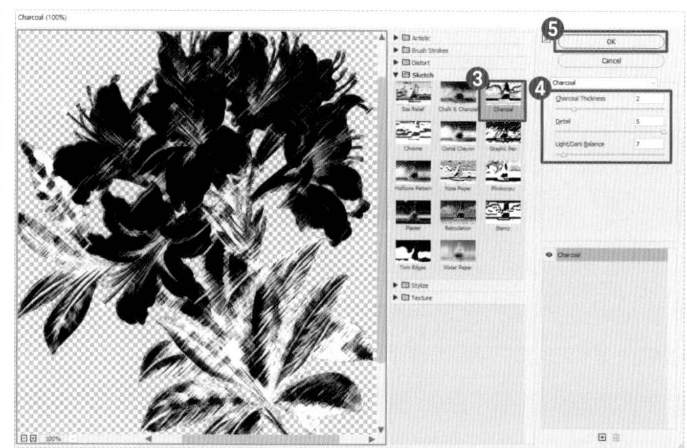

04 Layers 패널에서 Blending Mode: Screen으로 설정합니다.

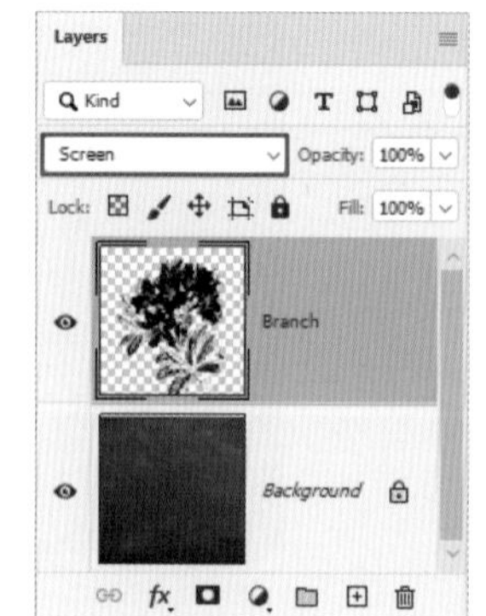

05 레이어 스타일 적용_ ❶Layers 패널에서 [Add a layer style] 아이콘을 클릭한 후 [Stroke]를 선택합니다. ❷Size: 1px, Position: Center, Blend Mode: Dissolve, Opacity: 77%, Color: **흰색(#ffffff)**으로 설정하고 ❸[OK]를 클릭하여 스타일을 적용합니다.

06 이미지 정리_ ❶툴 바에서 **전경색: 검정(#000000)**으로 설정하고, **[브러시 도구]**를 선택한 후 ❷작업 창에서 잎 위에 지저분한 부분을 드래그하여 말끔하게 정리하면 완성됩니다.

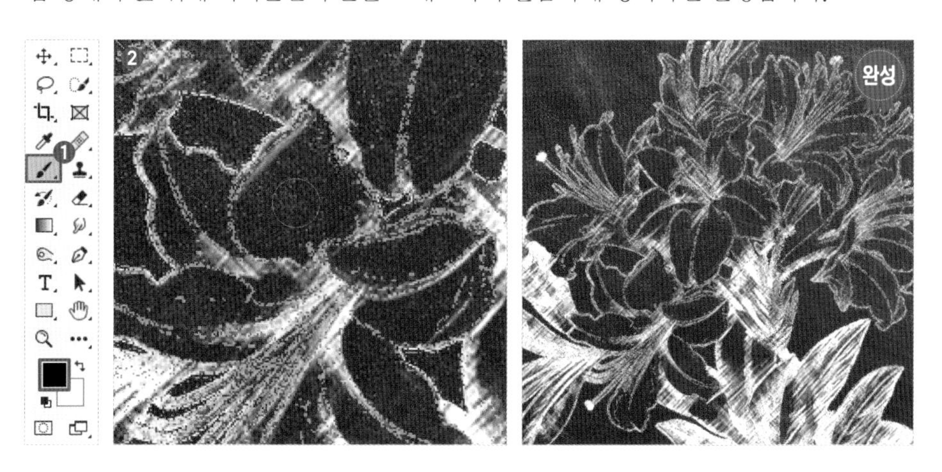

Idea 08 은은한 광택의 유화 표현하기

물감을 섞고 붓을 움직이듯 포토샵의 여러 가지 필터를 혼합하면 간단하게 유화처럼 표현할 수 있습니다. 가장 기본이 되는 Oil Paint 필터에 어떤 필터를 추가로 적용했는지 살펴보세요.

난이도 ★★★☆☆
예 제 Cat.jpg
완 성 OilPaint.psd

Oil Paint
Accented Edges

01 예제 파일 열기_ ❶ Ctrl + O 를 눌러 Cat.jpg 예제 파일을 엽니다. ❷ Ctrl + J 를 눌러 레이어를 복제하고 이름은 OilPaint로 변경합니다.

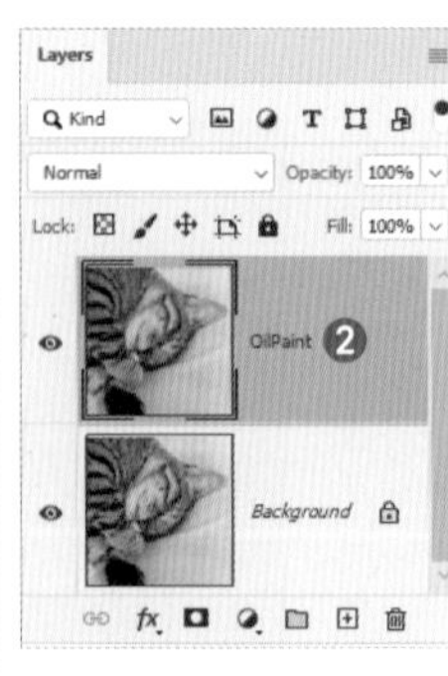

02 필터 적용_ ❶메뉴 바에서 [Filter-Stylize-Oil Paint]를 선택한 후 ❷Oil Paint 창이 열리면 Stylization: 4.2, Cleanliness: 2.1, Scale: 0.6, Bristle Detail: 0.6으로 설정하고 ❸[OK]를 클릭합니다.

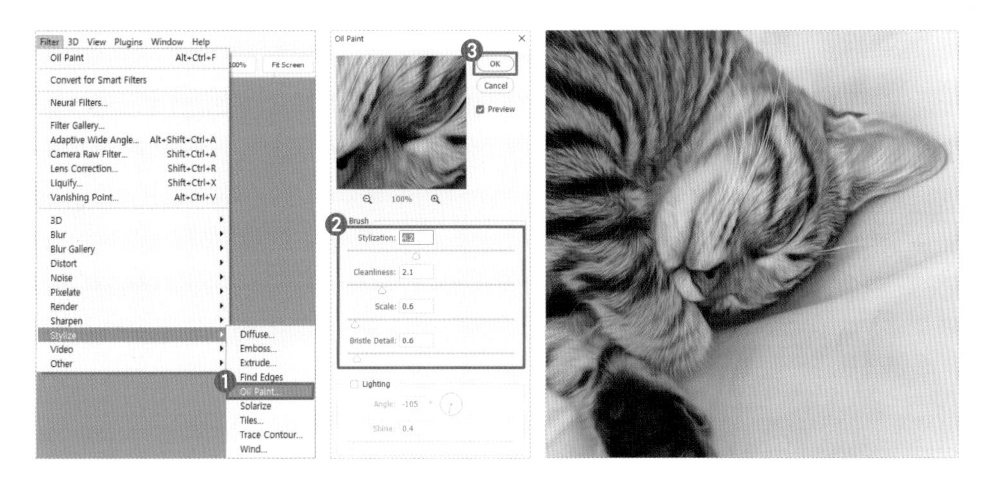

03 ❶메뉴 바에서 다시 [Filter-Stylize-Oil Paint]를 선택하여 Oil Paint 창을 엽니다. ❷Stylization : 4.0, Cleanliness: 2.3, Scale: 2.4, Bristle Detail: 4.0으로 설정한 후 ❸[OK]를 클릭하면 바닥의 흰 천까지 전체적으로 필터 효과가 적용됩니다.

04 ❶메뉴 바에서 [Filter–Filter Gallery]를 선택하여 Filter Gallery 창을 엽니다. ❷[Brush Strokes>Accented Edges]를 선택하고 ❸Edge Width: 5, Edge Brightness: 24, Smoothness: 6으로 설정한 후 ❹[OK]를 클릭하면 색상이 변하는 경계 부분이 강조됩니다.

05 ❶메뉴 바에서 [Filter–Filter Gallery]를 선택해서 다시 Filter Gallery 창을 엽니다. ❷[Distort>Diffuse Glow]를 선택한 후 ❸Graininess: 4, Glow Amount: 0, Clear Amount: 9로 설정하고 ❹[OK]를 클릭하여 이미지를 조금 화사하게 표현합니다.

06 ❶메뉴 바에서 **[Filter-Stylize-Oil Paint]**를 선택하여 Oil Paint 창을 다시 열고 ❷**Stylization: 3.2, Cleanliness: 3.2, Scale: 2.3, Bristle Detail: 2.3**으로 설정한 후 ❸**[OK]**를 클릭하여 완성합니다.

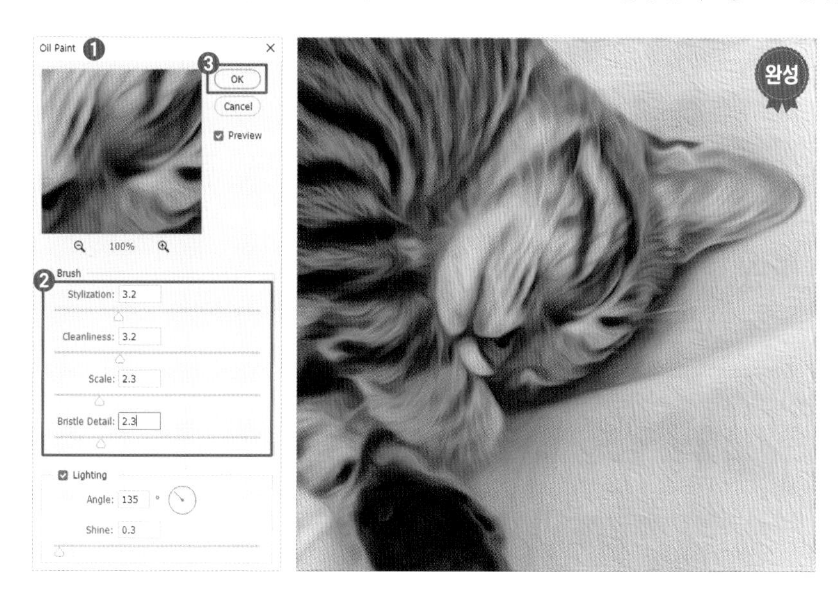

Idea 09

투박한 매력을 지닌 목판화

칼이 지나간 자리가 모여 흔적이 되는 목판화 효과를 연출하기 위해 이미지를 단순화하여 톤별로 구분하고 효과를 적용해 봅니다.

난이도 ★★★☆☆

예 제 Tiger.jpg
Wood_01.jpg,
Wood_02.jpg,
Wood_03.jpg

완 성 Woodcut.psd

Threshold
Clipping Mask

01 예제 파일 열기_ ❶ Ctrl + O를 눌러 Tiger.jpg와 Wood_01.jpg 예제 파일을 열고, ❷Wood_01.jpg 작업 창의 이미지를 Tiger.jpg 작업 창으로 드래그하여 가져옵니다.

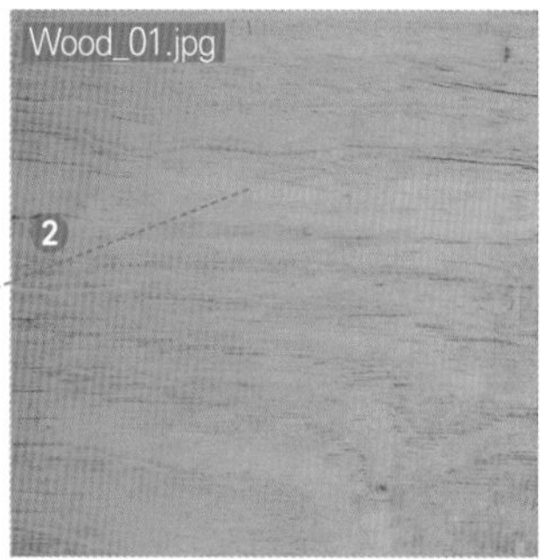

02 ❶Layers 패널에서 나무 이미지 레이어 이름은 Wood_01로 변경합니다. ❷[Background] 레이어를 선택한 후 Ctrl + J 를 눌러 복제하여 Layers 패널에서 맨 위로 옮기고 이름은 Bottom으로 변경합니다.

03 **이미지 보정_** ❶메뉴 바에서 [Image-Adjustments-Threshold]를 선택하고 ❷Threshold 창이 열리면 Threshold Level: 192로 설정한 후 ❸[OK]를 클릭합니다.

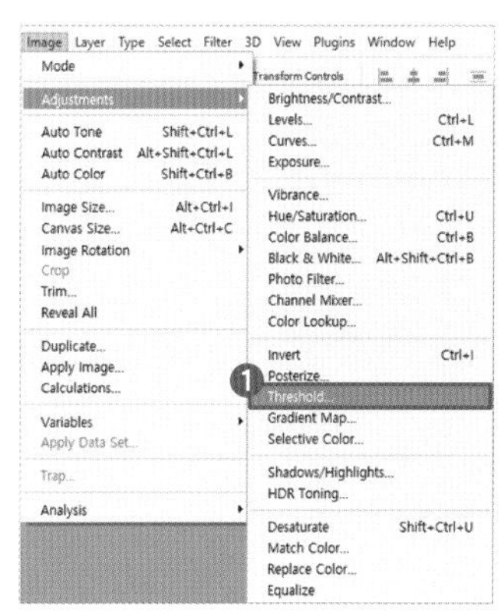

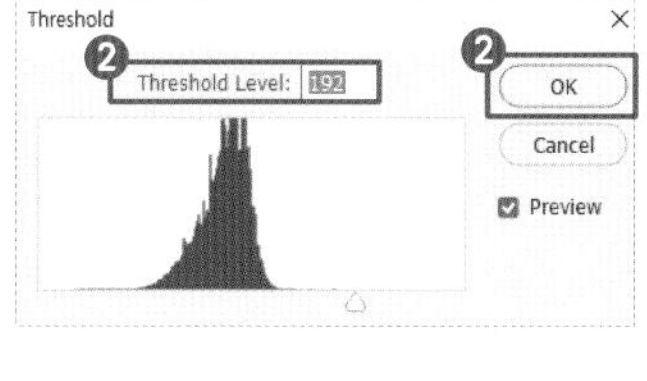

04 **색상 범위 선택_** ❶메뉴 바에서 [Select-Color Range]를 선택하고 ❷Color Range 창이 열리면 Fuzziness: 200으로 설정합니다. ❸미리 보기 이미지에서 호랑이의 흰색 부분을 클릭하고 ❹[OK]를 클릭합니다.

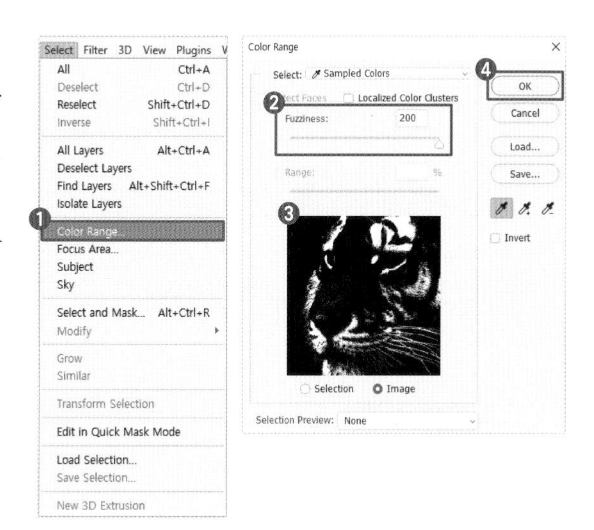

05 작업 창에서 선택 영역이 지정되었으면 그대로 Delete 를 눌러 선택 영역을 지우고, Ctrl + D 를 눌러 선택 해제합니다.

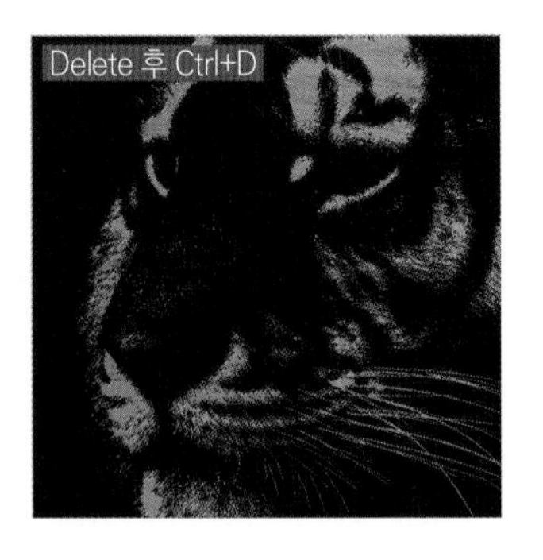

06 **클리핑 마스크 적용_** ❶메뉴 바에서 [File–Place Embedded]를 선택한 후 Wood_02.jpg 예제 파일을 추가로 가져와 배치합니다. ❷Layers 패널에서 Alt 를 누른 채 [Bottom] 레이어와 [Wood_02] 레이어 경계를 클릭하여 클리핑 마스크를 적용합니다.

07 **보정 및 클리핑 마스크_** ❶Layers 패널에서 [Background] 레이어를 복제한 후(Ctrl + J) 맨 위에 배치하고 이름은 Middle로 변경합니다. ❷메뉴 바에서 [Image–Adjustments–Threshold]를 선택하여 Threshold 창을 열고 ❸Threshold Level: 118로 설정한 후 ❹[OK]를 클릭합니다.

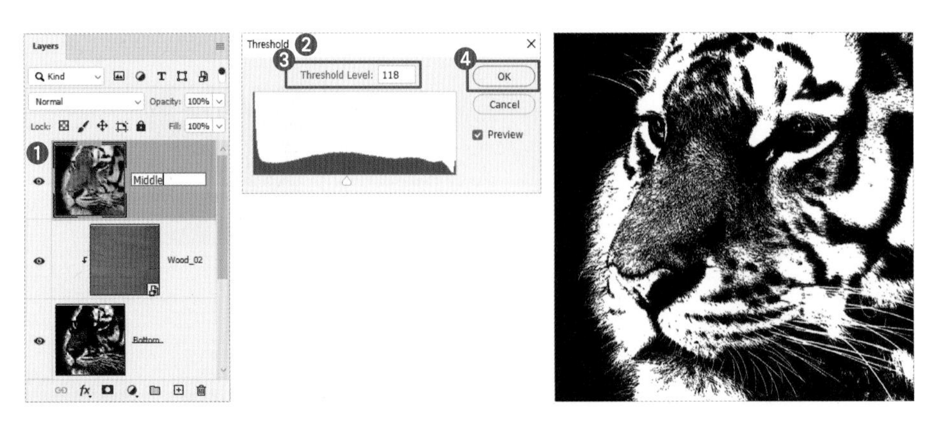

08 ❶메뉴 바에서 [Select-Color Range]를 선택하여 Color Range 창을 열고 ❷Fuzziness: 200으로 설정합니다. ❸미리 보기 이미지에서 흰색 부분을 클릭하여 선택 영역을 지정한 후 ❹[OK]를 클릭합니다. ❺ Delete 를 눌러 선택 영역을 지우고, Ctrl + D 를 눌러 선택 영역을 해제합니다.

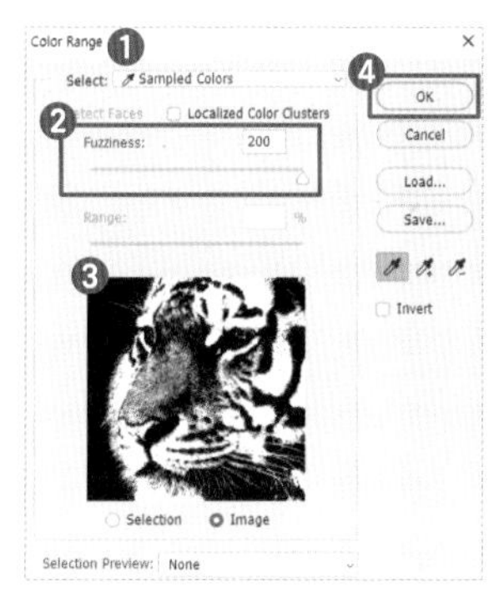

09 ❶Wood_03.jpg 예제 파일을 추가로 가져와서 맨 위에 배치하고, ❷ Alt 를 누른 채 [Middle] 레이어와 [Wood_03] 레이어의 경계를 클릭하여 클리핑 마스크를 적용합니다.

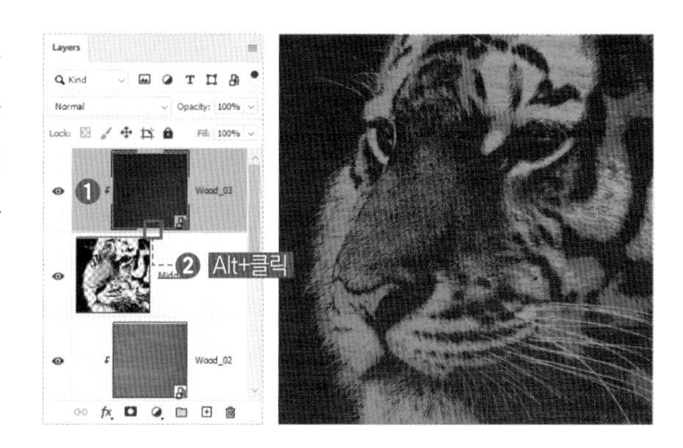

10 ❶Layers 패널에서 [Background] 레이어를 복제하여(Ctrl + J) 맨 위에 배치하고 이름은 Top으로 변경합니다. ❷메뉴 바에서 [Image-Adjustments-Threshold]를 선택하여 Threshold 창을 열고 ❸Threshold Level: 62로 설정한 후 ❹[OK]를 클릭합니다.

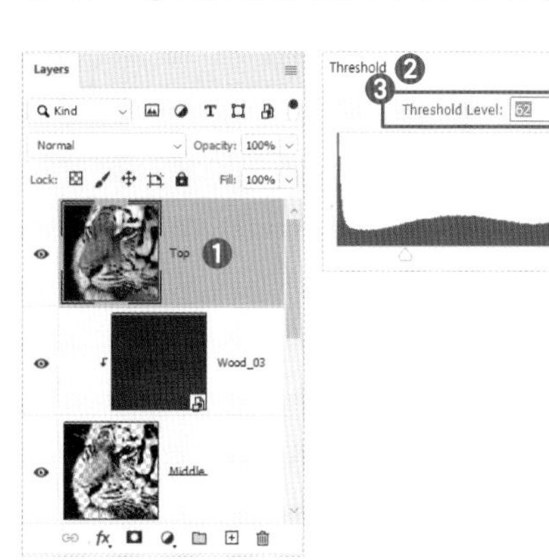

11 ❶메뉴 바에서 **[Select–Color Range]**를 선택하여 Color Range 창을 열고 ❷**Fuzziness: 200**으로 설정합니다. ❸미리 보기 이미지에서 흰색 부분을 클릭하여 선택 영역을 지정한 후 ❹**[OK]**를 클릭합니다. ❺ Delete 를 눌러 선택 영역을 지우고, Ctrl + D 를 눌러 선택 영역을 해제합니다.

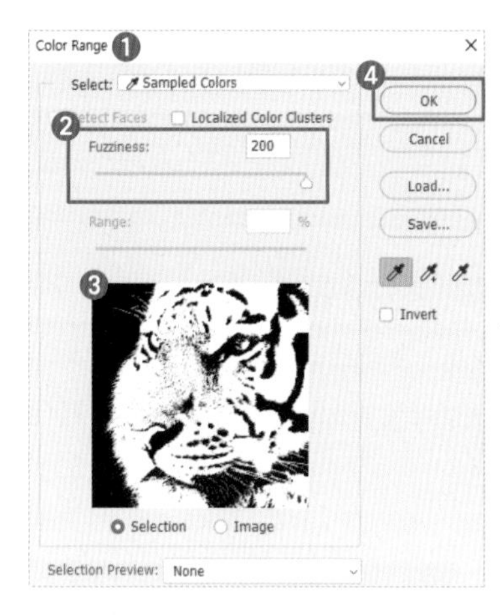

12 **마무리 작업_** ❶툴 바에서 **[올가미 도구]**를 선택합니다. ❷작업 창에서 왼쪽의 검은색 부분이 모두 포함되도록 넓게 드래그하여 선택 영역을 지정한 후 ❸ Delete 를 눌러 지우고 Ctrl + D 를 눌러 선택 영역 해제하여 완성합니다.

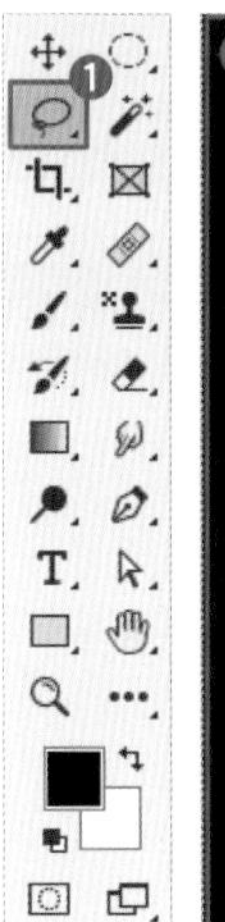

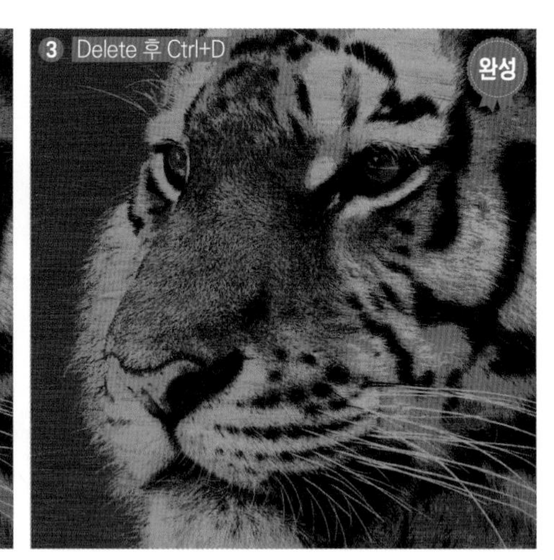

Idea 10 연기 속에서 나타나는 이미지

브러시만 잘 활용해도 멋진 효과를 연출할 수 있습니다. 브러시를 활용하여 연기처럼 흩어지거나 연기 속에서 이미지가 보이는 듯한 이미지를 완성해 보세요.

난이도 ★★★☆☆
예 제 Man2.jpg
완 성 Smoke.psd

Layer Mask
Brush

01 배경 제작_ ❶ Ctrl + N 을 눌러 900×900Pixels, 흰색(#000000)으로 새 창을 만들고, ❷ 그레이디언트로 채워진 레이어를 추가하기 위해 Layers 패널에서 [Create new fill or adjustment layer] 아이콘을 클릭한 후 [Gradient]를 선택합니다.

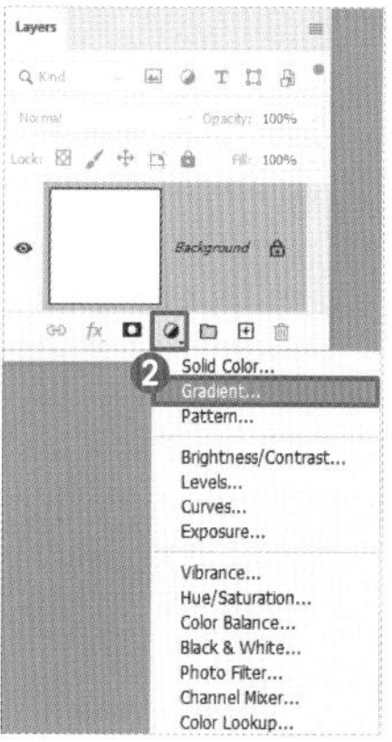

02 ❶Gradient Fill 창이 열리면 **Style: Radial**로 설정하고 ❷**Gradient** 옵션을 클릭하여 Gradient Editor를 엽니다. ❸**[Opacity Stop]**은 **모두 100%**로 설정하고, ❹**[Color Stop]**은 **흰색(#ffffff), 회색(#d2d2d2)**으로 설정한 후 ❺❻**[OK]**를 클릭합니다.

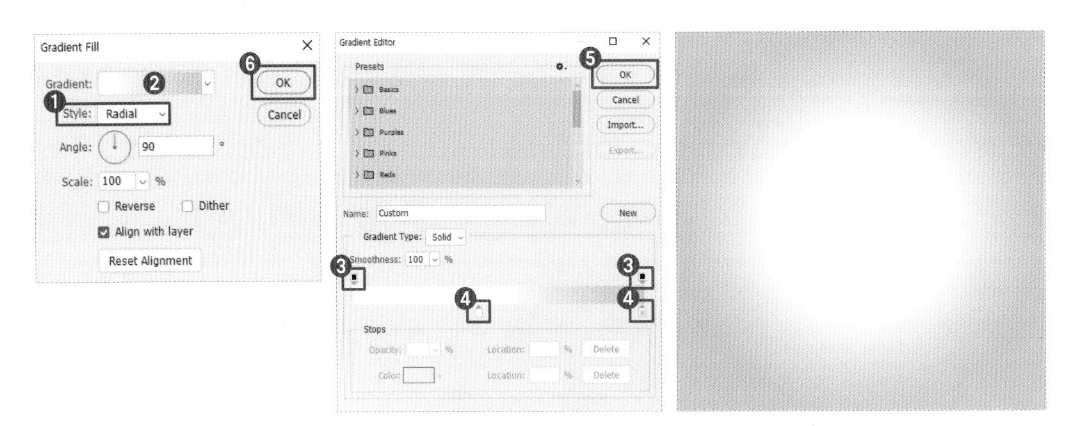

03 레이어 마스크 활용_ ❶ Ctrl + O 를 눌러 Man1.jpg 예제 파일을 엽니다. ❷이미지를 작업 창으로 드래그하여 복제 배치한 후 레이어 이름은 Man으로 변경합니다.

04 ❶Layers 패널에서 Alt 를 누른 채 **[Add layer mask]** 아이콘을 클릭하여 검은색으로 채워진 레이어 마스크를 추가합니다. ❷검은색 레이어 마스크를 추가하면 해당 레이어가 가려지므로 작업 창에는 아래쪽 레이어의 이미지(그레이디언트 배경)가 표시됩니다.

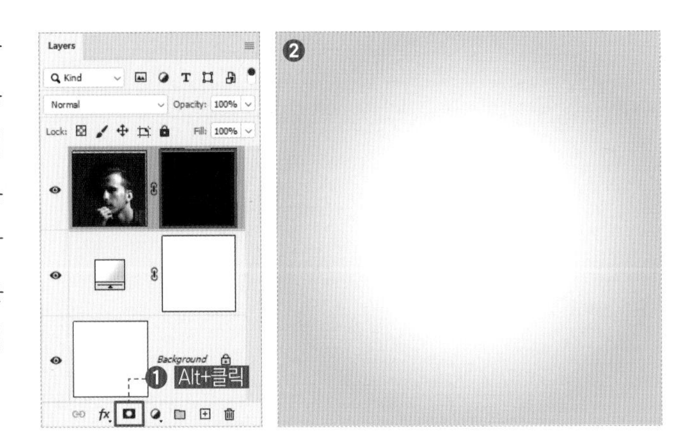

05 브러시 추가_ http://bit.ly/brush_smoke에 접속한 후 **[Free Download]**를 클릭하여 Smoke PS Brushes를 다운로드한 후 압축을 풀어 놓습니다.

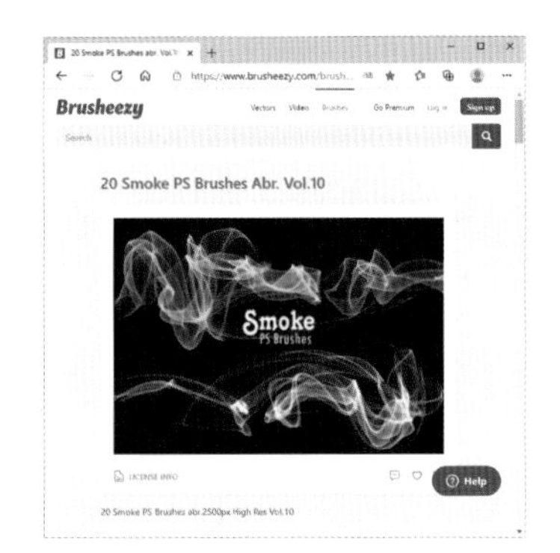

위 단축 URL의 원 주소는 https://www.brusheezy.com/brushes/58394-20-Smoke-ps-brushes-abr-vol-10입니다.

06 ❶툴 바에서 **[브러시 도구]**를 선택하고 **전경색: 흰색(#ffffff)**으로 설정합니다. ❷옵션 바에서 **[Brushes picker]** 창을 열고 ❸**[Setup]** 아이콘을 클릭한 후 ❹**[Import Brushes]**를 선택하여 Load 창을 엽니다. ❺다운로드한 브러시를 선택한 후 ❻**[Load]**를 클릭합니다.

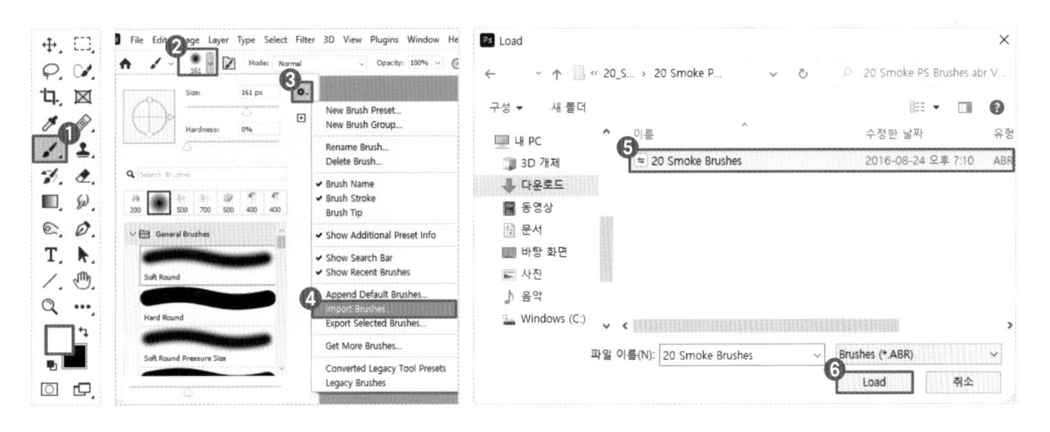

07 ❶옵션 바에서 Brushes picker 창을 열고 설치한 브러시 그룹(20 Smoke Brushes)에서 **[Smoke 3]**을 선택하고 ❷**Size: 800px**로 설정합니다. ❸작업 창 중간을 한 번 클릭하면 연기가 표현되고, 연기 모양 속에 **[Man]** 레이어 이미지가 살짝 보입니다.

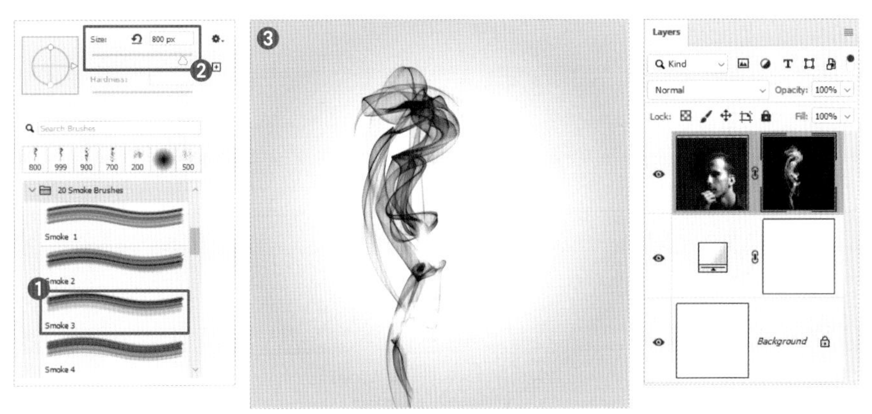

08 ❶Brushes picker 창에서 [20 Smoke Brushes>Smoke17]을 선택하고 ❷Size: 500px로 설정한 후 ❸브러시 방향을 다음과 같이 살짝 회전시킨 후 ❹작업 창에서 앞서 브러시와 겹치게 클릭합니다.

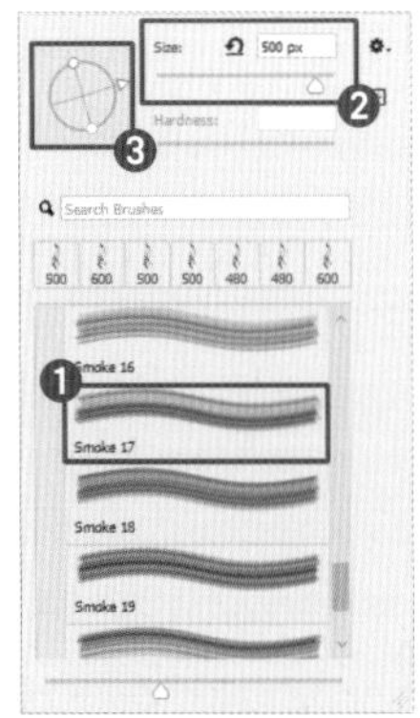

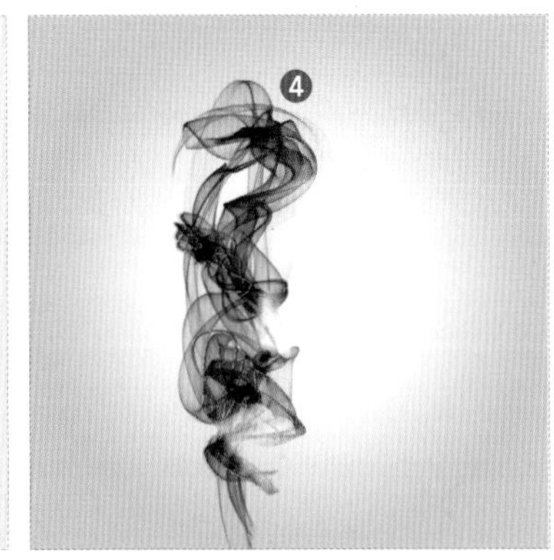

09 ❶Brushes picker 창에서 [20 Smoke Brushes>Smoke15]를 선택하고 ❷Size: 700px로 설정한 후 ❸브러시 방향을 다음과 같이 회전시킨 후 ❹작업 창에서 사람의 얼굴이 나타날 부분의 경계 부분을 클릭하여 가이드로 삼습니다.

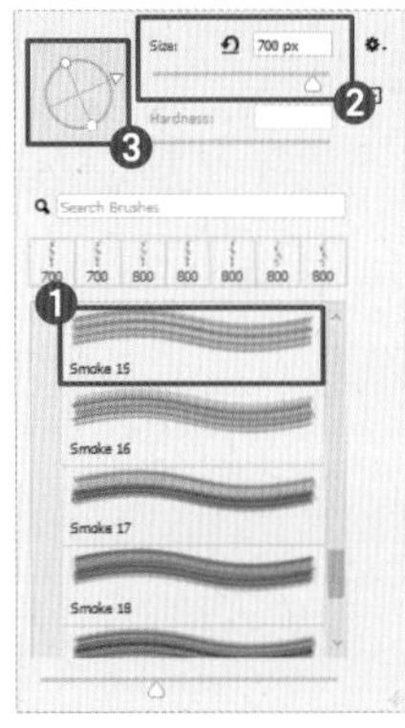

10 계속해서 같은 방법으로 [20 Smoke Brushes] 브러시 그룹에서 브러시 종류와 사이즈, 방향 등을 조절하면서 다음과 같이 완성합니다. 얼굴이 나타날 부분을 중점적으로 클릭해서 브러시를 겹쳐서 표현하면 얼굴이 좀 더 또렷하게 나타납니다.

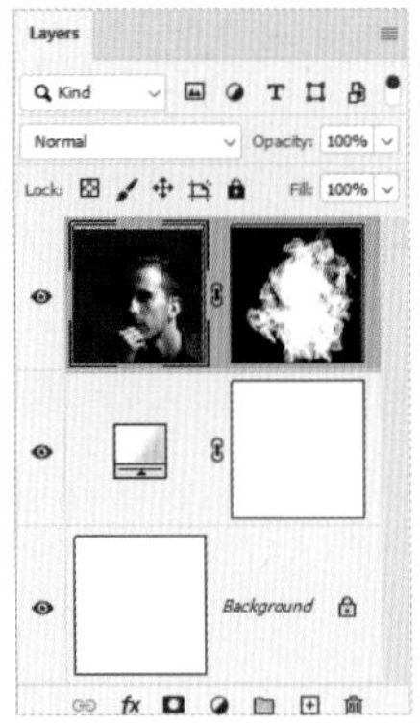

Idea 11 부서지며 흩날리는 이미지

인물이 산산이 부서지며 흩어지는 듯한 이미지를 연출해 보겠습니다. 특수 효과처럼 보이는 이런 이미지도 브러시와 필터를 잘 활용하면 손쉽게 완성할 수 있습니다.

난이도 ★★★★☆
예 제 Woman3.jpg
Back.jpg
완 성 Dispersion.psd

Liquify Filter
Selective Color

01 배경 제작_ ❶ Ctrl + N 을 눌러 900×900Pixels, 흰색(#000000)으로 새 창을 만듭니다. ❷그레이디언트로 채워진 레이어를 추가하기 위해 Layers 패널에서 [Create new fill or adjustment layer] 아이콘을 클릭한 후 [Gradient]를 선택합니다.

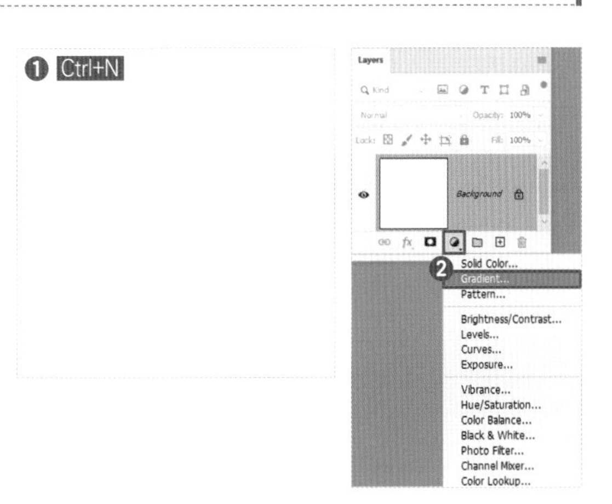

02 ❶Gradient Fill 창이 열리면 **Style: Radial**로 설정하고 ❷**Gradient** 옵션을 클릭하여 Gradient Editor를 엽니다. ❸그레이디언트 막대에서 **[Opacity Stop]**은 각각 **100%**로 설정하고, ❹아래에 있는 **[Color Stop]**은 각각 **#ffffff, #f4efef**로 설정한 후 ❺❻[OK]를 클릭합니다.

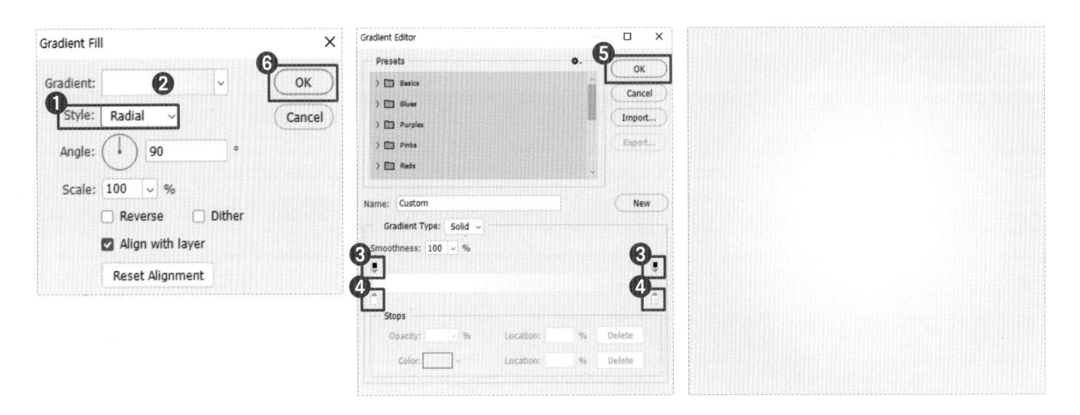

03 **이미지 배치**_ Ctrl + O 를 눌러 **Woman3.jpg** 예제 파일을 열고, 작업 중이던 작업 창으로 드래그하여 복제 배치한 후 레이어 이름은 **Woman**으로 변경합니다.

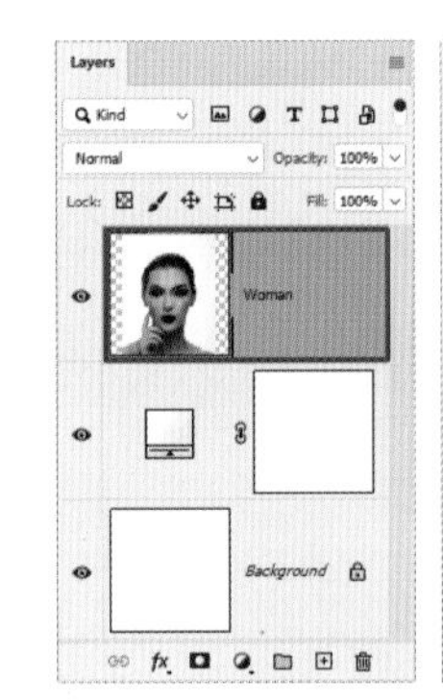

04 ❶툴 바에서 **[펜 도구]**나 **[빠른 선택 도구]** 등을 이용하여 **[Woman]** 레이어의 배경을 깔끔하게 제거합니다. ❷Layers 패널에서 **[Woman]** 레이어를 선택한 후 Ctrl + J 를 눌러 복제하고, 복제된 레이어 이름은 **Effects**로 변경하여 **[Woman]** 레이어 아래로 옮깁니다.

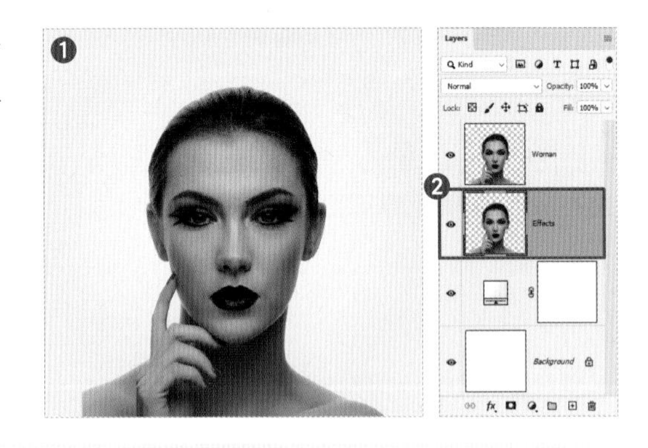

최신 버전 포토샵을 사용 중이라면 [빠른 선택 도구]를 선택한 후 옵션 바에서 [Select Subject]를 클릭하여 인물 부분만 빠르게 선택할 수 있습니다. 이후 Ctrl + Shift + I 를 눌러 선택 영역을 반전한 후 Delete 를 눌러 삭제합니다.

05 Liquify 필터 사용_ ❶메뉴 바에서 **[Filter-Liquify]**를 선택하여 Liquify 창을 엽니다. ❷**[뒤틀기 도구]**를 선택한 후 ❸**Size: 175, Density: 100, Pressure: 100, Rate: 0**으로 설정하고, ❹미리 보기 영역에서 얼굴 주변을 드래그합니다.

06 ❶얼굴과 손만 유지한 채 계속해서 드래그하여 이미지를 다 늘린 후 ❷**[OK]**를 클릭하여 마칩니다.

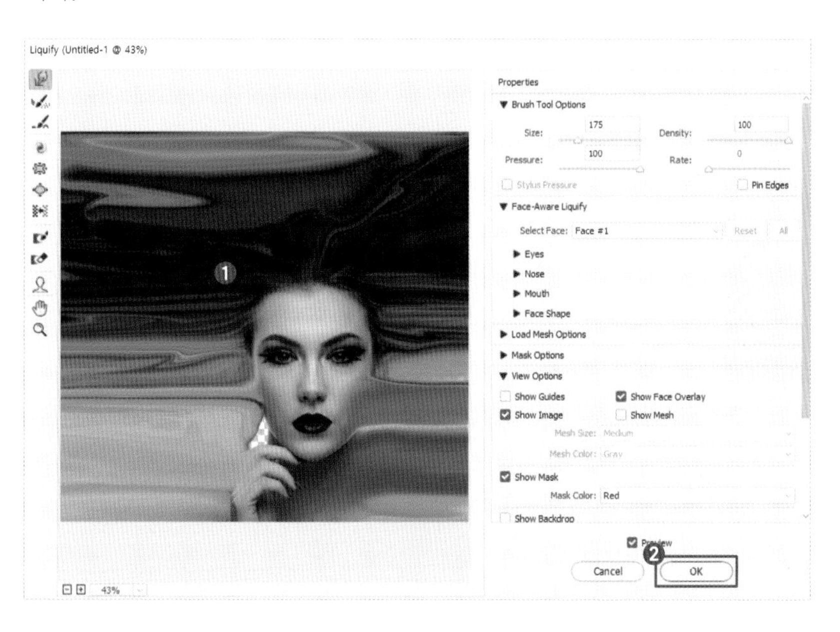

07 ❶Layers 패널에서 Alt를 누른 채 [Add layer mask] 아이콘을 클릭해서 [Effect] 레이어에 검은색 레이어 마스크를 추가합니다. ❷검은색 레이어 마스크로 해당 레이어 이미지가 모두 가려지므로 작업 창에는 [Woman] 레이어의 이미지가 표시됩니다.

08 Dispersion 브러시 활용_ http://bit.ly/brush_dispersion에 접속한 후 [Free Download]를 클릭하여 브러시를 다운로드한 후 압축을 풀어 놓습니다.

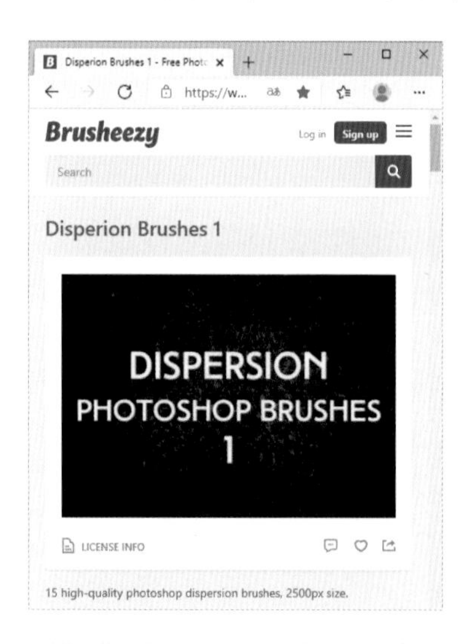

위 단축 URL의 원 주소는 https://www.brusheezy.com/brushes/62675-disperion-brushes-1입니다.

09 ❶툴 바에서 **[브러시 도구]**를 선택하고 **전경색: 흰색(#ffffff)**으로 설정합니다. ❷옵션 바에서 **[Brushes picker]** 창을 열고 ❸**[Setup]** 아이콘을 클릭한 후 ❹**[Import Brushes]**를 선택하여 Load 창을 엽니다. ❺다운로드한 브러시를 선택한 후 ❻**[Load]**를 클릭합니다.

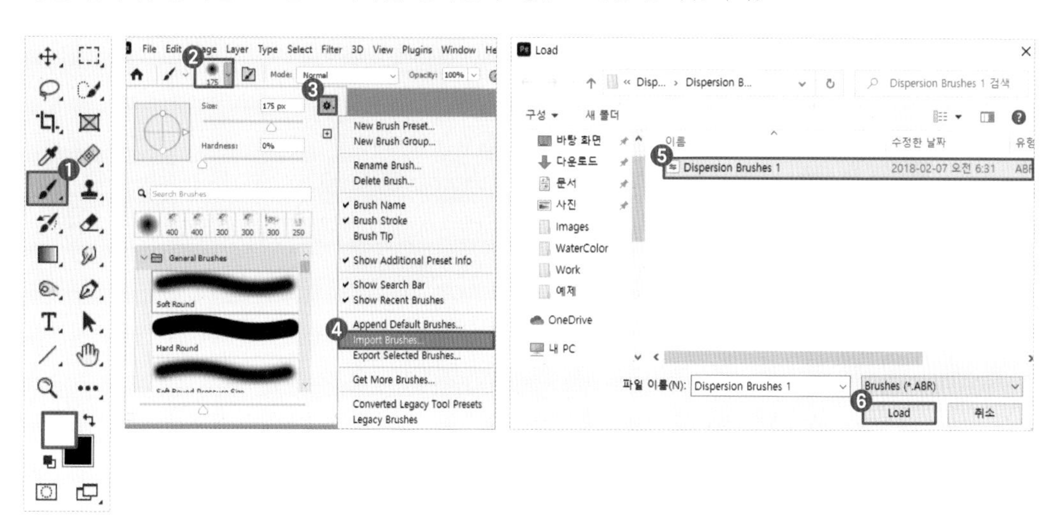

10 ❶옵션 바에서 Brushes picker 창을 열고 설치한 브러시 그룹(Dispersion Brushes)에서 **[Dispersion br 15]**를 선택하고 ❷**Size: 500px**로 설정합니다. ❸작업 창에서 인물 바깥쪽 경계를 드래그하여 부서진 조각을 표현합니다.

브러시 사용 중 Caps Lock 을 누르면 마우스 커서가 [+] 모양과 선택한 브러시 모양으로 변경됩니다.

11 ❶작업 창에서 **[마우스 오른쪽 버튼]**을 클릭하여 Brushes picker 팝업 창을 열고 브러시 종류와 사이즈, 방향을 조절하면서 ❷자유롭게 작업해 봅니다.

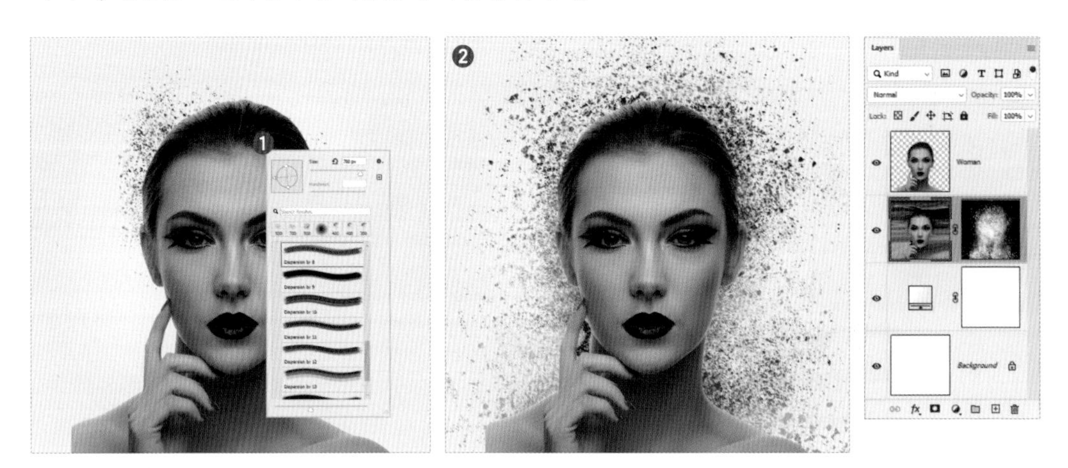

12 ❶Layers 패널에서 **[Woman]** 레이어를 선택한 후 **[Add layer mask]** 아이콘을 클릭하여 흰색 레이어 마스크를 추가합니다. ❷툴 바에서 **[브러시 도구]**를 선택한 후 **전경색: 검정(#000000)**으로 설정하고 ❸작업 창에서 얼굴 가장자리를 클릭하여 흩날리는 조각 효과를 더합니다.

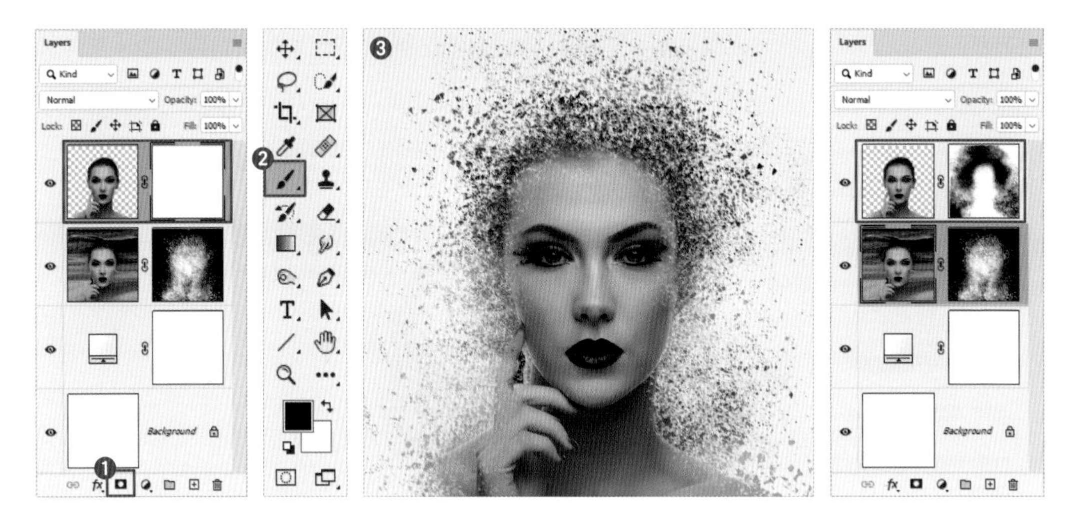

13 **이미지 합성_** Ctrl + O를 눌러 Back.jpg 예제 파일을 열고, 작업 중인 창으로 복제 배치합니다. Layers 패널 맨 위에 올리고 이름은 Back으로 변경합니다.

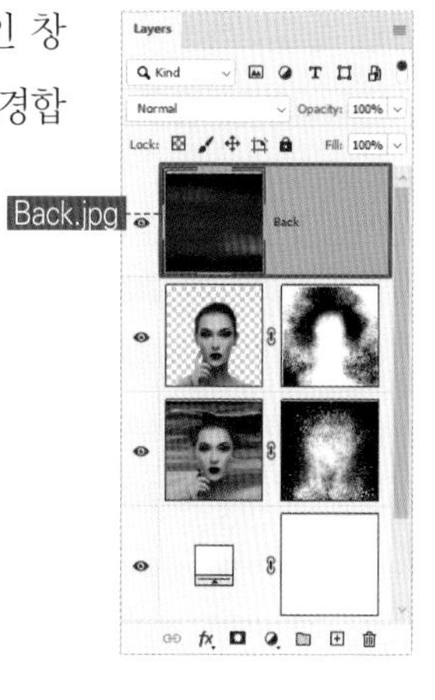

14 ❶ Ctrl + Alt를 누른 채 [Effects] 레이어의 레이어 마스크를 [Back] 레이어로 드래그하여 복제 배치합니다. ❷[Back] 레이어를 선택하고 Blending Mode: Vivid Light, Opacity: 51%로 설정합니다.

❶Brushes picker 창을 열고 [General Brushes>Soft Round] 브러시를 선택한 후 ❷Size: 300px 정도로 설정합니다. ❸**전경색: 검정(#000000)**으로 작업 창에서 인물의 얼굴과 상반신의 보라색 부분을 드래그하여 깔끔하게 정리합니다.

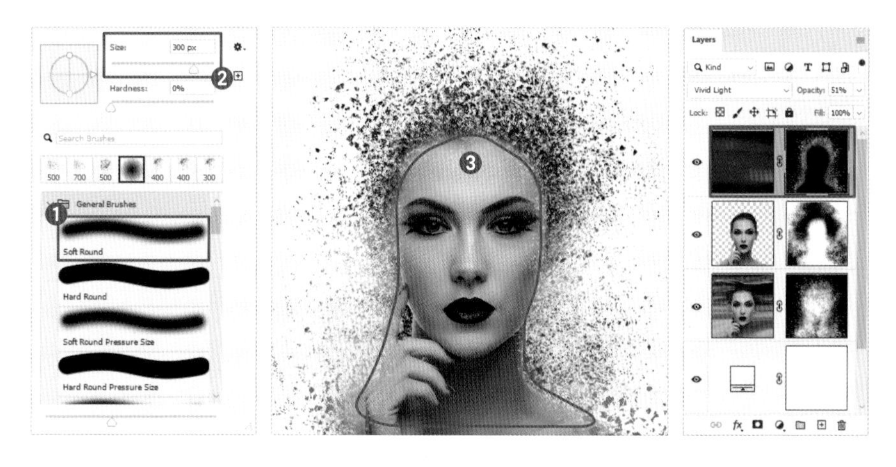

16 눈동자 색 보정_ 눈에서 흰 부분을 좀 더 밝게 표현하겠습니다. ❶툴 바에서 **[펜 도구]**를 선택하고 ❷옵션 바에서 Mode: Path로 설정하여 눈의 형태를 그린 후 Ctrl + Enter 를 눌러 선택 영역으로 지정합니다.

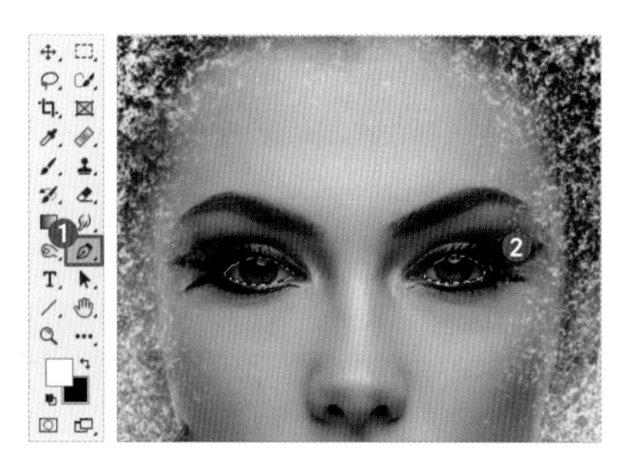

17 ❶Layers 패널에서 [Create new fill or adjustment layer] 아이콘 을 클릭한 후 [Selective Color]를 선택합니다. ❷Properties 패널에서 Colors: Neutrals, Cyan: -25, Magenta: -25, Yellow: -25, Black: 0으로 설정하면 선택 영역으로 지정한 눈이 더욱 밝아집니다.

18 ❶이번에는 눈동자 부분만 선택 영역으로 지정합니다. ❷Layers 패널의 [Create new fill or adjustment layer] 아이콘을 클릭한 후 [Selective Color]를 선택하고, Properties 패널에서 Colors: Neutrals, Cyan: -18, Magenta: 0, Yellow: -45, Black: 0으로 설정하여 눈동자를 보라색 톤으로 보정하면 완성됩니다.

Idea 12 리터칭으로 매력적인 이미지 만들기

이미지가 지닌 기본 색감과 특성을 살리면서 리터칭해 보겠습니다. 정교한 리터칭 작업일수록 시간이 오래 걸리고, 손도 많이 가지만 전후를 비교해 보면 훨씬 매력적인 이미지를 확인할 수 있을 것입니다.

난이도 ★★★★★
예 제 Cat2.jpg
완 성 Cat.psd

Brush
Smudge

01 리터칭 준비_ ❶ Ctrl + O를 눌러 Cat2.jpg 예제 파일을 엽니다. ❷Layers 패널에서 [Create a new layer] 아이콘을 클릭해서 레이어를 추가하고 ❸이름은 Brush로 변경합니다.

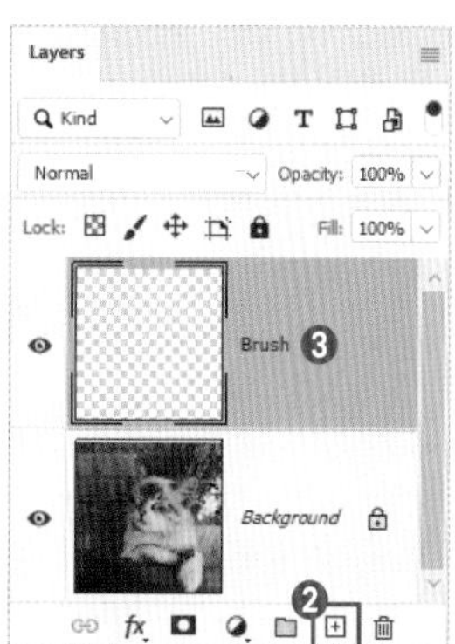

02 ❶툴 바에서 **[브러시 도구]**를 선택한 후 ❷옵션 바에서 [Brushes picker] 창을 열고 [Dry Media Brushes] 브러시 그룹을 확인합니다. 실습에서는 [KYLE Bonus Chunky Charcoal]와 [Kyle's Ultimate Pastel Palooza] 2개의 브러시를 사용할 것입니다.

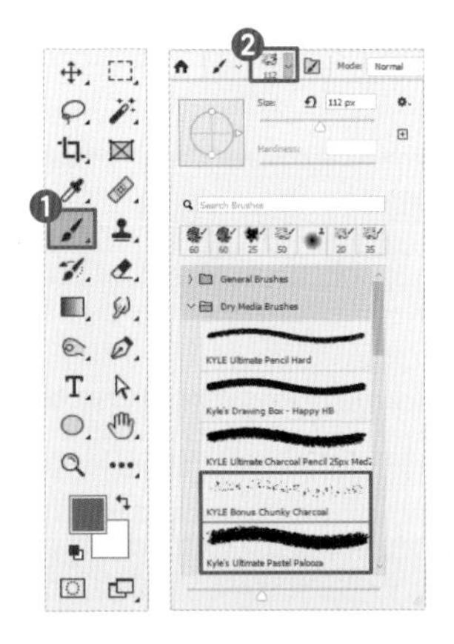

03 **배경 리터칭_** ❶전경색은 #82744d와 #664d1e를 주로 활용하고, 브러시는 앞서 소개한 2 종류 중 선택한 후 Opacity: 20~60% 정도로 설정하여 사용합니다. ❷배경에서 초록색 계열의 벽면을 칠합니다. 한 가지 색으로 칠하는 것보다 비슷한 색들을 사용하여 여러 톤으로 표현하는 것이 좋습니다.

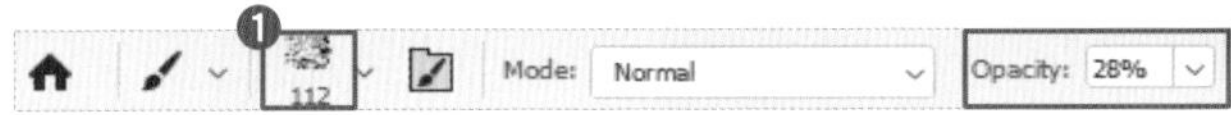

04 ❶#704d26, #512711, #3c2010을 섞어가며 나머지 배경을 칠합니다. 상대적으로 위쪽은 밝게, 아래쪽은 어둡게 칠합니다. ❷고양이 오른쪽 위에 있는 나뭇가지는 Opacity를 80~100% 정도로 조절한 후 덧칠해서 벽처럼 표현합니다.

05 필터 및 클리핑 마스크 적용_ ❶Layers 패널에서 레이어를 추가하고 이름은 Filter로 변경합니다. ❷전경색과 배경색을 기본색으로 설정하고 ❸메뉴 바에서 [Filter-Render-Clouds]를 선택하여 구름 배경을 만듭니다.

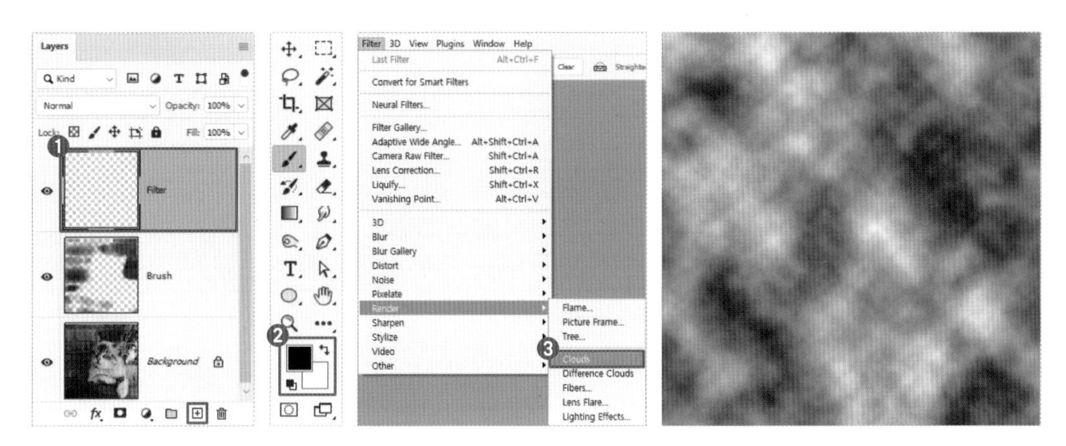

06 ❶Layers 패널에서 Alt를 누른 채 [Filter]와 [Brush] 레이어의 경계를 클릭하여 클리핑 마스크를 적용합니다. ❷[Filter] 레이어를 선택하고 Blending Mode: Overlay, Opacity: 46%로 설정합니다.

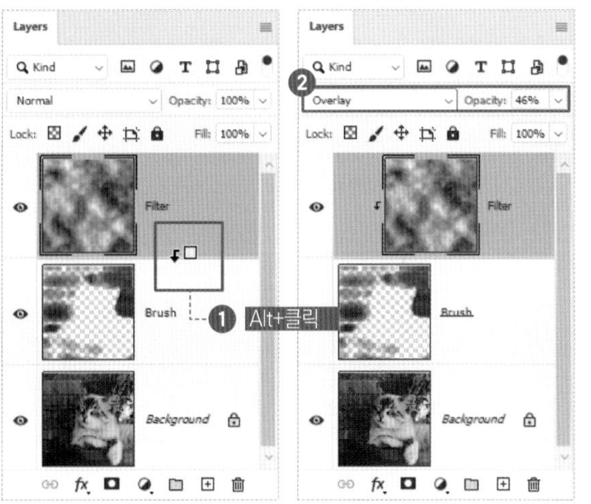

07 항아리 리터칭_ ❶레이어를 추가하고 이름은 Pot으로 변경합니다. ❷#e0865c, #b14924, #481805 등의 색을 사용하고, 질감이 있는 브러시를 사용하여 항아리 부분을 리터칭합니다.

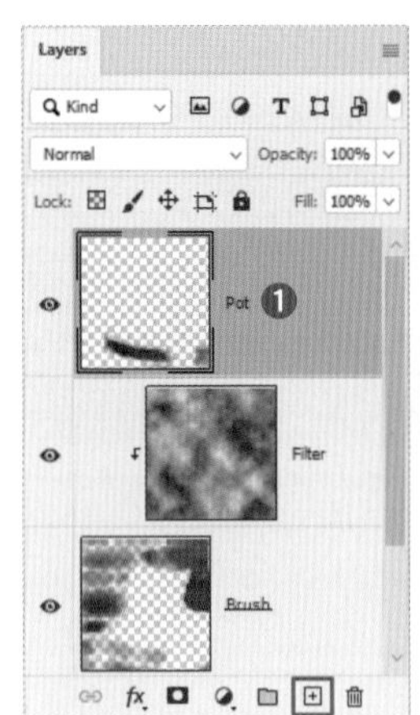

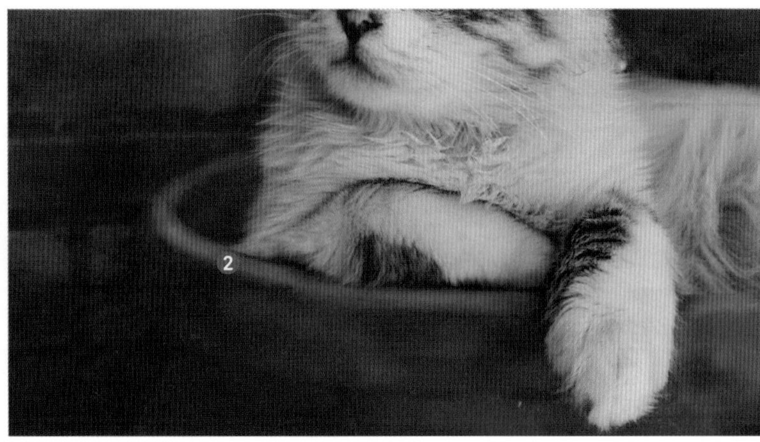

08 ❶레이어를 추가하고 이름은 Pot_shadow로 변경합니다. ❷#4f1204 색으로 항아리 아래 부분을 어둡게 눌러 줍니다. ❸Layers 패널에서 Blending Mode: Multiply로 설정합니다.

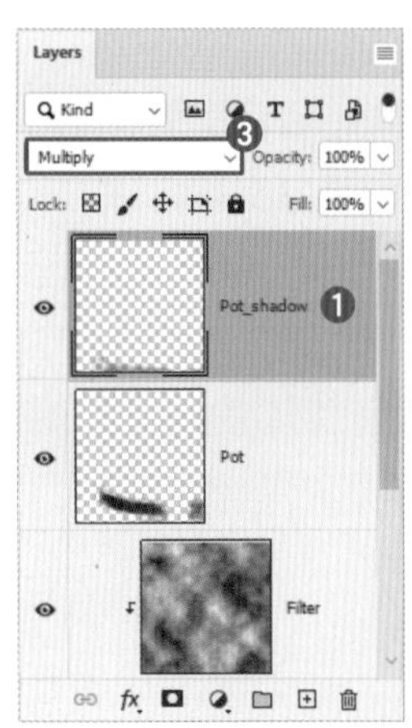

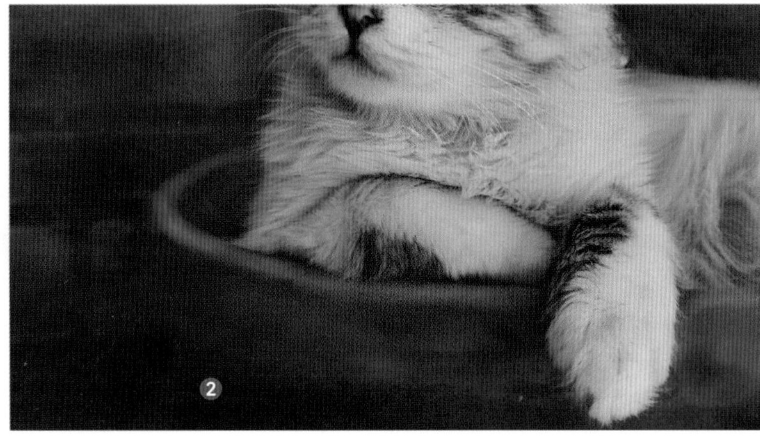

09 ❶레이어를 추가하고 이름은 Pot_spatter로 변경합니다. ❷Brushes picker 창을 열고 [Special Effects Brushes>Kyle's Spatter Brushes–Supreme Spatter]를 선택합니다. ❸#d8c9b1색을 사용하여 다음과 같이 얼룩을 표현합니다.

Brushes picker 창은 [브러시 도구]의 옵션 바에서 [Brushes picker]를 클릭하거나 브러시 사용 중 작업 창에서 [마우스 오른쪽 버튼]을 클릭하면 열립니다.

10 Layers 패널에서 [Pot_spatter] 레이어의 Blending Mode: Multiply로 설정하면 항아리의 자연스러운 얼룩이 표현됩니다.

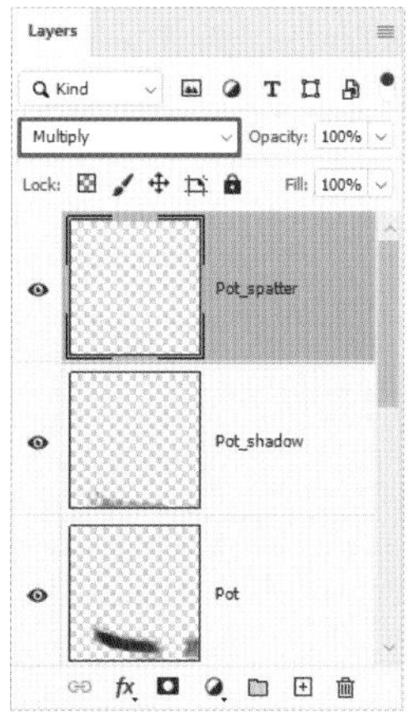

11 고양이 리터칭_ ❶레이어를 추가하고 이름은 Cat_brush로 변경합니다. ❷툴 바에서 **[스포이드 도구]**를 선택하여 고양이의 리터칭할 부위를 클릭해서 색을 추출하고 ❸**[브로시 도구]**를 선택하고 옵션 바에서 Opacity: 30~50%로 조절하면서 [Hardness 0%]인 소프트 브러시로 칠합니다. 고양이의 다른 부위도 같은 과정을 반복하여 덧칠합니다.

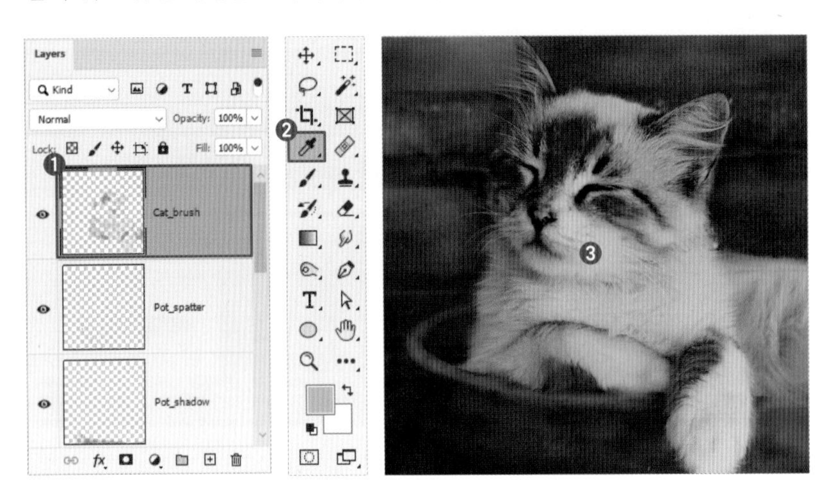

12 고양이 털을 풍성하게 리터칭하겠습니다. ❶**[손가락 도구]**를 선택한 후 ❷옵션 바에서 Size: 2, Strength: 60% 정도로 설정합니다. ❸작업 화면을 확대한 후 고양이 발의 털 부분을 수 차례 드래그해서 풍성하게 보이도록 합니다. 간단해 보이지만 시간이 꽤 걸리는 작업입니다.

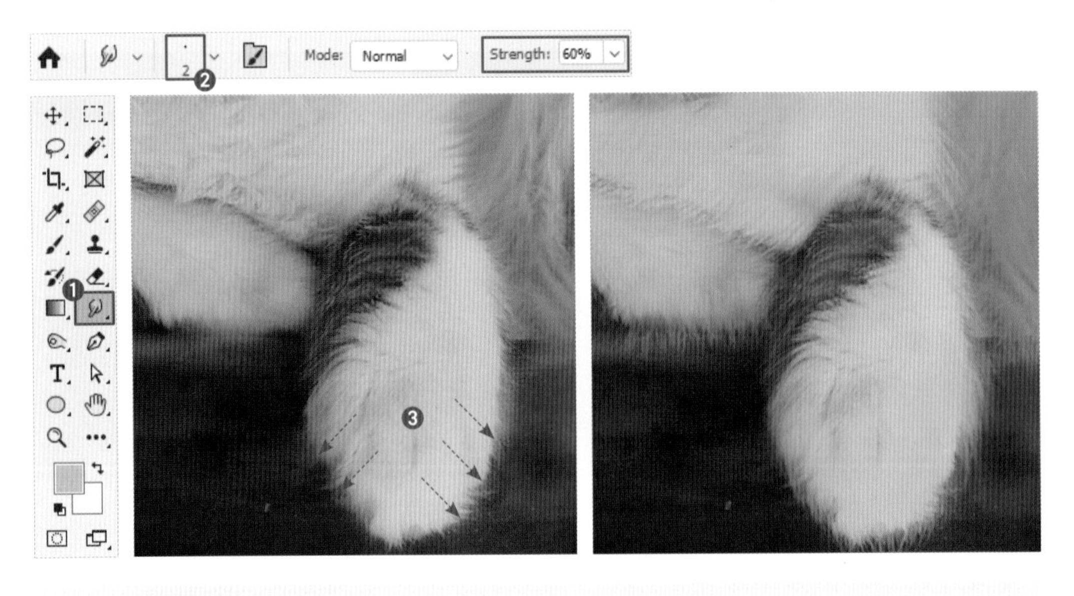

사이즈는 단축키 [또는]를 이용하면 편리합니다.

13 앞의 작업을 반복해서 나머지 부분의 털도 풍성하게 표현합니다.

14 ❶레이어를 추가하고 이름은 Cat_nose로 변경합니다. ❷툴 바에서 **[브러시 도구]**를 선택하고 **전경색: #e48270**으로 설정한 후 ❸작업 창에서 고양이 코 부분을 칠합니다. ❹Layers 패널에서 Blending Mode: Multiply로 설정합니다.

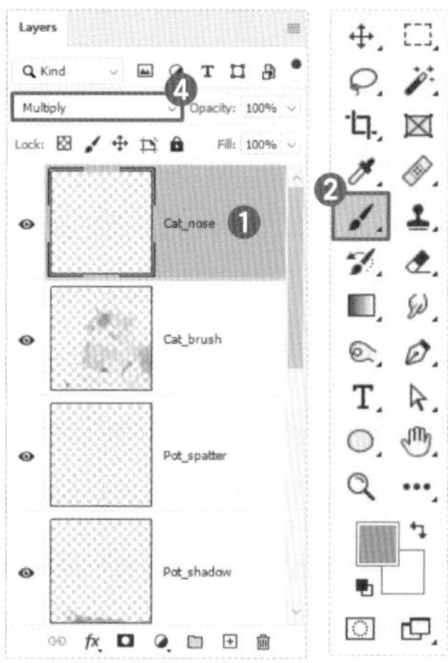

15 ❶레이어를 추가하고 이름은 **Wall_spatter**로 변경합니다. ❷Brushes picker 창을 열어 **[Special Effects Brushes>Kyle's Spatter Brushes–Spatter Bot Tilt]**를 선택하고 **Size: 284px**로 설정합니다. ❸**전경색: #ffffdc**로 설정하여 다음과 같이 배경에 얼룩을 표현합니다.

16 Layers 패널에서 **Blending Mode: Overlay, Opacity: 26%**로 설정하여 완성합니다.

SPECIAL EFFECTS

스티치 효과, 망점 효과, 조각 이미지 효과, 찢어진 종이 효과 등 다양한 시각적인 효과를 더해 보겠습니다. 콘셉트에 더해진 다양한 효과로 더욱 매력적인 그래픽 이미지를 연출할 수 있습니다.

Idea 13 패턴을 활용한 조각 이미지 효과

마치 광고의 한 장면처럼 이미지 조각들이 합쳐져 하나의 이미지로 완성되는 듯하게 표현해 보겠습니다. 세련미 넘치는 매력적인 이미지를 완성할 수 있습니다.

난이도 ★★★☆☆

예 제 Woman.jpg
Pattern1.psd
Pattern2.psd

완 성 Woman.psd

Displace Filter
Pattern
Layer Mask

01 패턴 제작 _ ❶ Ctrl + N 을 눌러 40X40Pixels, 흰색(#000000)으로 새 창을 만든 후 20X20Pixel 크기의 검은색 정사각형을 작업 창 왼쪽 상단과 오른쪽 아래에 만듭니다. ❷메뉴 바에서 [Edit-Define Pattern]을 선택한 후 ❸Pattern Name 창에서 패턴 이름을 입력하고 ❹[OK]를 클릭하여 패턴으로 등록합니다.

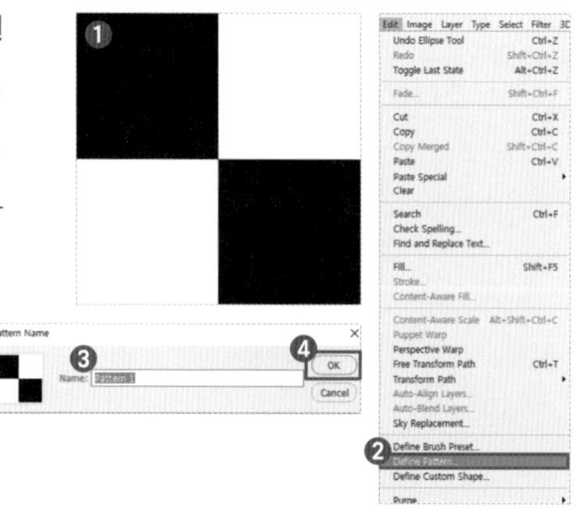

사각형 패턴 무늬는 작업 창을 확대한 후 [사각형 선택 윤곽 도구]를 이용하여 선택 영역을 지정하고 검은색으로 채우는 방식으로 완성할 수 있습니다.

02 ❶ Ctrl + N 을 눌러 900×900Pixels, #ffffff으로 새 창을 만든 후 메뉴 바에서 [Edit-Fill]을 선택합니다. ❷Fill 창이 열리면 Contents: Pattern, Custom Pattern: **앞서 만든 패턴**으로 설정한 후 ❸[OK]를 클릭합니다. ❹새 창에 패턴이 채워지면 Ctrl + S 를 눌러 Pattern1.psd 파일로 저장합니다.

03 ❶400×400Pixels, #ffffff로 새 창을 만들고(Ctrl + N), 200×200Pixels 크기의 검은색 정사각형으로 패턴을 만들어 등록합니다. ❷900×900Pixels, #ffffff로 새 창을 만들고, [Edit-Define Pattern] 메뉴를 선택하여 새로 만든 패턴으로 채운 후 Pattern2.psd 파일로 저장합니다(Ctrl + S).

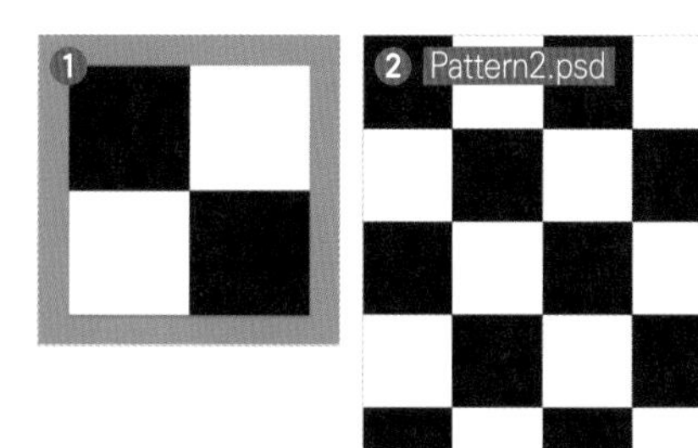

04 **이미지에 패턴 조합**_ Ctrl + O 를 눌러 Woman.jpg 예제 파일을 엽니다.

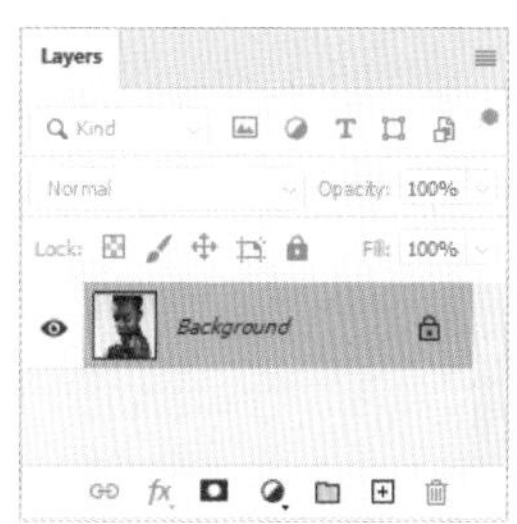

05 ❶Layers 패널에서 Ctrl + J 를 눌러 레이어를 복제하고 이름은 Pattern1로 변경합니다. ❷메뉴 바에서 [Filter-Distort-Displace]를 선택하고 ❸Displace 창이 열리면 Horizontal Scale:5, Vertical Scale: 5로 설정한 후 ❹[OK]를 클릭합니다.

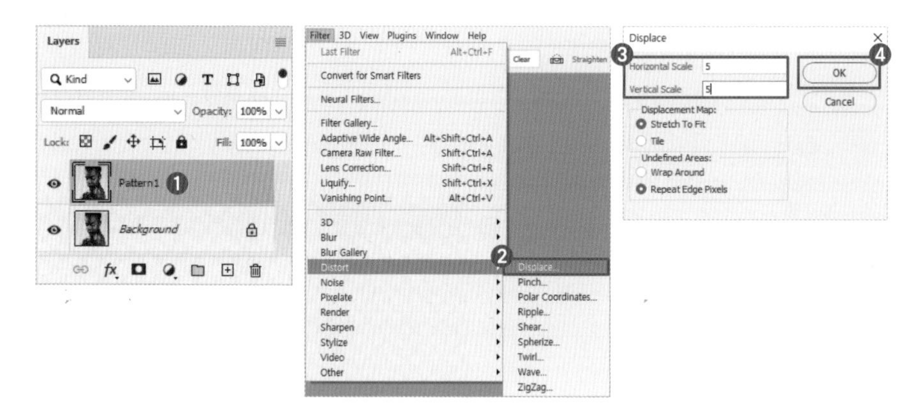

06 ❶Choose a displacement map 창이 열리면 앞서 저장한 Pattern1.psd 파일을 찾아 선택하고 ❷[열기]를 클릭합니다. ❸[Pattern1] 레이어에 [Pattern1.psd] 파일의 패턴이 조합되어 조각 이미지처럼 표현됩니다.

07 ❶Layers 패널에서 [Pattern1] 레이어의 [눈] 아이콘을 비활성화합니다. ❷[Background] 레이어를 선택하고 Ctrl + J 를 눌러 복제한 후 이름은 Pattern2로 변경합니다. ❸메뉴 바에서 [Filter-Distort-Displace]를 선택한 후 Pattern2.psd 파일을 적용합니다.

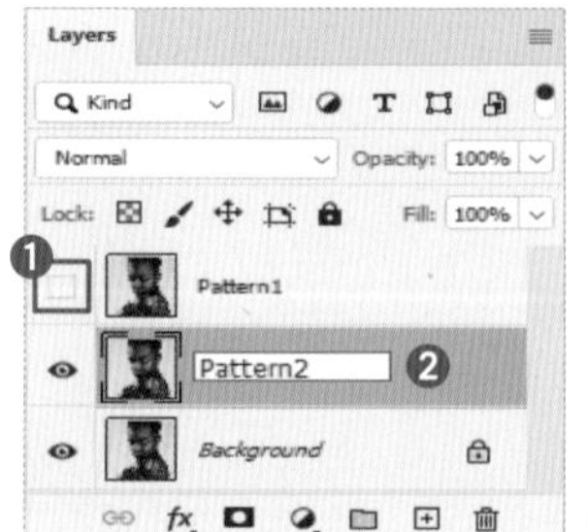

08 레이어 마스크 활용_ ❶Layers 패널에서 **[Pattern1]** 레이어를 선택하고, **[눈]** 아이콘을 활성화한 후 ❷**[Add layer mask]** 아이콘을 클릭하여 레이어 마스크를 추가합니다. ❸툴 바에서 **[브러시 도구]**를 선택하고 **전경색: 검정(#0000)**으로 설정한 후 ❹작업 창에서 얼굴과 손 부분 일부를 드래그하여 가리면 아래에 있는 큰 패턴이 보입니다.

다시 작은 패턴이 보이게 수정하고 싶다면 [전경색: 흰색]으로 설정한 후 해당 부분을 드래그합니다.

09 텍스트 추가_ [수평 문자 도구]를 이용하여 적당한 텍스트를 입력하고, 레이어 스타일 등을 적용하여 완성합니다.

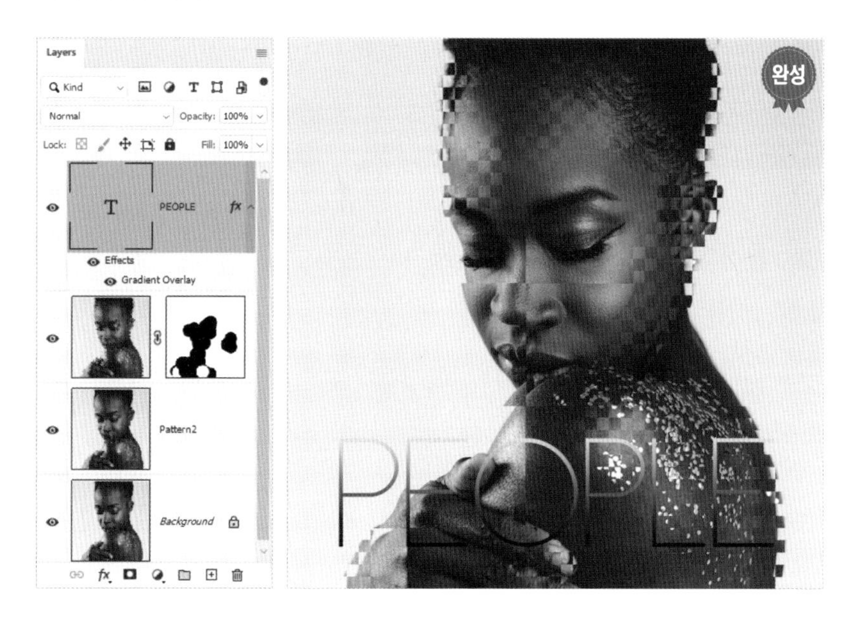

Idea 14 브러시로 만드는 찢어진 종이 효과

별다른 이미지 소스 하나 없이 질감이 있는 브러시를 활용하면 자연스럽게 찢기고 말린 듯한 종이 느낌을 어렵지 않게 표현할 수 있습니다.

난이도 ★★☆☆☆

완 성 Torn Paper.psd

Brush

Drop Shadow

01 배경 만들기_ ❶ Ctrl + N 을 눌러 900×900Pixels의 새 창을 만듭니다. ❷툴 바에서 **전경색: #fbf5eb**로 설정하고 ❸ Alt + Delete 를 작업 창에 전경색을 채웁니다.

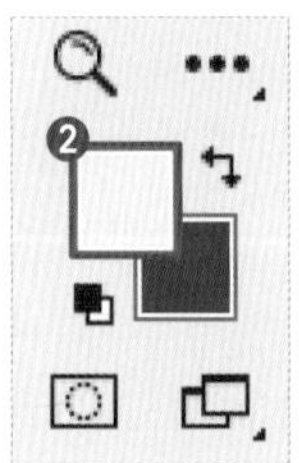

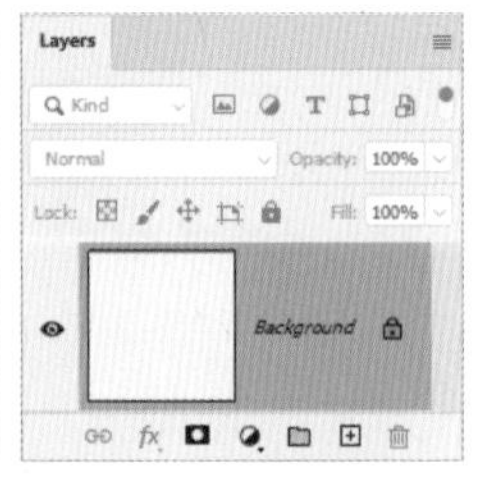

02 **찢긴 표현_** ❶툴 바에서 **[브러시 도구]**를 선택하고 **전경색: 흰색(#ffffff)**으로 설정합니다. ❷옵션 바에서 [Brushes picker] 창을 열고 ❸[Dry Media Brushes>Kyle's Ultimate Pastel Palooza]를 선택한 후 Size: 60px로 설정합니다.

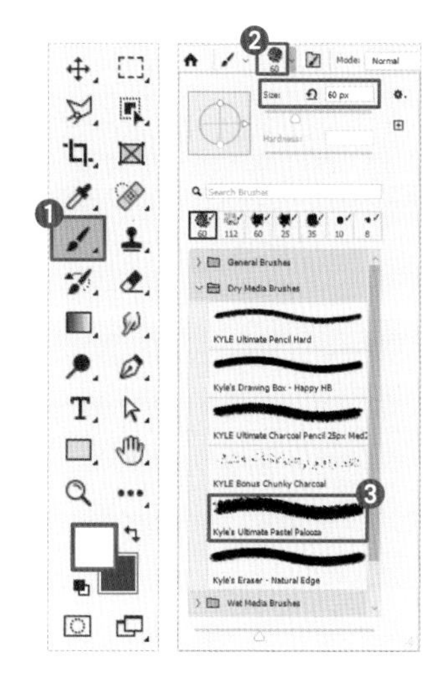

03 ❶Layers 패널에서 레이어를 추가하고 이름은 Torn_White로 변경한 후 ❷작업 창에서 다음과 같이 드래그하여 종이가 찢긴 흔적을 표현합니다.

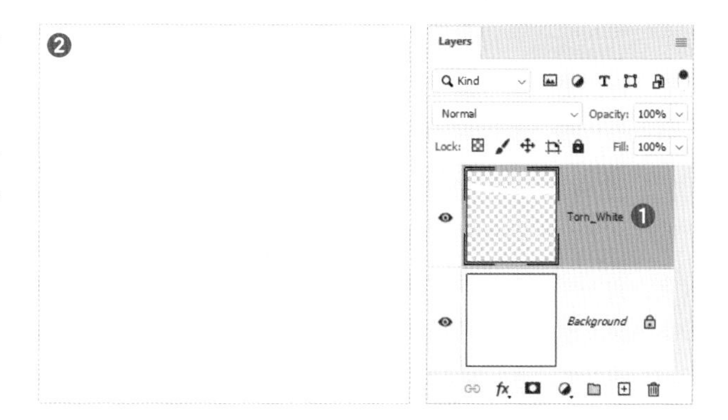

04 ❶레이어를 추가하고 이름은 Torn_Pink로 변경합니다. ❷**전경색: #c91b47**로 설정한 후 흰색으로 칠한 부분보다 살짝 위에서 드래그하여 경계를 구분합니다. ❸**[다각형 올가미 도구]** 등을 이용해서 칠한 부분의 중간을 가로지르고, 위쪽이 모두 포함되도록 선택 영역을 지정한 후 ❹ Alt + Delete 를 눌러 전경색(#c91b47)으로 채우고 Ctrl + D를 눌러 선택 영역을 해제합니다.

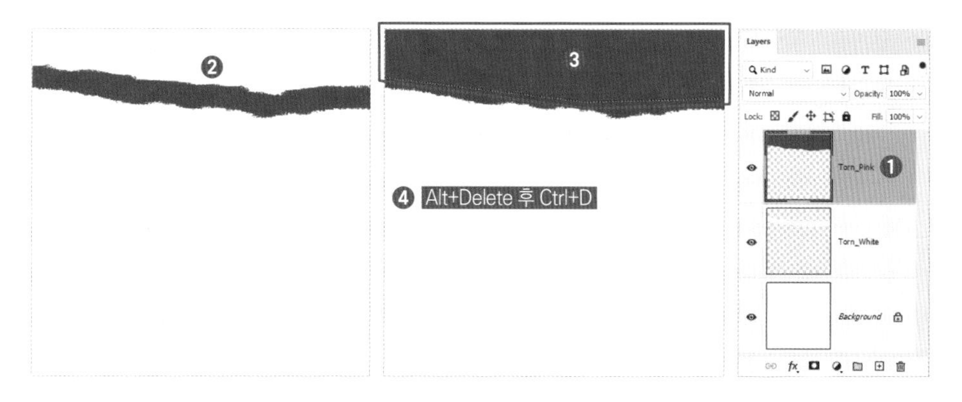

05 ❶Layers 패널에서 [Torn_White] 레이어를 선택합니다. ❷[Add a layer style] 아이콘을 클릭한 후 [Drop Shadow]를 선택하여 Layer Style 창을 열고 ❸Blend Mode: Multiply, Color: #a7a6a2, Opacity: 23%, Angle: 90, Distance: 3px, Spread: 0%, Size: 6px로 설정한 후 ❹[OK]를 클릭하여 흰색 칠에 그림자를 추가합니다.

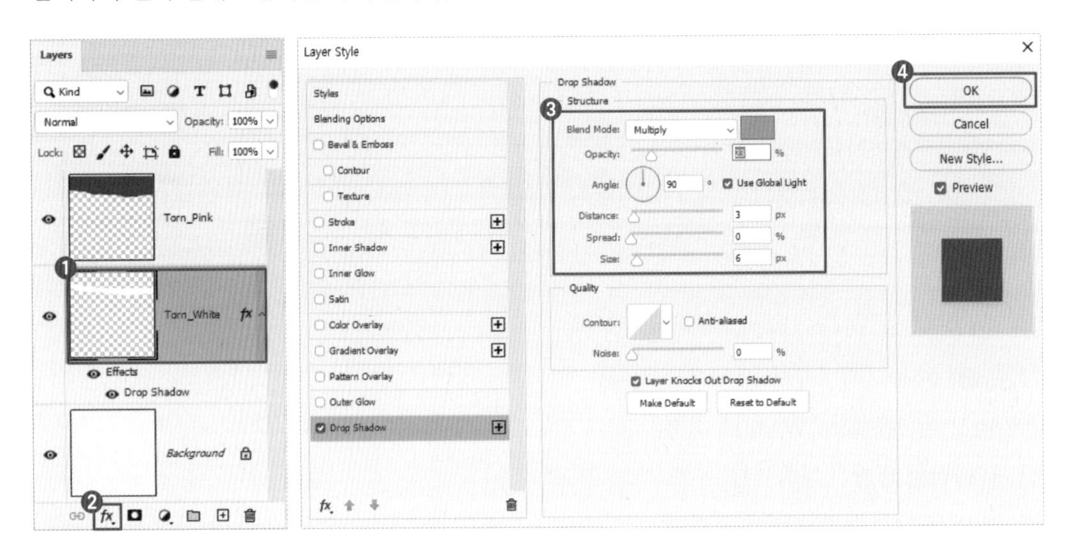

06 앞의 과정을 참고하여 작업 창 아래쪽에도 종이가 찢긴 듯한 표현을 추가합니다. 단, 레이어 스타일로 그림자 효과를 지정할 때는 Angle: -90, Use Global Light: **체크 해제**로 설정을 변경합니다.

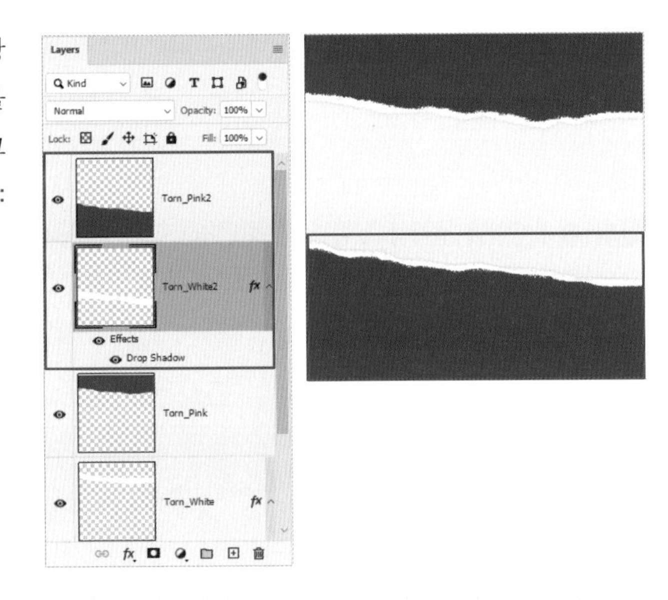

Alt 를 누른 채 [Torn_White] 레이어에 있는 레이어 스타일([Effect] 레이어)을 드래그해서 복제하고, 더블 클릭한 후 옵션만 변경하면 빠르게 작업할 수 있습니다.

07 **말린 부분 표현_** ❶툴 바에서 **[다각형 올가미 도구]**를 선택한 후 ❷작업 창에서 다음과 같이 선택 영역을 지정합니다. ❸**[그레이디언트 도구]**를 선택한 후 ❹옵션 바에서 Style: Linear Gradient로 설정하고, ❺Gradient 옵션을 클릭합니다. ❻Gradient Editor가 열리면 [Opacity Stop]는 모두 100%로 설정하고, [Color Stop]은 왼쪽부터 #c91b47, #fe3161, #c91b47로 설정한 후 ❼[OK]를 클릭합니다.

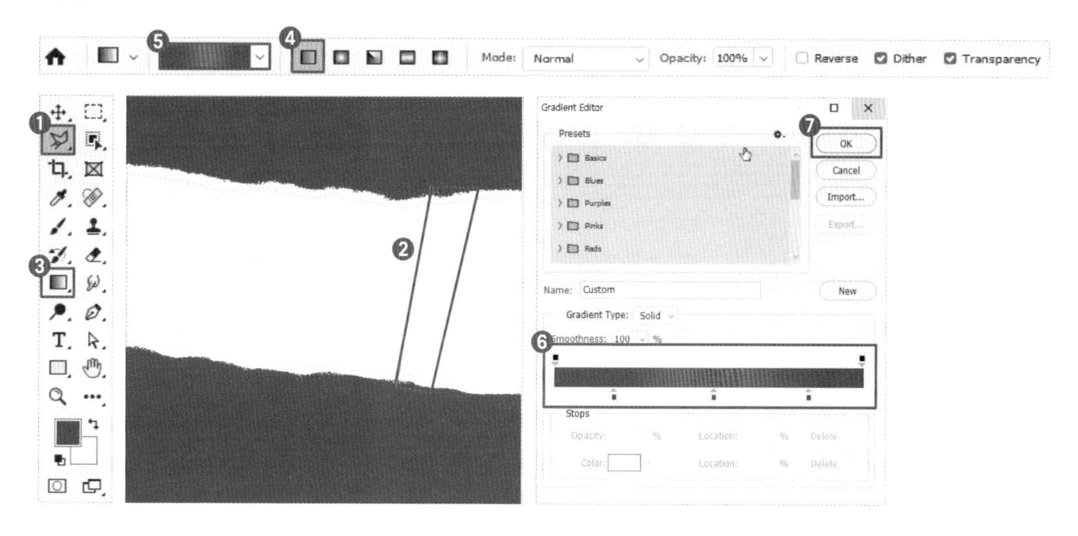

그레이디언트 바에서 아래쪽을 클릭하면 새로운 [Color Stop]을 추가할 수 있고, 'Stops' 영역에서 옵션 값을 변경할 수 있습니다. [Color Stop]을 제거할 때는 그레이디언트 바 바깥쪽으로 드래그합니다.

08 ❶Layers 패널에서 레이어를 추가하고 이름은 Roll로 변경합니다. ❷작업 창의 선택 영역에서 다음과 같이 드래그하여 그레이디언트로 채웁니다.

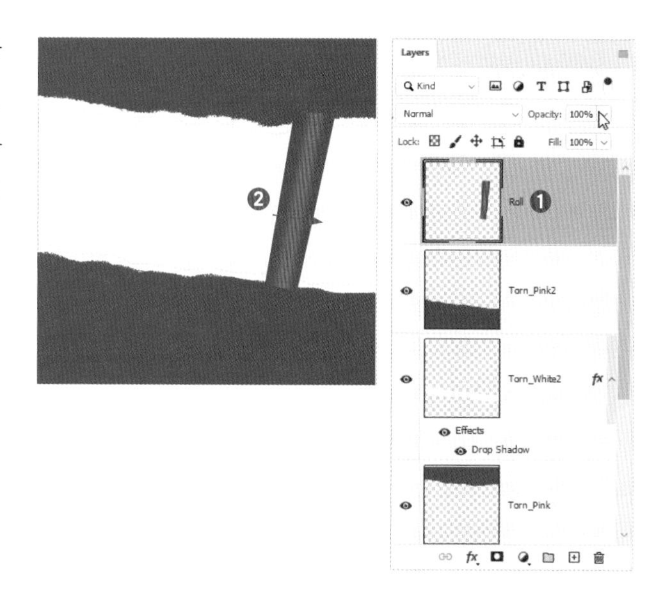

09 ❶Layers 패널에서 [Add a layer style] 아이콘을 클릭한 후 [Drop Shadow]를 선택하여 Layer Styles 창을 엽니다. ❷**Color: 검정(#000000), Opacity: 36%, Angle: 170, Use Global Light: 체크 해제, Distance: 8px, Spread: 0%, Size: 18px**로 설정하고 ❸[OK]를 클릭하여 그림자를 적용합니다.

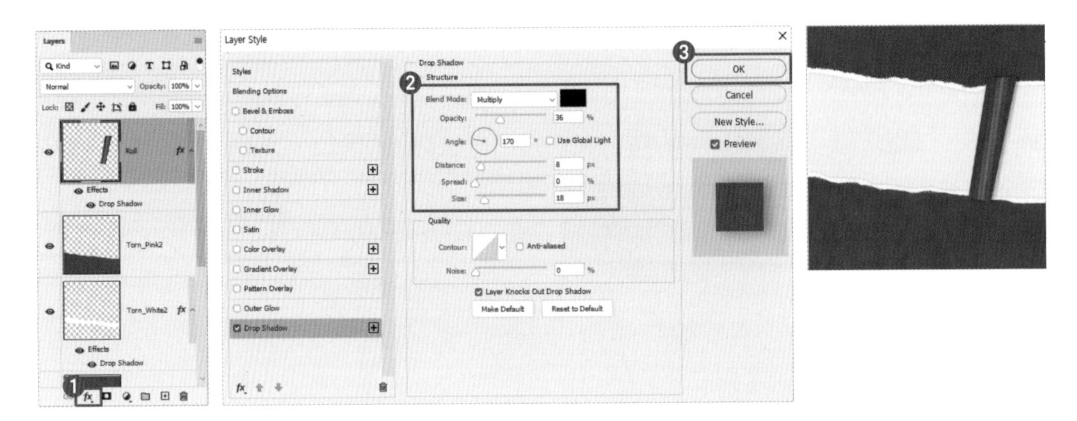

10 ❶Layers 패널에서 레이어를 추가하고 이름은 Roll_White로 변경한 다음 ❷흰색(#ffffff) 브러시로 말린 부분의 위와 아래를 칠합니다.

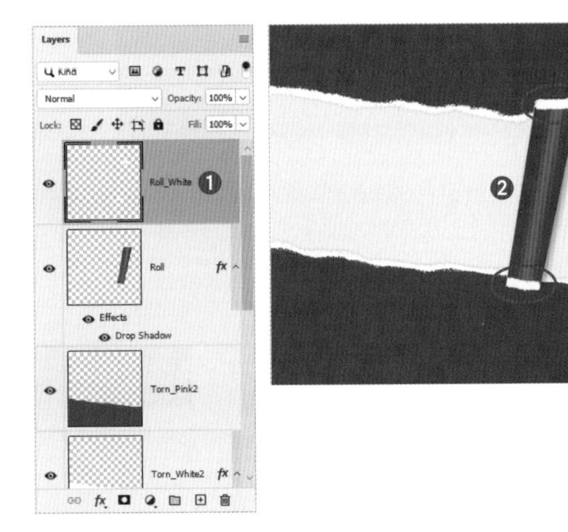

11 ❶레이어를 추가하고 이름은 Pink_Right로 변경한 후 **[Roll]** 레이어 아래로 옮깁니다. ❷**[사각형 선택 도구]** 등을 이용하여 다음과 같이 접힌 부분 오른쪽을 선택합니다. ❸**전경색: #c91b47**로 설정한 후 Alt + Delete 를 눌러 선택 영역을 배경과 같은 색으로 채우고, Ctrl + D 를 눌러 선택을 해제합니다.

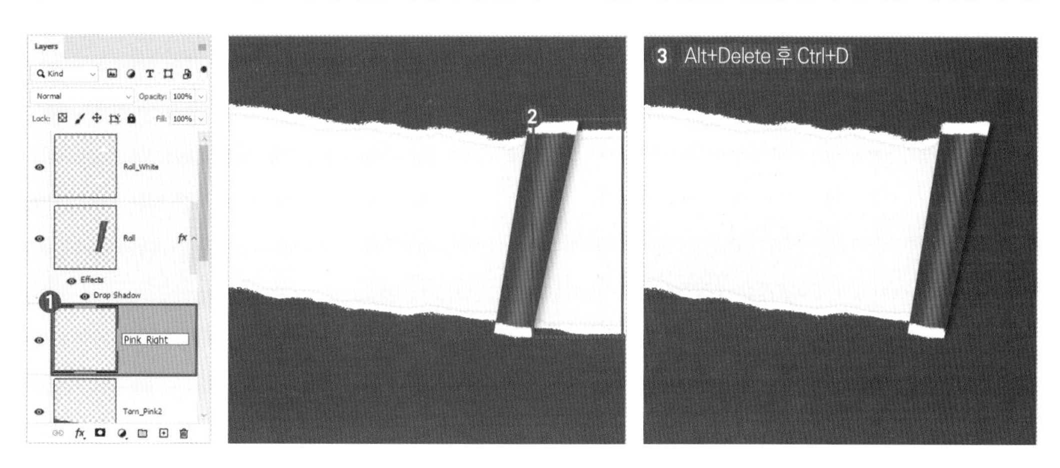

12 **텍스트 추가_ [수평 문자 도구]**를 이용하여 작업 창에 적절한 텍스트를 입력하고 레이어 스타일을 적용합니다(Inner Shadow). 마지막으로 하단에 더미 텍스트를 입력해서 완성합니다.

Idea 15 레이어 마스크를 활용한 잉크 뿌리는 효과

레이어 마스크를 활용하여 이미지의 일부가 떨어져 나가는 것처럼 보이기도 하고, 잉크가 튀겨서 퍼지는 것 같기도 한 효과를 표현해 보겠습니다. 이번 실습처럼 레이어 마스크와 브러시의 환상적인 조합은 자주 활용하는 기법입니다.

난이도 ★★★☆☆
예 제 Woman2.jpg
Paint.png
완 성 Spatter.psd

Liquify
Layer Mask

01 예제 파일 열기_ ❶ Ctrl + O 를 눌러 Woman2.jpg 예제 파일을 엽니다. ❷ Ctrl + J 를 눌러 레이어를 복제하고 이름은 Spatter로 변경합니다.

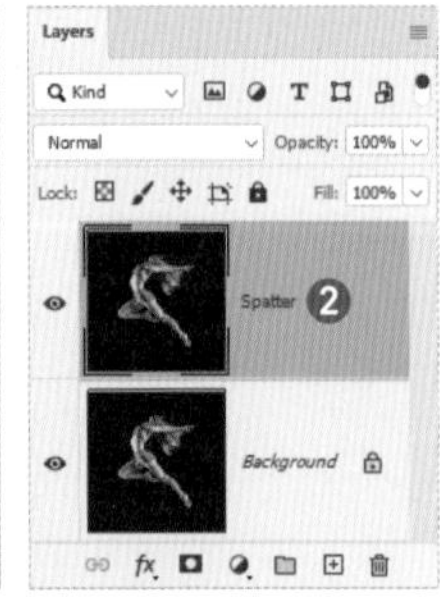

02 Liquify 필터 적용_ ❶메뉴 바에서 [Filter–Liquify]를 선택하여 Liquify 창을 열고 ❷**[뒤틀기 도구]**를 선택합니다. ❸[,]를 이용해 브러시 사이즈를 적절하게 조절하면서 다음과 같이 이미지를 오른쪽 방향으로 반복 드래그하여 늘리고 ❹[OK]를 클릭합니다.

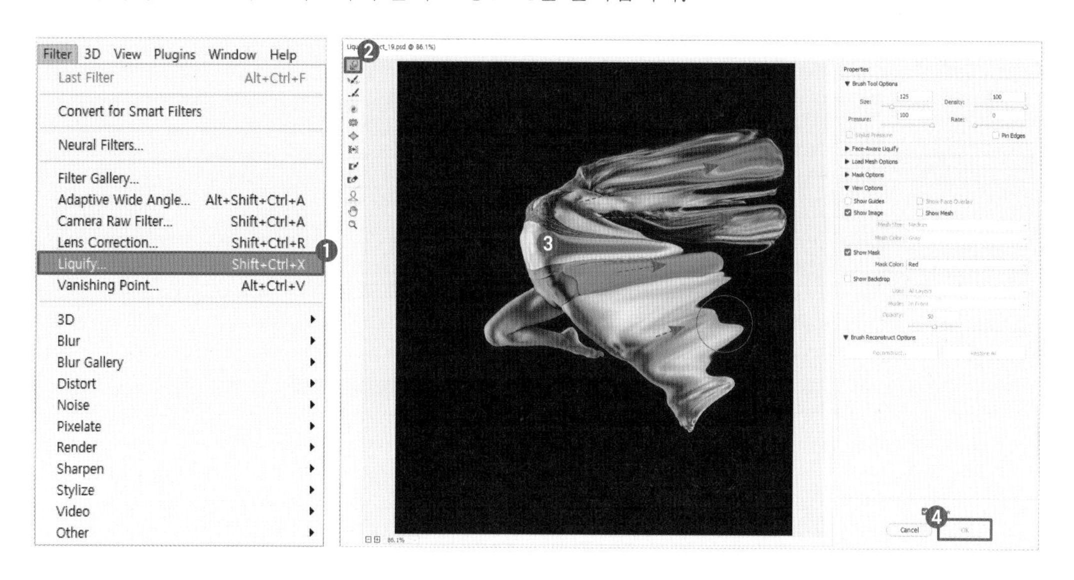

03 ❶Layers 패널에서 Alt 를 누른 채 [Add layer mask] 아이콘을 클릭해서 검은색 레이어 마스크를 추가합니다. ❷작업 창을 보면 [Spatter] 레이어의 이미지가 레이어 마스크에 모두 가려집니다.

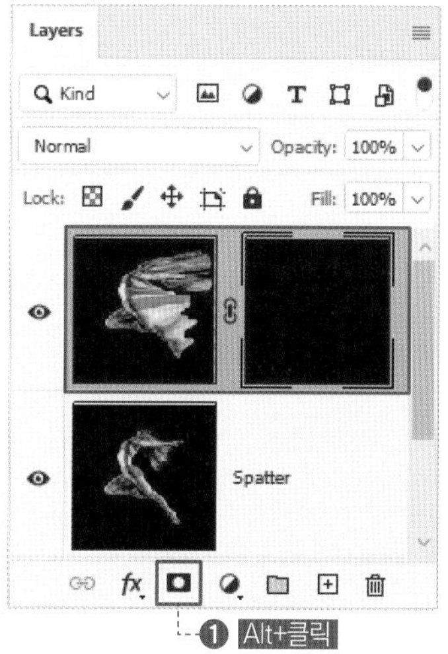

04 **브러시 등록_** ❶ Ctrl + O 를 눌러 Paint.png 예제 파일을 엽니다. ❷메뉴 바에서 [Edit-Define Brush Preset]을 선택한 후 ❸[OK]를 클리하여 예제 파일 이미지를 브러시로 등록합니다.

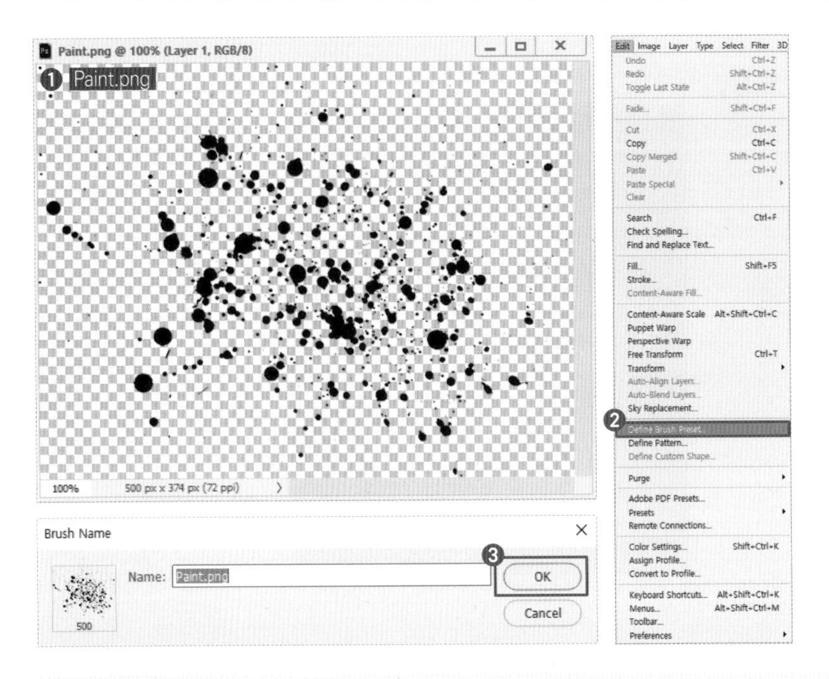

브러시 등록 후 사용 시 작업 창에 표시되는 커서 모양을 바꾸고 싶다면 Cpas Lock 을 누릅니다.

05 **레이어 마스크 활용_** ❶작업 중이던 창으로 돌아와 툴 바에서 **[브러시 도구]**를 선택하고, **전경색: 흰색(#ffffff)**으로 설정합니다. ❷작업 창에서 **[마우스 오른쪽 버튼]**을 클릭한 후 앞서 등록한 브러시를 선택한 후 ❸인물 오른쪽을 클릭합니다. 레이어 마스크에 브러시 모양대로 흰색이 칠해지면서 가려진 이미지가 나타납니다.

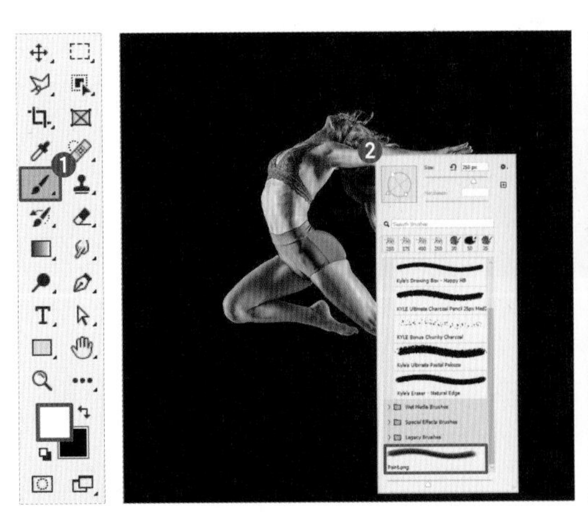

06 작업 창에서 **[마우스 오른쪽 버튼]**을 클릭한 후 Brushes picker 창에서 브러시 사이즈나 각도 등을 변경하고, 인물의 오른쪽 부분을 마저 클릭하여 완성합니다.

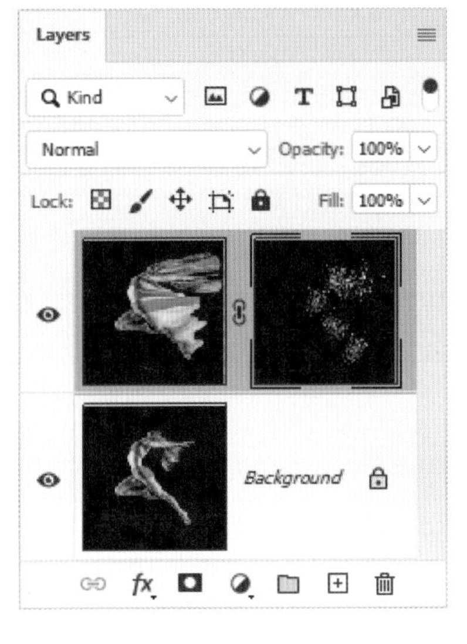

Idea 16 복고풍 스타일의 픽셀 효과

모자이크 혹은 점처럼 표현할 수 있는 픽셀 효과는 복고풍 스타일의 도트 표현 기법입니다. 오래된 비디오 게임 등에서 많이 봤을 법한 느낌으로, 다양한 크기로 설정할 수 있고 이미지의 일부만 작업할 수도 있습니다.

난이도 ★★★☆☆
예 제 Heart.jpg
완 성 Pixel.psd

Pixel
Mosaic
Layer Mask
Clipping Mask

01 예제 파일 열기 _ Ctrl + O를 눌러 Heart.jpg 예제 파일을 엽니다.

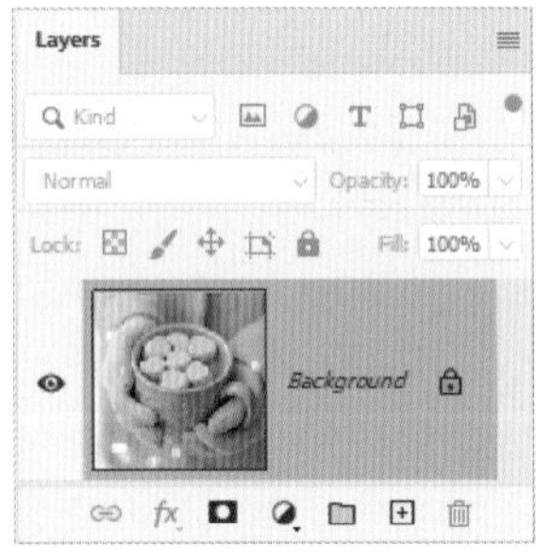

02 ❶툴 바에서 **[빠른 선택 도구]**를 선택한 후 ❷작업 창에서 컵에 담긴 하트 모양 부분을 드래그하여 선택 영역으로 지정합니다. ❸ Ctrl + J 를 눌러 선택 영역만 별도의 레이어로 복제합니다.

선택 영역이 원하는 만큼 지정되지 않으면 Alt 를 누른 채 클릭해서 선택 영역을 제외하거나 Shift 를 누른 채 클릭해서 선택 영역을 추가합니다.

03 Mosaic 필터 적용_ ❶메뉴 바에서 [Filter-Pixelate-Mosaic]을 선택합니다. ❷Mosaic 창이 열리면 Cell Size: 10square로 설정하고 ❸[OK]를 클릭합니다.

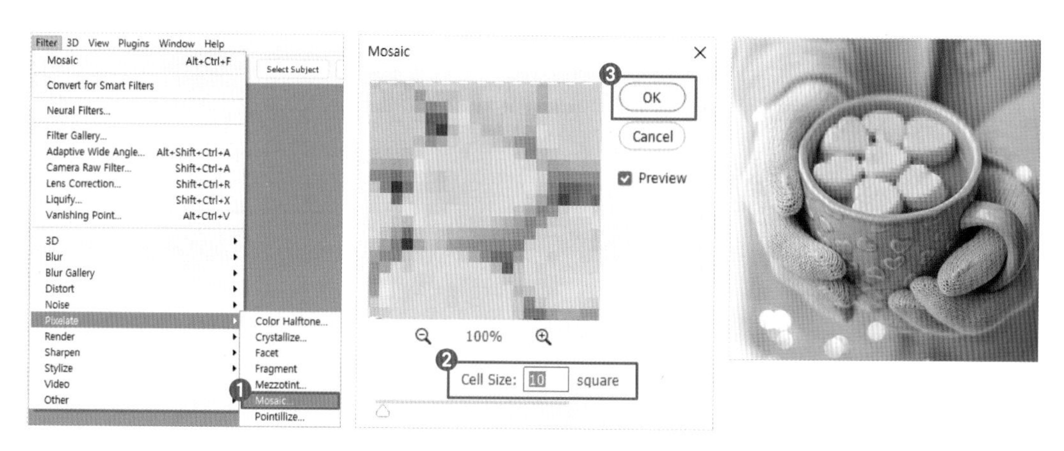

04 ❶ Ctrl + J 를 2번 눌러 레이어를 2개 더 복제합니다. ❷ Shift 를 누른 채 [Layer1]을 클릭하여 3개의 레이어를 모두 선택하고, ❸ Ctrl + E 를 눌러 레이어를 하나로 합칩니다. 가장자리의 투명한 픽셀들이 좀 더 또렷해집니다.

05 레이어 마스크 활용_ ❶ Ctrl 을 누른 채 레이어 섬네일을 클릭하여 선택 영역을 지정하고 ❷[Add layer mask] 아이콘을 클릭하여 선택 영역만 표시되는 레이어 마스크를 추가합니다. ❸ Ctrl + J 를 여러 번 눌러서 레이어 마스크가 추가된 레이어를 여러 개 복제합니다.

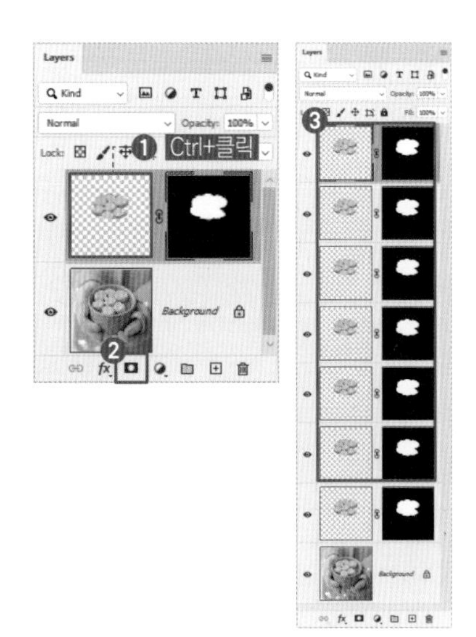

06 ❶가장자리 투명한 픽셀에 배경색을 넣기 위해 [Background] 레이어를 선택하고, ❷[Create new fill or adjustment layer] 아이콘 을 클릭한 후 [Solid Color]를 선택합니다. ❸Color Picker 창이 열리면 Color: #888888로 설정한 후 ❹[OK]를 클릭합니다.

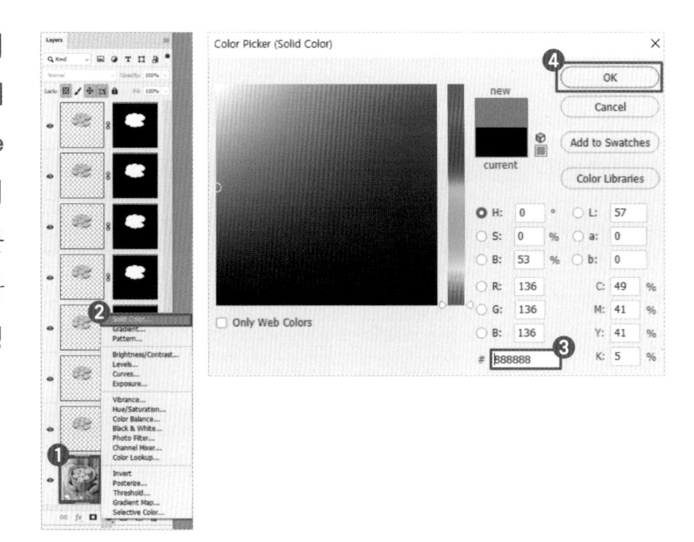

07 ❶회색으로 채워진 칠 레이어가 추가되면 위에 있는 레이어 마스크 중 하나를 Ctrl + Alt 를 누른 채 칠 레이어로 드래그해서 복제 배치합니다. ❷안내 창이 열리면 [Yes]를 클릭합니다

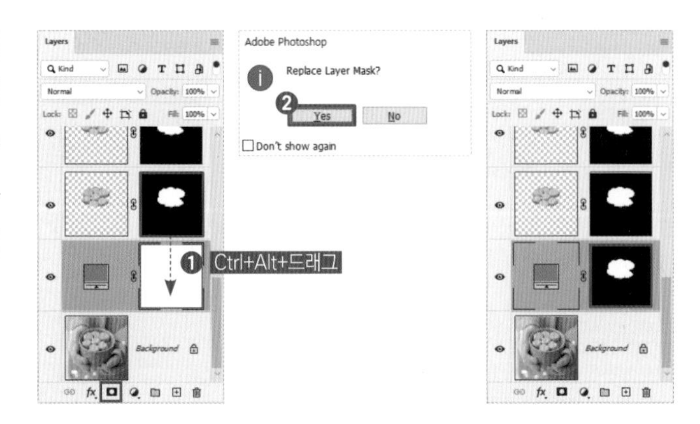

08 ❶Layers 패널에서 [Background] 레이어를 제외한 나머지 레이어를 모두 선택한 후 ❷**[마우스 오른쪽 버튼]**을 클릭하고 [Convert to Smart Object]를 선택합니다. 선택한 레이어가 하나의 스마트 오브젝트 레이어로 합쳐집니다.

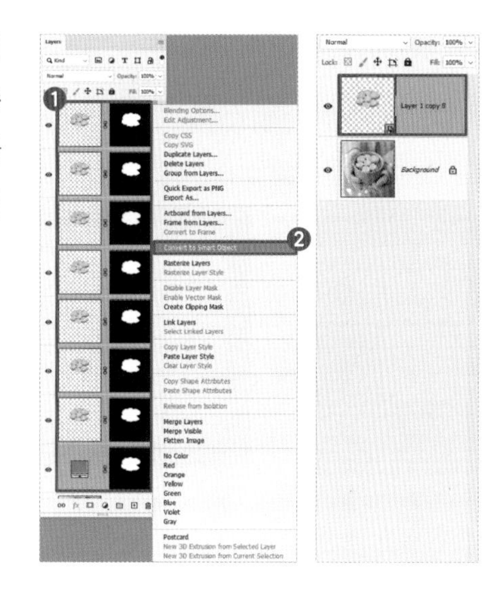

09 **패턴 등록_** ❶ Ctrl + N 을 눌러 10×10Pixels, **흰색**으로 새 창을 만듭니다. ❷Layers 패널에서 [Background] 레이어를 더블 클릭한 후 ❸[OK]를 클릭하여 일반 레이어로 변경합니다.

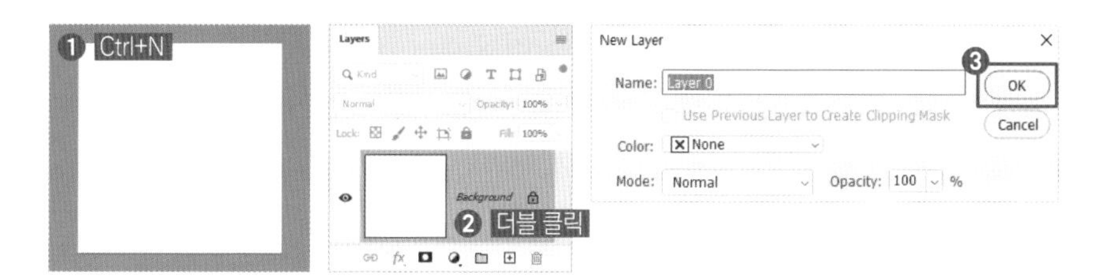

10 ❶Layers 패널에서 [Add a layer style] 아이콘을 클릭한 후 [Stroke]를 선택합니다. ❷Layer Style 창이 열리면 Size: 1, Position: Inside, Color: **검정(#000000)**으로 설정한 후 ❸[OK]를 클릭하여 테두리를 적용합니다.

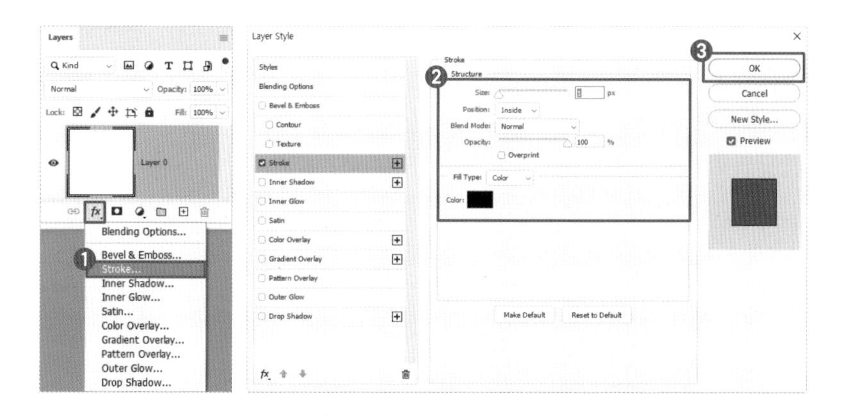

11 ❶Layers 패널에서 **Fill: 0%**로 설정하여 레이어 이미지는 투명하게 처리하고, 레이어 스타일이 적용된 테두리만 보이게 합니다. ❷메뉴 바에서 **[Edit-Define Pattern]**을 선택하여 패턴으로 등록합니다.

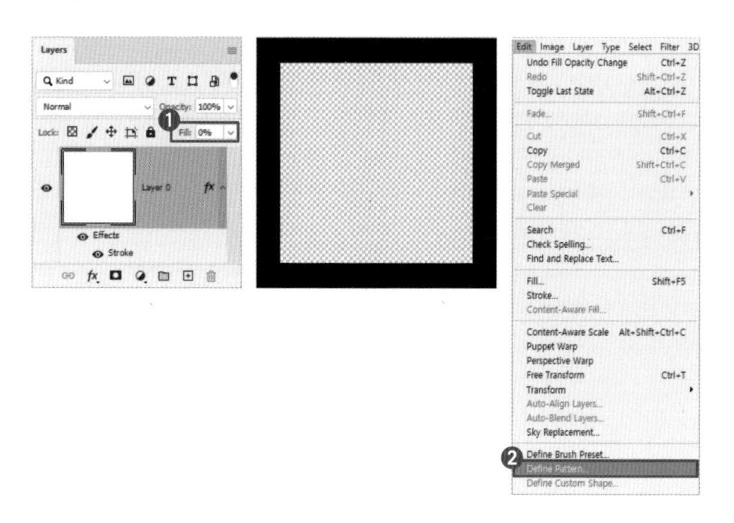

12 **패턴 채우기_** ❶작업 중이던 창으로 돌아와 Ctrl + J 를 눌러 스마트 오브젝트를 복제하고, 이름을 각각 **Pattern**, **Heart**로 변경합니다. ❷**[Pattern]** 레이어를 선택하고 ❸**[Add a layer style]** 아이콘을 클릭한 후 **[Pattern Overlay]**를 선택합니다. ❹Layer Style 창이 열리면 **Opacity: 100%**, **Pattern: 앞서 등록한 패턴**, **Scale: 100%**로 설정한 후 ❺**[OK]**를 클릭합니다.

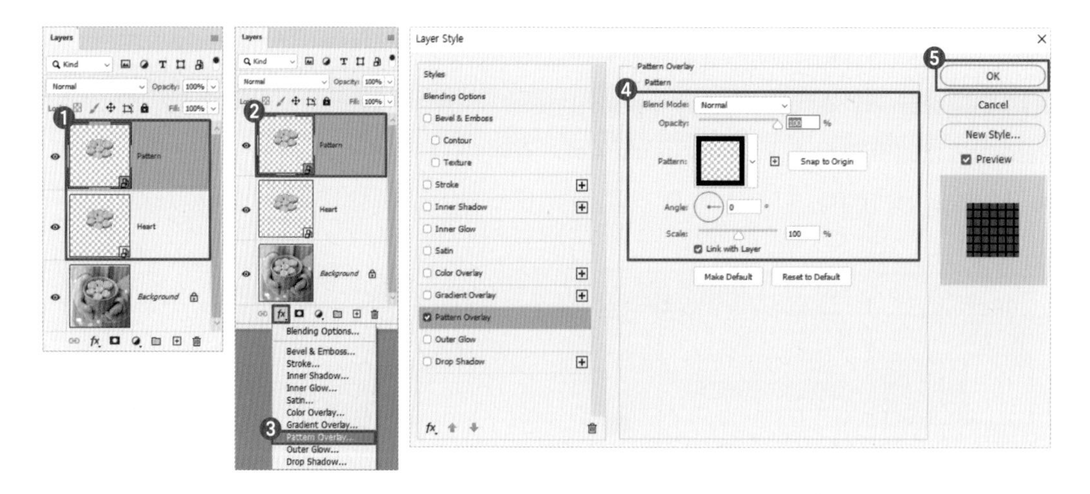

13 ❶Layers 패널에서 적용한 스타일만 보이도록 Fill: 0%로 설정합니다. ❷[Pattern] 레이어에서 스타일만 보이는 상태의 일반 이미지로 변경하기 위해 **[마우스 오른쪽 버튼]**으로 클릭한 후 [Rasterize Layer Style]을 선택합니다.

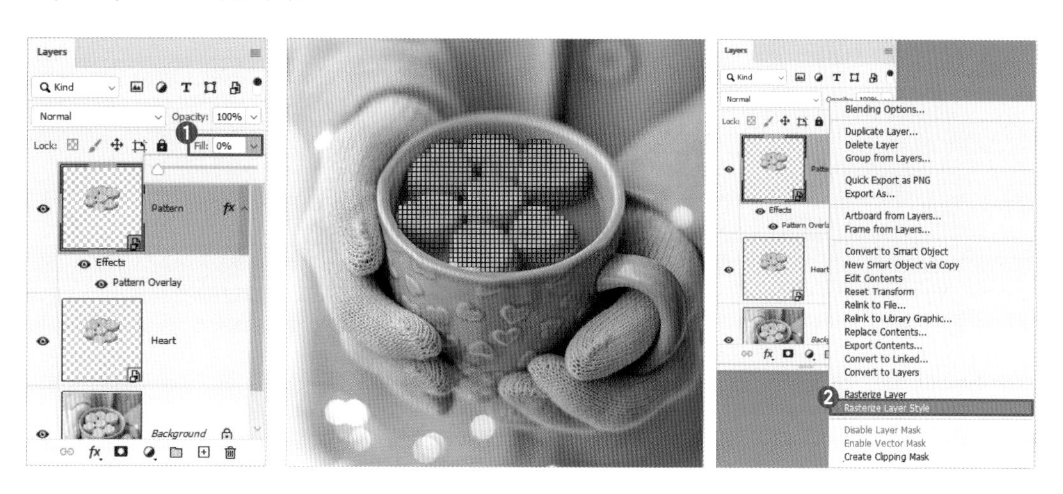

14 ❶Layers 패널에서 [Add a layer style] 아이콘을 클릭한 후 [Drop Shadow]를 선택합니다. ❷Layer Style 창이 열리면 Blend Mode: Color Dodge, Color: 흰색(#ffffff), Opacity: 80%, Angle: 135, Distance: 1px, Spread: 1%, Size: 1px로 설정한 후 ❸[OK]를 클릭합니다.

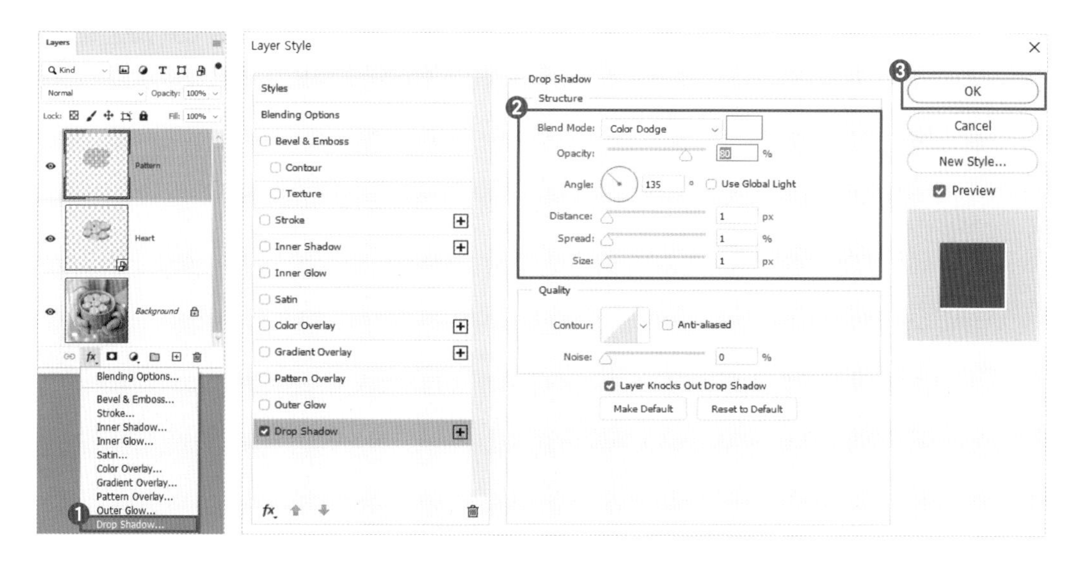

15 Layers 패널에서 **[Pattern]** 레이어를 **Opacity: 40%**로 설정하면 하트 모양에 패턴으로 만든 테두리가 좀 더 자연스럽게 표현됩니다.

16 레이어 정리 및 보정_ ❶Layers 패널에서 [Pattern]과 [Heart] 레이어를 선택한 후 Ctrl + G를 눌러 그룹으로 묶습니다. ❷ [Create new fill or adjustment layer] 아이콘을 클릭한 후 [Hue/Saturation]를 선택하고, ❸Properties 패널에서 Saturation: 27로 설정하여 채도를 높이는 조정 레이어를 추가합니다.

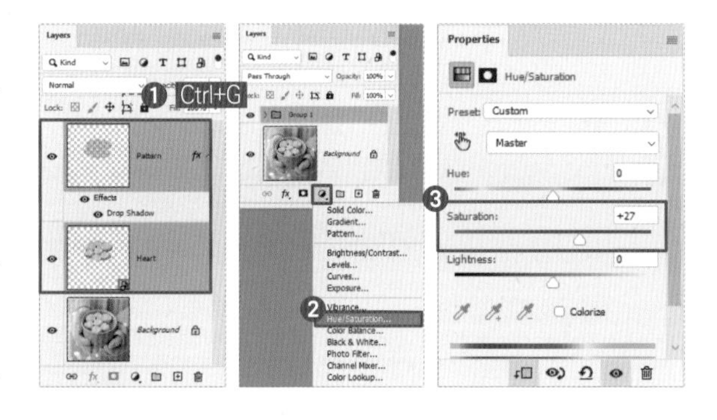

17 Alt 를 누른 채 [Group] 그룹과 [Hue/Saturation] 조정 레이어 사이를 클릭하여 클리핑 마스크를 적용하여 완성합니다.

Idea 17 클릭 몇 번으로 완성하는 먹 효과

포토샵에는 다양한 브러시가 있지만 대부분 기본 브러시만 사용합니다. 이번 실습을 계기로 기본으로 제공하는 다양한 브러시를 하나씩 살펴보세요. 브러시만 잘 활용해도 디자인 아이디어가 샘솟을 것입니다.

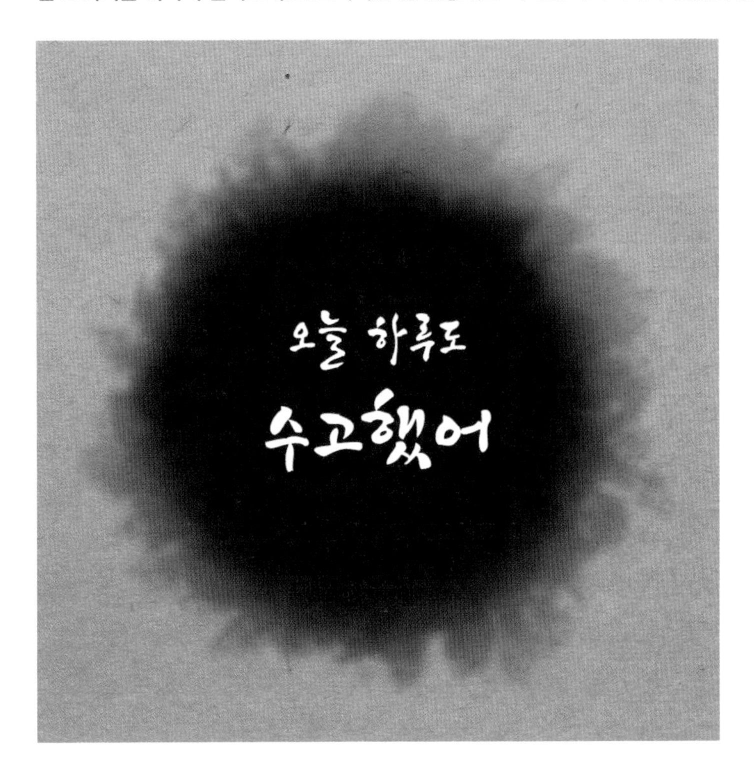

난이도 ★☆☆☆☆
예 제 Paper.jpg
완 성 Inkeffect.psd

Brush
Align

01 배경 배치_ ❶ Ctrl + O를 눌러 Paper.jpg 예제 파일을 엽니다. ❷Layers 패널에서 [Create a new layer] 아이콘을 클릭하여 레이어를 추가하고, ❸이름은 Ink effect로 변경합니다.

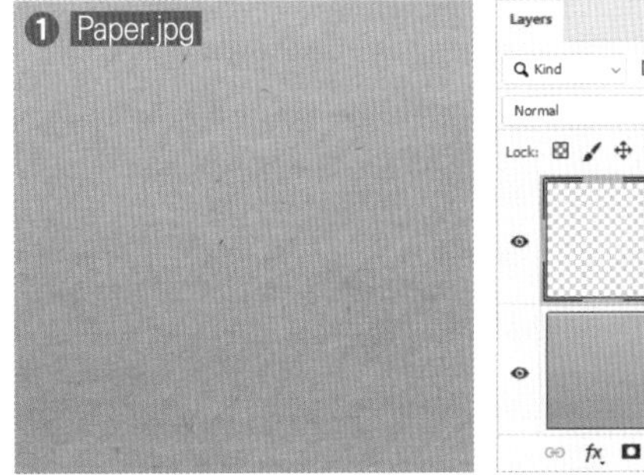

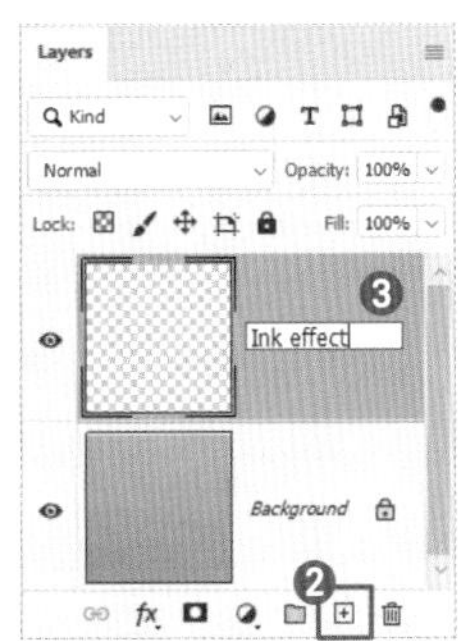

02 **레거시 브러시 사용_** ❶툴 바에서 **[브러시 도구]**를 선택하고 **전경색: 검정(#000000)**으로 설정합니다. ❷옵션 바에서 [Brushes picker] 창을 열고 ❸오른쪽 위에 있는 [Setup] 아이콘을 클릭한 후 ❹[Legacy Brushes]를 선택합니다. ❺팝업 창이 열리면 [OK]를 클릭하여 레거시 브러시를 추가합니다.

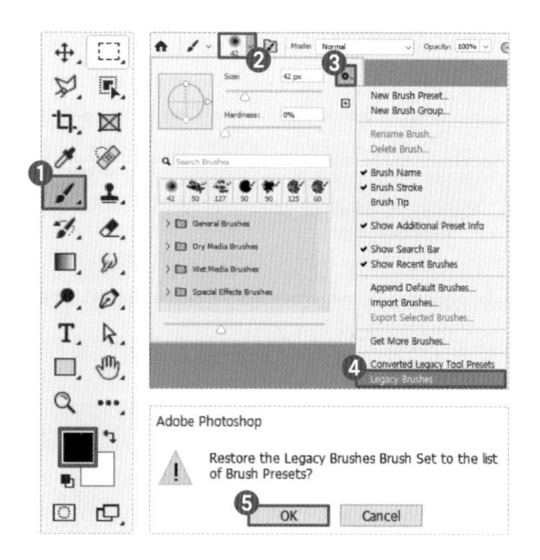

03 Brushes picker 창에서 추가된 [Legacy Brushes>Wet Media Brushes] 브러시 그룹에 있는 [Water Color Light Opacity]를 선택합니다.

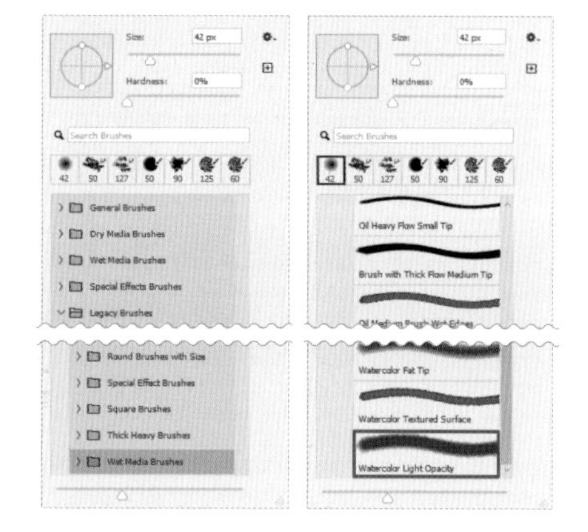

04 [,]를 눌러 브러시 사이즈를 적절하게 조절한 후 작업 창 중앙에서 여러 차례 클릭하여 종이 위에 떨어진 듯한 먹을 표현합니다.

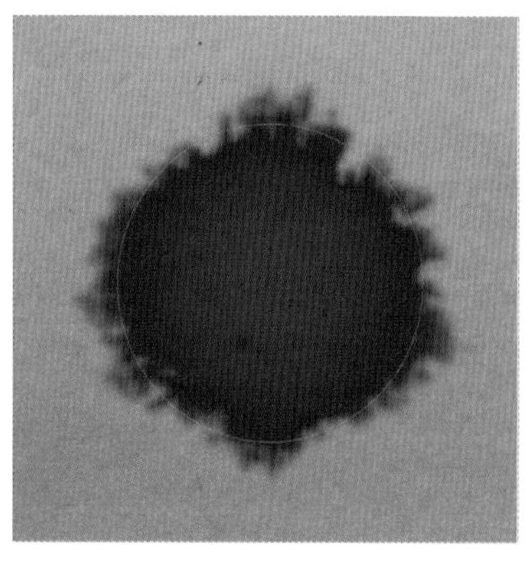

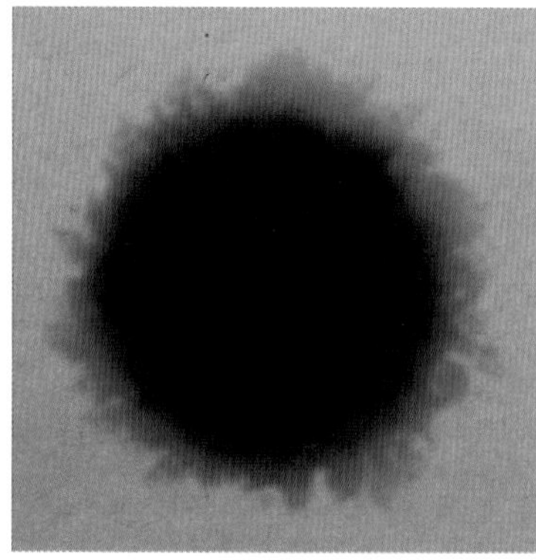

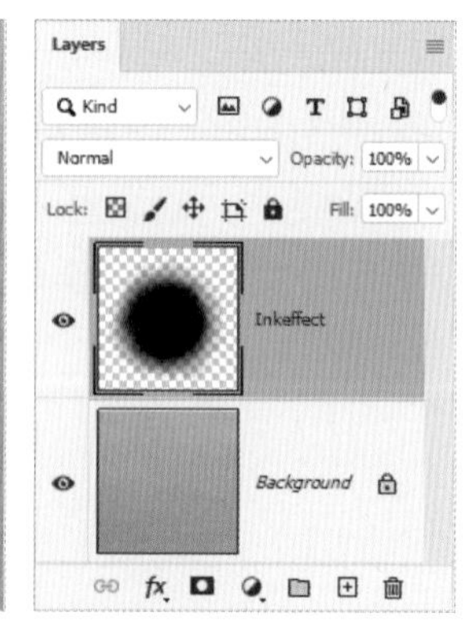

05 텍스트 입력 및 정렬_ ❶**[수평 문자 도구]**를 이용하여 다음과 같이 원하는 스타일의 텍스트를 입력하고, ❷Layers 패널에서 레이어를 모두 선택합니다. ❸툴 바에서 **[이동 도구]**를 선택한 후 옵션 바에서 [Align horizontal centers], [Align vertical centers] 아이콘을 순서대로 클릭하여 모든 이미지를 정중앙에 배치하여 완성합니다.

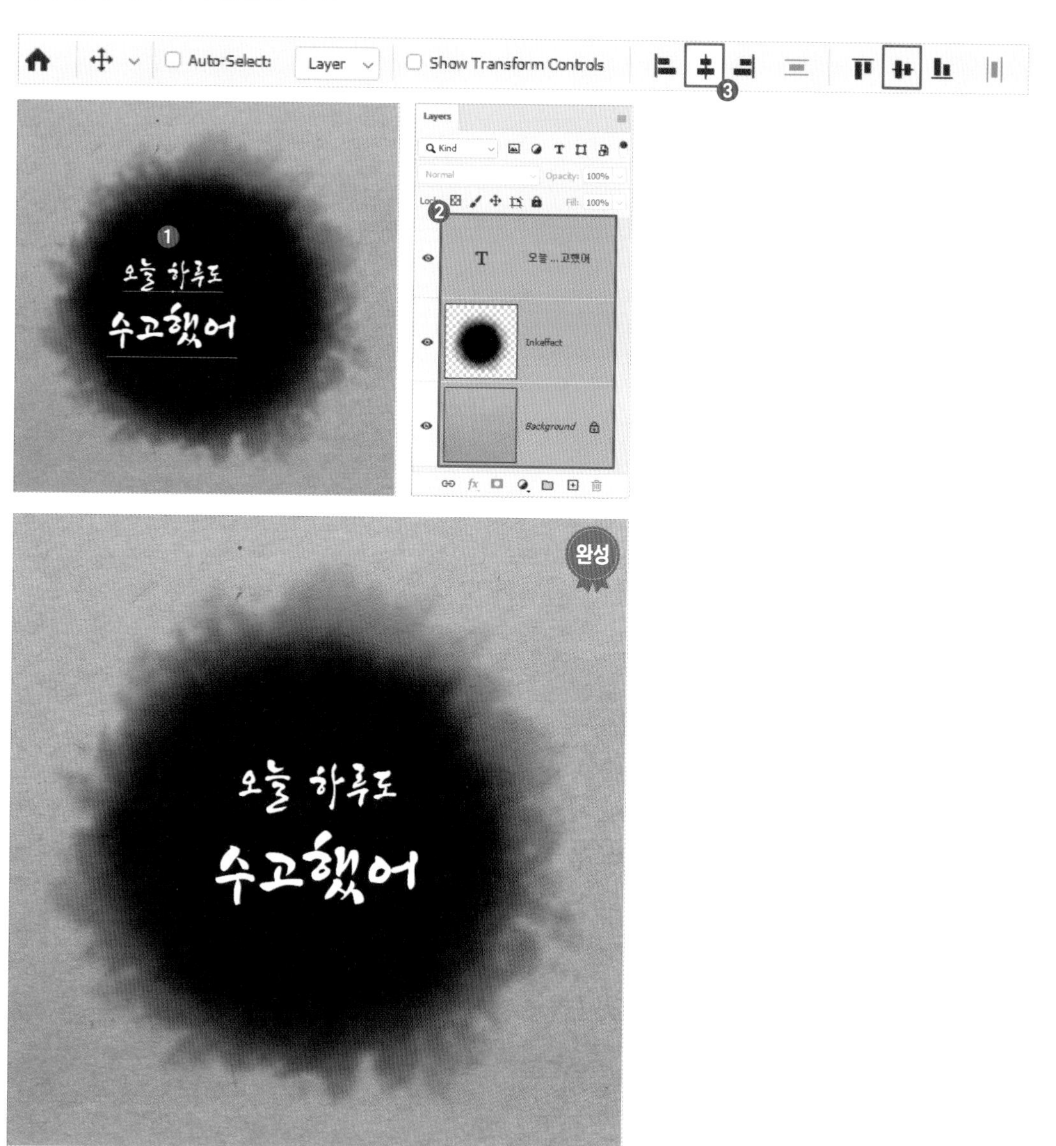

Idea 18

가죽 공예 느낌의 스티치 효과

가죽에 바느질한 듯한 효과를 표현합니다. 표현하고자 하는 효과와 유사한 이미지를 찾아 브러시로 등록한 후 옵션을 조절하면 다양한 효과를 표현할 수 있습니다.

난이도 ★★★☆☆
예 제 Leather.jpg
Stitch.png
완 성 Stitch.psd

Stitch Brush
Custom Shape Tool

01 예제 파일 열기_ 메뉴 바에서 [File-Open]을 선택하거나 Ctrl + O를 눌러 Leather.jpg 예제 파일을 엽니다.

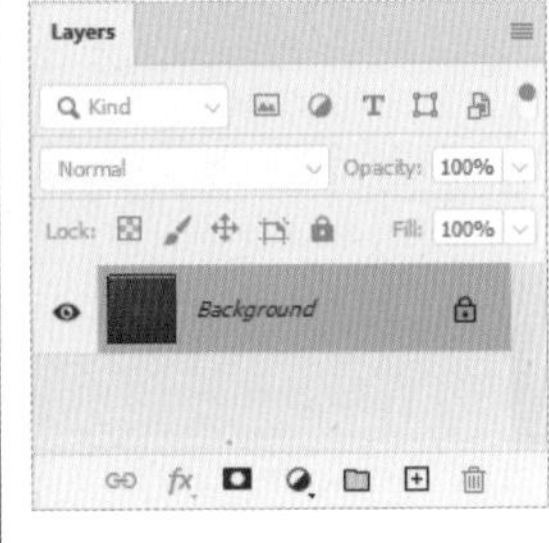

02 **레거시 모양 추가 및 사용_** ❶메뉴 바에서 [Window-Shapes]을 선택해서 Shape 패널을 열고 ❷오른쪽 위에 있는 [Menu] 아이콘을 클릭한 후 ❸ [Legacy Shapes and More]를 선택하여 이전 버전의 모양을 추가합니다.

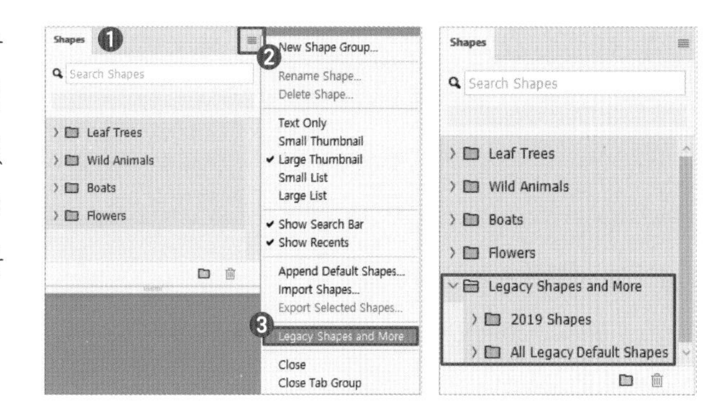

03 ❶툴 바에서 [사용자 정의 모양 도구]를 선택한 후 옵션 바에서 Tool mode: Shapes, Fill: #361401, Stroke: No color로 설정합니다. ❷Shape 패널에서 [Shamrock1]을 찾아 작업 창으로 드래그하여 배치하고 크기를 조절합니다. ❸Layers 패널에서 Blending Mode: Color Burn, Opacity: 33%로 설정합니다.

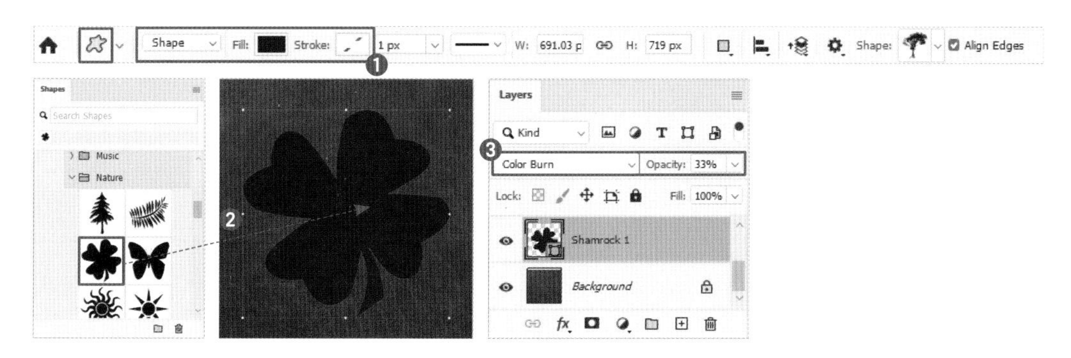

[Shamrock1]는 앞서 추가한 [Legacy Shapes and More>All Legacy Default Shapes>Nature] 그룹에 있습니다.

04 **브러시 등록_** ❶ Ctrl + O 를 눌러 Stitch.jpg 예제 파일을 엽니다. ❷메뉴 바에서 [Edit-Define Brush Preset]을 선택하여 Brush Name 창을 열고 ❸[OK]를 클릭하여 예제 파일 이미지를 브러시로 등록합니다.

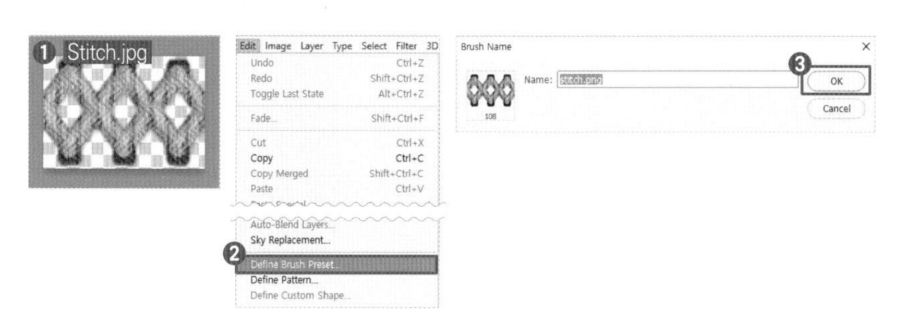

05 ❶작업 중이던 창으로 돌아와 **[브러시 도구]**를 선택하고 ❷옵션 바를 보면 등록한 브러시가 선택되어 있습니다. [Brush Settings] 아이콘을 클릭하여 Brush Settings 패널을 열고 ❸[Brush Tip Shape]에서 Size: 45px, Spacing: 145%로 설정합니다. ❹[Shape Dynamics]을 선택해서 **체크**하고 ❺Angle Jitter>Controls: Direction으로 설정합니다.

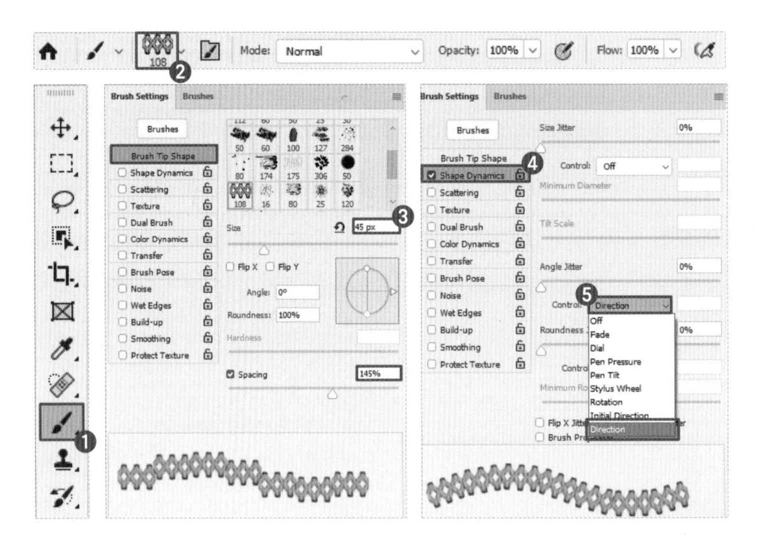

06 ❶Paths 패널에서 [Make work path from selection] 아이콘을 클릭하여 선택 영역을 패스로 만들고, ❷[Stroke path with brush] 아이콘을 클릭하면 패스를 따라 브러시로 칠해집니다.

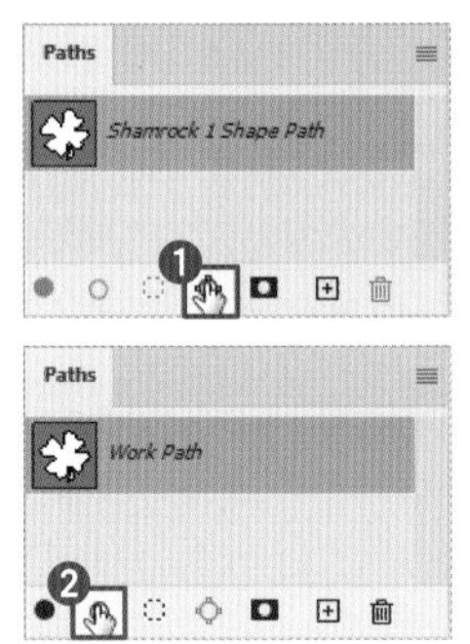

07 **[수평 문자 도구]**를 사용하여 적당한 텍스트를 입력한 후 레이어 스타일을 적용하여 완성합니다.

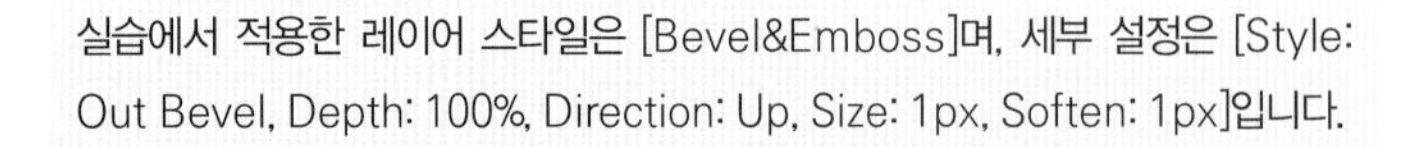
실습에서 적용한 레이어 스타일은 [Bevel&Emboss]며, 세부 설정은 [Style: Out Bevel, Depth: 100%, Direction: Up, Size: 1px, Soften: 1px]입니다.

Idea 19 기본 필터를 활용한 불꽃 효과

포토샵에 내장된 기본 필터인 Flame을 사용하여 불꽃으로 그린 하트를 만들어 보겠습니다. 패스를 이용하여 원하는 모양을 자유롭게 그려서 불꽃 모양을 표현할 수 있습니다.

난이도 ★★☆☆☆
예 제 Heart2.jpg
완 성 Flame.psd

Flame
Outer Glow

01 예제 파일 열기_ Ctrl + O를 눌러 Heart2.jpg 예제 파일을 엽니다.

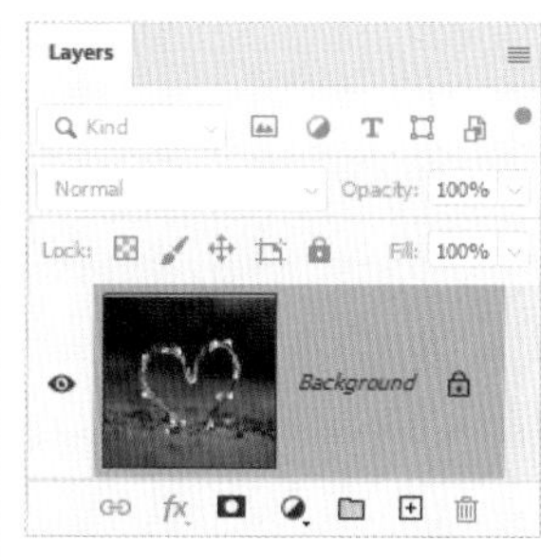

02 패스 설정_ ❶툴 바에서 **[펜 도구]**를 선택하고 ❷옵션 바에서 Tool mode: Path로 설정합니다. ❸작업 창에서 하트 모양을 따라 패스를 그립니다.

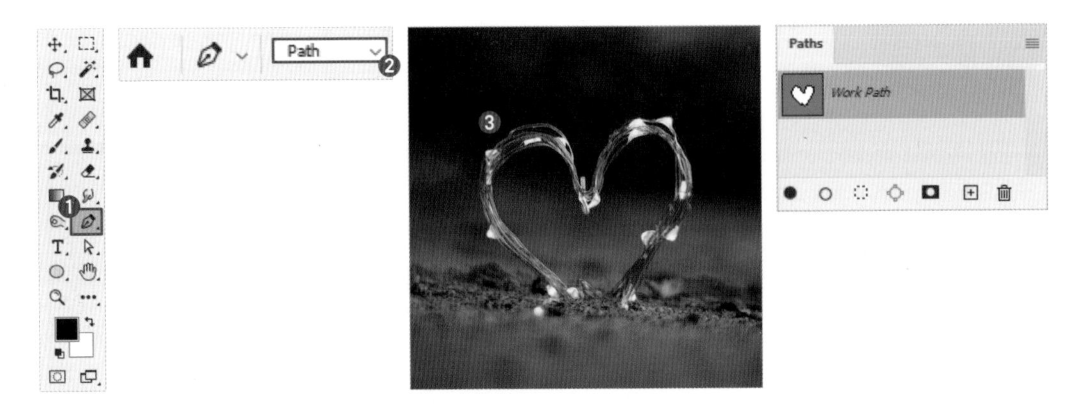

03 필터 적용_ ❶Layers 패널에서 레이어를 추가하고 이름은 Flame으로 변경합니다. ❷메뉴 바에서 [Filter–Render–Flame]을 선택하여 Flame 창을 엽니다. ❸[Basic] 탭에서 Flame Type: 2 Multiple Flames Along Path, Length: 364, Width: 12, Interval: 22로 설정합니다.

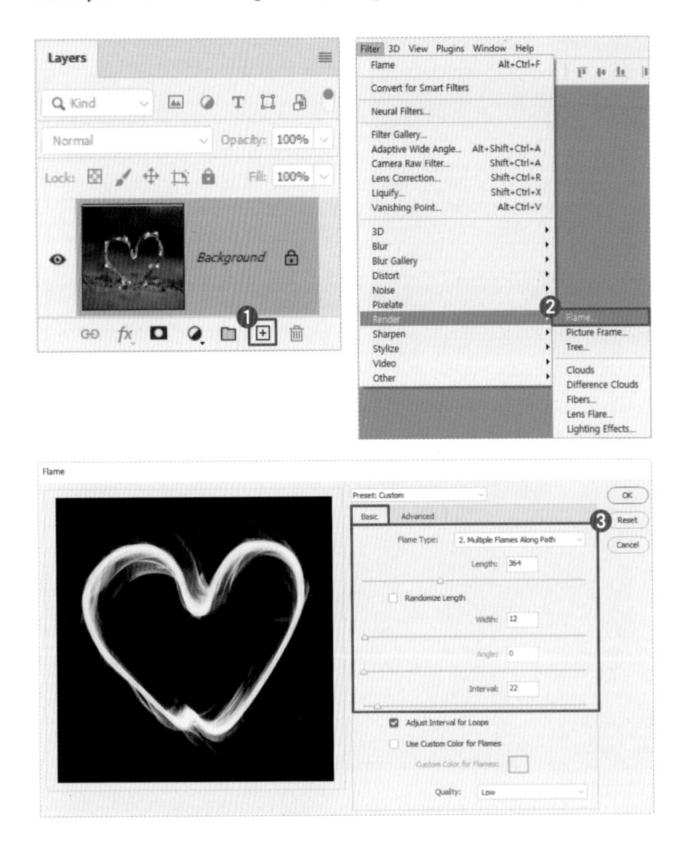

04 ❶[Advanced] 탭에서 Turbulent: 0, Jag: 7, Opacity: 30, Flame Lens: 6, Flame Bottom Alignment: 7, Arrangement: 24.4로 설정하고 ❷[OK]를 클릭합니다.

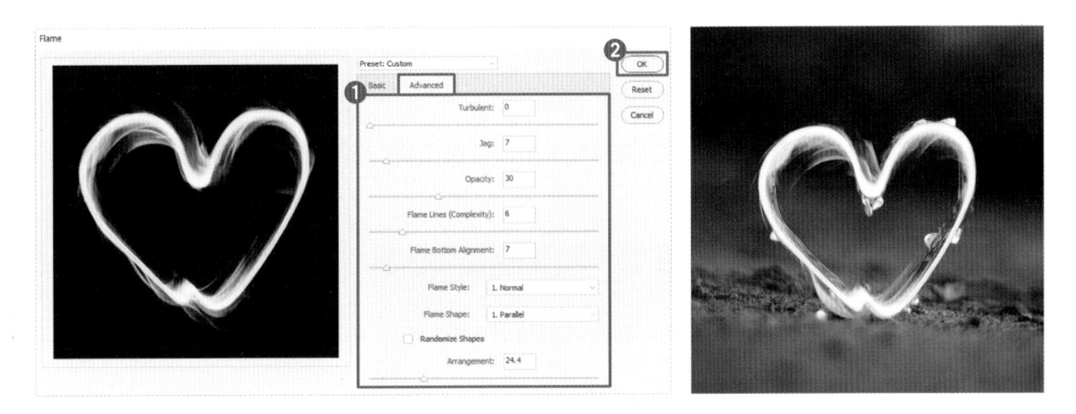

05 **레이어 스타일 적용_** ❶Layers 패널에서 [Add a layer style] 아이콘을 클릭한 후 [Outer Glow]를 선택하여 Layer Style 창을 열고 ❷Blend Mode: Overlay, Opacity: 84%, Color: #ffa435, Spread: 2, Size: 27로 설정한 후 ❸[OK]를 클릭하여 레이어 스타일을 적용합니다.

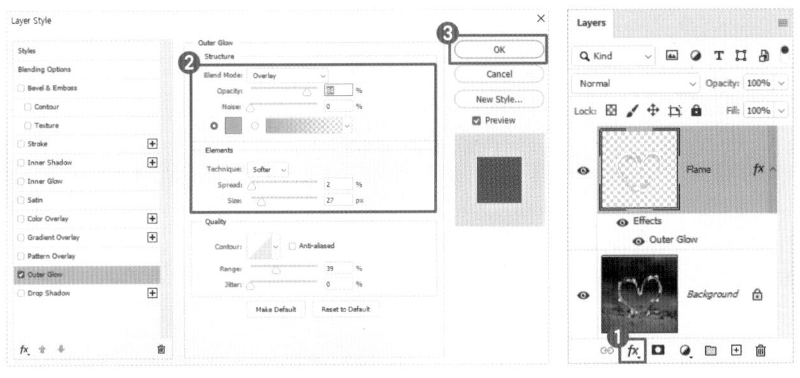

Idea 20

브러시로 쉽게 만드는 보케 효과

브러시 설정 중 [Scattering] 옵션을 변경하면 간단하게 보케 이미지를 만들 수 있습니다. 다양한 사이즈로 밀도를 조절하여 보케 이미지를 완성해 보세요.

난이도 ★★☆☆☆

예 제 Poinsettia.jpg

완 성 ScatterBrush.psd

Gaussian Blur

Scatter Brush

01 예제 열기_ Ctrl + O를 눌러 Poinsettia.jpg 예제 파일을 엽니다.

02 메뉴 바에서 [Image-Image Rotation-90 Counter Clockwise]를 선택해서 시계 반대 방향으로 90도 회전합니다.

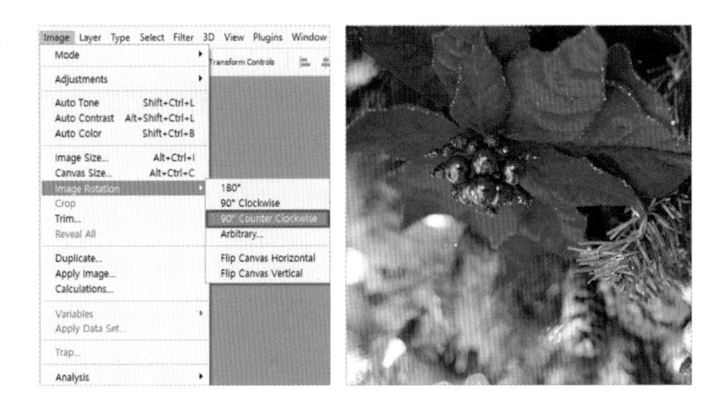

03 **필터 적용_** ❶메뉴 바에서 [Filter-Blur-Gaussian Blur]를 선택한 후 ❷Gaussian Blur 창이 열리면 Radius: 34Pixels로 설정하고 ❸[OK]를 클릭하여 가우시안 흐림 효과를 적용합니다.

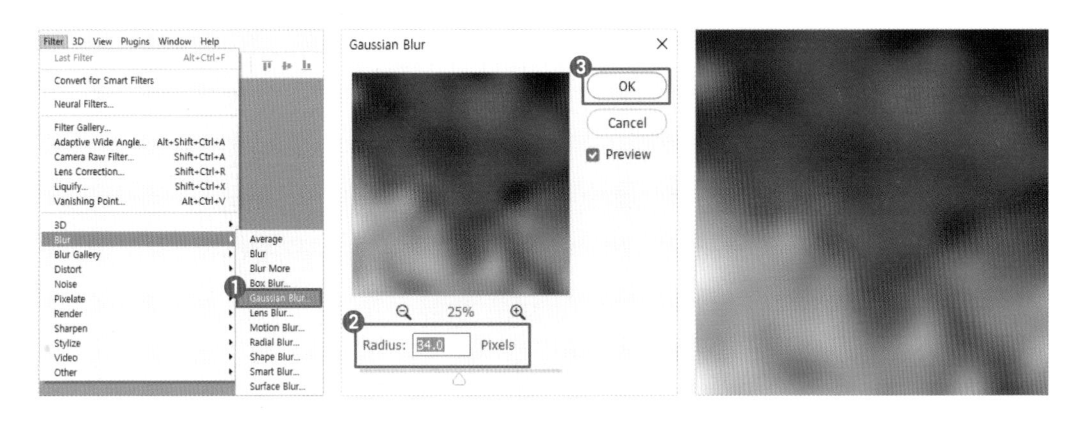

04 **브러시 설정_** ❶툴 바에서 **[브러시 도구]**를 선택하고 **전경색: 흰색(#ffffff)**으로 설정합니다. ❷옵션 바에서 [Brush Settings] 아이콘을 클릭하여 Brush Settings 패널을 열고, ❸[Brush Tip Shape]에서 [Hard Round 123] 브러시를 선택하고 Hardness: 80%, Spacing: 155%로 설정합니다.

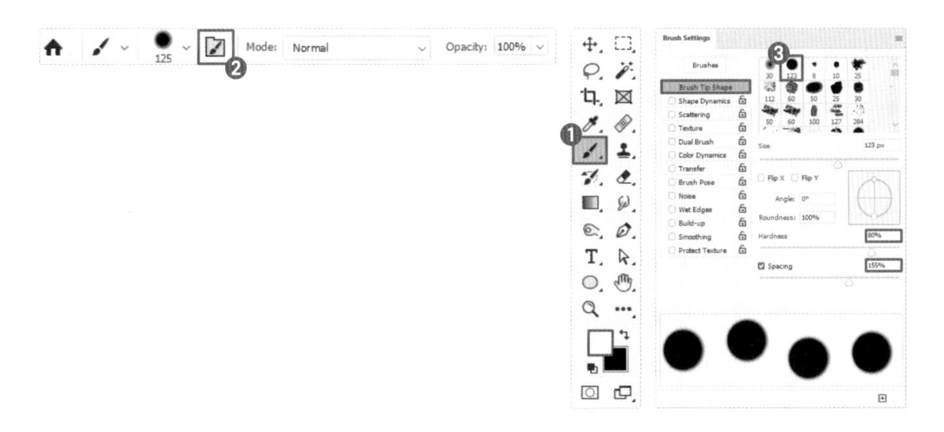

05 ❶[Shape Dynamics]를 선택해서 **체크**한 후 ❷Size Jitter: 74%로 설정하고, ❸[Scattering]를 선택해서 **체크**한 후 ❹Scatter: 510%로 설정합니다. ❺나머지 브러시 설정은 모두 **체크 해제**합니다.

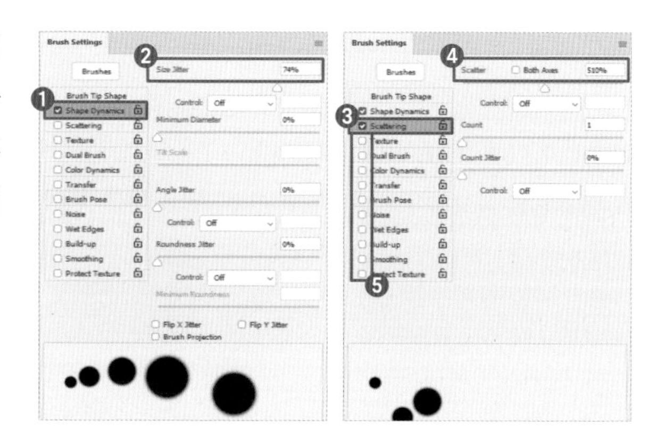

06 **브러시 사용_** ❶Layers 패널에서 레이어를 추가한 다음 이름은 Brush_L로 변경합니다. ❷다음과 같이 작업 창에서 여기저기를 클릭하면 다양한 크기의 흰색 점이 표현됩니다. ❸Layers 패널에서 Blending Mode: Overlay로 설정하여 이미지와 브러시 레이어를 자연스럽게 합성합니다.

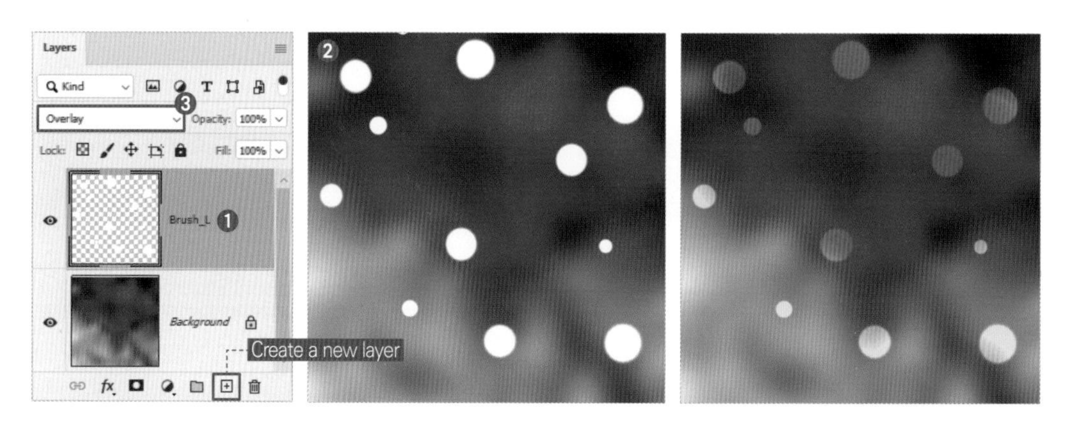

07 ❶레이어를 한 개 더 추가한 다음 이름은 Brush_M으로 변경하고 ❷ Blending Mode: Overlay로 변경합니다. ❸옵션 바에서 Size: 80 정도로 줄이고, ❹위와 같은 방법으로 작업 창에서 많은 점을 만듭니다.

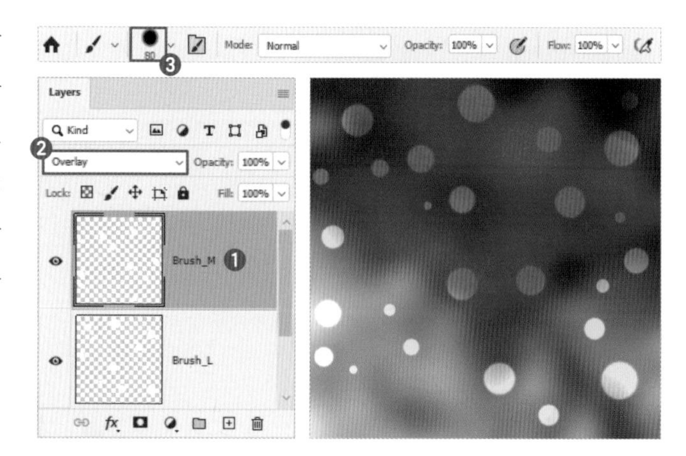

08 ❶계속해서 레이어를 추가한 다음 이름은 Brush_S로 변경합니다. ❷Brush Settings 패널을 열고 [Brush Tip Shape]에서 Size: 12px, Spacing: 1000%로 설정을 변경합니다. ❸작업 창에서 드래그하여 작은 점들을 표현합니다.

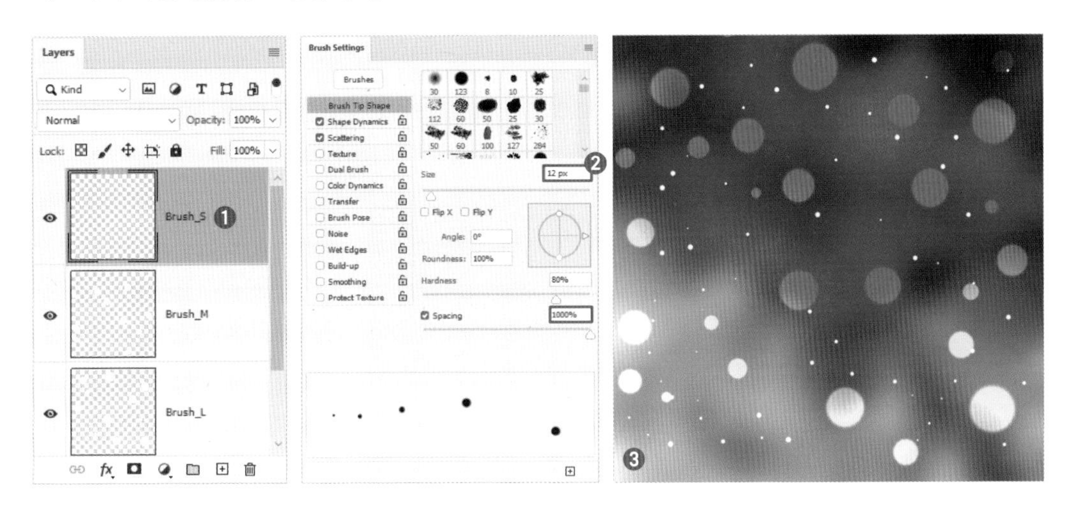

09 ❶마지막으로 레이어를 추가한 다음 이름은 Brush_S2로 변경하고, ❷Blending Mode: Overlay로 변경합니다. ❸작업 창에서 드래그하여 점들을 추가하여 보케 효과를 완성하고, 적당한 텍스트를 입력하여 마무리합니다.

Idea 21 블렌딩 모드와 레이어 마스크를 이용한 이미지 합성

레이어 블렌딩 모드와 레이어 마스크를 활용하여 자연스럽게 합성하고, 하이라이트 효과를 어떻게 표현하는지 확인해 봅니다.

난이도 ★★★☆☆

예 제 Woman3.jpg
Fractal.jpg

완 성 Highlight.psd

Lens Flare
Layer Mask
Scatter Brush

01 예제 열기_ Ctrl + O를 눌러 Woman3.jpg 예제 파일을 엽니다.

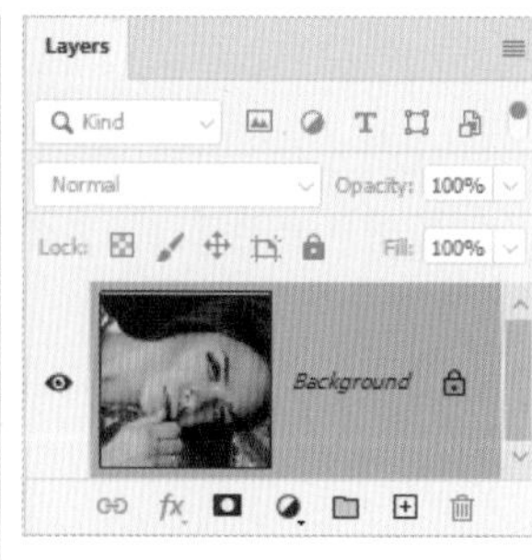

02 먼저 코에 있는 링을 제거하겠습니다. ❶툴 바에서 **[복구 브러시 도구]**를 선택합니다. ❷작업 창에서 Alt를 누른 채 복사해 올 지점을 클릭하고, ❸ Alt에서 손을 뗀 후 링 부분을 드래그하면서 링을 지웁니다. 이미지를 확대하고 작업하면 좀 더 섬세하게 지울 수 있습니다.

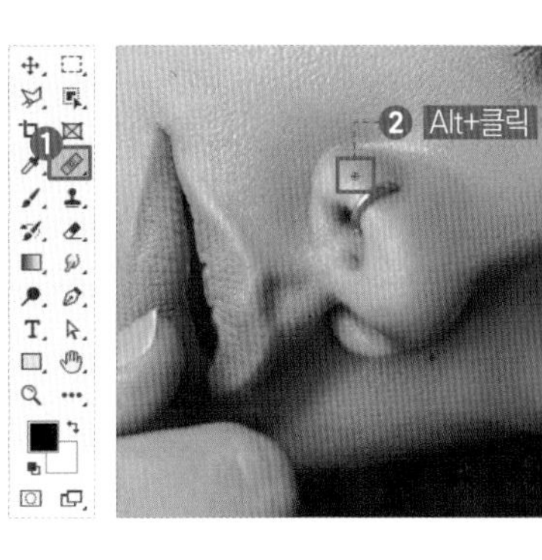

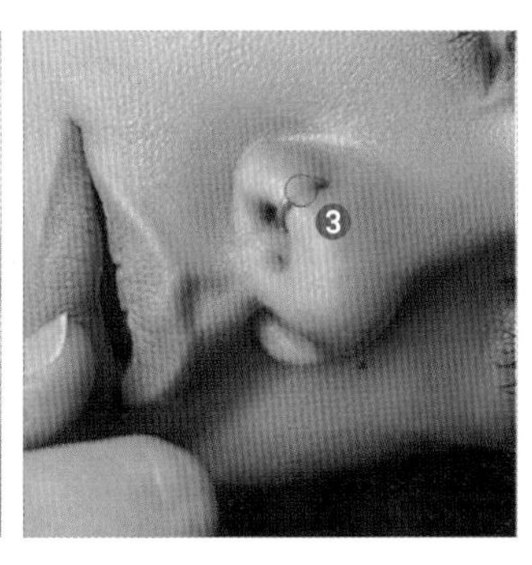

03 **이미지 합성_** ❶ Ctrl + O를 눌러 하여 Fractal.jpg 예제 파일을 열고, ❷작업 중이던 Woman3 작업 창으로 복제하여 배치합니다.

04 ❶Layers 패널에서 복제해 온 레이어 이름을 Fractal로 변경하고, ❷위치를 조절하기 위해 Opacity: 40%로 설정합니다. ❸ Ctrl + T를 눌러 자유 변형을 실행하여 다음과 같이 인물의 눈과 합성 이미지의 중심이 맞도록 각도와 위치를 조절하고 Enter를 눌러 완료합니다.

05 레이어 마스크 적용_ ❶Layers 패널에서 **Blending Mode: Hard Light, Opacity: 75%**로 설정을 변경하고, ❷**[Add layer mask]** 아이콘을 클릭하여 레이어 마스크를 추가합니다.

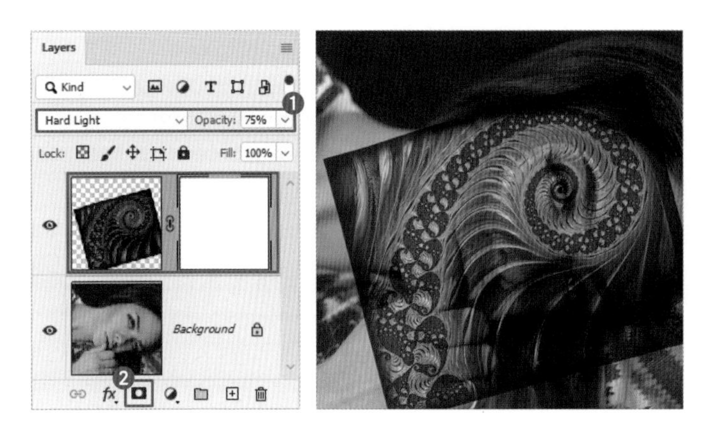

06 ❶툴 바에서 **[브러시 도구]**를 선택하고, **전경색: 검정(#000000)**으로 설정합니다. ❷옵션 바에서 **Soft Round, Size: 100px**로 설정하고, ❸작업 창에서 목 부분과 가장자리를 드래그하여 다음과 같이 표현합니다.

07 이미지 꾸미기_ ❶툴 바에서 **[원형 선택 윤곽 도구]**를 선택합니다. ❷Layers 패널에서 레이어를 추가한 후 이름은 Highlight로 변경합니다. ❸인물의 눈 주위에서 Shift를 누른 채 드래그하여 정원 모양 선택 영역을 지정한 후 Alt+Delete를 눌러 선택 영역을 전경색(검정)으로 채우고 Ctrl+D를 눌러 선택 영역을 해제합니다.

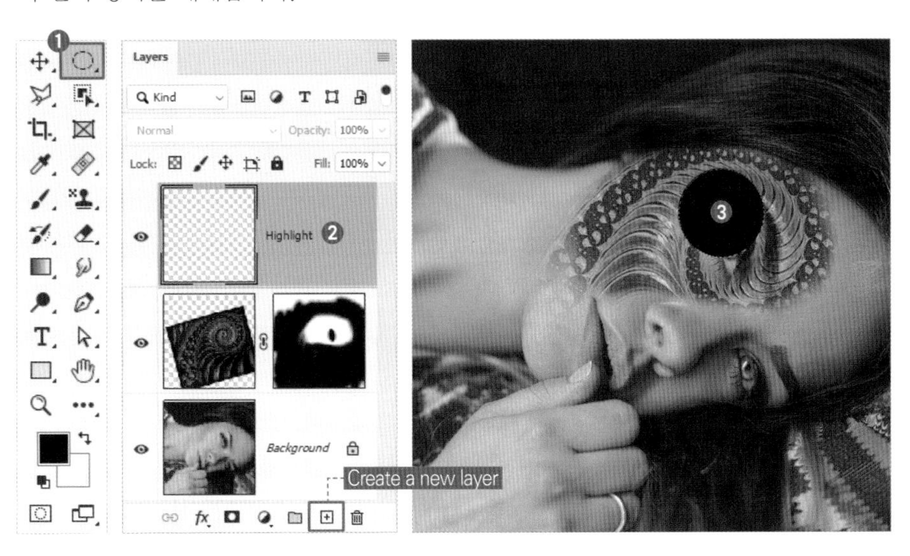

08 ❶메뉴 바에서 **[Filter-Render-Lens Flare]**를 선택합니다. ❷Lens Flare 창이 열리면 Brightness: 48 %, Lens Type: 50-300mm Zoom으로 설정하고 ❸미리 보기에서 포인트를 검은색 원 중앙으로 옮긴 후 ❹[OK]를 클릭하여 필터를 적용합니다.

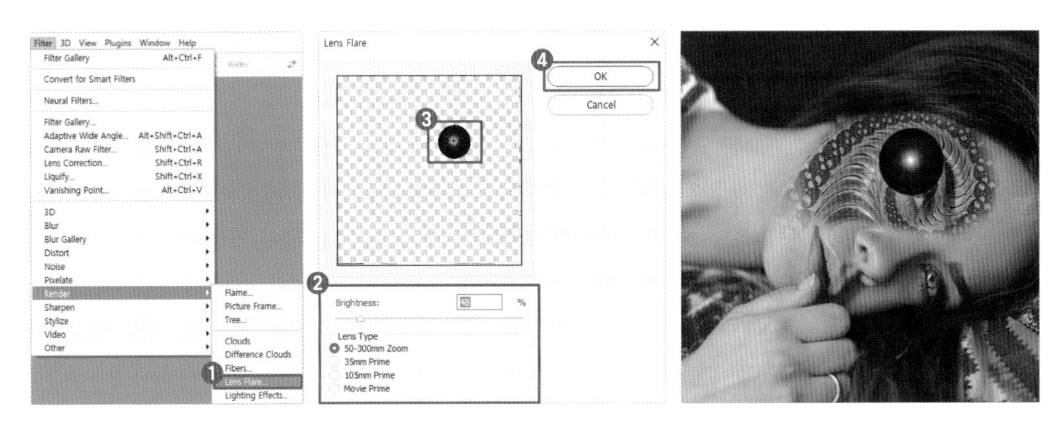

09 Layers 패널에서 **Blending Mode: Screen**으로 설정하여 자연스럽게 합성합니다.

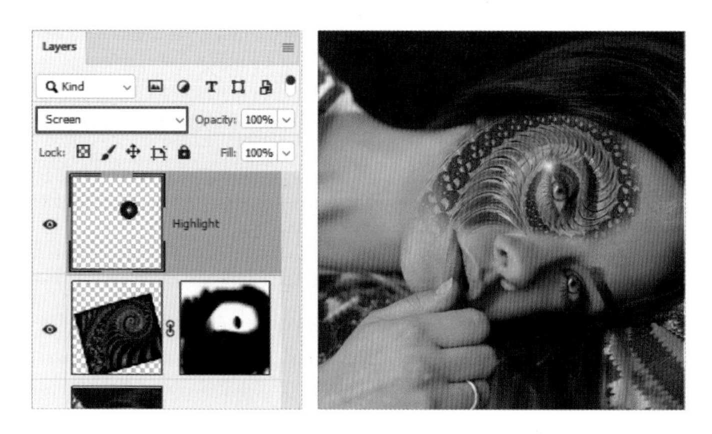

10 ❶레이어를 추가하고 레이어 이름은 **Particle**로 변경합니다. ❷툴 바에서 **[브러시 도구]**를 선택한 후 옵션 바에서 **Hard Round, Size: 4px**로 설정하고 ❸**[Brush Settings]** 아이콘을 클릭합니다. ❹Brush Settings 패널이 열리면 **[Brush Tip Shape]**에서 **Spacing: 1000%**로 설정합니다.

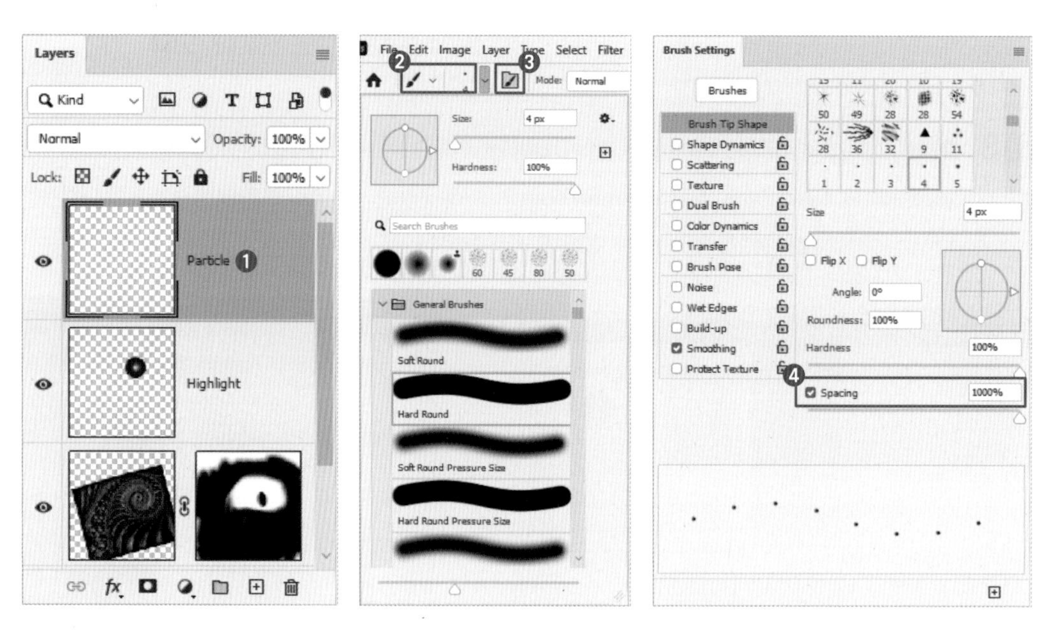

11 ❶[Shape Dynamics]을 선택하여 **체크**한 후 ❷Size Jitter: 100%로 설정하고 ❸[Scattering]을 선택하여 **체크**하고 ❹Scatter: 1000%로 설정합니다. ❺나머지 옵션 항목은 모두 **체크 해제**합니다.

12 작업 창에서 [,]를 이용해 브러시 사이즈를 조절해 가면서 눈가에 자연스럽게 파티클을 표현하여 완성합니다.

Idea 22 합성으로 완성하는 Liquid 효과

합성을 하고 자연스럽게 색 톤을 맞춰 유동적인 이미지를 만들어 보겠습니다. 테크닉을 익힌 후에는 다양한 색감으로 표현해 보세요.

난이도 ★★★☆☆
예 제 Woman4.jpg
Coffee.jpg
Milk.jpg
완 성 Face.psd

Layer Mask
Solid Color
Warp
Color Balance

01 배경 준비_ Ctrl + N 를 눌러 900X900Pixels, 흰색(#ffffff)으로 새 창을 만들고 Layers 패널에서 [Create new fill or adjustment layer] 아이콘을 클릭한 후 [Gradient]를 선택합니다.

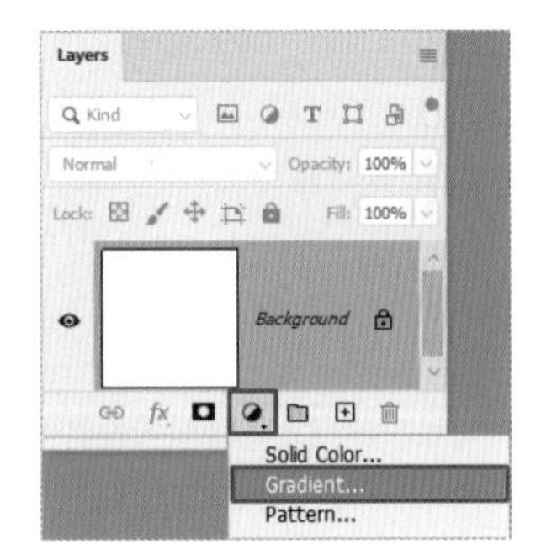

02 ❶Gradient Fill 창이 열리면 **Style: Radial**로 설정하고 ❷**Gradient** 옵션을 클릭하여 Gradient Editor를 엽니다. ❸**[Opacity Stop]**은 모두 **100%**로 설정하고, ❹**[Color Stop]**은 각각 **##f8f8f6, #dcdbd8**로 설정한 후 ❺❻**[OK]**를 클릭합니다.

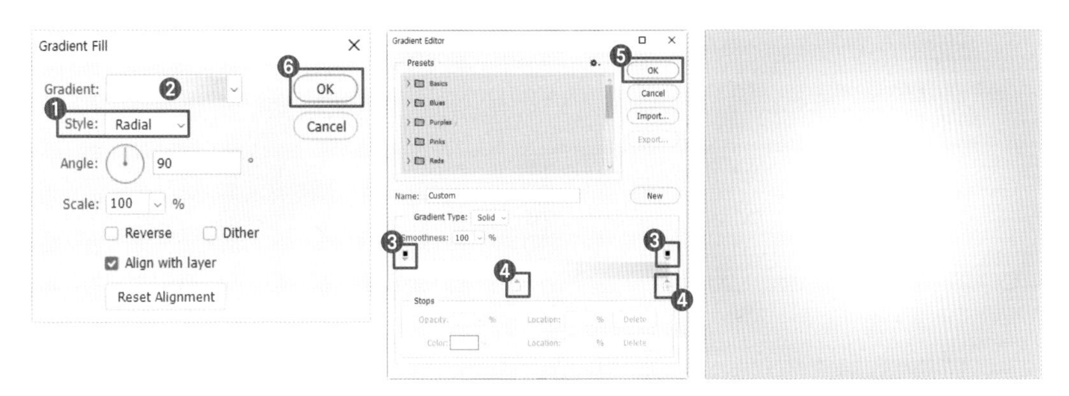

03 **예제 파일 배치_** ❶ Ctrl + O 를 눌러 Woman4.jpg 예제 파일을 열고 **[펜 도구]** 등을 사용하여 얼굴 부분만 선택 영역으로 지정합니다. ❷**[이동 도구]**를 선택한 후 앞서 만든 배경 작업 창으로 드래그하여 선택 영역만 옮기고, ❸ Ctrl + T 를 눌러 자유 변형을 실행한 후 다음과 같이 약간 회전하고 Enter 를 눌러 배치합니다.

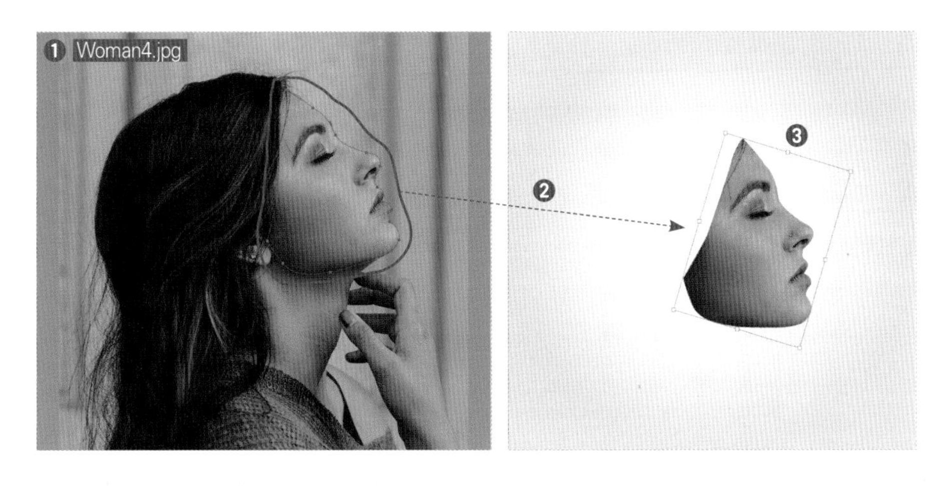

[펜 도구]로 패스를 그린 후 Ctrl + Enter 를 누르면 선택 영역으로 바뀝니다.

04 이미지 보정_ ❶Adjustments 패널에서 **[Levels]** 아이콘을 클릭한 후 ❷Properties 패널에서 **Shadow: 34, Midtone: 0.55, Highlight: 255**로 설정하여 소스 이미지를 보정합니다.

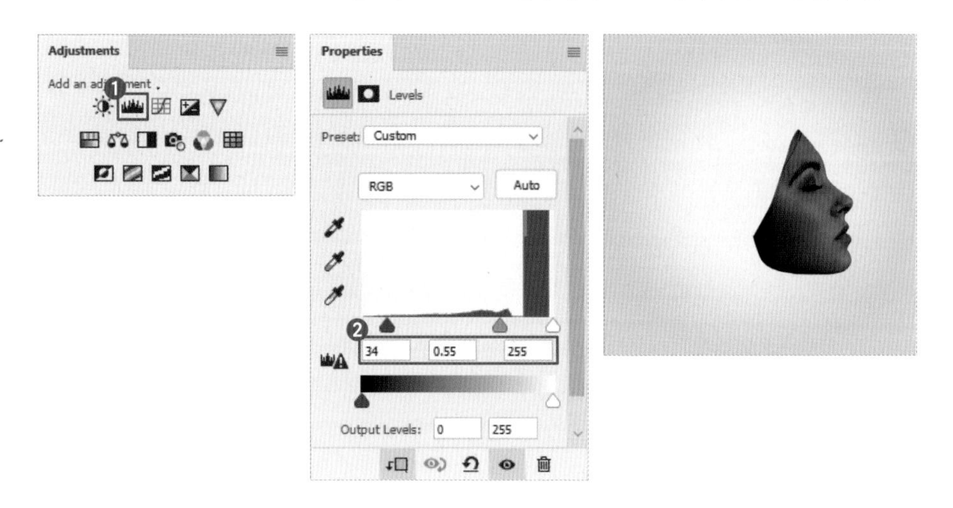

05 ❶Layers 패널에서 **Alt**를 누른 채 얼굴 레이어와 조정 레이어 사이를 클릭하여 클리핑 마스크를 적용합니다. ❷**[Create new fill or adjustment layer]** 아이콘을 클릭한 후 **[Solid Color]**를 선택한 후 ❸Color Picker 창이 열리면 **Color: #dd0d91**로 설정하고 ❹**[OK]**를 클릭합니다.

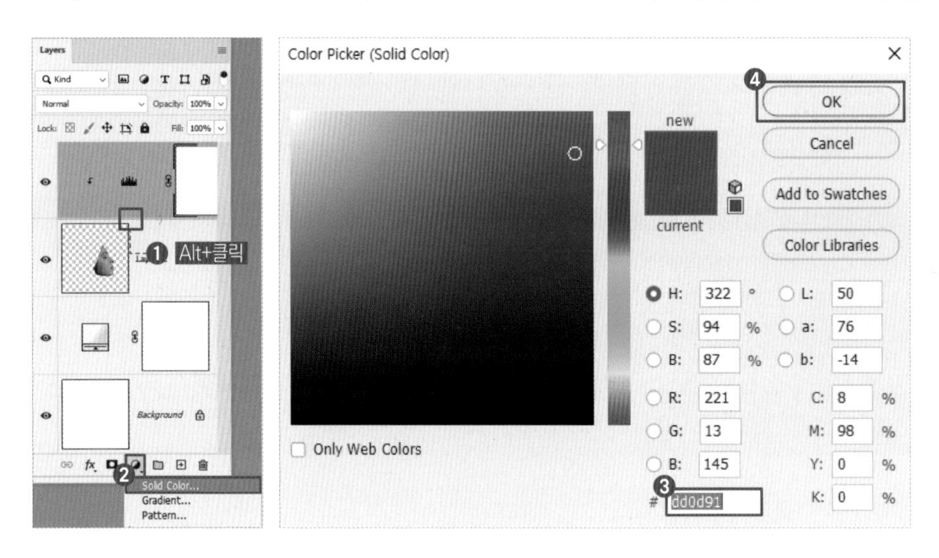

06 ❶ Alt 를 누른 채 조정 레이어 경계를 클릭하여 클리핑 마스크를 적용하고 ❷ Blending Mode: Color로 설정합니다.

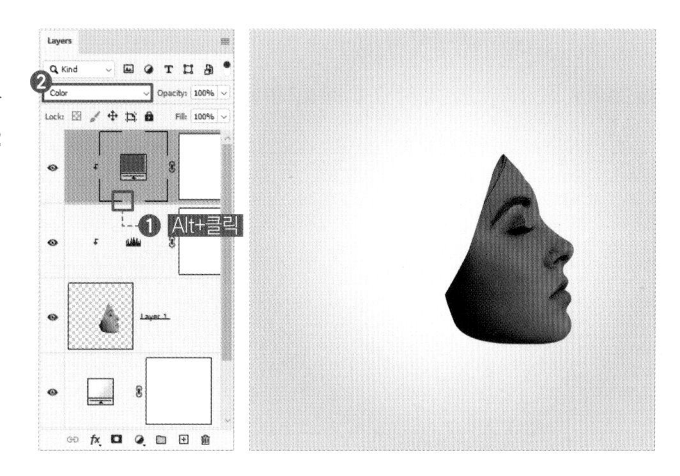

07 **예제 파일 추가_** ❶ Ctrl + O 를 눌러 Coffee.jpg 예제 파일을 열고, **[자동 선택 도구]** 등을 활용하여 이미지에서 커피 부분만 선택합니다. ❷툴 바에서 **[이동 도구]**를 선택한 후 작업 중이던 창으로 드래그해서 선택 영역만 옮긴 후 ❸사이즈 및 각도를 변경하고, 좌우 반전한 후 Enter 를 눌러 배치합니다.

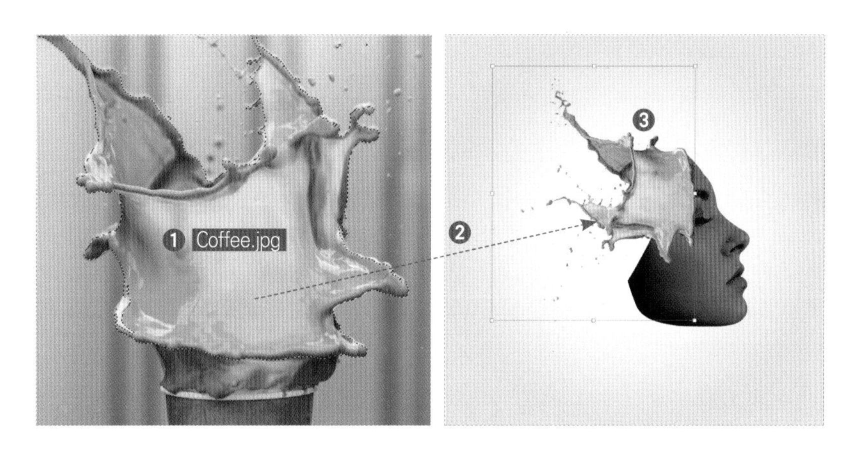

최신 버전의 포토샵을 사용 중이라면 [자동 선택 도구]를 선택하고 옵션 바에서 [Select Subject] 버튼을 클릭하여 커피 부분만 빠르게 선택한 후 아래쪽 부분만 선택 영역에서 제외시키면 됩니다.

자유 변형 상태(Ctrl + T)에서 이미지를 [마우스 오른쪽 버튼]으로 클릭한 후 [Flip Horizontal]을 선택하면 좌우 반전됩니다.

08 ❶Layers 패널에서 **[Add a layer style]** 아이콘을 클릭한 후 **[Color Overlay]**를 선택하고 ❷Layer Style 창이 열리면 **Blend Mode: Darken, Color: #dd0d91**로 설정한 후 ❸**[OK]**를 클릭하여 커피 이미지를 얼굴과 같은 색으로 채웁니다.

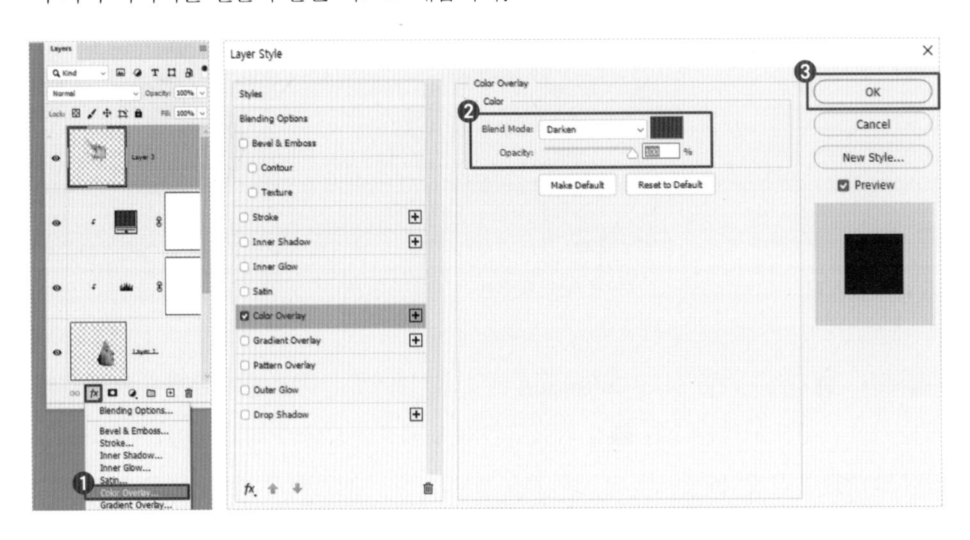

09 ❶Layers 패널에서 **[Add layer mask]** 아이콘을 클릭하여 레이어 마스크를 추가하고, ❷툴 바에서 **[브러시 도구]**를 선택한 후 **전경색: 검정(#000000)**으로 설정합니다. ❸옵션 바에서 **Soft Round, Size: 45px, Opacity: 20%**로 설정하여 ❹작업 창에서 얼굴과 커피 이미지가 겹치는 경계 부분을 드래그하여 자연스럽게 합성합니다.

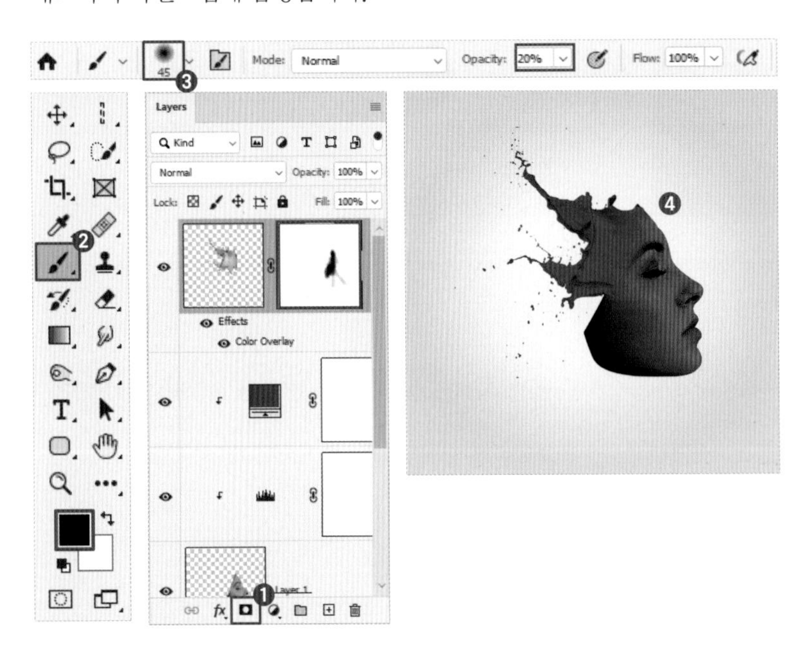

10 **예제 파일 추가2_** ❶ Ctrl + O 를 눌러 Milk.jpg 예제 파일을 열고, **[자동 선택 도구]** 등을 이용하여 흰 우유만 선택 영역으로 지정합니다. ❷메뉴 바에서 [Select-Modify-Contract]를 선택한 후 ❸Contract Selection 창에서 Contract By: 3pixels로 설정하고 ❹[OK]를 클릭하여 선택 영역을 좀 더 깔끔하게 다듬습니다.

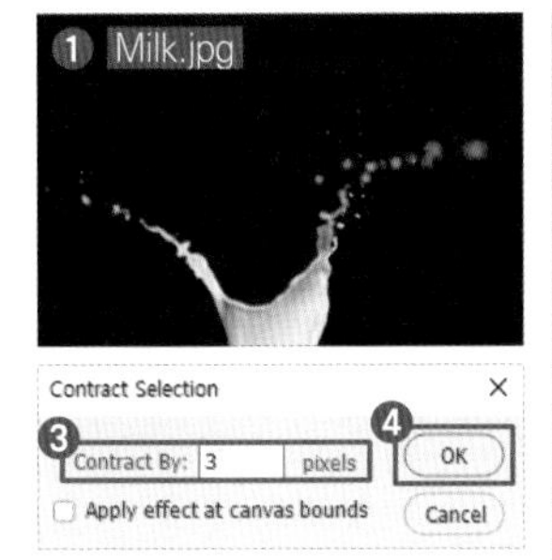

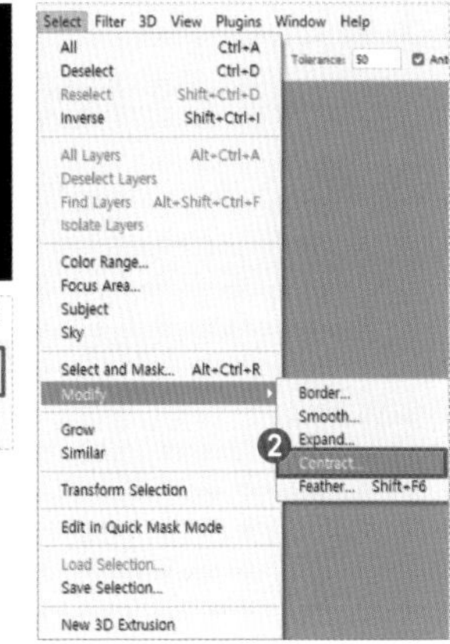

11 **[이동 도구]**를 선택한 후 우유 선택 영역을 작업 중이던 창으로 드래그해서 옮기고, 다음과 같이 사이즈와 각도를 조절하고, 좌우 반전한 후 Enter 를 눌러 배치합니다.

12 ❶메뉴 바에서 [Edit-Transform-Warp]를 선택합니다. ❷작업 창 이미지에 조절점이 표시되면 각 조절점을 드래그하여 우유 이미지와 얼굴이 자연스럽게 합성되도록 형태를 변형하고 ❸ Enter 를 눌러 완료합니다.

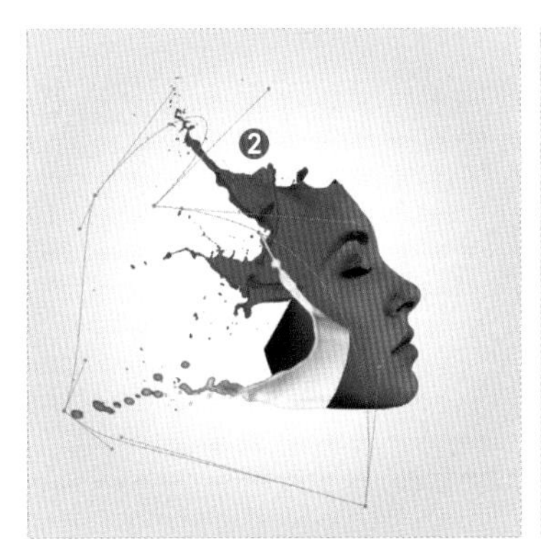

13 ❶Layers 패널에서 [Add layer mask] 아이콘을 클릭하여 레이어 마스크를 추가합니다. ❷앞서 커피 이미지와 같은 방법으로 검은색 브러시를 이용하여 우유 이미지와 얼굴이 겹치는 경계를 드래그해 자연스럽게 합성합니다.

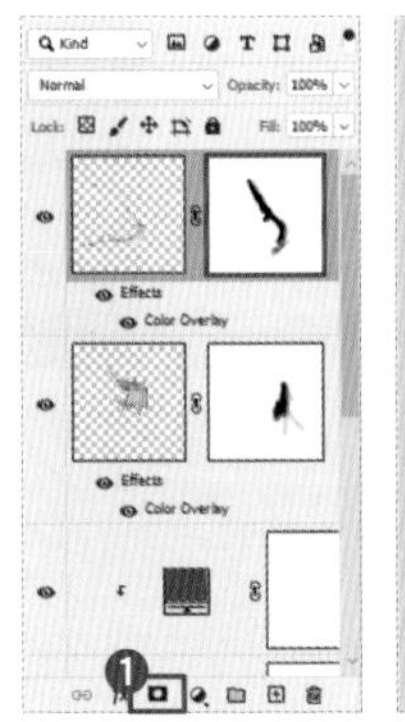

14 ❶Layers 패널에서 얼굴 레이어를 선택한 후 ❷[Add layer mask] 아이콘을 클릭하여 레이어 마스크를 추가합니다. ❸마찬가지로 검은색 브러시로 얼굴의 왼쪽 부분과 아래쪽 목 부분 등 화면에서 가리고 싶은 부분을 드래그하여 정리합니다.

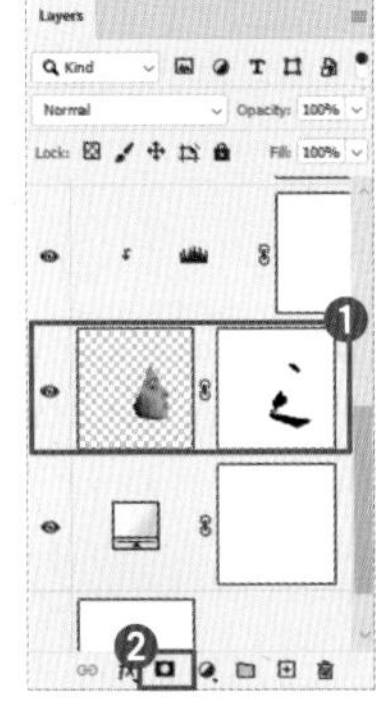

15 **색상 보정_** ❶Layers 패널에서 커피 레이어를 선택한 후 ❷메뉴 바에서 [Image-Adjustments-Color Balance]를 선택합니다. ❸Color Balance 창이 열리면 [Blue] 쪽으로 슬라이드를 옮기고 ❹[OK]를 클릭하여 커피 이미지의 색감을 다른 이미지와 유사하게 보정하여 완성합니다.

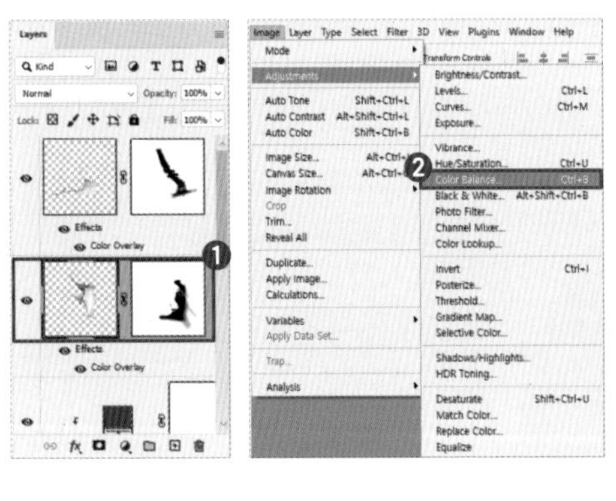

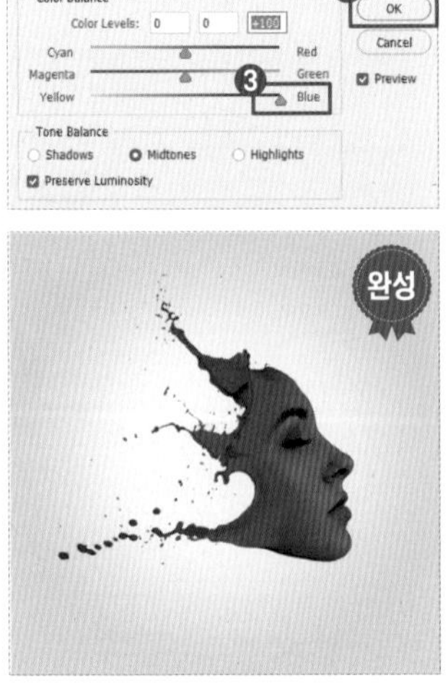

Idea 23

이미지를 강조하는 망점 효과

툴 바에 있는 Quick Mask Mode 기능과 Color Halftone 필터를 활용하면 손쉽게 망점 효과를 만들 수 있습니다. 망점 효과를 적용한 이미지는 그 자체로 강조할 수 있고, 배경으로 사용해도 효과적입니다.

난이도 ★★☆☆☆
예 제 Kiwi.jpg
완 성 Halftone.psd

Quick Mask
Halftone

01 예제 준비_ ❶ Ctrl + O 를 눌러 Kiwi.jpg 예제 파일을 엽니다. ❷Layers 패널에서 레이어를 추가하고 이름은 Halftone으로 변경합니다.

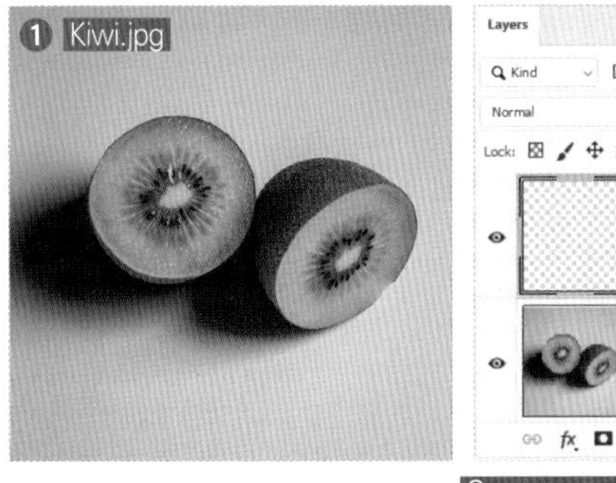

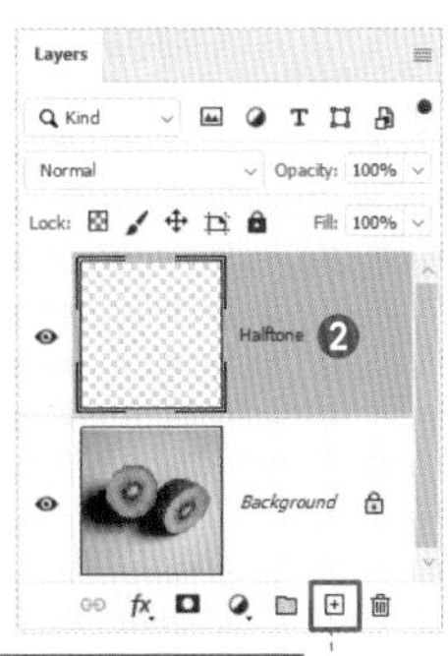

02 ❶ Ctrl + R 을 눌러 눈금자를 표시한 후 ❷눈금자 위에서 작업 화면으로 드래그하여 다음과 같이 가이드라인을 배치하여 작업 창의 중심을 표시합니다.

03 **무늬 만들기_** ❶툴 바에서 **[원형 선택 윤곽 도구]**를 선택하고 **전경색: 노랑(#f9e102)**으로 설정한 후 ❷옵션 바에서 **Feather: 70px**로 설정합니다. ❸ Shift + Alt 를 누른 채 작업 창 중앙에서 바깥쪽으로 드래그하여 정원 모양 선택 영역을 지정하고, Alt + Delete 를 눌러 전경색으로 채운 후 Ctrl + D 를 눌러 선택 영역을 해제합니다.

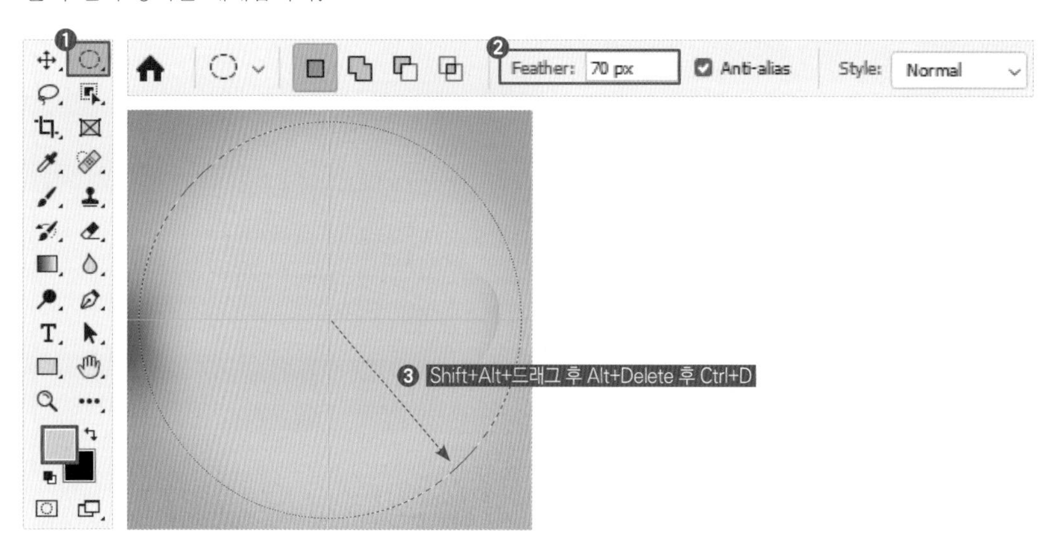

04 ❶ Shift + Alt 를 누른 채 작업 창 중앙에서 바깥쪽으로 드래그하여 작은 크기의 정원 모양 선택 영역을 지정합니다. ❷ Delete 를 눌러 선택 영역을 지우면 도넛 형태가 완성됩니다. Ctrl + ; 를 눌러 가이드라인을 가립니다.

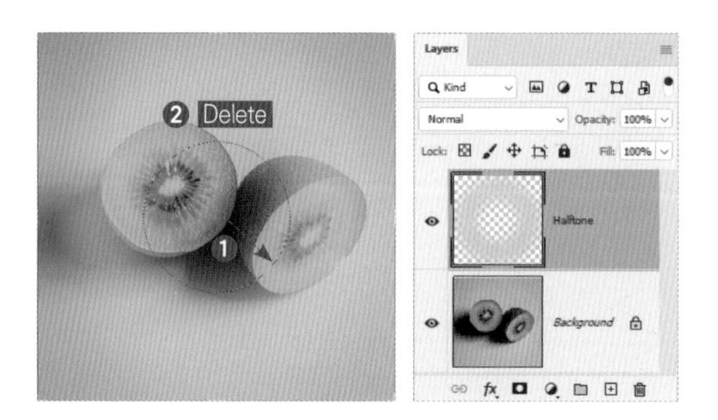

05 퀵 마스크 모드_ ❶Layers 패널에서 Ctrl 을 누른 채 [Halftone] 레이어의 섬네일을 클릭하여 도넛 모양으로 선택 영역을 지정한 후 ❷툴 바에서 [Quick Mask Mode] 아이콘을 클릭하여 퀵 마스크 모드로 전환합니다.

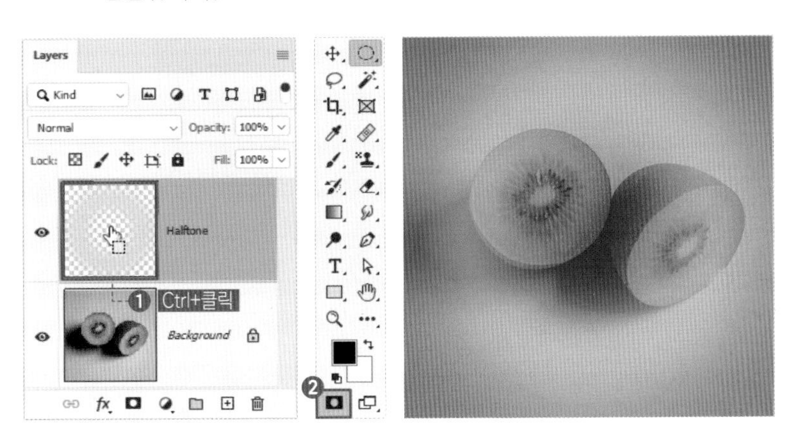

06 필터 적용_ ❶메뉴 바에서 [Filter-Pixelate-Color Halftone]을 선택한 후 ❷Color Halftone 창에서 Max. Radius: 10, Channel 1~4: 45로 설정하고 ❸[OK]를 클릭합니다.

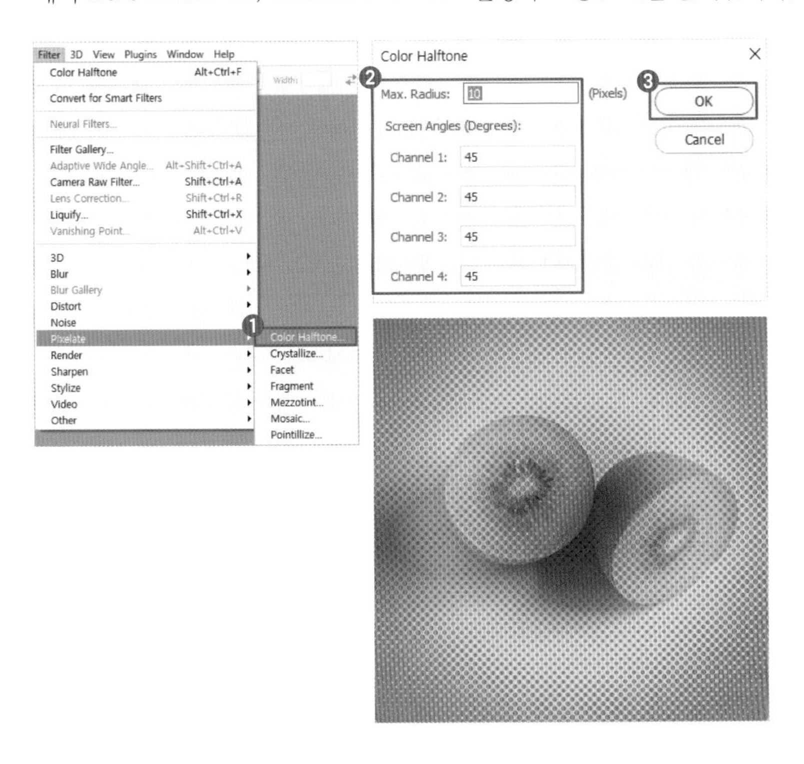

07 퀵 마스크 모드 종료_ ❶툴 바에서 [Standard Mode] 아이콘을 클릭하여 퀵 마스크 모드를 마치면 패턴이 선택 영역으로 지정되어 있습니다. ❷ Ctrl + Shift + I 를 눌러 선택 영역을 반전시키고 ❸ Delete 를 눌러 선택 영역을 지운 후 Ctrl + D 를 눌러 선택 영역을 해제합니다.

08 Layers 패널에서 Blending Mode: Overlay로 설정하여 자연스럽게 합성하여 완성합니다.

Idea 24

이미지에 역동감을 불어넣는 Pixel Sorting

Wind 필터를 활용하면 픽셀을 변형하여 잔상 느낌을 연출할 수 있으며, 이로 인해 이미지에 역동감을 표현할 수 있습니다. 운동감이 느껴지는 이미지에 적용할수록 효과는 배가됩니다.

난이도 ★★★☆☆
예 제 Man.jpg
완 성 Pixel Sorting.psd

Wind
Image Rotation
Layer Mask
High Pass

01 예제 준비_ ❶ Ctrl + O를 눌러 Man.jpg 예제 파일을 열고, ❷ Ctrl + J를 눌러 이미지(레이어)를 복제합니다.

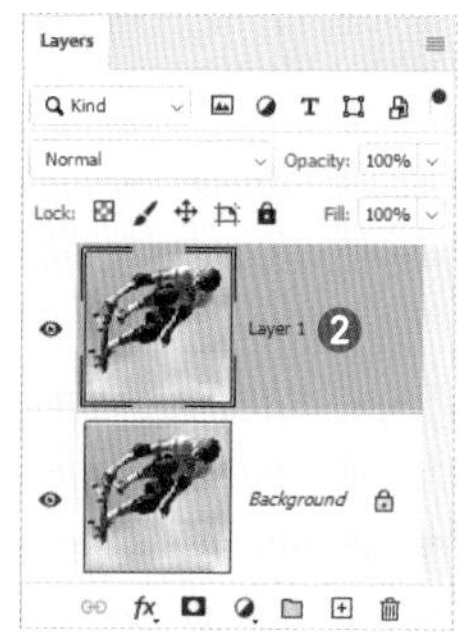

02 ❶Layers 패널에서 [Background] 레이어의 [눈] 아이콘을 비활성화하고, ❷[Layer1] 레이어를 선택한 후 ❸배경을 선택해서 지웁니다.

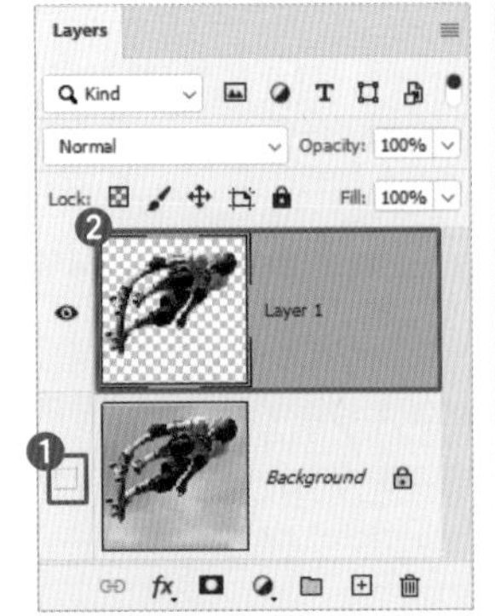

[Layer1] 레이어에서 [빠른 선택 도구] 등을 이용해서 배경을 선택한 후 Delete 를 눌러 지웁니다. 최신 버전이라면 선택 도구의 옵션 바에 있는 [Select Subject]를 클릭하여 피사체(사람)가 선택되면 Ctrl + Shift + I 를 눌러 선택 영역을 반전한 후 Delete 를 눌러 배경을 지웁니다.

03 이미지 변형_ 메뉴 바에서 [Image-Image Rotation-90 Clockwise]를 선택하여 이미지를 시계 방향으로 90도 회전시킵니다.

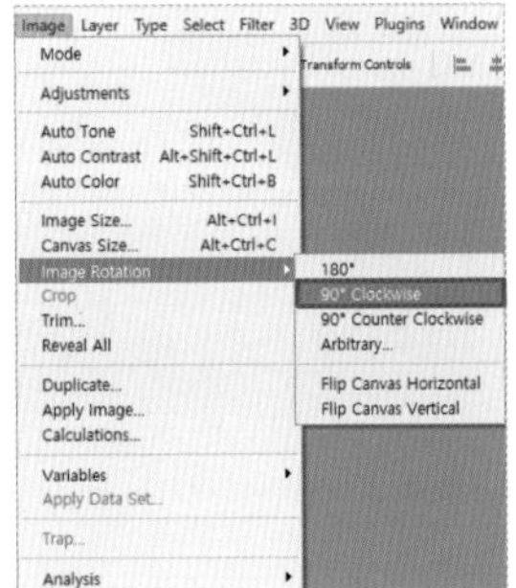

04 ❶메뉴 바에서 [Filter-Stylize-Wind]를 선택합니다. ❷Wind 창이 열리면 Method: Stagger, Direction: From the Left로 설정하고 ❸[OK]를 클릭하여 필터를 적용합니다.

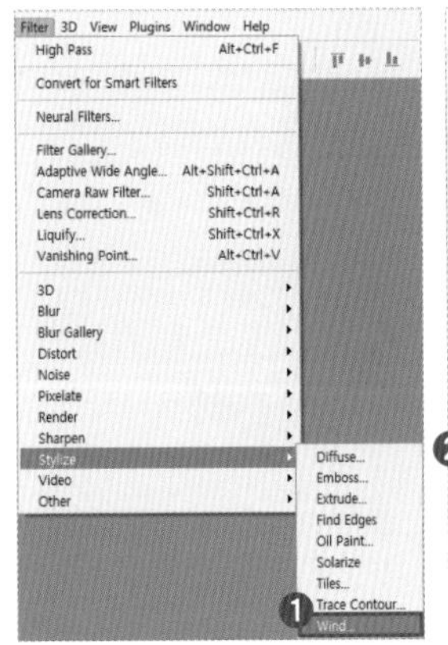

05 ❶ Ctrl + J 를 눌러 레이어를 복제하고, 복제된 레이어를 원본 레이어 아래로 옮깁니다. ❷메뉴 바에서 [Filter-Stylize-Wind]를 선택하여 Wind 창을 열고 ❸Method: Stagger, Direction: From the Right로 설정한 후 ❹[OK]를 클릭합니다.

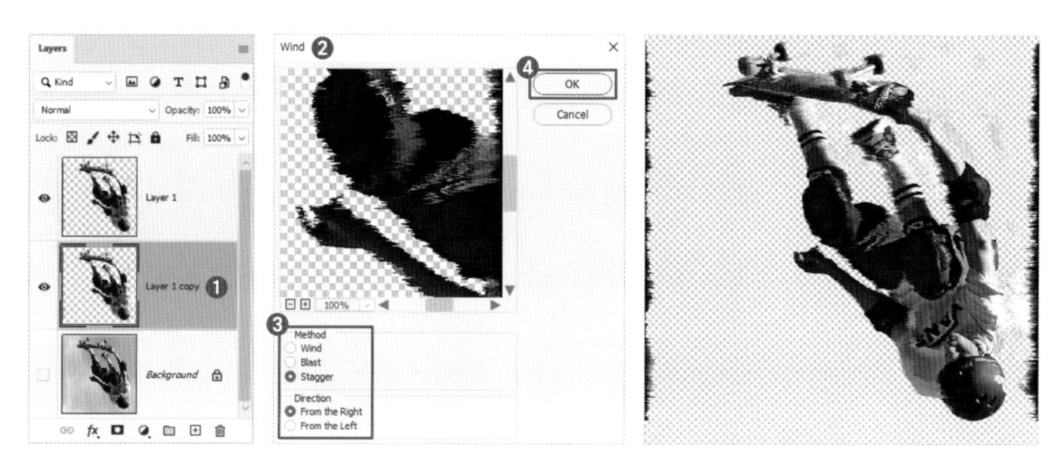

06 메뉴 바에서 [Image-Image Rotation- 90 Counter Clockwise]를 선택하여 다시 원래 방향으로 회전시킵니다.

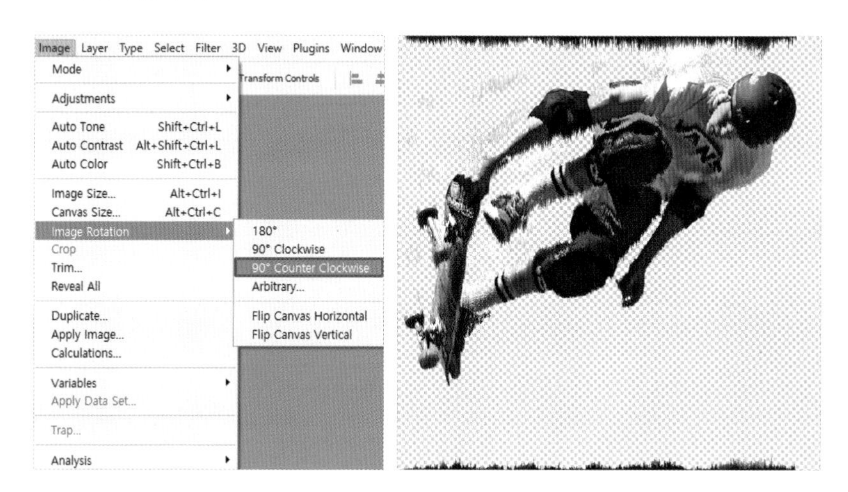

07 레이어 마스크 활용_ ❶Layers 패널에서 **[Layer1]** 레이어의 **[눈]** 아이콘을 비활성화하고, ❷**[Background]** 레이어의 **[눈]** 아이콘을 활성화합니다. ❸**[Layer1 copy]** 레이어를 선택하고 **[Add layer mask]** 아이콘을 클릭하여 레이어 마스크를 추가합니다. ❹툴 바에서 **[브러시 도구]**를 선택하고 **전경색: 검정(#000000)**으로 설정한 후 ❺작업 창에서 외곽 등 불필요하게 표현된 효과 부분을 드래그하여 가립니다.

08 ❶Layers 패널에서 **[Layer1]** 레이어는 **[눈]** 아이콘을 활성화하고, 레이어 마스크를 추가합니다. ❷위와 같은 방법으로 작업 창에서 외곽과 불필요한 효과 부분을 드래그해서 정리합니다.

09 윤곽선 다듬기_ [Background] 레이어를 선택하고 Ctrl+J를 눌러 복제한 후 맨 위에 놓습니다.

10 ❶메뉴 바에서 [Filter-Other-High Pass]를 선택합니다. ❷High Pass 창에서 Radius: 2pixels로 설정하고 ❸[OK]를 클릭합니다.

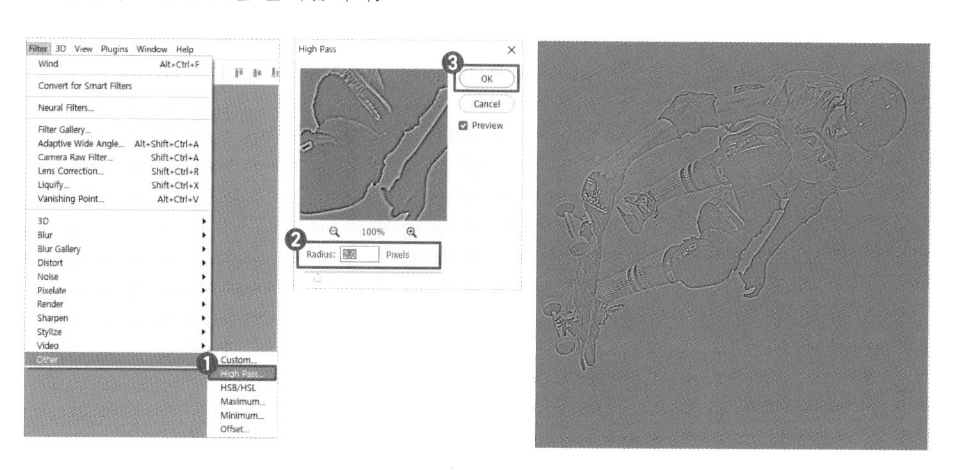

11 Layers 패널에서 Blending Mode: Overlay 설정하여 완성합니다.

Idea 25 레이어 스타일로 완성하는 실버 효과

레이어 스타일을 사용하면 광택이 느껴지는 실버 이미지를 만들 수 있습니다. 약간의 볼륨과 광택으로 시선을 끌 수 있습니다.

This is Photoshop's version of Lorem Ipsum. Proin gravida nibh vel velit auctor
aliquet. Aenean sollicitudin, lorem quis bibendum auctor, nisi elit consequat ipsum,

난이도 ★★☆☆☆
예 제 Mandala.png
Emblem.png
완 성 Silver.psd

fx
Pattern Overlay

01 배경 만들기_ Ctrl + N 을 눌러 900×900Pixels, 흰색(#ffffff)으로 새 창을 만들고, Layers 패널에서 [Create new fill or adjustment layer] 아이콘을 클릭한 후 [Gradient]를 선택합니다.

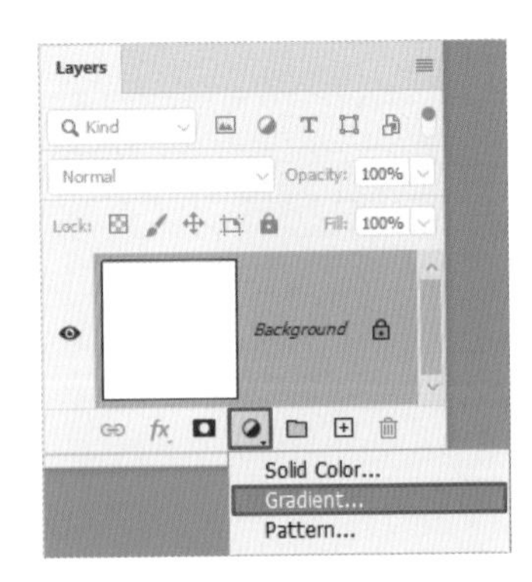

02 ❶Gradient Fill 창이 열리면 Style: Radial로 설정하고 ❷Gradient 옵션을 클릭하여 Gradient Editor를 엽니다. ❸[Opacity Stop]은 모두 100%로 설정하고, ❹[Color Stop]은 #090909, #1b1b1b로 설정한 후 ❺❻[OK]를 클릭합니다.

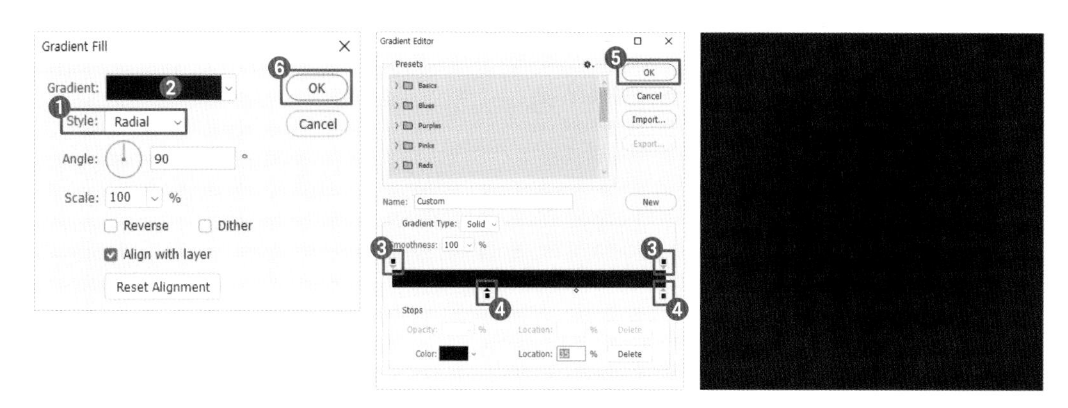

03 **패턴 등록 및 적용_** ❶ Ctrl + O를 눌러 Mandala.png 예제 파일을 엽니다. ❷메뉴 바에서 [Edit-Define Pattern]을 선택한 후 ❸[OK]를 클릭하여 이미지를 패턴으로 등록합니다.

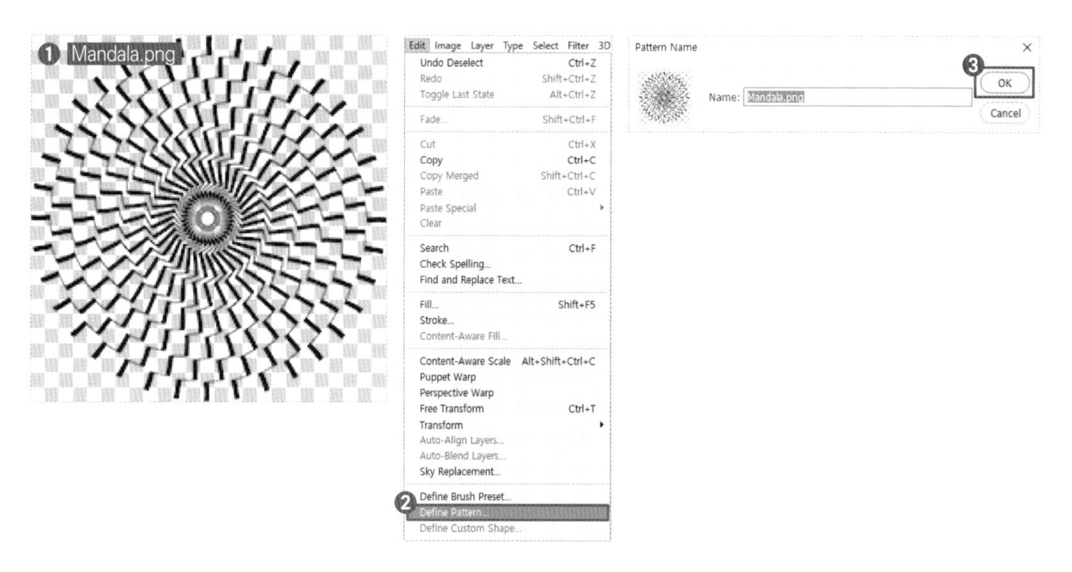

04 ❶작업 중이던 창의 Layers 패널에서 [Add a layer style] 아이콘을 클릭한 후 [Pattern Overlay]를 선택합니다. ❷Layer Style 창이 열리면 Blend Mode: Overlay, Opacity: 31%, Pattern: Mandala.png으로 설정한 후 ❸[OK]를 클릭합니다.

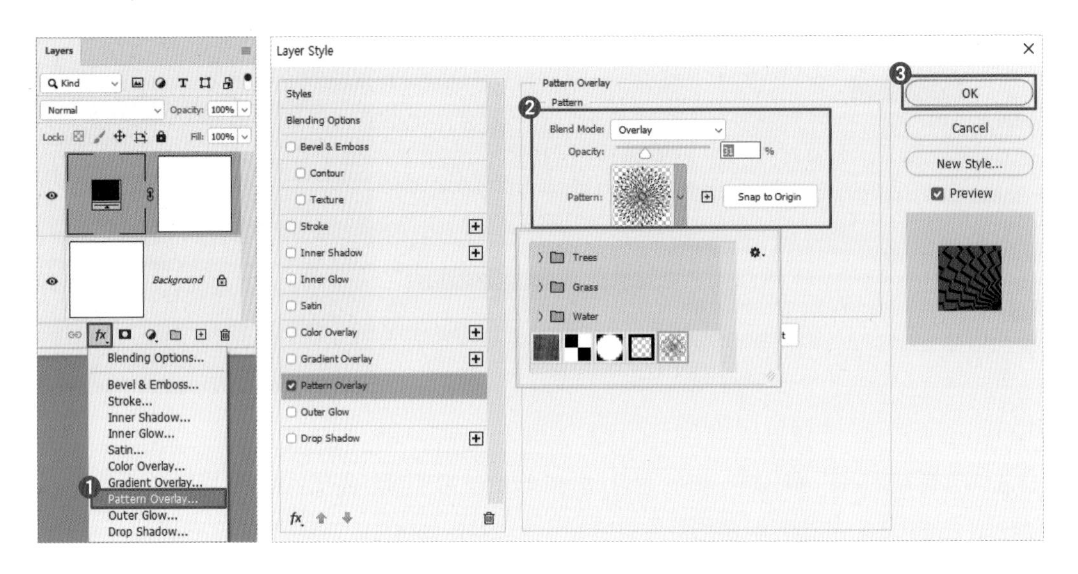

05 **이미지 배치**_ Ctrl + O를 눌러 Emblem.png 예제 파일을 열고, 작업 중인 창으로 복제 배치한 후 이름은 Emblem으로 변경합니다.

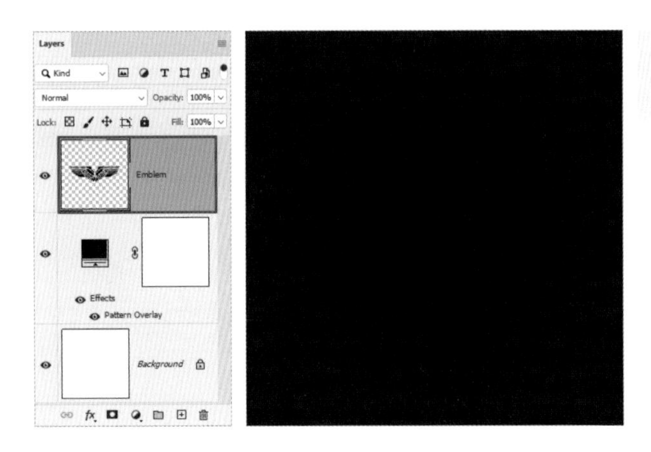

Layers 패널에서 레이어를 다른 작업 창으로 드래그하면 복제할 수 있습니다.

06 **레이어 스타일 적용_** ❶Layers 패널에서 [Add a layer style] 아이콘을 클릭한 후 [Gradient Overlay]를 선택합니다. ❷Layer Style 창이 열리면 Gradient 옵션을 클릭합니다.

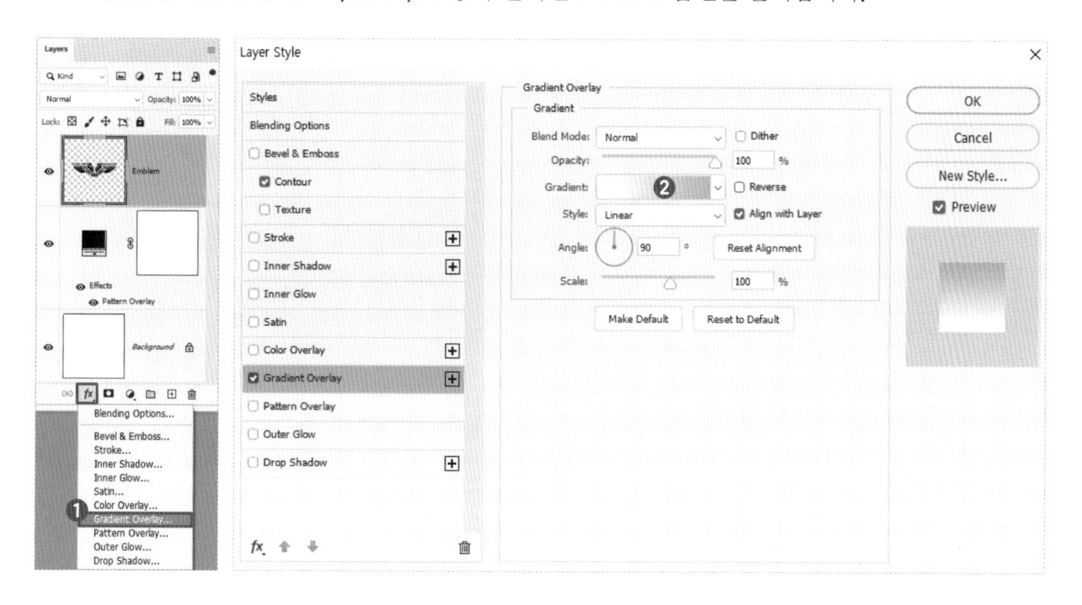

07 ❶Gradient Editor가 열리면 [Opacity Stop]은 모두 100%로 설정하고, ❷[Color Stop]은 #ffffff, #b9b9b9로 설정한 후 ❸[OK]를 클릭합니다.

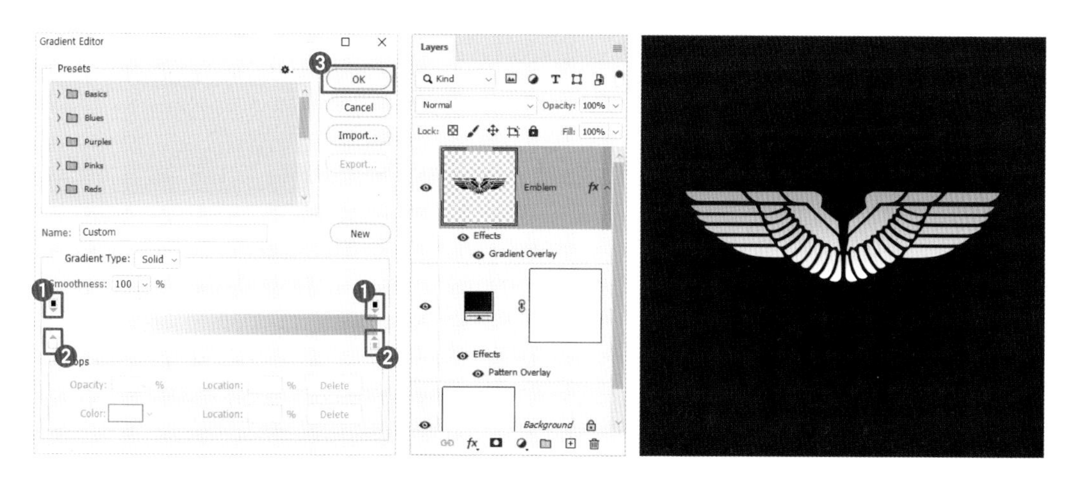

08 ❶다시 Layer Style 창에서 [Bevel&Emboss]를 선택하여 **체크**하고, ❷Depth: 1000%, Direction: Up, Size: 5px, Soften: 0px, Angle: 90, Gloss Contour: Ring으로 설정합니다.

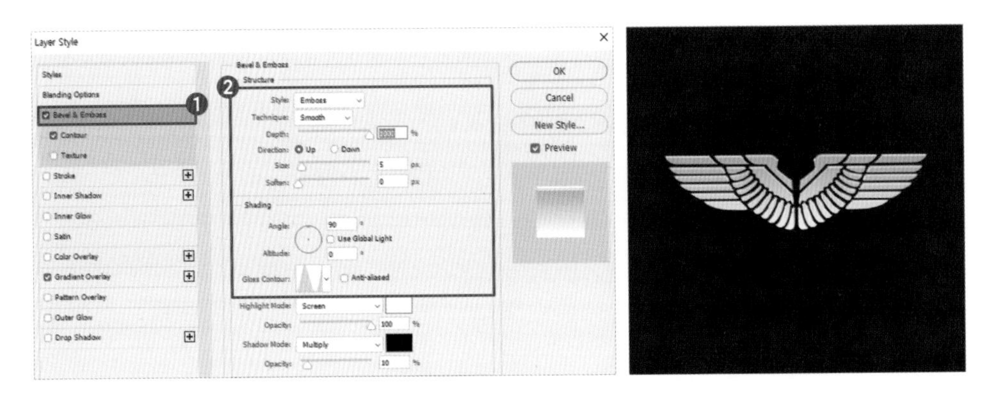

09 ❶[Inner Shadow]를 선택하여 **체크**하고 ❷Blend Mode: Overlay, Opacity: 60%, Angle: 90, Distance: 20px, Choke: 0%, Size: 163px로 설정합니다.

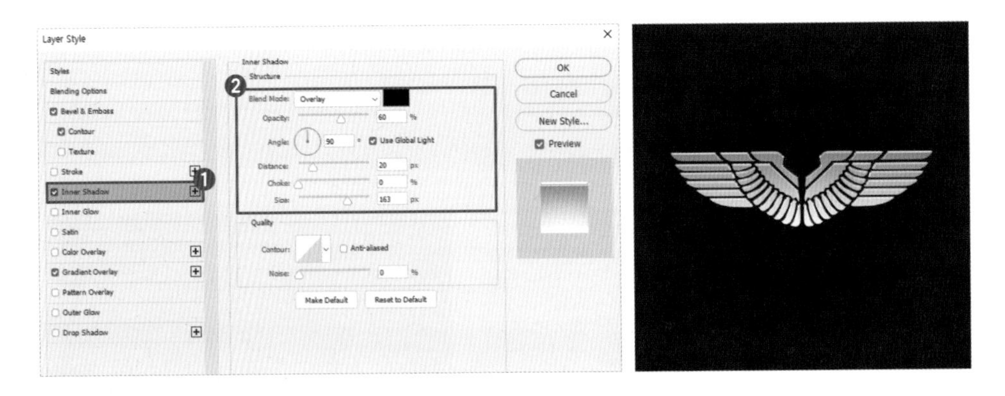

10 ❶[Satin]을 선택하여 **체크**하고 ❷Blend Mode: Multiply, Opacity: 14%, Angle: 90, Distance: 7px, Size: 43px로 설정한 후 ❸[OK]를 클릭하여 레이어 스타일 설정을 완료하여 완성합니다.

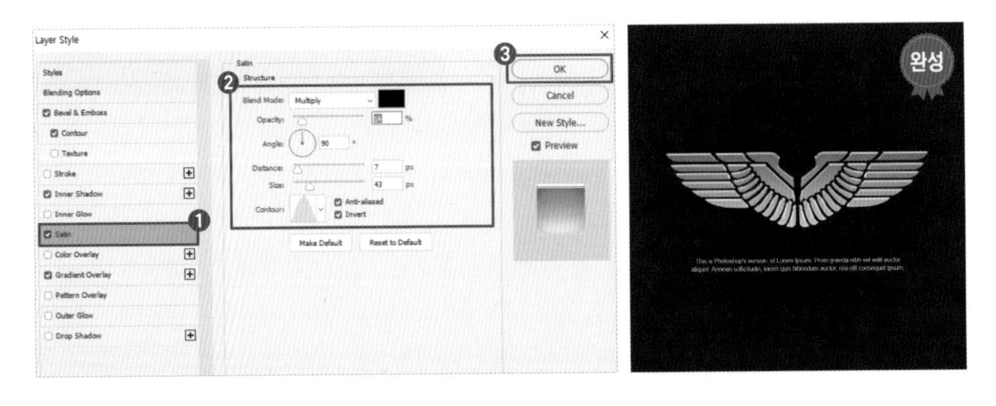

OBJECT & BACKGROUND

포토샵에 있는 필터들을 조합하여 오브젝트는 더욱 돋보이게, 배경은 좀 더 색다르게 만드는 방법들을 살펴보겠습니다. 비닐을 활용한 배경, 질감이 있는 배경, 방사형 배경, 문양을 활용한 배경 등 다채로운 배경이 여러분 작업의 완성도를 한 층 높여줄 것입니다.

Idea 26 문양과 패턴을 활용한 배경

반복이 주는 조형미를 지닌 패턴과 장식적인 문양을 잘 활용하면 효과적인 배경을 만들 수 있습니다. 패턴과 문양의 활용법에 대해 학습합니다.

난이도 ★★★★☆
예 제 Woman.jpg
Deco.png
완 성 Deco.psd

Pattern
Twirl
Liquify
Color Lookup

01 패턴 제작 _ ❶ Ctrl + N 을 눌러 40×40Pixels, 흰색(#ffffff)으로 새 창을 만든 후 20×20Pixel 크기의 검은색 정사각형 모양을 작업 창 왼쪽 위와 오른쪽 아래에 표현합니다. ❷메뉴 바에서 [Edit-Define Pattern]을 선택하여 패턴으로 등록합니다.

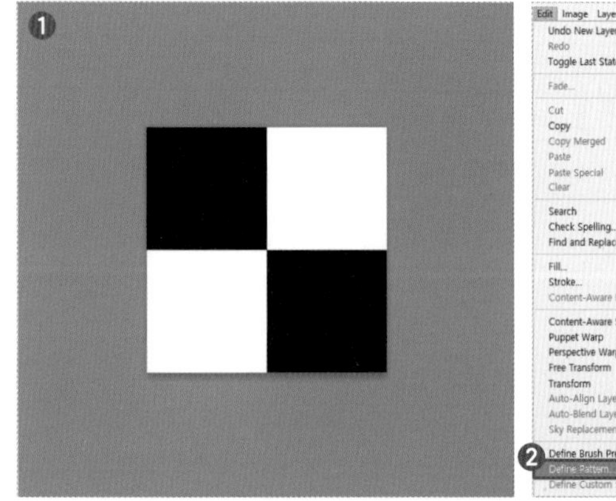

082쪽에서 패턴을 등록했다면 이 과정은 생략해도 됩니다. 사각형 패턴 무늬는 작업 창을 확대한 후 [사각형 선택 윤곽 도구]를 이용하여 선택 영역을 지정하고 검은색으로 채워서 완성합니다.

02 배경 만들기_ Ctrl + N 을 눌러 900×900Pixels, **흰색(#ffffff)**으로 작업 창을 시작합니다. 툴 바에서 **전경색: #13081f**로 설정한 후 Alt + Delete 를 눌러 [Background] 레이어에 전경색을 채웁니다.

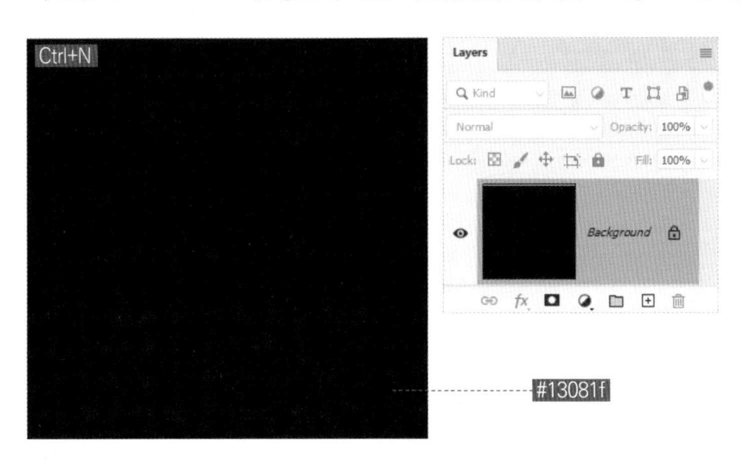

03 패턴 및 필터 사용_ ❶Layers 패널에서 [Create a new layer] 아이콘을 클릭하여 레이어를 추가합니다. ❷메뉴 바에서 [Edit-Fill]을 선택하여 Fill 창을 열고, ❸Contents: Pattern, Custom Pattern: **앞서 등록한 패턴**으로 설정한 후 ❹[OK]를 클릭하여 레이어를 패턴으로 채웁니다.

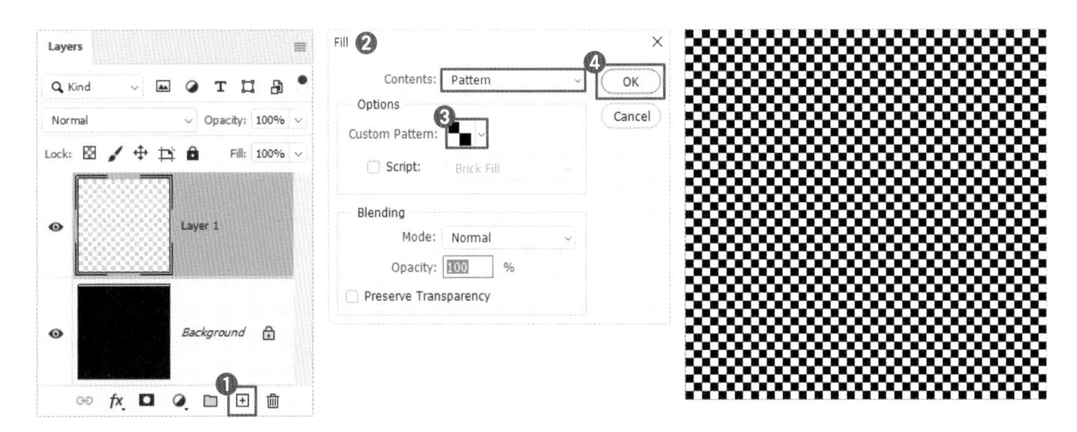

04 ❶메뉴 바에서 [Filter-Distort-Twirl]을 선택하여 ❷Twirl 창이 열리면 Angle: 130으로 설정한 후 ❸[OK]를 클릭합니다.

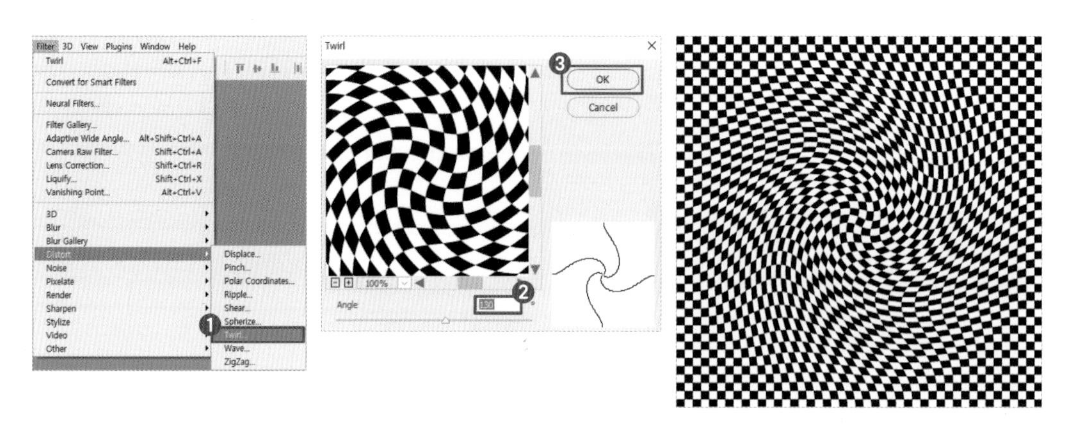

05 **크기 변경 및 배치_** ❶ Ctrl + T 를 눌러 자유 변형을 실행한 후 ❷옵션 바에서 W/H: 50%로 설정하여 크기를 줄입니다. ❸작업 창에서 줄어든 패턴 레이어를 왼쪽 위로 드래그하여 옮기고 Enter 를 눌러 자유 변형을 마칩니다.

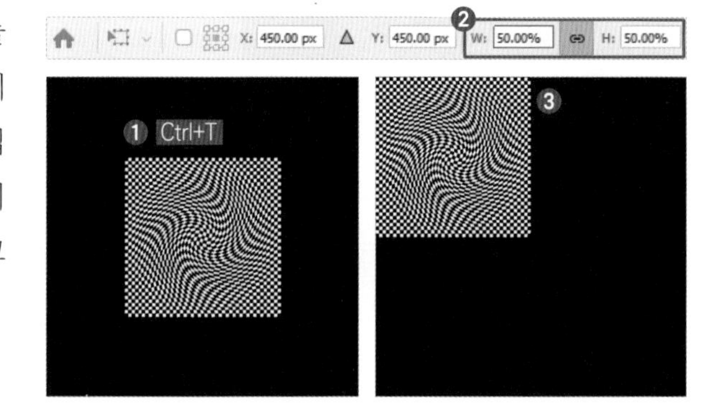

06 ❶ Ctrl + J 를 3번 눌러 패턴이 있는 레이어를 3개 더 복제하고, **[이동 도구]**를 선택한 후 복제한 패턴을 각각 오른쪽 위, 왼쪽 아래, 오른쪽 아래에 배치하여 다음과 같이 배경을 가득 채웁니다. ❷Layers 패널에서 4개의 패턴 레이어를 선택하고 ❸ Ctrl + E 를 눌러 하나로 합칩니다.

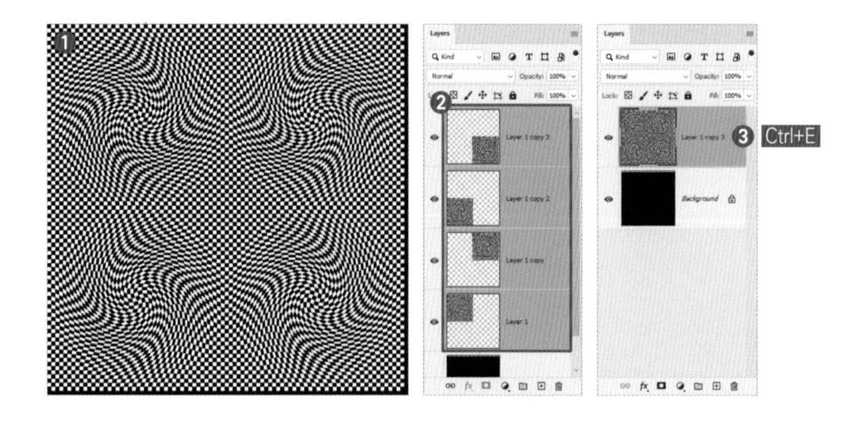

07 ❶Layers 패널에서 배경과 패턴 레이어를 선택합니다. ❷툴 바에서 **[이동 도구]**를 선택한 후 ❸옵션 바에서 **[Align horizontal centers]**와 **[Align vertical centers]**를 순서대로 클릭하여 패턴 레이어를 중앙 정렬합니다.

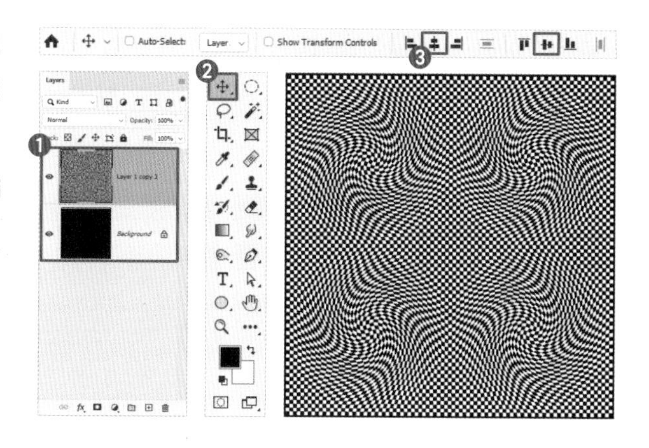

08 **이미지 영역 설정_** ❶툴 바에서 **[원형 선택 윤곽 도구]**를 선택한 후 작업 창에서 드래그하여 정원 모양으로 선택 영역을 지정합니다. ❷Layers 패널에서 패턴 레이어를 선택하고 **[Add layer mask]** 아이콘을 클릭하여 선택 영역에서만 패턴이 보이도록 레이어 마스크를 적용합니다.

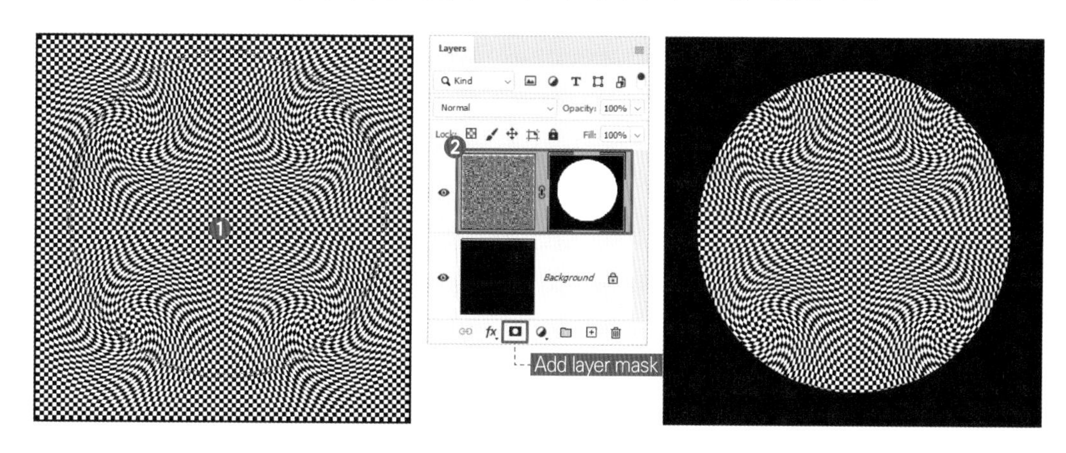

09 Layers 패널에서 **Opacity: 10%**로 설정합니다.

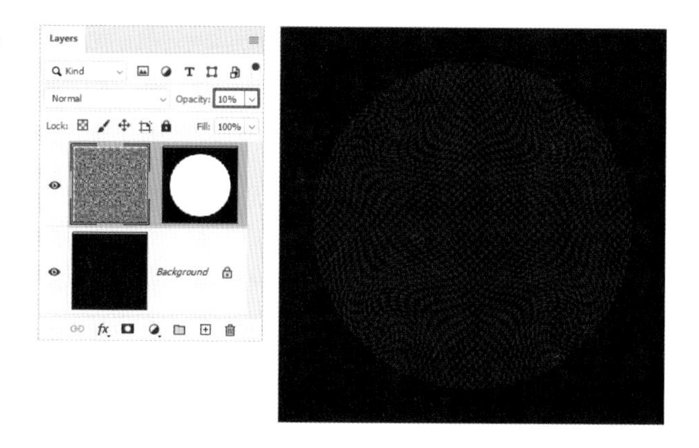

10 이미지 배치_ ❶ Ctrl + O를 눌러 Woman.jpg 예제 파일을 열고, **[펜 도구]**나 **[빠른 선택 도구]** 등을 이용해 인물 부분만 선택 영역으로 지정합니다. ❷**[이동 도구]**를 선택한 후 선택 영역을 작업 중이던 창으로 드래그한 후 크기와 위치를 조절한 후 Enter를 눌러 배치합니다.

최신 버전을 사용 중이라면 [빠른 선택 도구]나 [개체 선택 도구] 등의 옵션 바에서 [Select Subject]를 클릭하면 인물만 선택 영역으로 지정할 수 있습니다.

11 ❶Layers 패널에서 **[Add layer mask]** 아이콘을 클릭하여 레이어 마스크를 추가합니다. ❷툴 바에서 **[그레이디언트 도구]**를 선택한 후 ❸옵션 바에서 **Gradient: Basics>Black,White, Style: Linear Gradient**로 설정합니다.

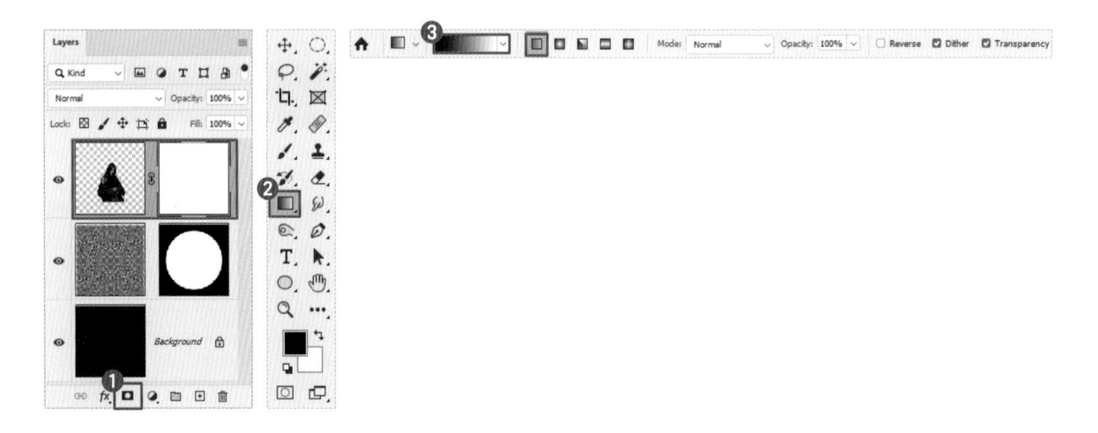

12 ❶작업 창에서 인물 이미지의 아래쪽에서 위로 드래그하여 레이어 마스크에 그레이디언트를 적용하면 이미지 아래쪽이 자연스럽게 합성됩니다. ❷Layers 패널에서 [Add a layer style] 아이콘을 클릭한 후 [Color Overlay]를 선택하여 Layer Style 창을 엽니다. ❸Blend Mode: Screen, Color: #5a0fae, Opacity: 32%로 설정하여 이미지를 보랏빛으로 채웁니다.

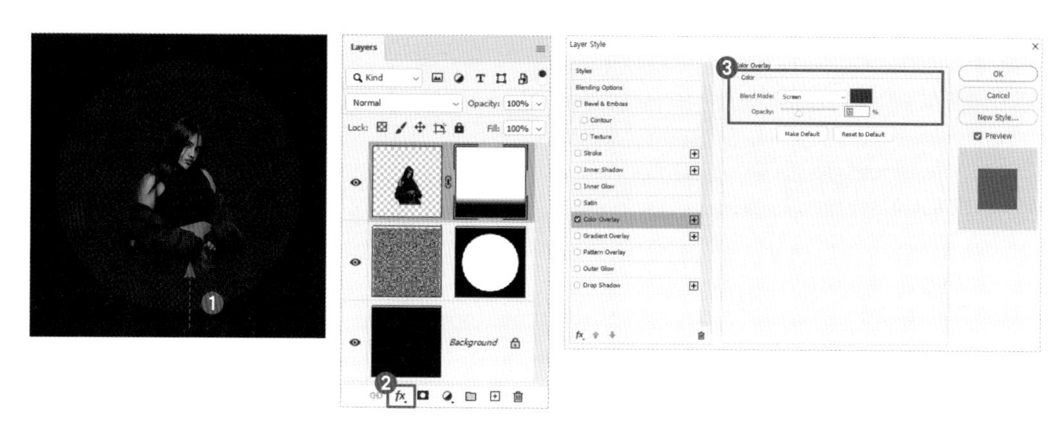

13 ❶Layer Style 창에서 [Outer Glow]를 선택하여 체크하고, ❷Blend Mode: Screen, Opacity: 12%, Color: #ad7cd3, Spread: 12%, Size: 87px로 설정하여 외부 광선 효과까지 적용한 후 ❸[OK]를 클릭합니다.

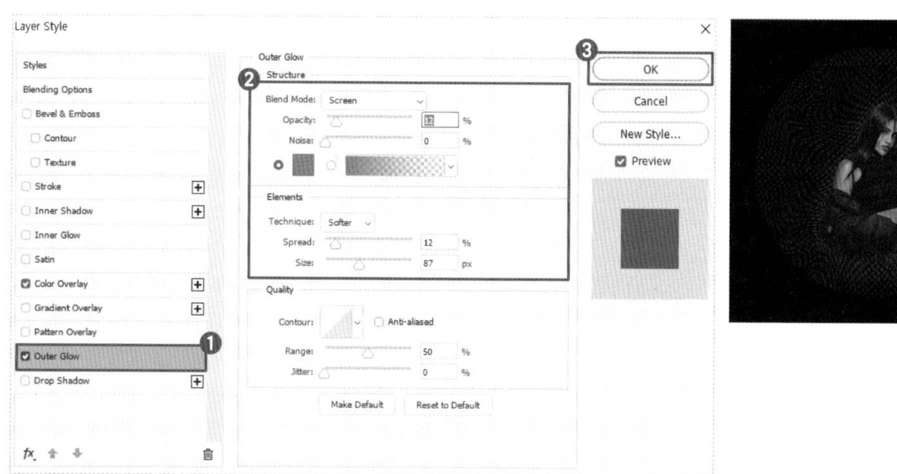

14 **예제 이미지 합성_** ❶ Ctrl + O를 눌러 Deco.jpg 예제 파일을 열고, ❷작업 창으로 드래그해서 가져옵니다. ❸Layers 패널에서 문양 레이어 이름은 Deco로 변경합니다. ❹[Add a layer style] 아이콘을 클릭한 후 [Color Overlay]를 선택하여 Layer Style 창을 엽니다.

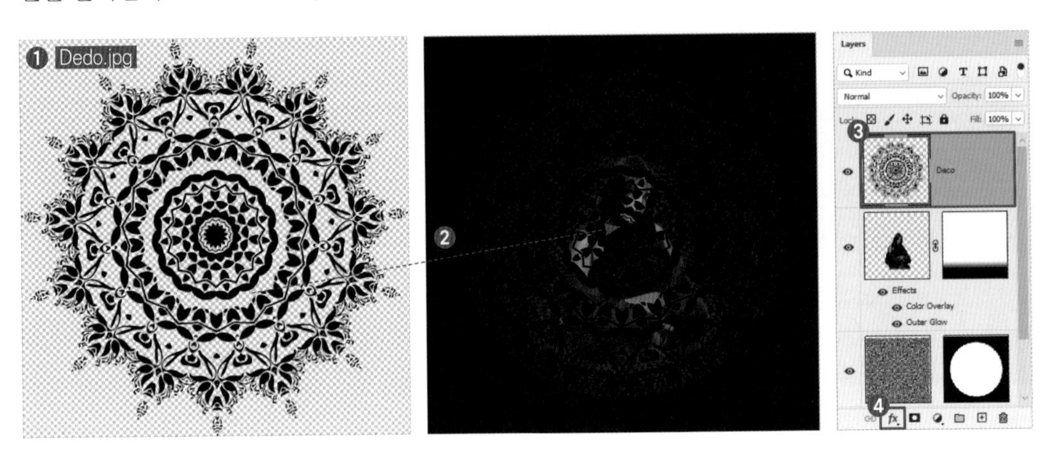

15 ❶Layer Style 창이 열리면 Color: #2b0f41, Opacity: 100%로 설정합니다. ❷[Inner Glow]를 선택하여 **체크**하고 ❸ Blend Mode: Screen, Opacity: 75%, Color: ##4e1e84, Choke: 1%, Size: 13px로 설정하여 효과를 적용하고, ❹[OK]를 클릭합니다.

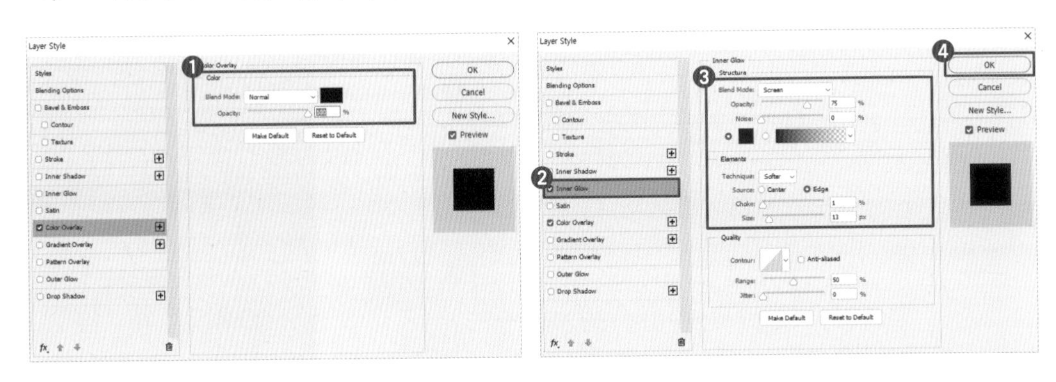

16 **[원형 선택 윤곽 도구]**를 사용하여 작업 창 중앙에서 선택 영역을 지정한 후 Delete를 눌러 지우면 인물이 보입니다.

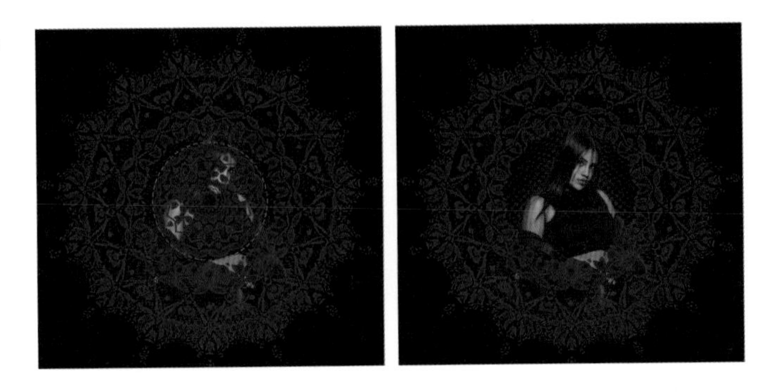

17 필터 적용_ ❶메뉴 바에서 **[Filter-Liquify]**를 선택합니다. ❷Liquify 창에서 **[볼록 도구]**를 선택한 후 ❸Properties 패널에서 **Size: 900, Density: 100**으로 설정합니다. ❹미리 보기에서 중앙 부분을 길게 클릭해서 원하는 만큼 볼록하게 만들고 ❺**[OK]**를 클릭합니다.

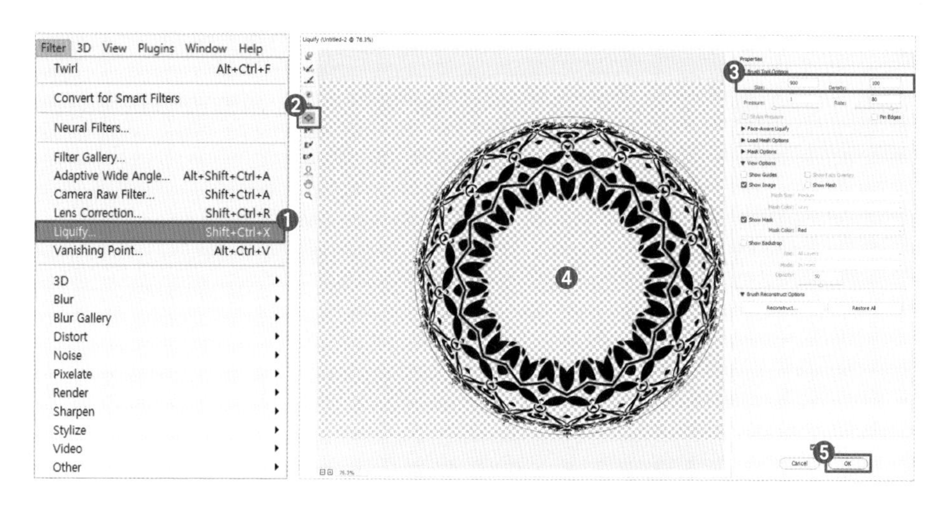

18 Ctrl + T 를 눌러 자유 변형을 실행한 후 문양의 크기를 살짝 줄이고 Enter 를 눌러 마칩니다.

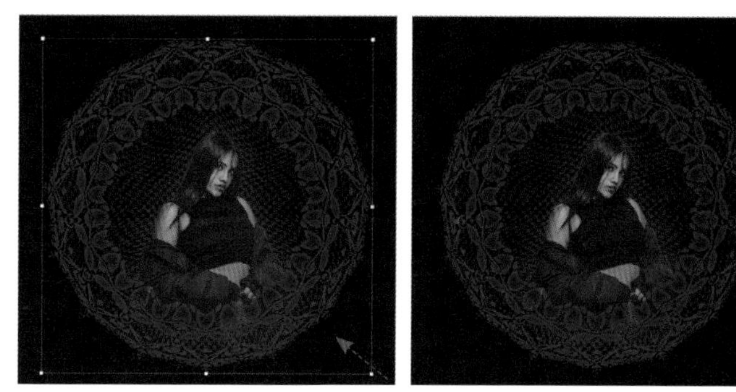

19 이미지 보정_ ❶Adjustments 패널에서 **[Color Lookup]** 아이콘을 클릭한 후 ❷Properties 패널에서 **3DLUT File: Fuji ETERNA 250D Fuji3510**으로 설정하여 완성합니다.

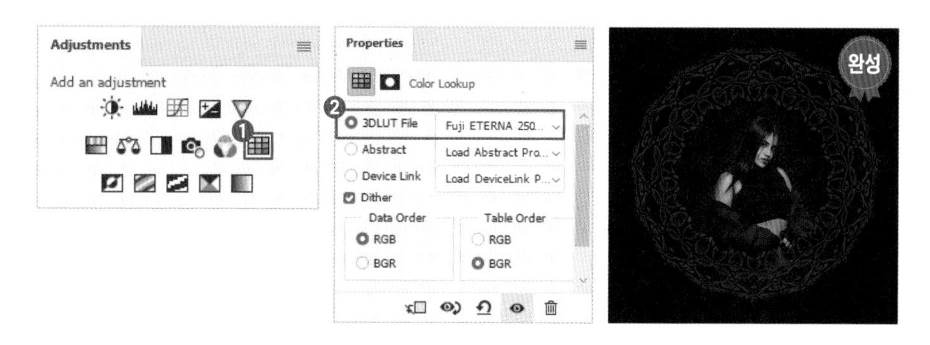

Idea 27 사용자 정의 모양을 활용한 배지

포토샵의 [사용자 정의 모양 도구]에는 다양한 모양이 있어, 이를 활용하면 간단한 배지나 버튼을 쉽게 만들 수 있습니다. 간단한 형태의 모양에 질감을 더하고 세부적으로 조정해서 완성도를 높입니다.

난이도 ★★★★★

예 제 Paper.jpg
Pattern.png

완 성 Badge.psd

Custom Shape Tool
Align
fx
Burn Tool

01 예제 열기 _ Ctrl + O 를 눌러 Paper.jpg 예제 파일을 엽니다.

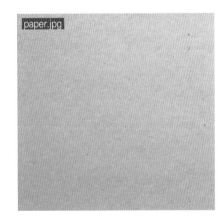

02 레거시 모양 사용_ ❶ 메뉴 바에서 [Window-Shapes]를 선택하여 Shapes 패널을 엽니다. ❷ 패널 오른쪽 위에 있는 **[메뉴]** 아이콘을 클릭한 후 ❸ **[Legacy Shapes and More]**를 선택하여 이전 버전에서 사용되던 레거시 모양을 추가합니다.

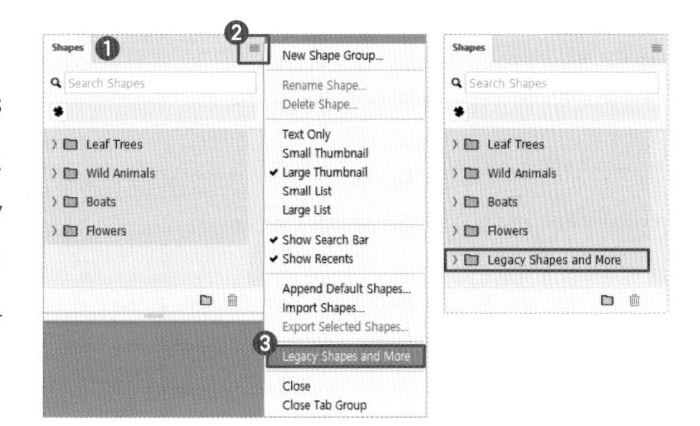

03 ❶ 툴 바에서 **[사용자 정의 모양 도구]**를 선택하고 ❷ 옵션 바에서 Mode: Shapes, Fill: #ffffff, Stroke: No Color, Shape: Legacy Shapes and More>All Legacy Default Shapes>Nature>Flower6으로 설정합니다. ❸ 작업 창에서 Shift를 누른 채 드래그하여 모양을 그립니다.

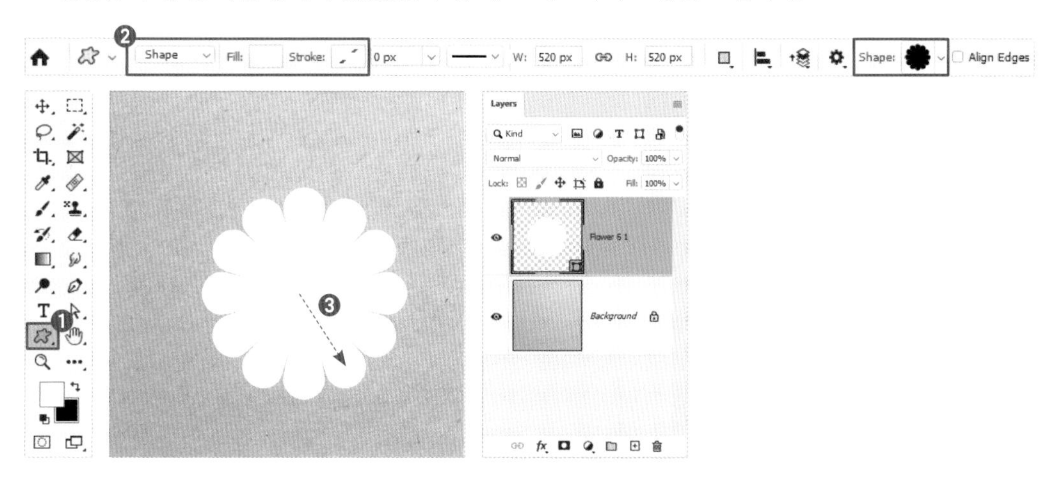

04 ❶ Ctrl + J를 눌러 모양 레이어를 복제합니다. ❷ Ctrl + T를 눌러 자유 변형을 실행한 후 15도 회전시키고 ❸ Enter를 눌러 배치합니다.

자유 변형 상태에서 Shift를 누른 채 드래그하면 15도 단위로 회전시킬 수 있습니다.

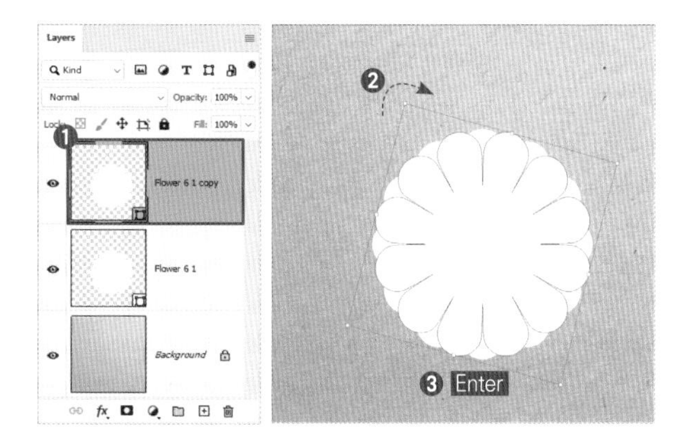

05 ❶Layers 패널에서 모든 레이어를 선택합니다. ❷**[이동 도구]**를 선택한 후 옵션 바에서 **[Align horizontal centers]**과 **[Align vertical centers]**를 클릭하여 모양을 정중앙으로 정렬합니다.

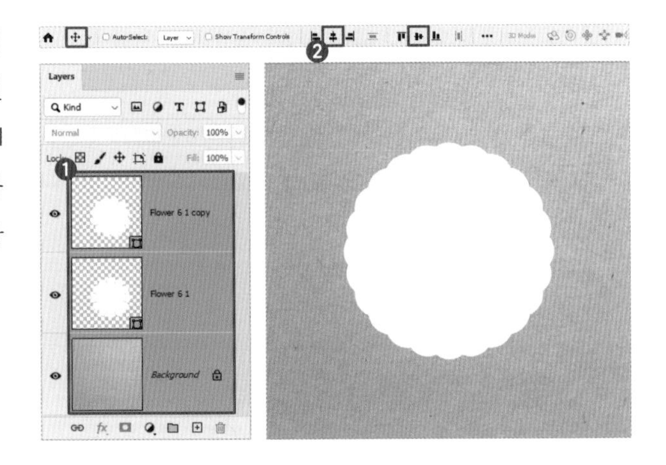

06 레이어 스타일 적용_ ❶Layers 패널에서 **[Background]** 레이어를 제외한 모양 레이어만 선택한 후 ❷ Ctrl + E 를 눌러 2개의 레이어를 병합하고, ❸ **[Add a layer style]** 아이콘을 클릭한 후 **[Gradient Overlay]**를 선택하여 Layer Style 창을 엽니다.

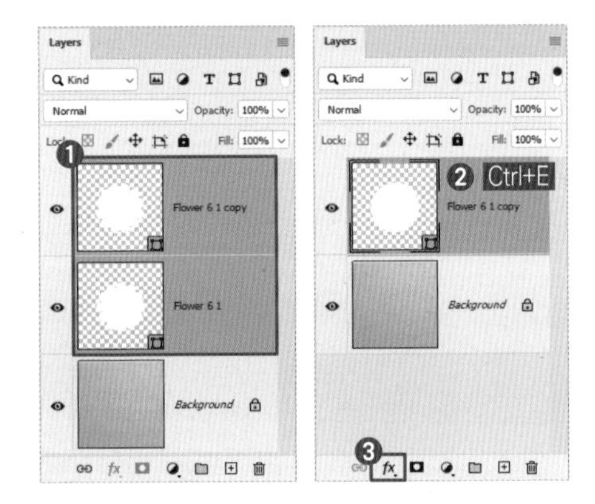

07 ❶Layer Style 창이 열리면 **Style: Linear**로 설정한 후 ❷**Gradient** 옵션을 클릭합니다. ❸Gradient Editor가 열리면 **[Opacity Stop]**은 모두 **100%**로 설정하고, ❹**[Color Stop]**은 각각 **#d0af75, #efdbb8**로 설정한 후 ❺**[OK]**를 클릭합니다.

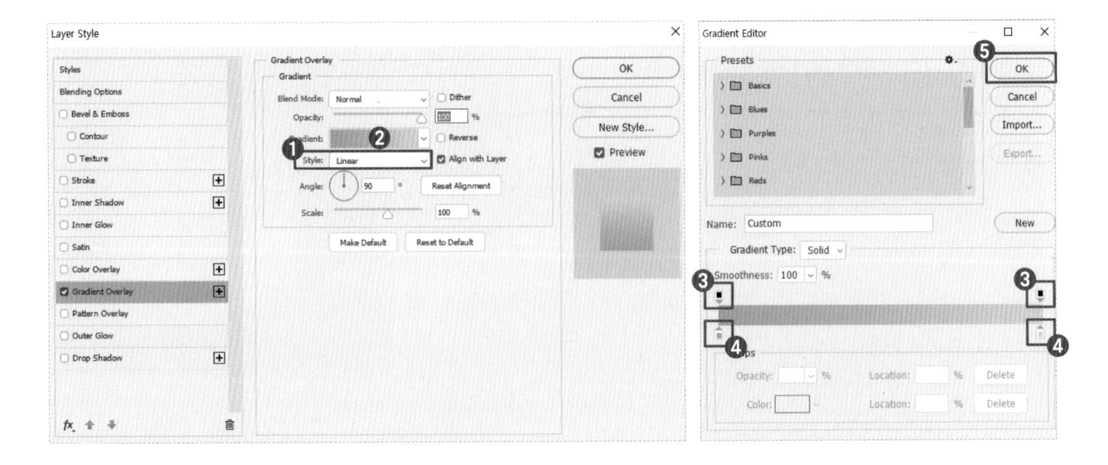

08 ❶ Layer Style 창에서 [Inner Shadow]를 선택해서 **체크**하고 ❷ Blend Mode: Overlay, Color: #000000, Opacity: 57%, Angle: 90, Distance: 3px, Choke: 34%, Size: 27px로 설정합니다.

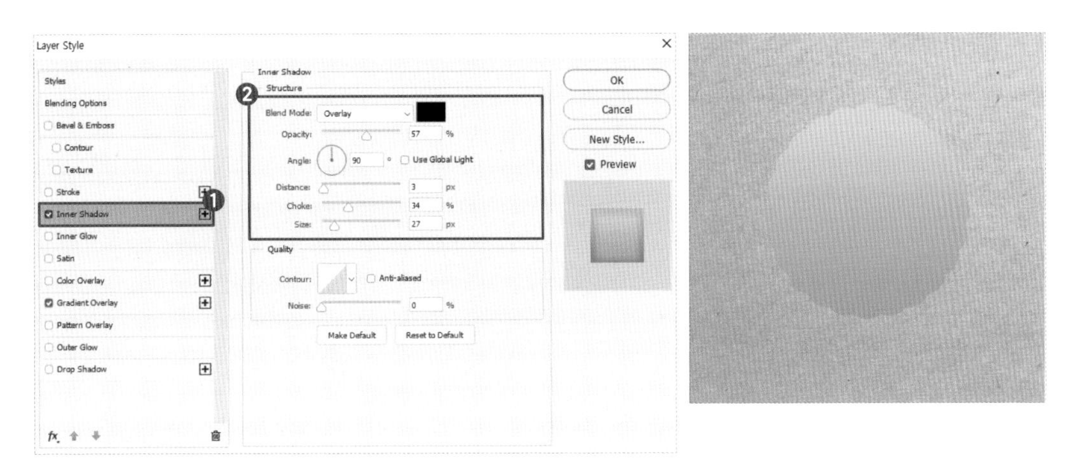

09 ❶ [Inner Glow]를 선택하여 **체크**하고 ❷ Blend Mode: Overlay, Opacity 74%, Color: #ffffff, Choke: 30%, Size: 4px로 설정합니다.

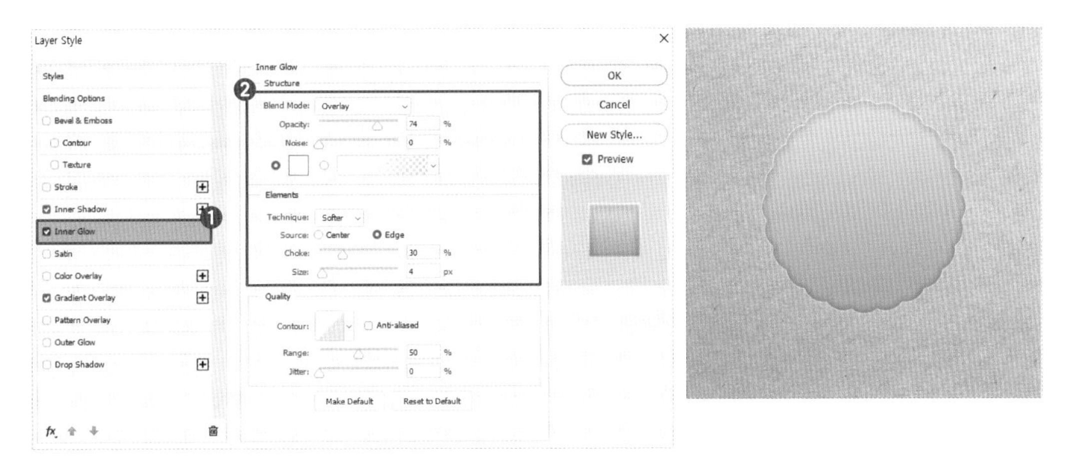

10 ❶[Stroke]를 선택하여 **체크**하고 ❷Size: 1px, Position: Inside, Fill Type: Gradient로 설정한 후 ❸Gradient 옵션을 클릭합니다. ❹Gradient Editor가 열리면 [Opacity Stop]은 모두 100%로 설정하고, ❺[Color Stop]은 왼쪽부터 #d0b083, #bb9359, #cfaa71, #e3cca8로 설정한 후 ❻[Ok]를 클릭합니다.

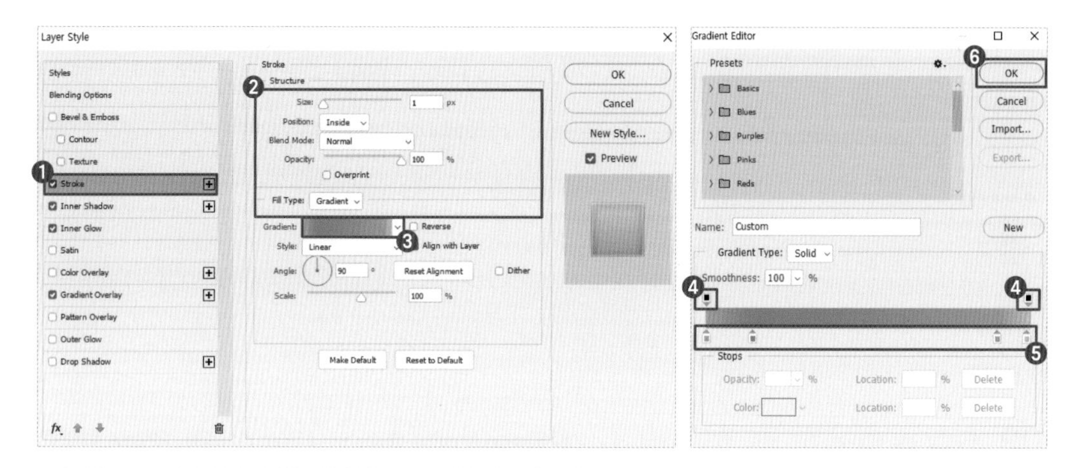

그레이디언트 바에서 아래쪽을 클릭하면 [Color Stop]을 추가할 수 있고, 좌우로 드래그하여 위치를 조절할 수 있습니다.

11 ❶마지막으로 [Drop Shadow]를 선택하여 **체크**하고 ❷Blend Mode: Normal, Opacity: 50%, Distance: 1px, Spread: 0%, Size: 2px로 설정한 후 ❸[OK]를 클릭하여 레이어 스타일 적용을 완료합니다.

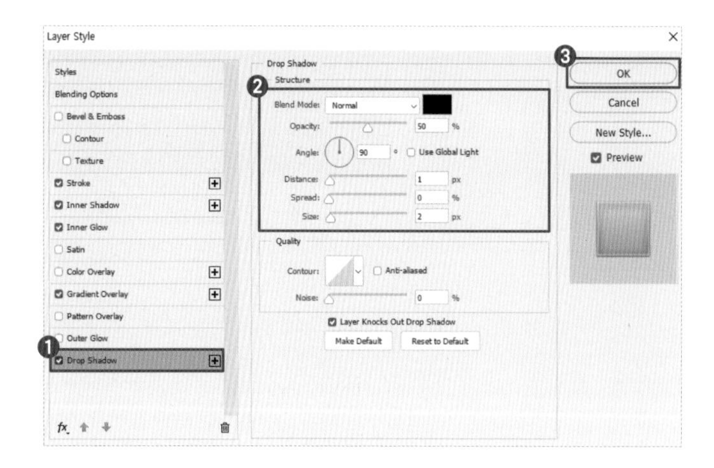

12 모양 레이어에 총 5개의 레이어 스타일을 적용했습니다. Layers 패널에서 레이어 이름은 Flower로 변경합니다.

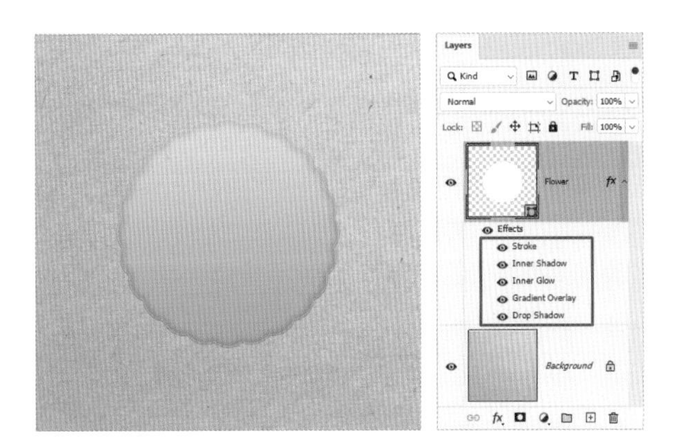

13 **질감 표현_** ❶ Ctrl + O 를 눌러 Pattern.jpg 예제 파일을 열고, ❷메뉴바에서 [Edit-Define Pattern]을 선택하여 파일명 그대로 패턴으로 등록합니다.

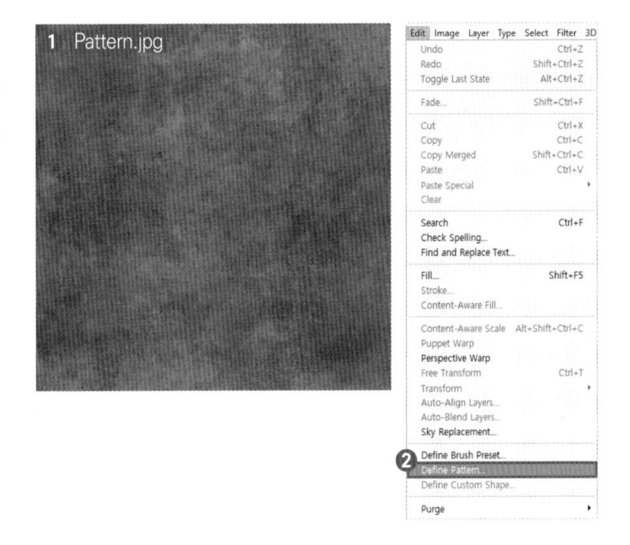

14 ❶작업 중이던 창으로 돌아와 Layers 패널에서 [Flower] 레이어를 선택한 후 Ctrl + J 를 눌러 복제합니다. ❷복제된 레이어에서 [Effects] 레이어를 [휴지통] 아이콘으로 드래그하여 적용된 레이어 스타일을 모두 삭제합니다.

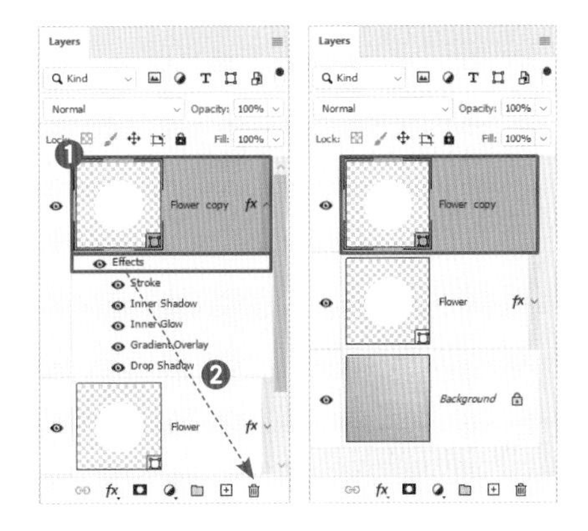

15 ❶ Layers 패널에서 [Add a layer style] 아이콘을 클릭한 후 [Pattern Overlay]를 선택합니다. ❷ Layer Style 창이 열리면 Blend Mode: Overlay, Pattern: Pattern.jpg, Scale: 57%로 설정하고 ❸ [OK]를 클릭합니다.

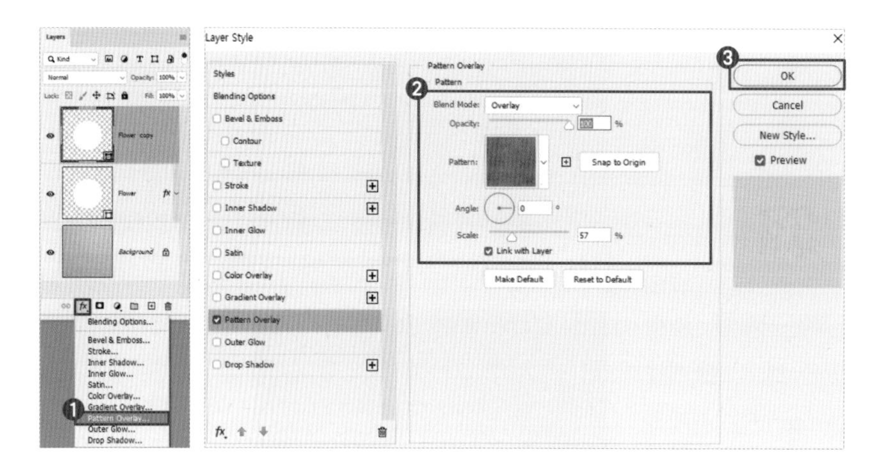

16 Layers 패널에서 Fill: 0%로 설정하여 레이어 이미지는 투명하게 하고, 적용된 효과만 표시하여 질감을 표현합니다.

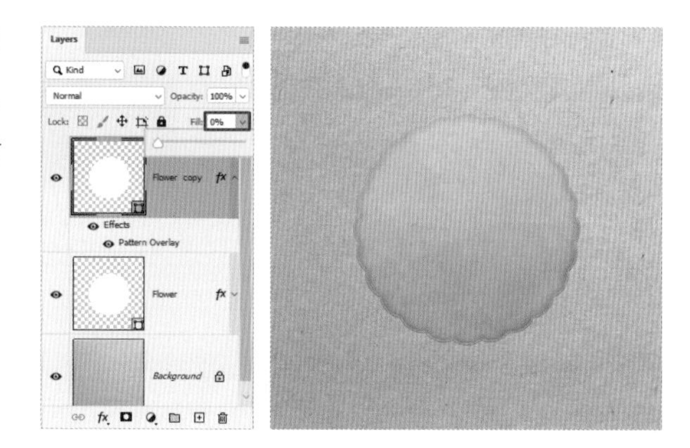

17 **텍스트 영역 만들기_** ❶ 툴 바에서 [타원 도구]를 선택한 후 ❷ 작업 창에서 드래그하여 다음과 같은 위치에 흰색 정원을 그리고, ❸ Layers 패널에서 Opacity: 55%로 설정합니다.

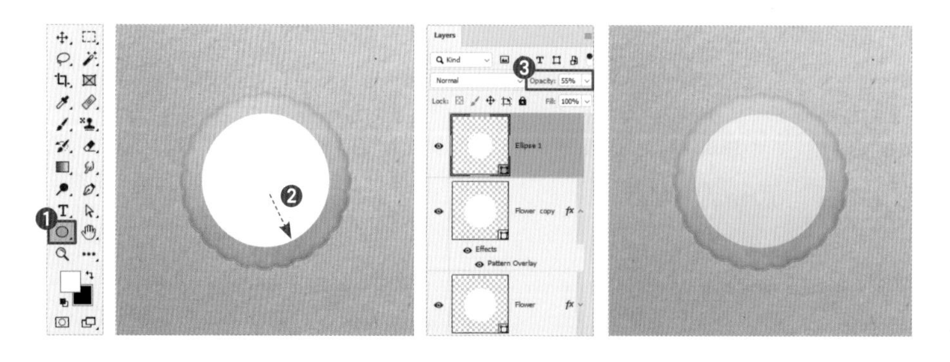

18 ❶ Ctrl + J 를 눌러 레이어를 복제하고, ❷ [Add a layer style] 아이콘을 클릭한 후 [Pattern Overlay]를 선택합니다. ❸ Layer Style 창이 열리면 Blend Mode: Color Burn, Opacity: 63%, Pattern: Pattern.jpg, Scale: 41%로 설정하고 ❹ [OK]를 클릭합니다.

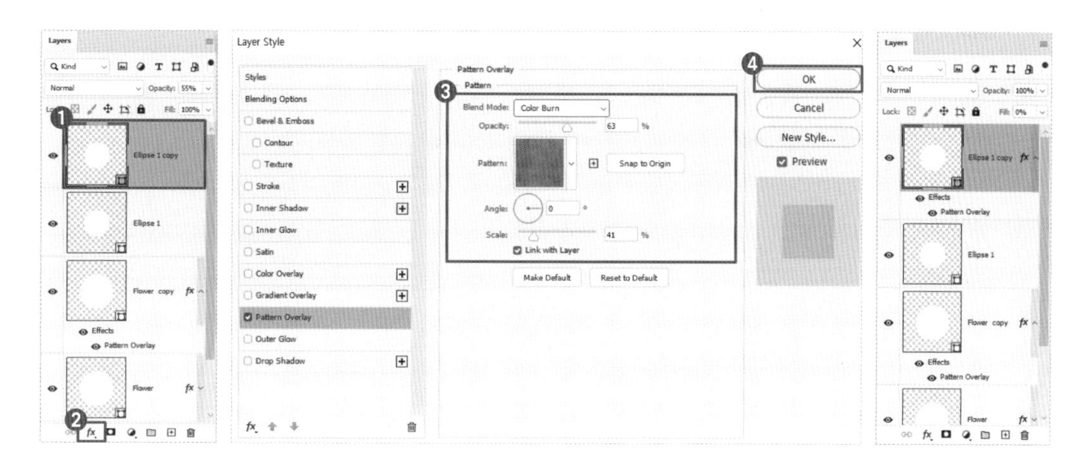

19 ❶ [타원 도구]의 옵션 바에서 Fill: #000000, Stroke: No Color로 설정한 후 ❷ 작업 창에서 드래그하여 다음과 같이 검정 정원을 그립니다. ❸ Layers 패널에서 [Add a layer style] 아이콘을 클릭한 후 [Inner Shadow]를 선택하여 Layer Style 창을 엽니다.

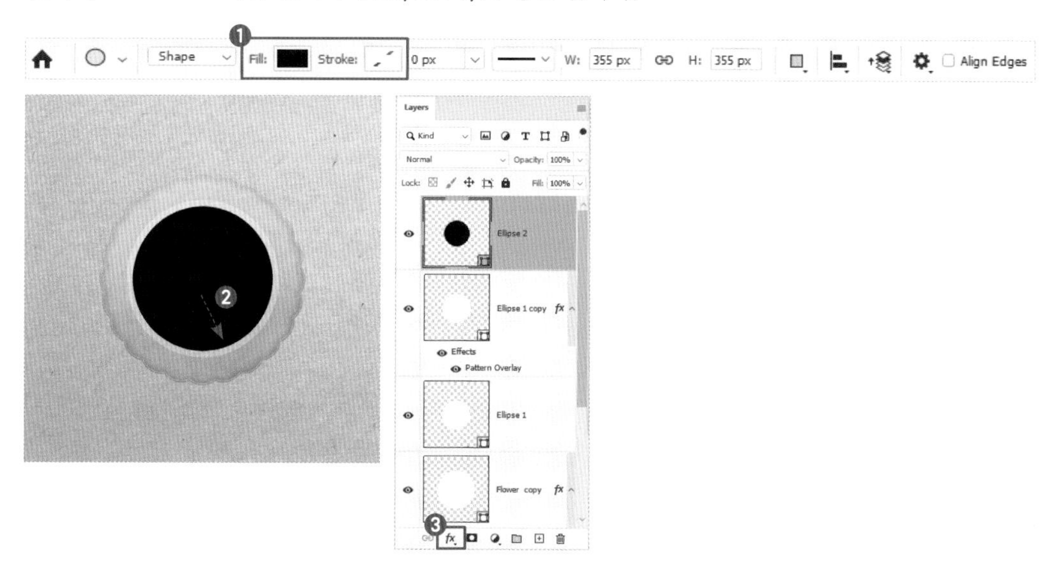

20 ❶ Layer Style 창에서 Blend Mode: Soft Light, Color: #000000, Opacity: 81%, Distance: 2px, Spread: 0%, Size: 3px로 설정합니다. ❷ [Drop Shadow]를 선택하여 체크한 후 ❸ Blend Mode: Soft Light, Color: #ffffff, Opacity: 100%, Distance: 1px, Spread: 0%, Size: 0px로 설정하고 ❹ [OK]를 클릭합니다.

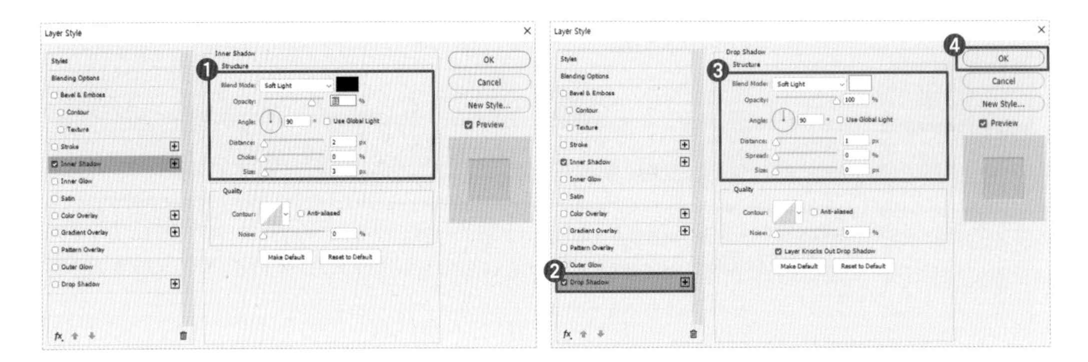

21 Layers 패널에서 Blending Mode: Soft Light로 변경하여 검정 정원을 자연스럽게 합성합니다.

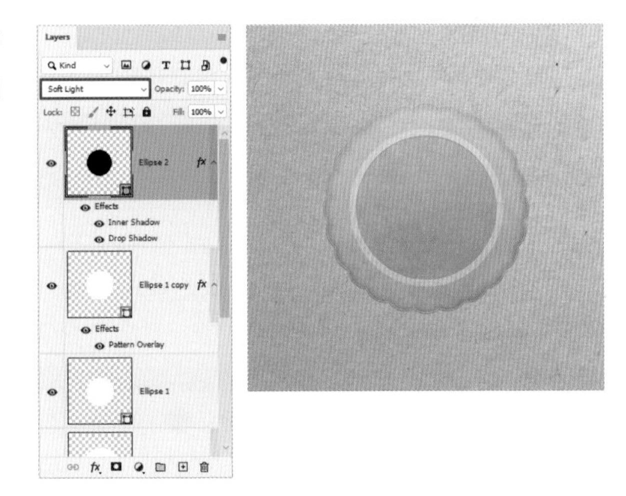

22 **텍스트 입력_** ❶ 툴 바에서 **[수평 문자 도구]**를 선택하고 ❷ 다음과 같이 적당한 텍스트를 입력합니다.

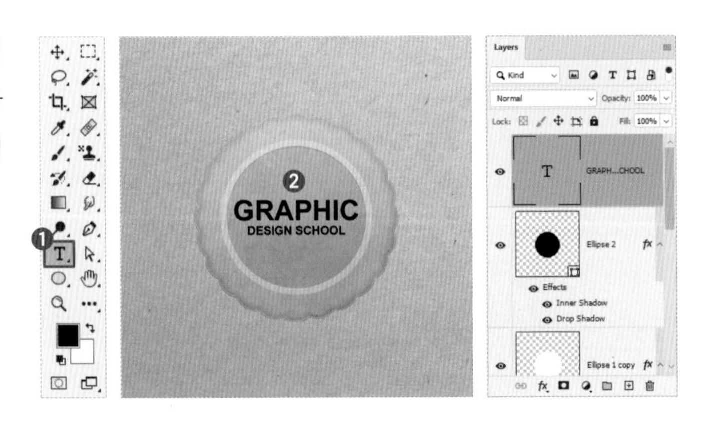

23 ❶ Layers 패널에서 Blending Mode: Soft Light로 설정하고, ❷ 검은색 정원 레이어에 있는 레이어 스타일을 복제해서 적용합니다.

Alt를 누른 채 [Effects] 레이어를 드래그하면 복제할 수 있습니다.

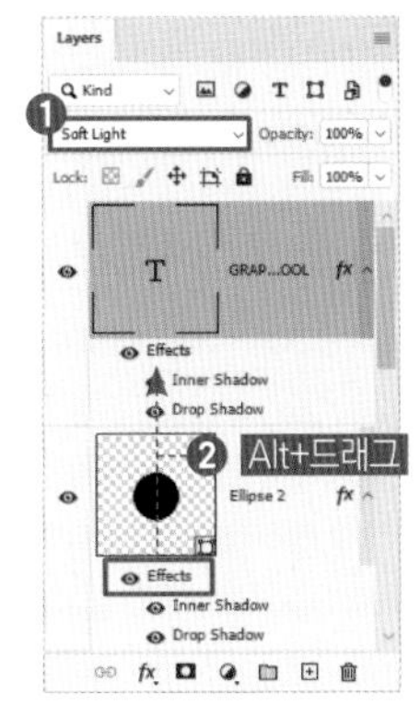

24 **테두리 꾸미기_** ❶ 툴 바에서 **[타원 도구]**를 선택하고 ❷ 옵션 바에서 Mode: Path로 설정한 후 ❸ 작업 창에서 드래그하여 다음과 같이 정원 패스를 그립니다.

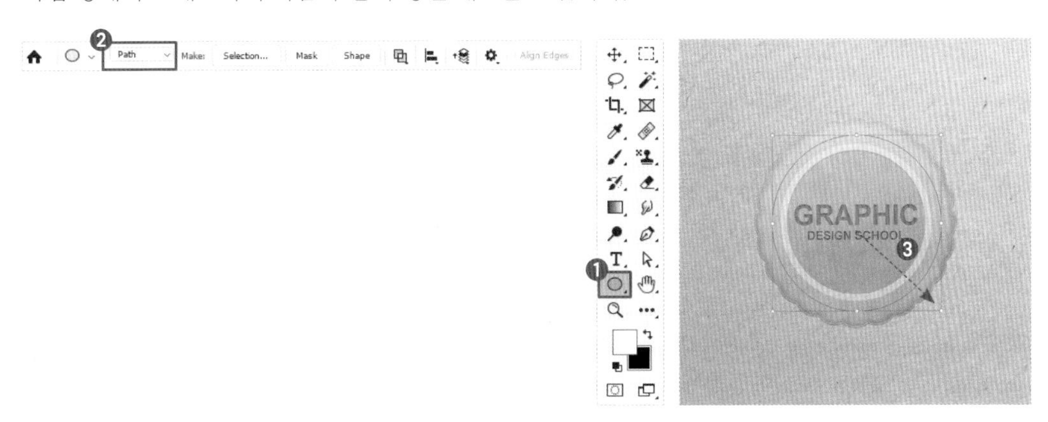

25 ❶ 툴 바에서 **[수평 문자 도구]**를 선택한 후 ❷ 작업 창에서 정원 패스 선을 클릭합니다. 패스를 따라 텍스트를 입력할 수 있습니다. ❸ Font Size: 41pt 정도로 설정한 후 –를 반복해서 입력하여 패스 선을 따라 점선을(––––––) 표현합니다.

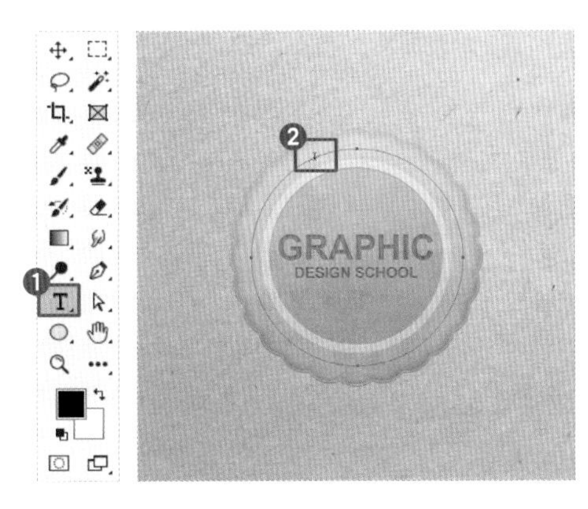

26 ❶ Layers 패널에서 **[Add a layer style]** 아이콘을 클릭한 후 **[Gradient Overlay]**를 선택하고, ❷ 다음과 같은 설정(#9d5820, #ca9858)으로 그레이디언트를 만들어 효과를 적용합니다.

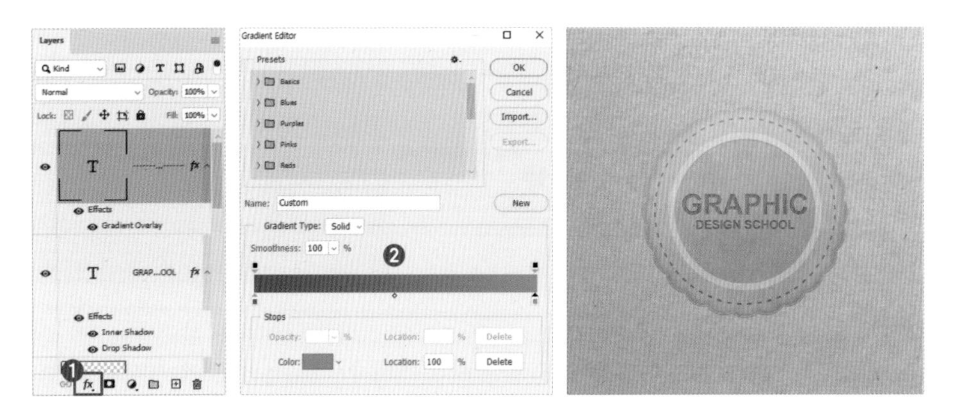

27 ❶ Ctrl + J 를 눌러 점선 레이어를 복제하고, ❷ Ctrl + T 를 눌러 자유 변형을 실행한 후 Alt 를 누른 채 안쪽으로 드래그하여 크기를 줄이고 ❸ Enter 를 눌러 자유 변형을 마칩니다.

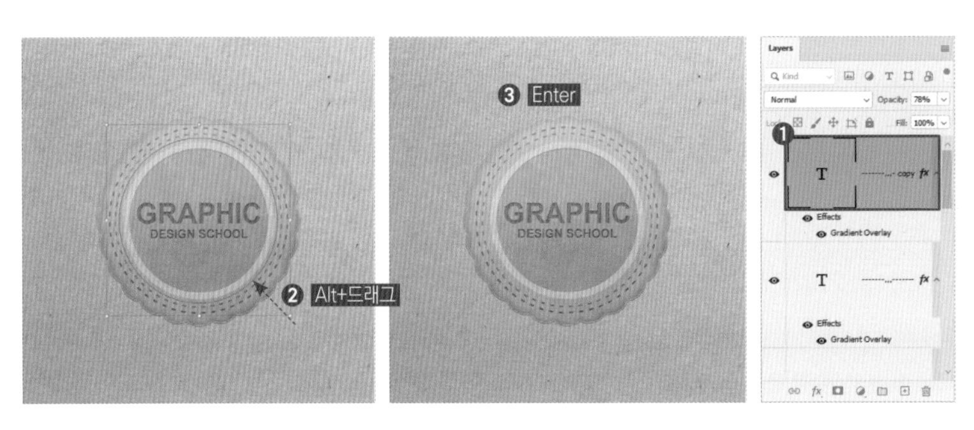

28 ❶ Layers 패널에서 **[Background]** 레이어를 선택한 후 Ctrl + J 를 눌러 복제합니다. ❷ 툴 바에서 **[번 도구]**를 선택한 후 ❸ 작업 창에서 배지 주변을 드래그하여 어둡게 처리하여 완성합니다.

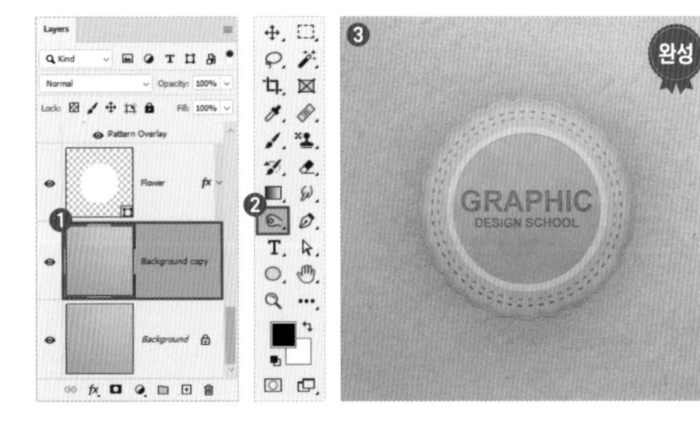

Idea 28 레이어 스타일을 활용한 배너

포토샵의 레이어 스타일을 활용하면 다양한 효과를 연출할 수 있습니다. 특히 자주 사용하는 그레이디언트 오버레이와 그림자 효과 등을 사용하여 간단한 배너를 완성해 보겠습니다.

난이도 ★★☆☆☆
예 제 Deco_lamp.jpg
완 성 Sale.psd

fx
Rectangle
Gradient
Flip Horizontal

01 패턴 제작_ ❶ Ctrl + N 을 눌러 900×900Pixels, 흰색(#ffffff)로 새 창을 만듭니다. ❷ Ctrl + O 를 눌러 Deco_lamp.jpg 예제 파일을 열고, 새로 만든 작업 창으로 드래그하여 이미지를 배치합니다.

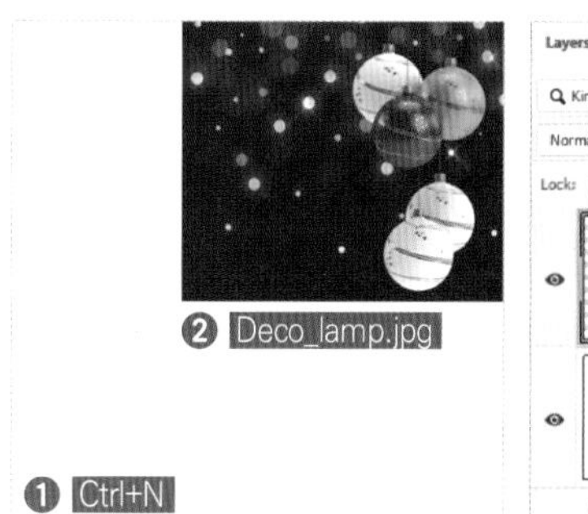

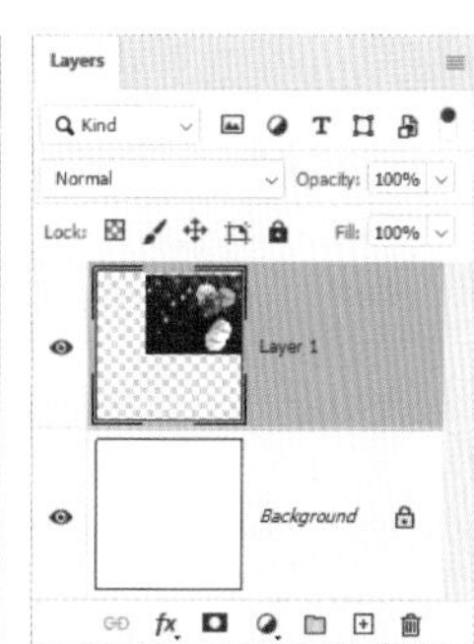

02 ❶툴 바에서 **[스포이드 도구]**를 선택한 후 ❷작업 창에서 이미지의 배경 부분을 클릭하여 색을 추출합니다(#4e0000). ❸Layers 패널에서 **[Background]** 레이어에 선택한 후 ❹ Alt + Delete 를 눌러 추출한 전경색으로 채웁니다.

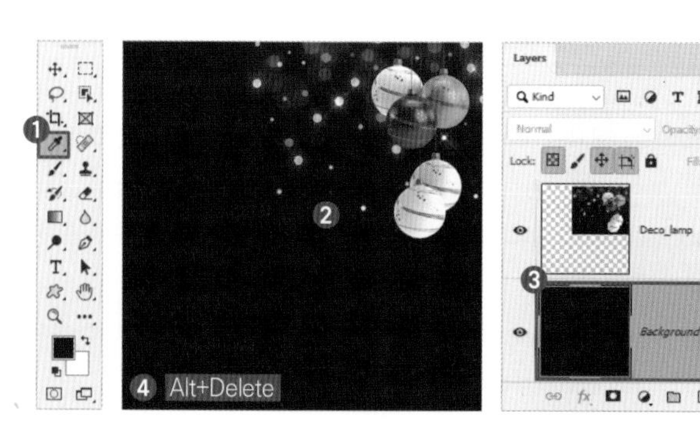

03 ❶Layers 패널에서 **[Deco_lamp]** 레이어를 선택하고 Ctrl + J 를 눌러 레이어를 복제합니다. ❷ Ctrl + T 를 눌러 자유 변형을 실행하고 이미지 위에서 **[마우스 오른쪽 버튼]**을 클릭한 후 **[Flip Horizontal]**을 선택하여 좌우 반전시키고, ❸왼쪽으로 드래그한 후 Enter 를 눌러 마칩니다.

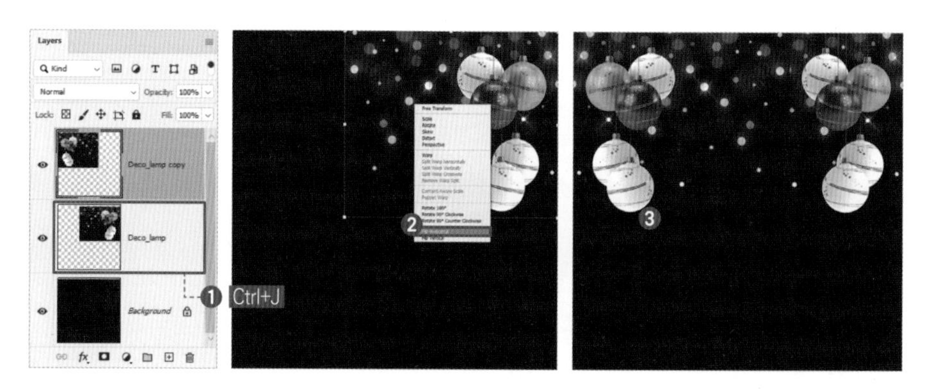

04 ❶Layers 패널에서 **[Add layer mask]** 아이콘을 클릭하여 레이어 마스크를 추가합니다. ❷툴 바에서 **[그레이디언트 도구]**를 선택하고 ❸옵션 바에서 Gradient: Basics>Black,White, Style: Linear Gradient로 설정합니다. ❹작업 창에서 다음과 같이 이미지가 겹치는 부분 오른쪽에서 왼쪽으로 드래그하여 자연스럽게 합성합니다.

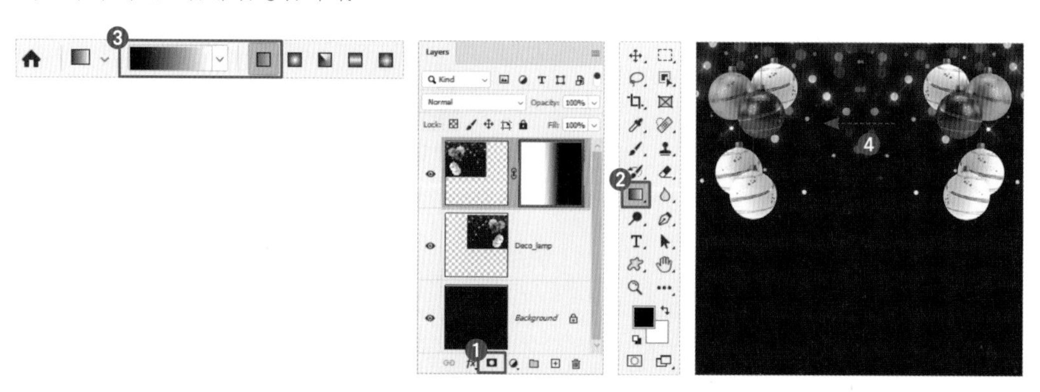

05 텍스트 입력_ ❶툴 바에서 **[사각형 도구]**를 선택하고 ❷옵션 바에서 Mode: Shape, Fill: No Color, Storke: 임의의 색, Width: 16pt로 설정합니다. ❸작업 창에서 Shift를 누른 채 드래그하여 중앙에 정사각형을 그립니다.

포토샵 2021 이상을 사용 중이라면 [사각형 도구] 옵션 바에서 [Radius: 0px]로 설정해야 합니다. [Radius] 옵션 값에 따라 사각형의 모서리가 둥글게 처리됩니다.

06 **[수평 문자 도구]**를 이용하여 다음과 같이 3개의 레이어로 구분해서 적절하게 텍스트를 입력합니다. 추후 효과를 적용할 것이므로 텍스트 색상은 자유롭게 선택합니다.

07 레이어 스타일 적용_ ❶Layers 패널에서 사각형 모양인 **[Rectangle1]** 레이어를 선택하고 ❷**[Add a layer style]** 아이콘을 클릭한 후 **[Gradient Overlay]**를 선택합니다. ❸Layer Style 창이 열리면 Style: Linear로 설정한 후 ❹Gradient 옵션을 클릭합니다.

08 ❶Gradient Editor가 열리면 [Opacity Stop]은 모두 100%로 설정하고, ❷[Color Stop]은 왼쪽부터 #8d0d19, #f0ce84, #ffffff, #f7f1cd로 설정한 후 ❸[OK]를 클릭합니다.

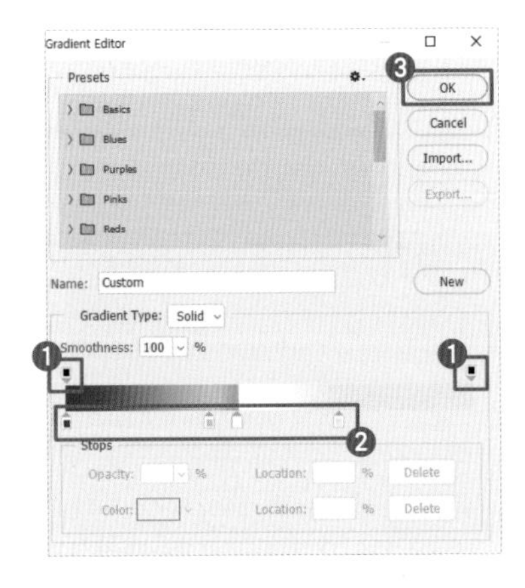

09 ❶Layer Style 창이 열리면 [Drop Shadow]를 선택하여 **체크**하고, ❷Blend Mode: Multiply, Distance: 8px, Spread: 0%, Size: 29px로 설정한 후 ❸[OK]를 클릭합니다.

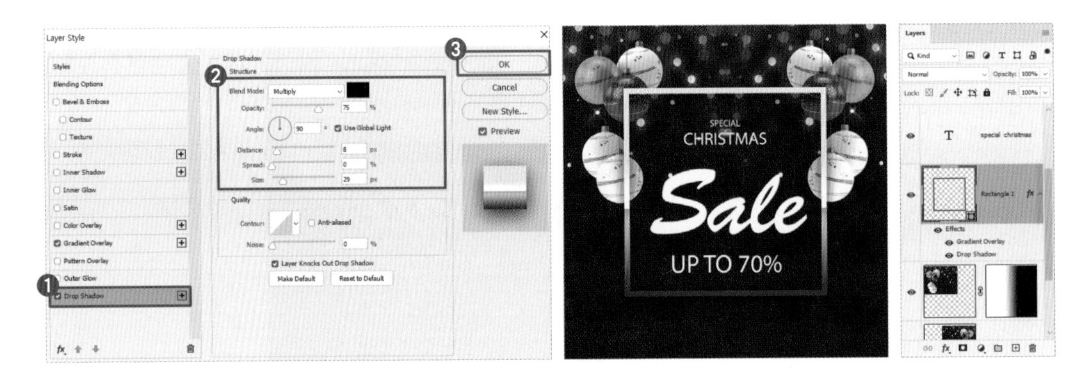

10 Layers 패널에서 Alt를 누른 채 사각형 모양에 있는 [Effects] 레이어를 각각의 텍스트 레이어로 드래그해서 복제하면 완성됩니다.

Idea 29 패턴과 필터로 만든 방사형 배경

중앙에 배치한 오브젝트로 시선을 집중시킬 수 있는 장점이 있어 많이 사용하는 배경 중 하나가 방사형 배경입니다. 패턴을 만들어 등록하고 필터를 적용하여 간단하게 방사형 배경을 만들어 활용해 보세요.

난이도 ★★★★☆

완 성 Radial.psd

Polar Coordinates

Shape Tool

Gradient

01 패턴 제작_ ❶ Ctrl + N을 눌러 20×20Pixels, 흰색(#ffffff)으로 새 창을 만든 후 10×20px 크기의 검정 사각형으로 오른쪽을 채웁니다. ❷메뉴 바에서 [Edit-Define Pattern]을 선택한 후 이름을 입력하여 패턴을 등록합니다.

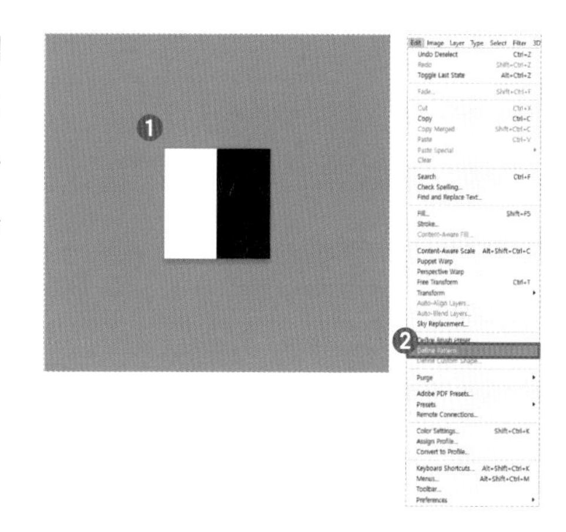

02 배경 제작_ ❶ Ctrl + N을 눌러 900×900Pixels, 검정(#000000)으로 새 창을 만듭니다. ❷Layers 패널에서 [Create a new layer] 아이콘을 클릭하여 레이어를 추가하고 ❸이름은 Radial로 변경합니다.

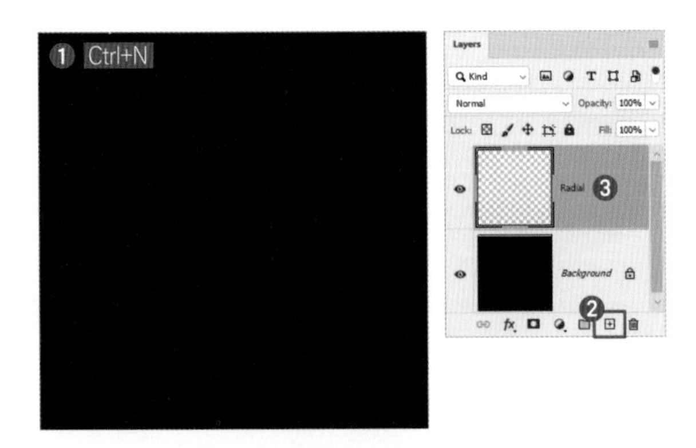

03 ❶메뉴 바에서 [Edit-Fill]을 선택합니다. ❷Fill 창이 열리면 Contents: Pattern, Custom Pattern: 앞서 등록한 패턴으로 설정한 후 ❸[OK]를 클릭하여 작업 창을 패턴으로 채웁니다.

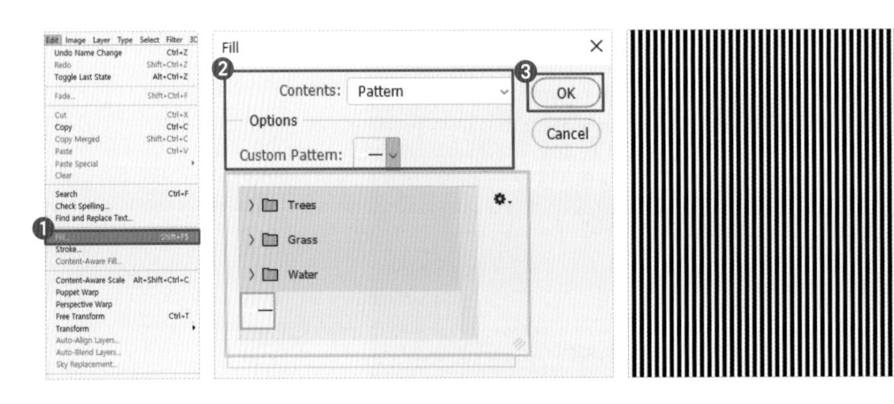

04 필터 적용_ ❶메뉴 바에서 [Filter-Distort-Polar Coordinates]를 선택합니다. ❷Polar Coordinates 창이 열리면 [Rectangular to Polar]를 선택하고 ❸[OK]를 클릭합니다.

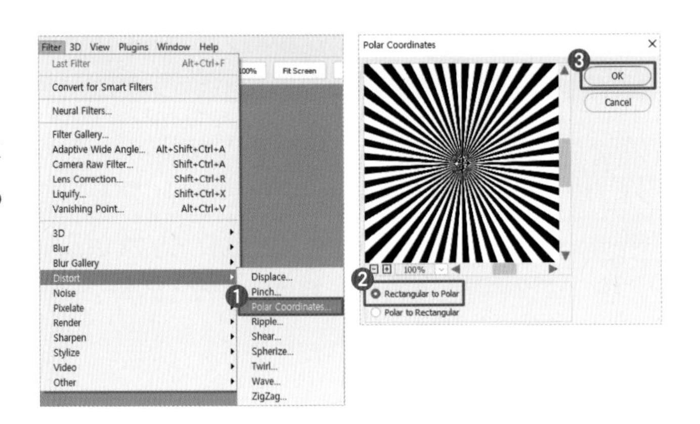

05 레이어 마스크 활용_ ❶Layers 패널에서 [Add layer mask] 아이콘을 클릭하여 레이어 마스크를 추가합니다. ❷툴 바에서 **[그레이디언트 도구]**를 선택하고, ❸옵션 바에서 Gradient: Basics〉Black,White, Style: Radial Gradient, Reverse: **체크**로 설정합니다. ❹작업 창 중앙에서 바깥쪽으로 드래그하여 그레이디언트를 적용합니다.

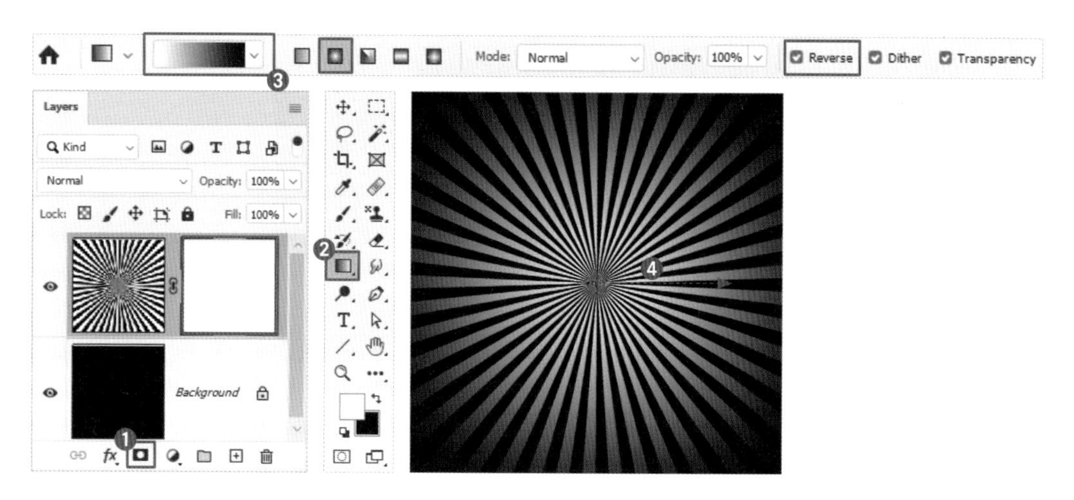

06 Layers 패널에서 Blending Mode: Luminosity, Opacity: 13%로 설정하여 자연스럽게 합성합니다.

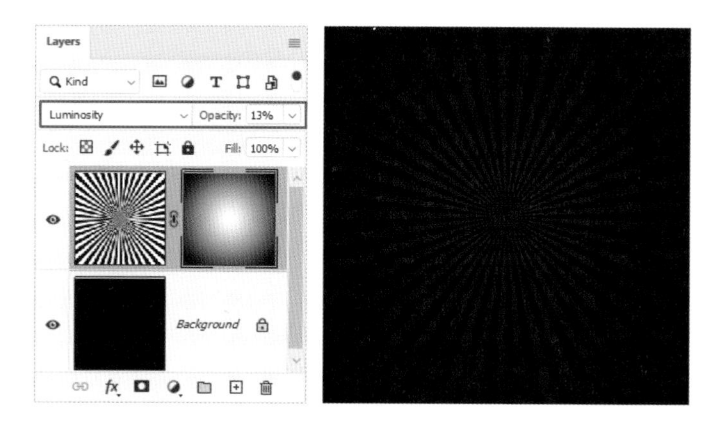

07 **텍스트 영역 디자인_** ❶툴 바에서 **[사각형 도구]**를 선택하고 ❷옵션 바에서 **Mode: Shape, Fill: #ffa901, Stroke: No Color**로 설정합니다. ❸작업 창에서 드래그하여 중앙에 직사각형을 그리고, ❹다시 드래그하여 앞서 그린 직사각형과 겹치도록 두 번째 직사각형을 그립니다.

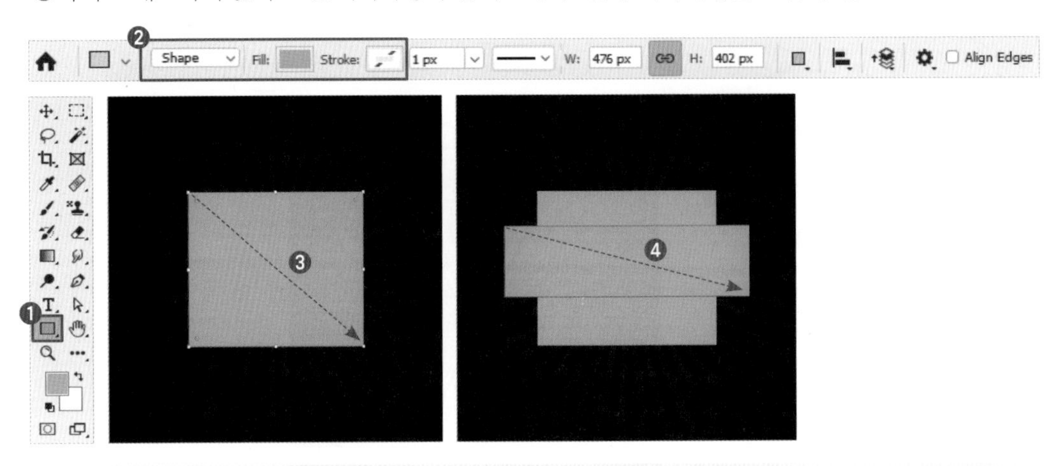

포토샵 2021 이상을 사용 중이라면 [사각형 도구] 옵션 바에서 [Radius: 0px]로 설정해야 합니다. [Radius] 옵션 값에 따라 사각형의 모서리가 둥글게 처리됩니다.

08 ❶Layers 패널에서 두 번째 사각형 레이어의 섬네일을 더블 클릭한 후 ❷Color Picker 창이 열리면 **Color: #b40001**로 설정하고 ❸**[OK]**를 클릭하여 사각형의 색을 변경합니다.

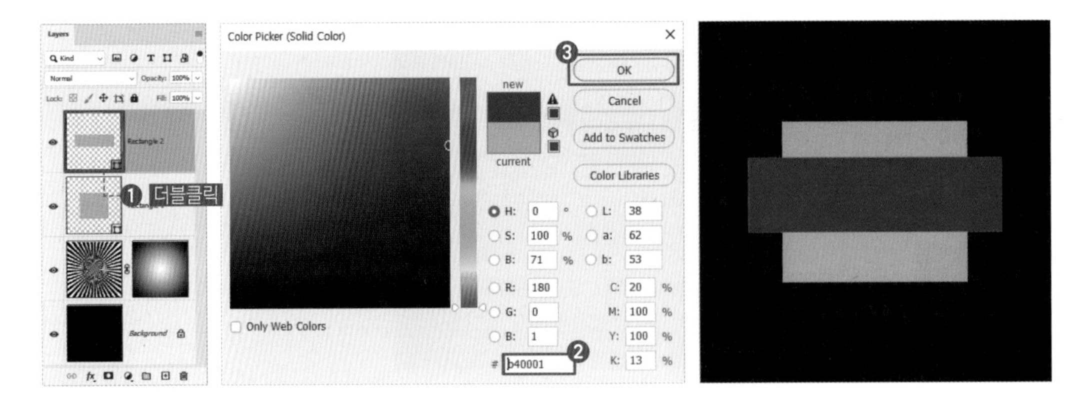

09 ❶툴 바에서 **[펜 도구]**를 선택한 후 ❷옵션 바에서 Mode: Shape, Fill: #d2d2d2, Stroke: No Color로 설정합니다. ❸작업 창에서 다음과 같이 삼각형 모양을 그립니다. 모양을 완성하려면 마지막으로 처음 클릭한 지점을 다시 클릭합니다.

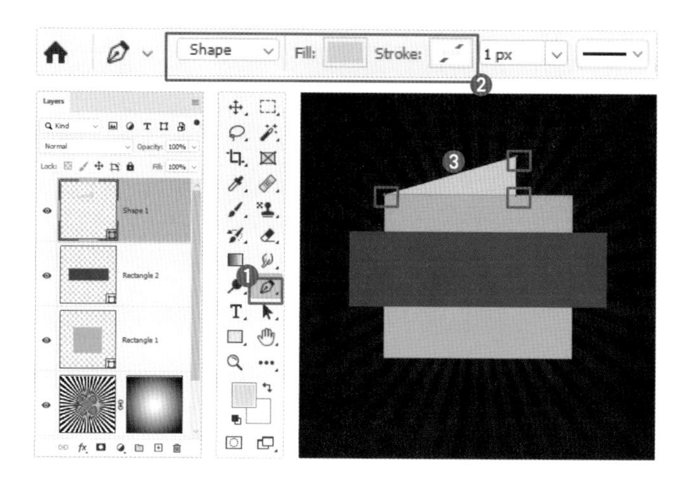

10 ❶ Ctrl + J 를 눌러 삼각형을 복제하고 ❷ Ctrl + T 를 눌러 180도 회전한 후 사각형 오른쪽 아래로 옮깁니다. ❸Layers 패널에서 복제한 삼각형 모양 레이어의 섬네일을 더블 클릭하여 ❹ Color: #a8a6a1로 변경합니다.

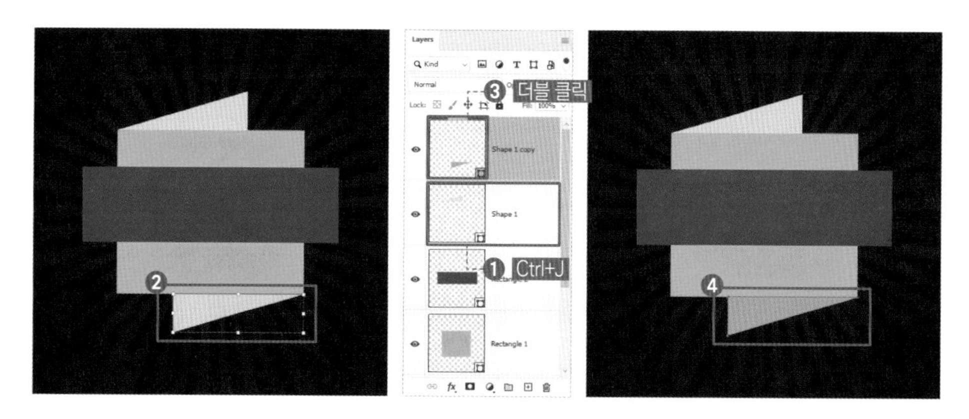

11 앞서와 같이 **[펜 도구]**를 선택한 후 Fill: #6b0b0c로 설정하여 빨간색 사각형 왼쪽 아래와 오른쪽 위에 삼각형을 추가합니다.

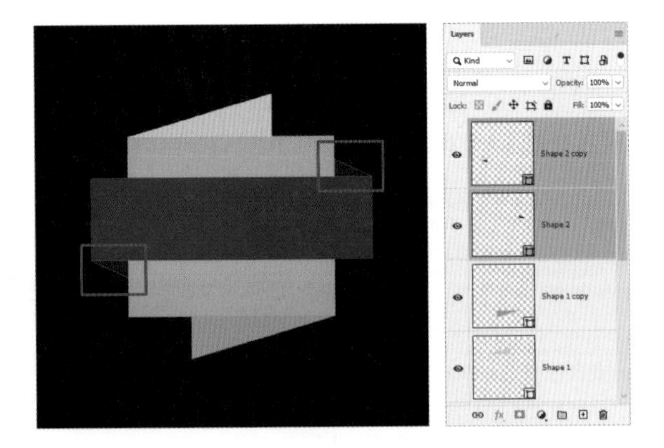

12 **배경 꾸미기_** ❶툴 바에서 **[사각형 도구]**를 선택하고 ❷옵션 바에서 Mode: Shape, Fill: #ffa901, Stroke: No Color, Radius: 10px로 설정합니다. ❸작업 창 오른쪽 위에서 148×14px 정도 크기로 드래그하여 모서리가 둥근 사각형을 그립니다.

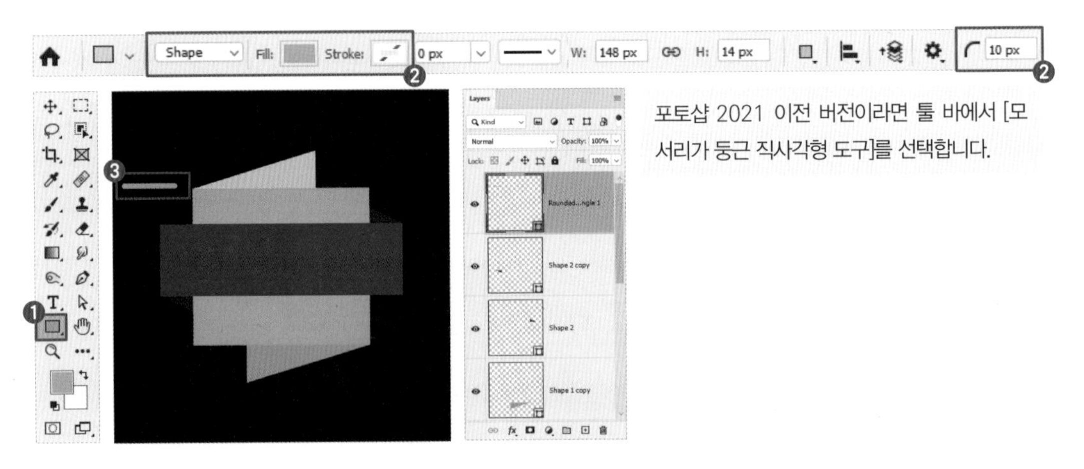

포토샵 2021 이전 버전이라면 툴 바에서 [모서리가 둥근 직사각형 도구]를 선택합니다.

13 색과 크기를 바꿔가며 배경 곳곳에 모서리가 둥근 사각형을 추가로 그립니다.

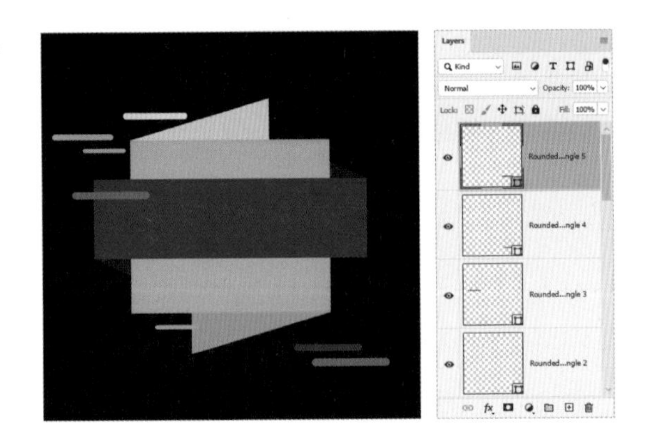

14 텍스트 입력_ ❶**[수평 문자 도구]**를 이용하여 원하는 내용의 텍스트를 입력합니다. ❷**[사각형 도구]**를 선택한 후 옵션 바에서 Mode: Shape, Fill: No Color, Stroke: #ffffff, Width: 2px로 설정한 후 ❸작업 창에서 'SHOP NOW' 부분을 드래그하여 테두리를 그립니다.

15 ❶툴 바에서 **[펜 도구]**를 선택한 후 ❷옵션 바에서 Mode: Path로 설정합니다. ❸작업 창에서 다음과 같이 세 점을 클릭하여 패스를 만들고 ❹ Ctrl + Enter를 눌러 패스를 선택 영역으로 지정합니다.

16 **텍스트 입력_** ❶툴 바에서 **[그레이디언트 도구]**를 선택하고 **전경색: #000000**으로 설정합니다. ❷옵션 바에서 **Gradient: Basics>Foreground to Transparent, Style: Linear Gradient, Reverse: 체크 해제**로 설정합니다 ❸Layers 패널에서 레이어를 추가한 후 작업 창에서 위에서 아래로 드래그하여 그레이디언트를 적용하고 Ctrl + D를 눌러 선택 영역을 해제합니다.

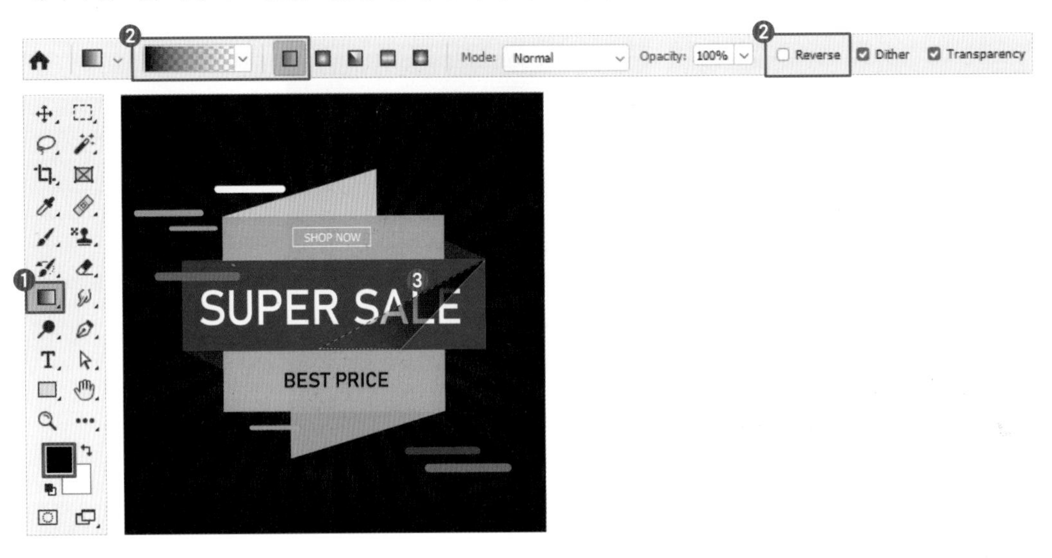

17 Layers 패널에서 **Opacity: 32%**로 설정하여 완성합니다.

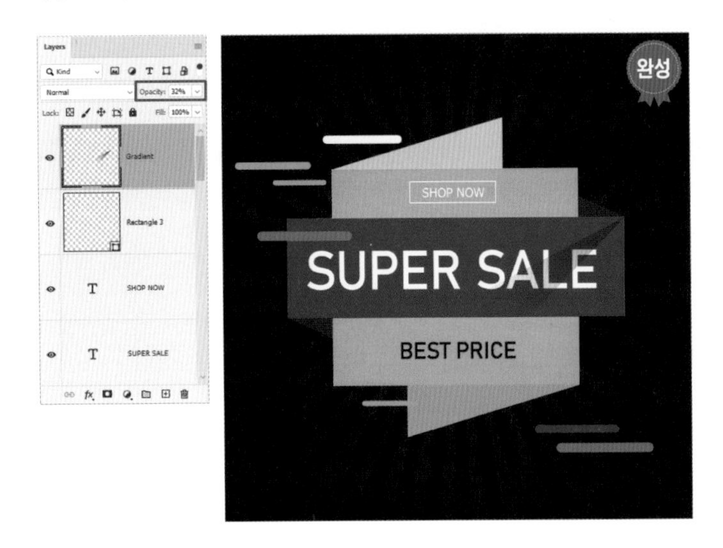

Idea 30

합성으로 질감을 더한 배경

이미지를 합성하여 질감이 느껴지는 배경을 만들고, 브러시로 채색하여 배경을 완성합니다. 질감이 있는 이미지에서 원하는 부분의 배경을 추출하는 방법을 배울 수 있습니다.

난이도 ★★★★☆
예 제 Snow.jpg
Back.jpg
Man.png
Paint.jpg
완 성 Winter.psd

Feather
Color Range
Flip Vertical

01 예제 파일 열기_ Ctrl + O를 눌러 Snow.jpg와 Back.jpg 예제 파일을 엽니다.

02 배경 만들기_ ❶[Back.jpg] 작업 창의 메뉴 바에서 [Image-Adjustments-Curves]를 선택합니다. ❷Curves 창이 열리면 다음과 같이 곡선을 변형하고 ❷[OK]를 클릭하여 이미지를 보정합니다.

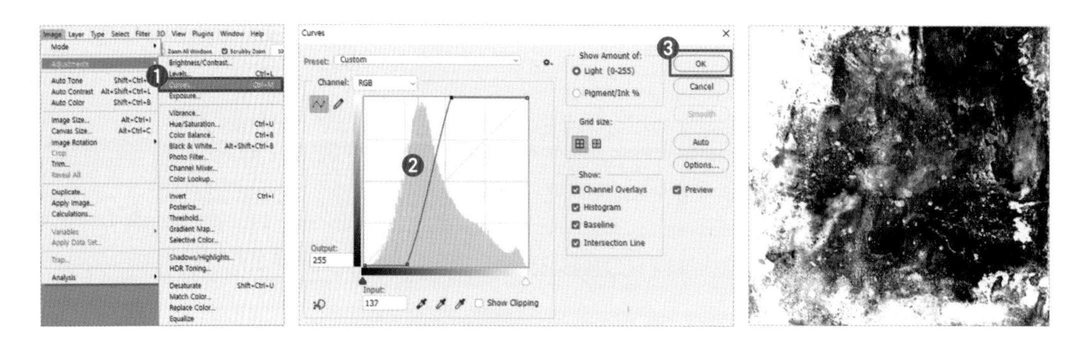

03 ❶메뉴 바에서 [Select-Color Range]를 선택하고 ❷Color Range 창이 열리면 Fuzziness: 83으로 설정한 후 ❸미리 보기에서 흰색 부분을 클릭한 다음 ❹[OK]를 클릭합니다. 클릭한 지점과 유사한 색상이 선택 영역으로 지정됩니다.

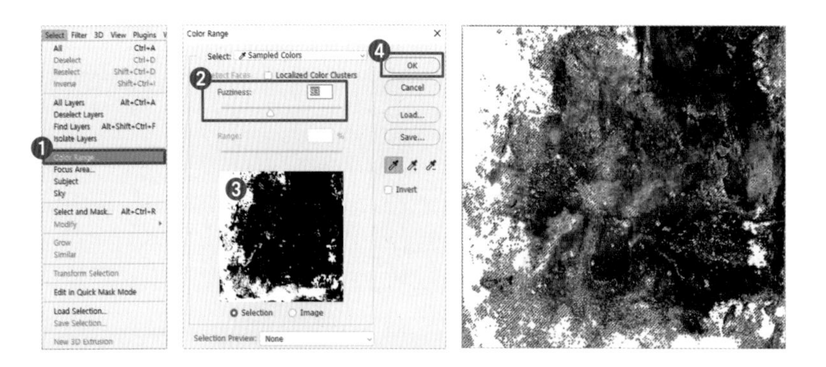

04 ❶툴 바에서 [이동 도구]를 선택한 후 흰색 선택 영역을 [Snow.jpg] 작업 창으로 드래그하여 가져오고 ❷레이어 이름은 Back으로 변경합니다. ❸Layers 패널에서 Ctrl 을 누른 채 복제해 온 레이어의 섬네일을 클릭하여 레이어 이미지 형태로 선택 영역을 활성화합니다.

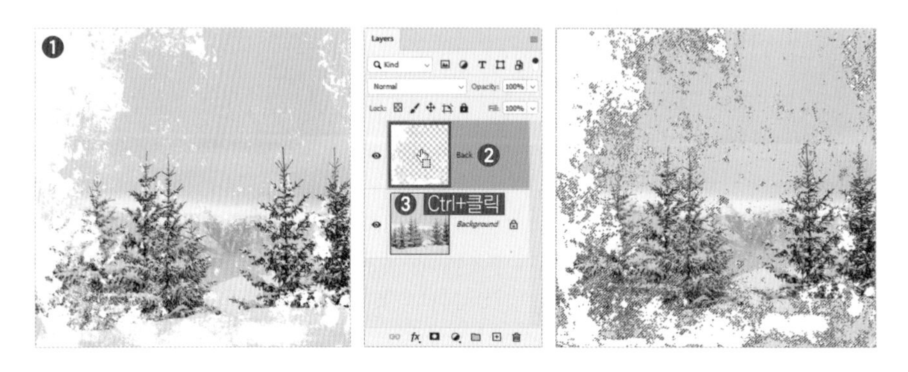

05 ❶메뉴 바에서 [Modify-Feather]를 선택하고 ❷Feather Selection 창이 열리면 Feather Radius: 1pixels로 설정한 후 ❸[OK]를 클릭하여 선택 영역의 경계 부분을 부드럽게 처리합니다.

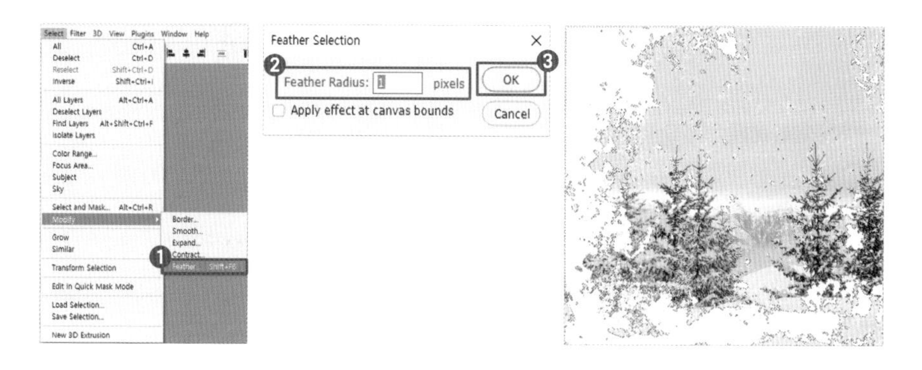

06 ❶Layers 패널에서 레이어를 추가하고 이름은 Feather로 변경합니다. 툴 바에서 **전경색: 흰색(#ffffff)**으로 설정하고 Alt + Delete 를 눌러 선택 영역을 전경색으로 채운 후 Ctrl + D 를 눌러 선택 영역을 해제합니다. ❷Layers 패널에서 [Feather] 레이어를 [Back] 레이어 아래로 옮깁니다.

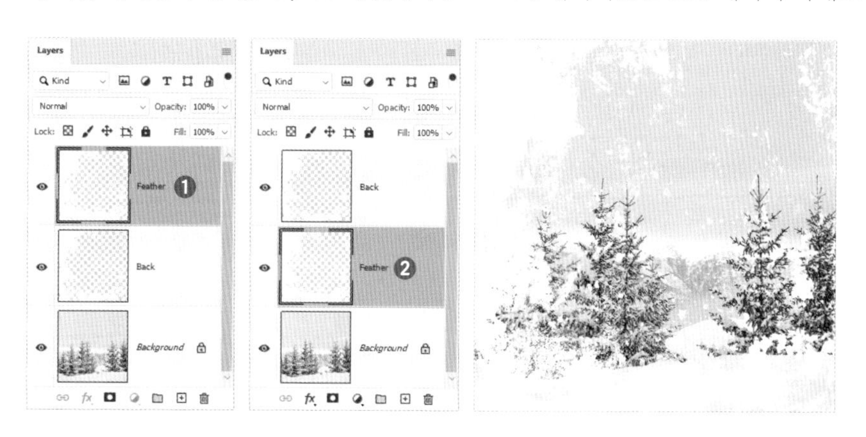

07 ❶다시 [Back.jpg] 작업 창으로 이동한 후 [Select-Color Range] 메뉴를 선택하여 Color Range 창을 엽니다. ❷Fuzziness: 95로 설정하고 ❸미리 보기에서 흰색 부분을 클릭한 후 ❹[OK]를 클릭하여 흰색 부분을 선택 영역으로 지정합니다.

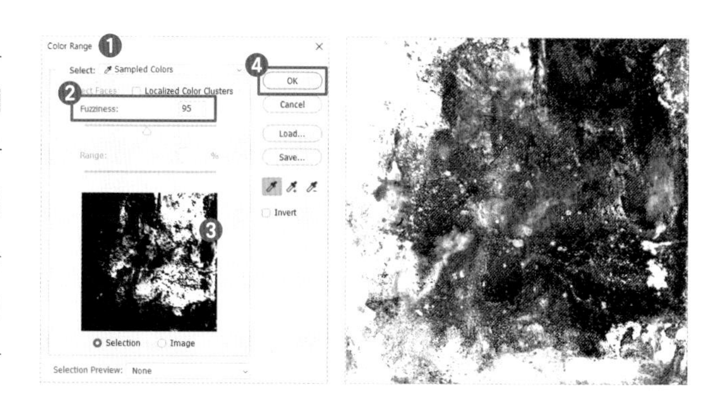

08 ❶선택 영역을 [Snow.jpg] 작업 창으로 드래그하여 복제 배치합니다. ❷Layers 패널에서 [Background] 레이어 바로 위로 옮기고 이름은 Selection으로 변경합니다. ❸레이어를 추가한 후 이름은 Blue로 변경합니다. ❹ Ctrl 을 누른 채 [Selection] 레이어의 섬네일을 클릭하여 레이어 이미지 형태로 선택 영역을 활성화합니다.

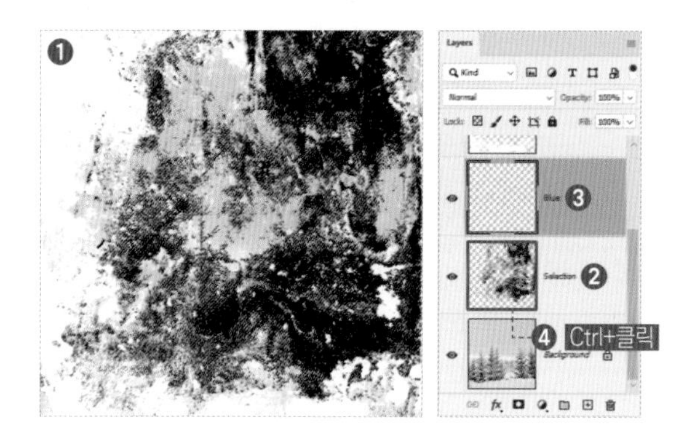

09 ❶[Selection] 레이어의 [눈] 아이콘을 비활성화합니다. ❷툴 바에서 **[브러시 도구]**를 선택한 후 **전경색: #c2d4d7, 배경색: #dbddc6**으로 설정합니다. ❸작업 창에서 선택 영역 부분을 드래그하여 색을 칠합니다. 이때 단축키 X 를 눌러 전경색과 배경색을 변경해 가면서 칠하면 편리합니다. ❹ Ctrl + D 를 눌러 선택 영역을 해제합니다.

10 메인 이미지 배치_ ❶ Ctrl + O 를 눌러 Man.png 예제 파일을 엽니다. ❷ [Snow.jpg] 작업 창으로 드래그하여 배치한 후 ❸ 레이어 이름은 Man으로 변경합니다. ❹ Ctrl + T 를 눌러 자유 변형을 실행하여 크기와 위치를 조절하고 Enter 를 눌러 마무리합니다.

11 그림자 표현_ ❶ [Man] 레이어를 복제한 후(Ctrl + J) [Man] 레이어 아래에 놓고 이름은 Shadow로 변경합니다. ❷ Ctrl + T 를 눌러 자유 변형을 실행하여 사이즈와 위치를 조절하고, ❸ **[마우스 오른쪽 버튼]**을 클릭한 후 [Flip Vertical]을 선택하여 이미지를 상하로 반전시킵니다. Enter 를 눌러 자유 변형을 마칩니다.

12 ❶Layers 패널에서 Ctrl 을 누른 채 **[Shadow]** 레이어의 섬네일을 클릭하여 레이어 이미지 형태로 선택 영역을 활성화합니다. ❷메뉴 바에서 **[Select-Modify-Feather]**를 선택한 후 ❸Feather Selection 창이 열리면 **Feather Radius: 3pixels**로 설정하고 ❹**[OK]**를 클릭합니다.

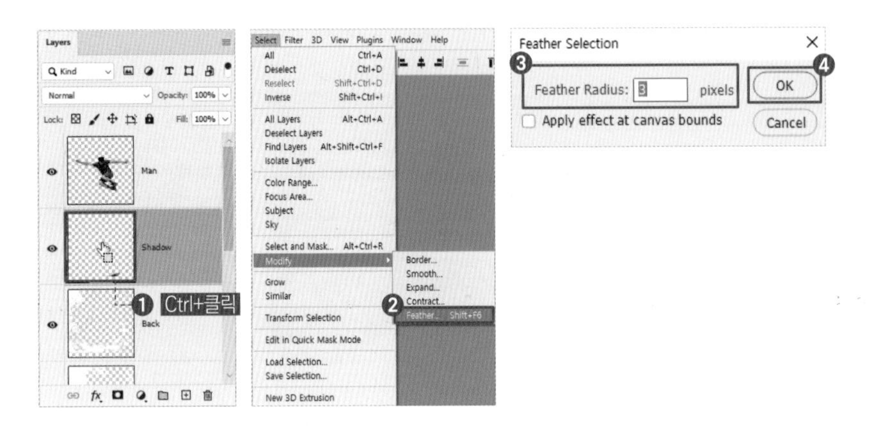

13 ❶Layers 패널에서 **[Shadow]** 레이어의 **[눈]** 아이콘을 비활성화합니다. ❷**[Shadow]** 레이어 위에 레이어를 추가하고 이름은 **Shadow_B**로 변경합니다. ❸**전경색: 검정(#000000)**으로 설정한 후 Alt + Delete 를 눌러 선택 영역을 전경색으로 채우고 Ctrl + D 를 눌러 선택 영역을 해제합니다.

14 배경 꾸미기_ ❶ Ctrl + O 를 눌러 Paint.jpg 예제 파일을 엽니다. ❷ **[자동 선택 도구]** 등을 이용해 빨간색 물감만 선택한 후 **[Snow.jpg]** 작업 창으로 드래그하여 가져옵니다. ❸ Layers 패널에서 레이어 이름은 Paint로 변경하고 **[Man]** 레이어 아래로 옮깁니다.

15 ❶ 툴 바에서 **[브러시 도구]**를 선택하고 **전경색: #2b8cd, 배경색: #f5d8db**로 설정합니다. ❷ Layers 패널에서 **[Paint]** 레이어의 **[눈]** 아이콘을 비활성화하고, ❸ 바로 위에 레이어를 추가한 후 이름은 Paint_P로 변경합니다. ❹ Ctrl 을 누른 채 **[Paint]** 레이어의 섬네일을 클릭하여 선택 영역을 지정하고, ❺ 작업 창에서 선택 영역을 브러시로 드래그합니다. X 를 눌러 전경색과 배경색을 바꿔 가며 칠하고, 끝나면 Ctrl + D 를 눌러 선택 영역을 해제합니다.

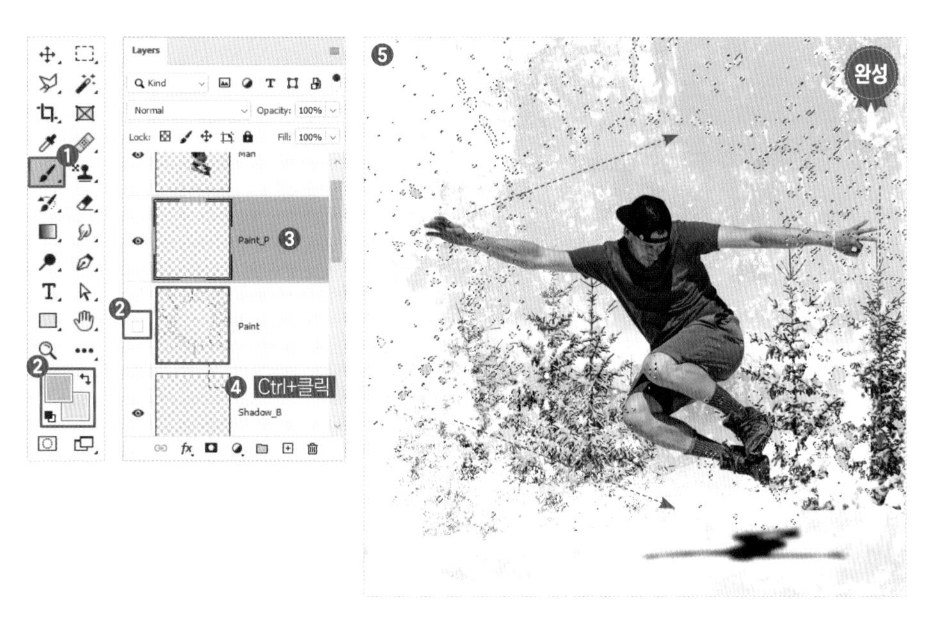

Idea 31 톤 보정과 필터로 만든 배경

이미지 색을 원하는 톤으로 보정한 후 필터를 적용하여 빨려 들어갈 것만 같은 배경을 완성해 봅니다. 필터를 잘 활용하면 이미지가 가지고 있는 특성을 살려 다양한 모습으로 연출할 수 있습니다.

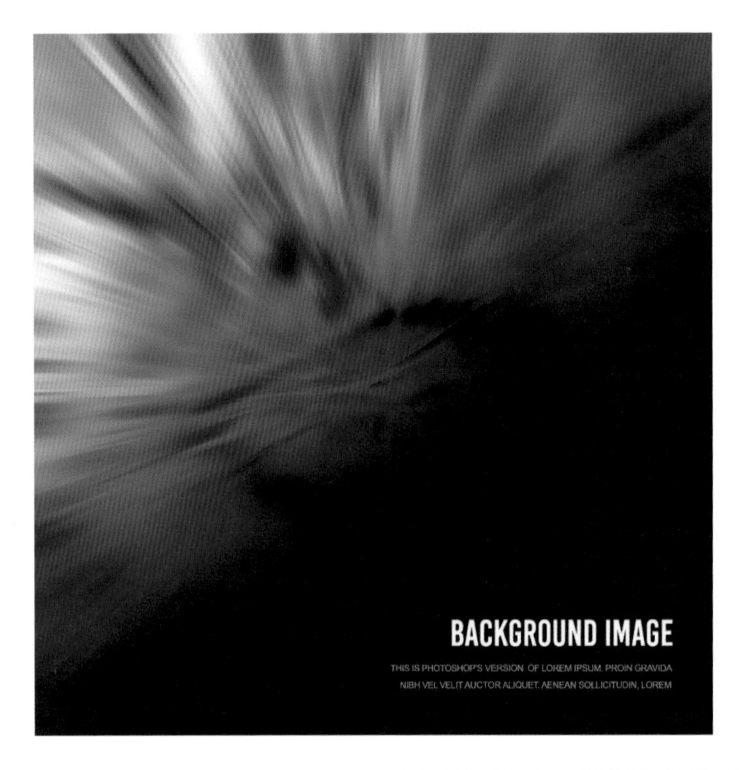

난이도 ★★★☆☆
예 제 Vinyl.jpg
완 성 Vinyl.psd

Desaturate
Radial Blur
Layer Mask

01 예제 파일 열기 _ Ctrl + O를 눌러 Vinyl.jpg 예제 파일을 엽니다.

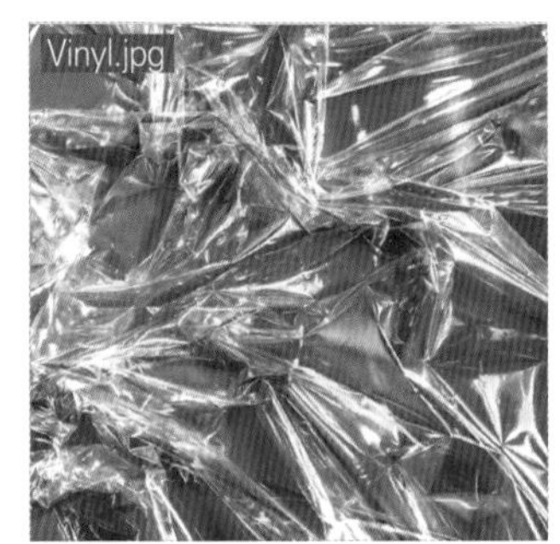

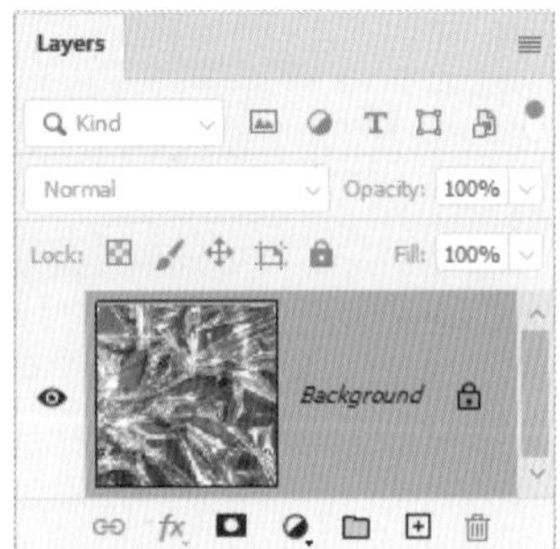

02 ❶ Ctrl + J 를 눌러 레이어를 복제하고 이름은 B/W로 변경합니다. ❷메뉴 바에서 [Image-Adjustments-Desaturate]를 선택하여 흑백 이미지로 변경합니다.

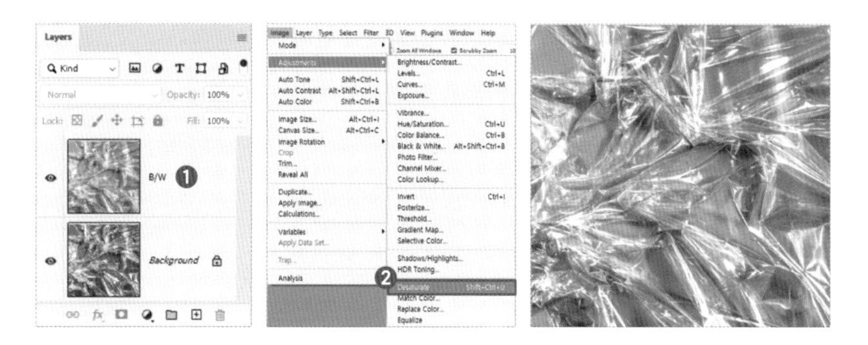

03 ❶메뉴 바에서 [Image-Adjustments-Brightness/Contrast]를 선택하여 Brightness/Contrast 창을 열고 ❷Use Legacy: **체크**, Brightness: -2, Contrast: 56으로 설정한 후 ❸[OK]를 클릭하여 대비를 높이면 더욱 선명한 이미지가 됩니다.

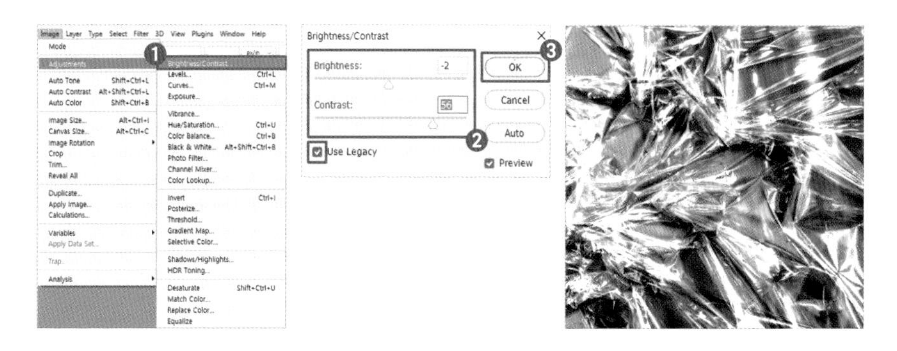

04 ❶메뉴 바에서 [Image-Adjustments-Hue/Saturation]을 선택하여 Hue/Saturation 창을 열고 ❷Colorize: **체크**, Hue: 213, Saturation: 72, Lightness: 3으로 설정한 후 ❸[OK]를 클릭하여 톤을 변경합니다.

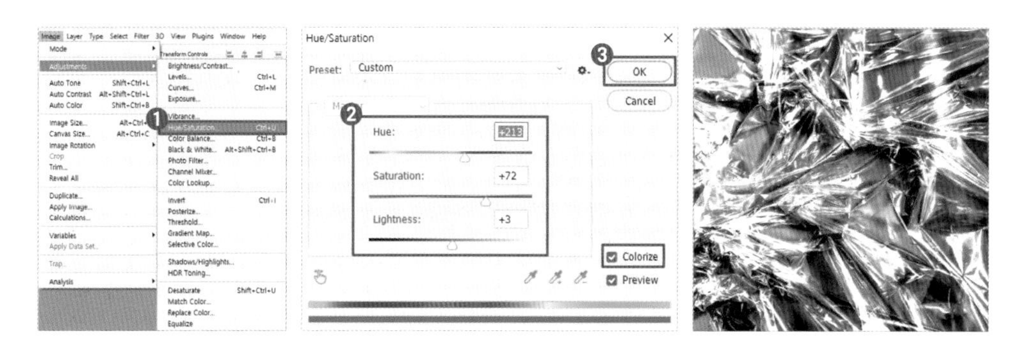

05 그레이디언트 사용_ ❶툴 바에서 **[그레이디언트 도구]**를 선택한 후 ❷옵션 바에서 **Style: Linear Gradient**로 설정하고 ❸**Gradient** 옵션을 클릭합니다. ❹Gradient Editor가 열리면 **[Opacity Stop]**은 각각 **100%, 0%**로 설정하고, ❺**[Color Stop]**은 각각 **#020509, #1453ce**로 설정한 후 ❻**[OK]**를 클릭합니다.

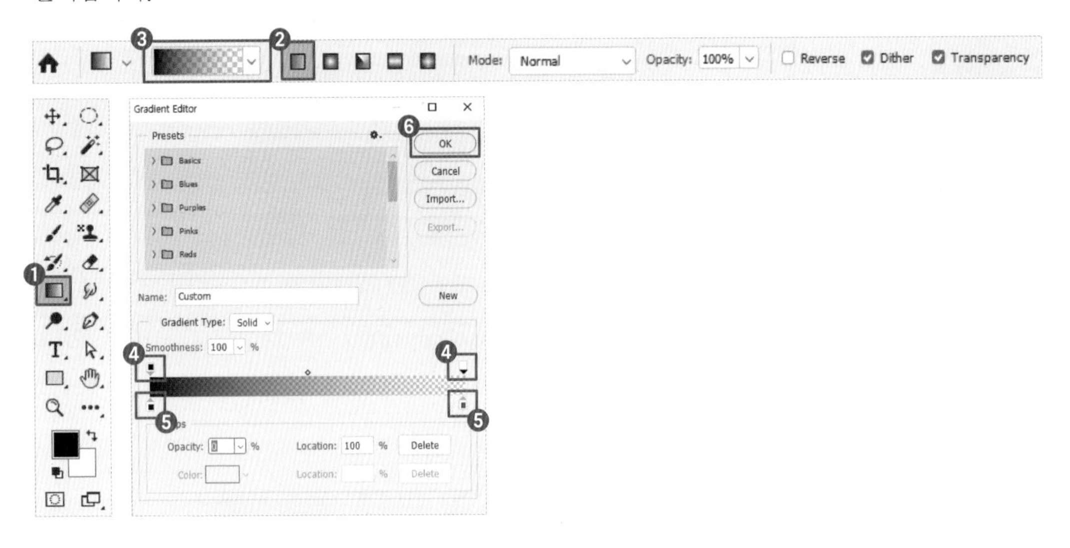

06 ❶Layers 패널에서 레이어를 추가한 후 ❷작업 창의 오른쪽 아래에서 왼쪽 위로 드래그하여 그레이디언트를 적용합니다. ❸Layers 패널에서 **Blending Mode: Hard Light**로 설정하여 자연스럽게 합성합니다. ❹ Ctrl + Shift + Alt + D 를 눌러 전체 레이어를 하나의 레이어로 복제한 후 이름은 **All**로 변경합니다.

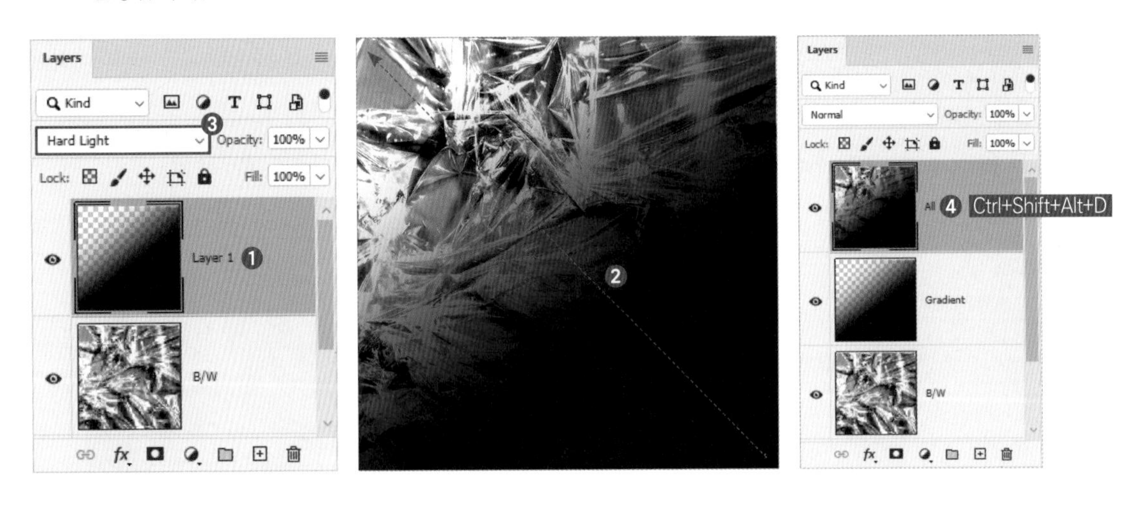

07 **필터 적용_** ❶ 메뉴 바에서 [Filter-Blur-Radial Blur]를 선택합니다. ❷ Radial Blur 창이 열리면 Amount: 40, Blur Method: Zoom, Quality: Good으로 설정한 후 ❸ [OK]를 클릭합니다. 가운데에서 바깥으로 뻗어 나가는 이미지가 됩니다.

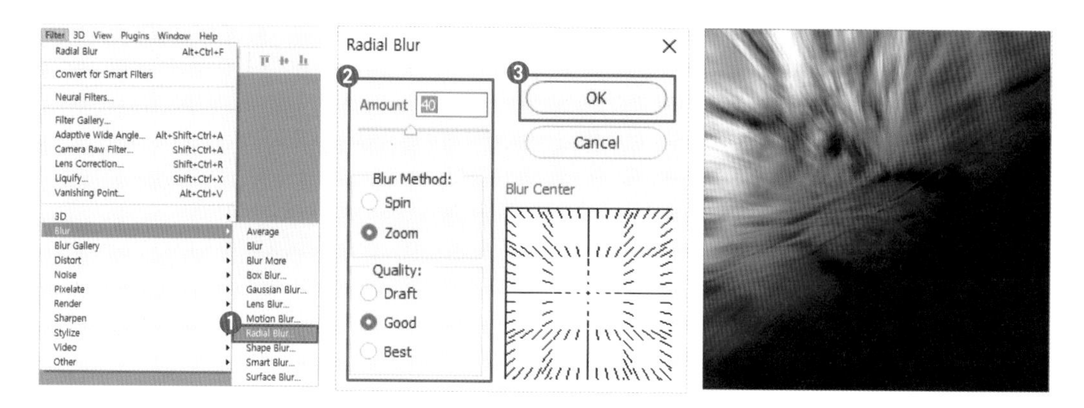

08 Alt + Ctrl + D를 눌러 적용한 필터를 한 번 더 적용하면 완성됩니다.

Idea 32 조화로운 그레이디언트 배경

설정에 따라 전혀 다른 느낌을 연출할 수 있는 것이 그레이디언트입니다. 여기서는 미리 영역을 지정한 후 그레이디언트를 적용하여 다양한 형태와 색의 멋스러운 조화가 돋보이는 배경을 만들어 봅니다.

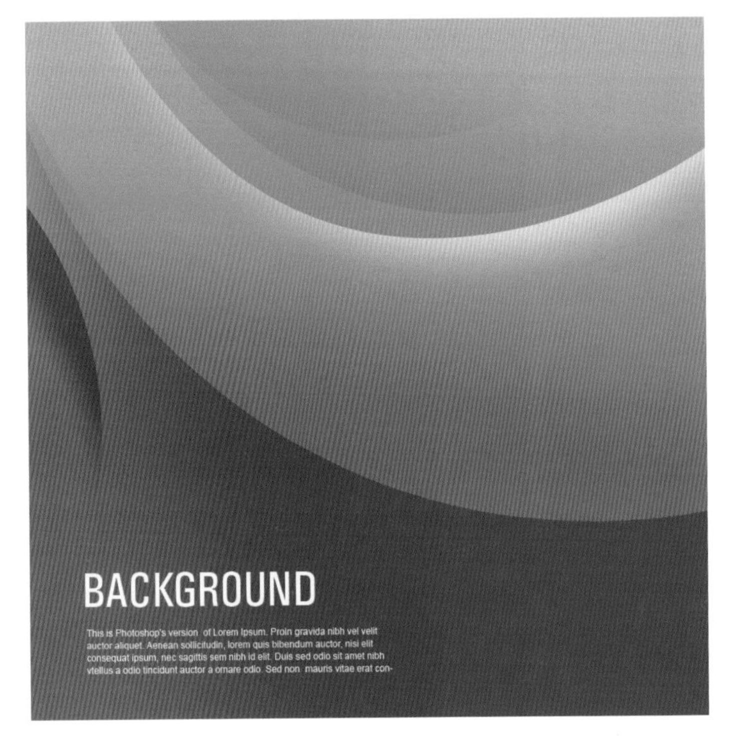
BACKGROUND
This is Photoshop's version of Lorem Ipsum. Proin gravida nibh vel velit auctor aliquet. Aenean sollicitudin, lorem quis bibendum auctor, nisi elit consequat ipsum, nec sagittis sem nibh id elit. Duis sed odio sit amet nibh vtellus a odio tincidunt auctor a ornare odio. Sed non mauris vitae erat con-

난이도 ★★★★☆
완 성 Gback.psd

Gradient
Invert

01 배경 만들기 _ Ctrl + N 을 눌러 900×900Pixels, 흰색(#ffffff)으로 새 창을 만듭니다.

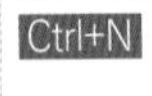
Ctrl+N

02 ❶툴 바에서 **[그레이디언트 도구]**를 선택한 후 ❷옵션 바에서 Style: Linear Gradient로 설정하고 ❸Gradient 옵션을 클릭합니다. ❹Gradient Editor가 열리면 [Opacity Stop]은 모두 100%로 설정하고, ❺[Color Stop]은 각각 #e35201, #faba24로 설정한 후 ❻[OK]를 클릭합니다. ❼작업 창의 아래에서 위로 드래그하여 그레이디언트로 채웁니다.

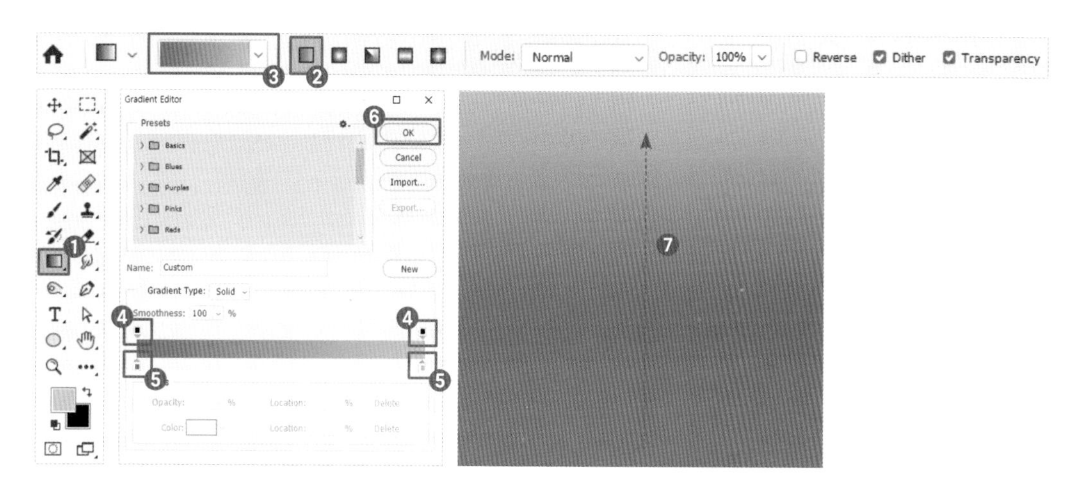

03 **선택 영역에 그레이디언트 채우기_** ❶툴 바에서 **[타원 도구]**를 선택한 후 ❷옵션 바에서 Mode: Path로 설정합니다. ❸작업 창 배율을 적절하게 축소한 후 다음과 같이 드래그하여 다음과 같이 큰 원 모양 패스를 그리고, ❹ Ctrl + Enter 를 눌러 패스를 선택 영역으로 활성화합니다.

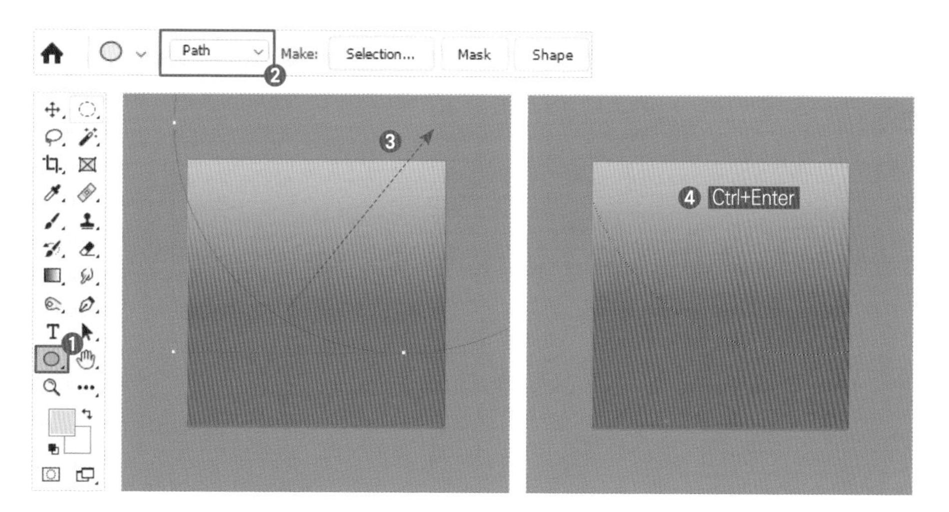

04 ❶ Ctrl + Shift + I 를 눌러 선택 영역을 반전시킵니다. ❷**[그레이디언트 도구]**의 Gradient Editor에서 [Opacity Stop]은 100%, 0%로 설정하고, ❸[Color Stop]은 다음과 같이 Color: #e3841a로 1개만 설정하고 ❹[OK]를 클릭합니다.

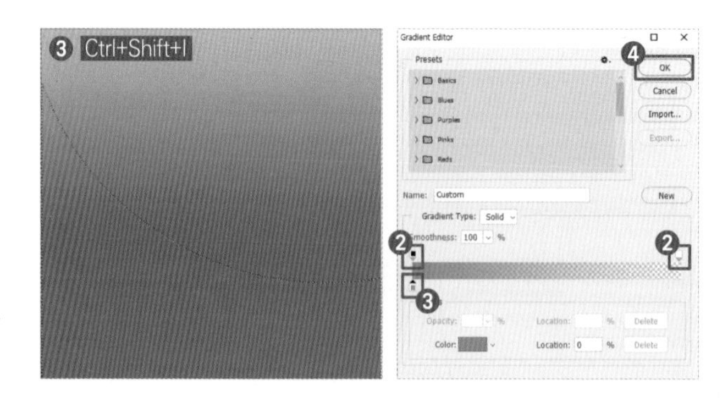

05 ❶Layers 패널에서 레이어를 추가합니다. ❷작업 창에서 선택 영역의 오른쪽 위에서 왼쪽 아래로 드래그하여 그레이디언트를 적용합니다. ❸Layers 패널에서 Blending Mode: Multiply, Opacity: 68%로 설정하고, ❹ Ctrl + D 를 눌러 선택 영역을 해제합니다.

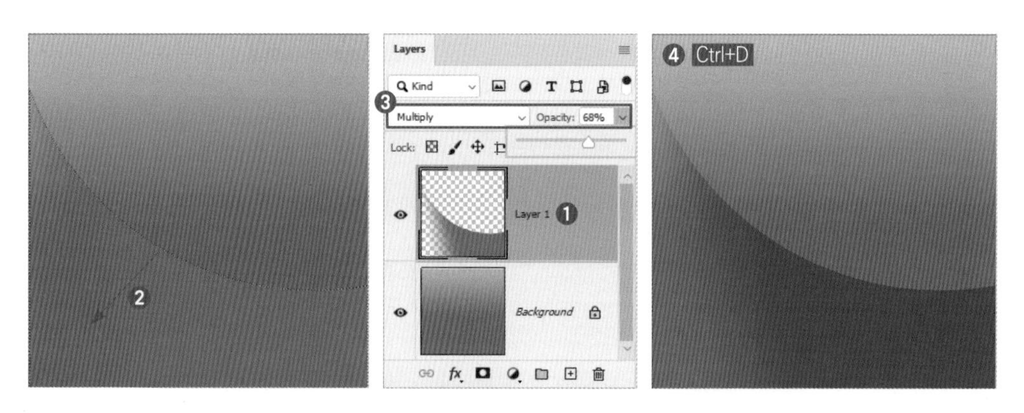

06 ❶앞서의 방법을 참고하여 작업 창 왼쪽 아래 부분에 다음과 같이 겹치도록 원 모양으로 선택 영역을 지정하고 ❷레이어를 추가한 후 그레이디언트를 적용합니다. ❸Layers 패널에서 Blending Mode: Multiply, Opacity: 45%로 설정합니다.

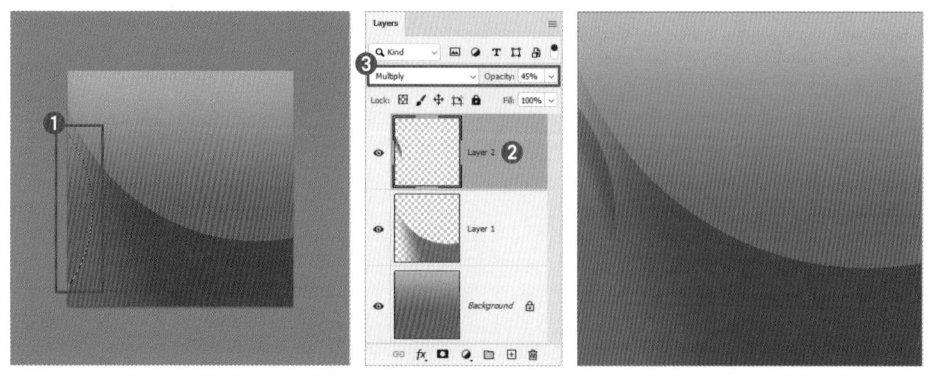

07 ❶**[펜 도구]** 등을 이용해 다음과 같이 중간 부분을 선택 영역으로 지정합니다. ❷**[그레이디언트 도구]**에서 Gradient Editor를 열어 **[Opacity Stop]**은 100%, 0%로 설정하고, **[Color Stop]**은 다음과 같이 #febe29로 1개만 설정하고 ❸**[OK]**를 클릭합니다.

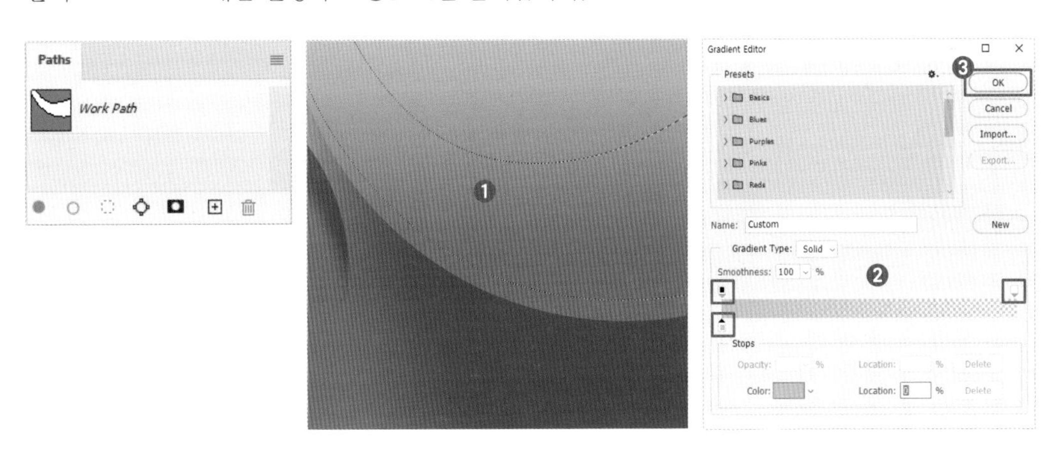

08 ❶레이어를 추가한 후 ❷선택 영역에 그레이디언트를 적용하고 ❸Blending Mode: Color Dodge, Opacity: 15%로 설정합니다. ❹ Ctrl + D 를 눌러 선택 영역을 해제합니다.

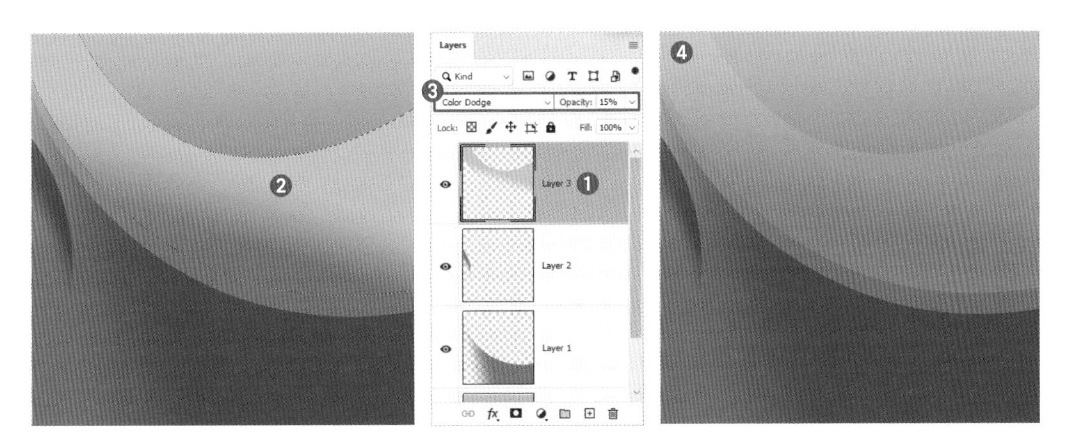

09 ❶Paths 패널에서 앞서 그린 패스를 선택한 후 Ctrl + Enter를 눌러 선택 영역으로 지정합니다. ❷툴 바에서 **[브러시 도구]**를 선택하고 **전경색: 흰색(#ffffff)**으로 설정합니다. ❸레이어를 추가한 후 ❹**[Soft Round]** 브러시를 이용하여 작업 창에서 선택 영역의 위쪽 경계를 드래그하여 칠하고 Ctrl + D를 눌러 선택 영역을 해제합니다.

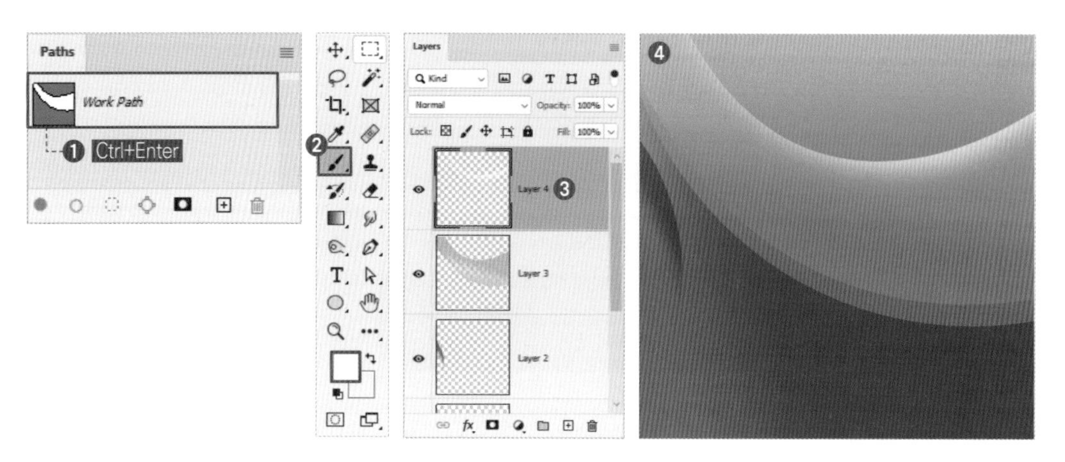

10 ❶**[원형 선택 윤곽 도구]** 등을 이용해 다음과 같이 위쪽에 겹치도록 원형 선택 영역을 지정합니다. ❷**[그레이디언트 도구]**에서 Gradient Editor를 열고 **Color: #f4e82c**로 설정을 변경합니다. ❸레이어를 추가한 후 선택 영역에서 드래그하여 그레이디언트를 적용합니다.

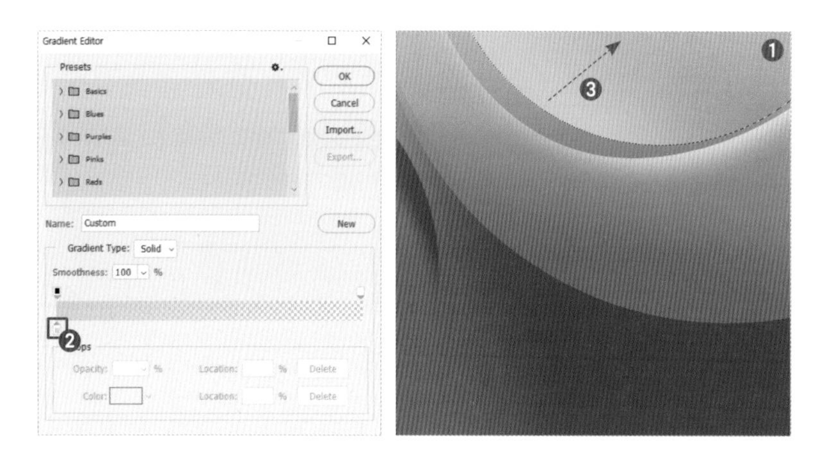

11 ❶Layers 패널에서 **Blending Mode: Linear Burn, Opacity: 47%**로 설정하고 ❷ Ctrl + D를 눌러 선택 영역을 해제합니다.

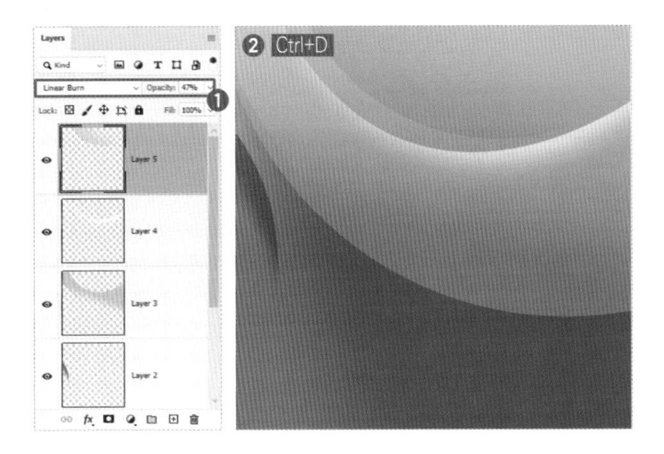

12 지금까지의 과정을 참고하면서 **[펜 도구]**나 **[원형 선택 윤곽 도구]** 등을 활용하여 선택 영역을 지정하고, 다양하게 그레이디언트를 적용하여 완성합니다.

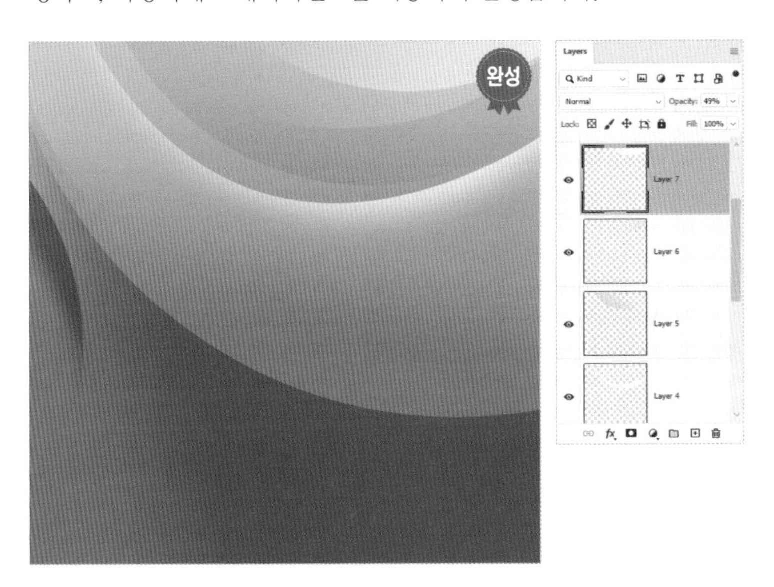

정해진 답이 있는 것은 아닙니다. 다양한 색과 형태, 레이어 블렌딩 모드를 활용하면서 다양한 방법을 시도해 보세요.

Idea 33

중첩된 면들로 구성한 패턴 배경

필터를 사용하여 거친 질감의 면을 만들고, 다시 필터를 적용하여 페인트 붓으로 칠한 듯한 효과를 더합니다. 완성한 면들의 위치와 방향을 바꾼 조합만으로도 멋진 배경을 만들 수 있습니다.

BACKGROUND
THIS IS PHOTOSHOP'S VERSION OF LOREM IPSUM. PROIN GRAVIDA
NIBH VEL VELIT AUCTOR ALIQUET. AENEAN SOLLICITUDIN, LOREM

난이도 ★★★☆☆

완 성 WindEffect.psd

Fibers

Wind Filter

Offset

01 배경 만들기_ ❶ Ctrl + N을 눌러 900×900Pixels, **검정(#000000)**으로 새 창을 만듭니다. ❷Layers 패널에서 레이어를 추가하고 레이어 이름은 H로 변경합니다. ❸툴바에서 **전경색: 검정(#000000)**, **배경색: 흰색(#ffffff)**으로 설정합니다.

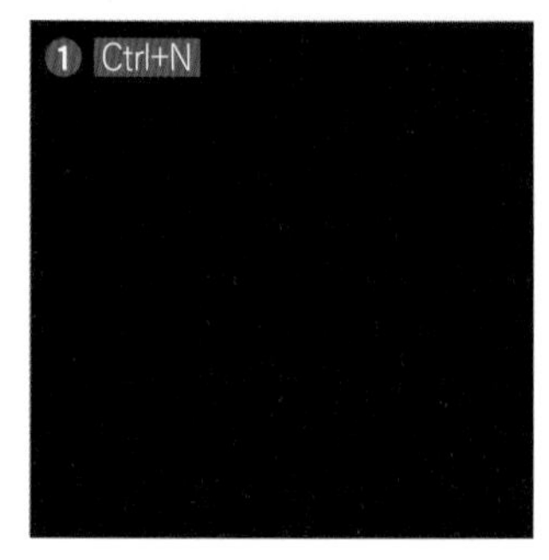

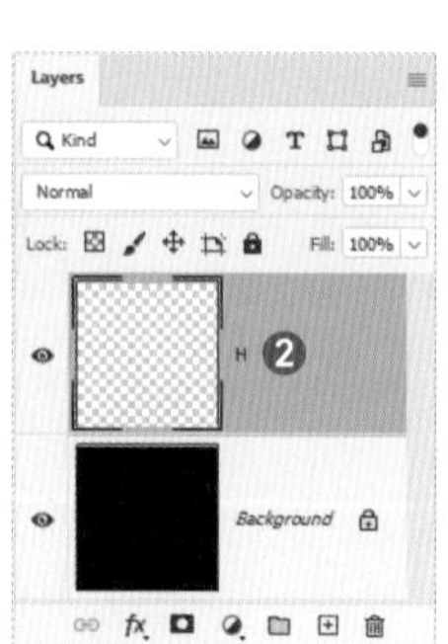

02 오브젝트 제작_ ❶메뉴 바에서 [Filter-Render-Fibers]를 선택한 후 ❷Fibers 창이 열리면 Variance: 64, Strength: 1로 설정하고 ❸[OK]를 클릭합니다.

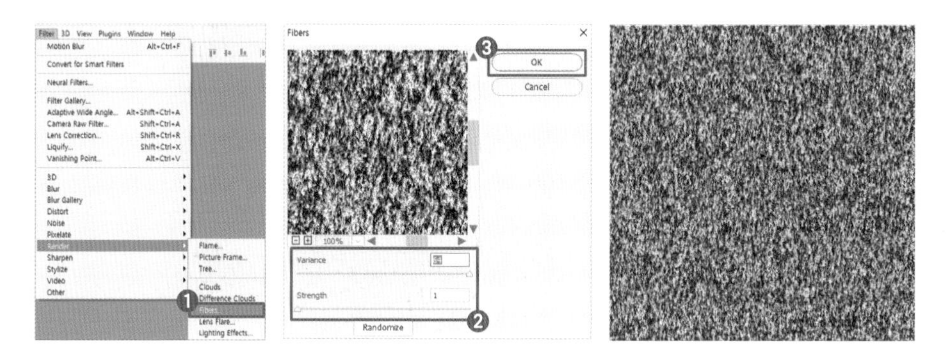

03 ❶메뉴 바에서 [Filter-Stylize-Wind]를 선택한 후 ❷Wind 창이 열리면 Method: Wind, Direction: From the Right로 설정하고 ❸[OK]를 클릭합니다.

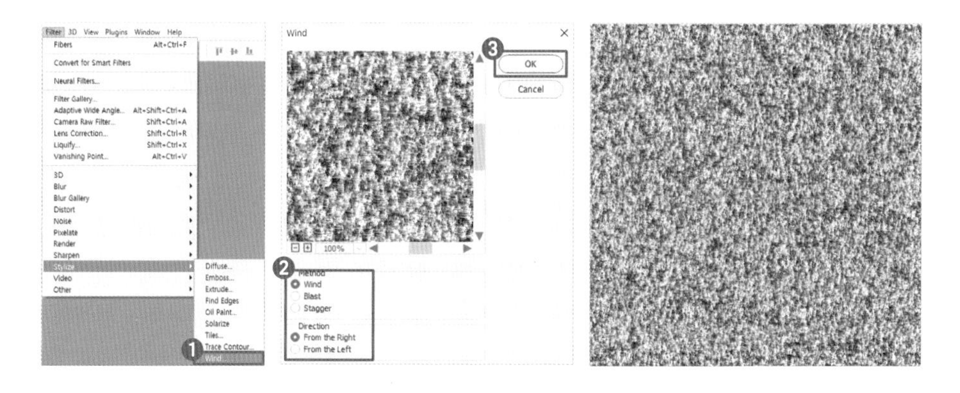

04 ❶ Ctrl + T 를 눌러 자유 변형을 실행한 후 옵션 바에서 H/W: 15%로 설정하고 Enter 를 눌러 마칩니다. ❷ Alt + Ctrl + F 를 3번 눌러 바로 직전에 적용한 Wind 필터를 3번 더 적용합니다.

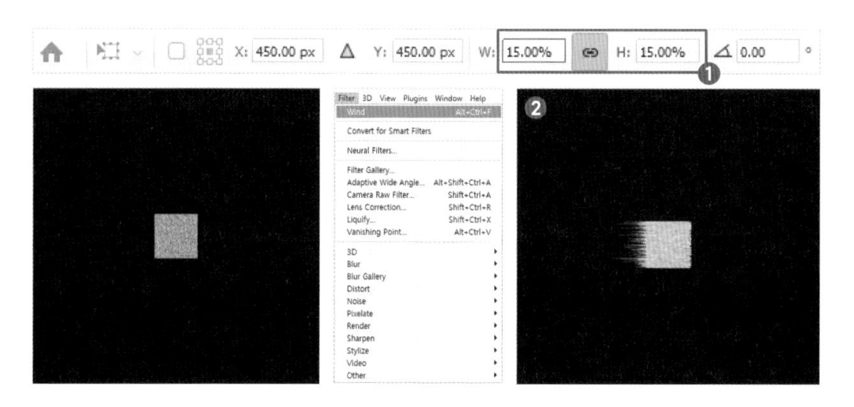

05 ❶메뉴 바에서 [Filter-Blur-Motion Blur]를 선택하고 ❷Motion Blur 창이 열리면 Distance: 180Pixels로 설정한 후 ❸[OK]를 클릭하여 오브젝트를 완성합니다.

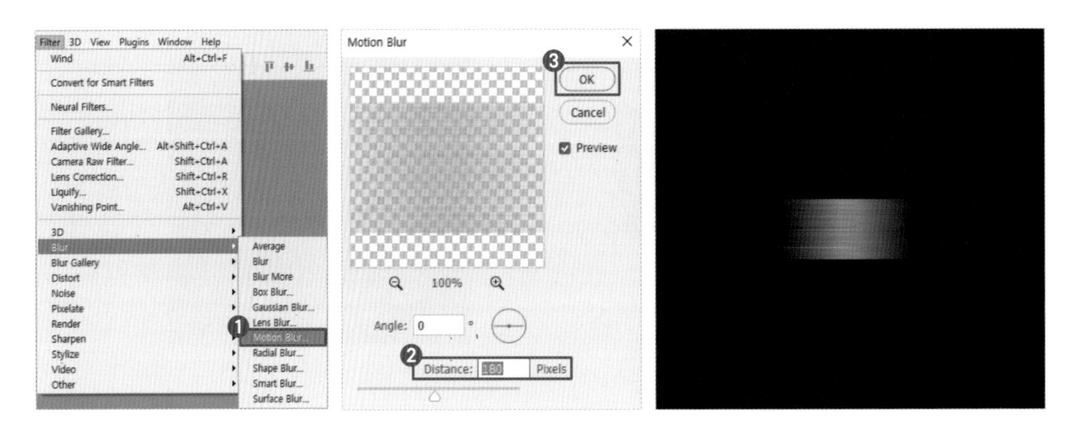

06 오브젝트 배치_ ❶ Ctrl + J 를 눌러 [H] 레이어를 복제하고, 레이어 이름은 V로 변경합니다. ❷ Ctrl + T 를 눌러 자유 변형을 실행하여 90도 회전한 후 Enter 를 눌러 배치합니다. ❸**[이동 도구]**를 이용해 세로 모양 오브젝트를 위로 옮기고, ❹작업 창 왼쪽 아래 남아 있는 흔적은 **[사각 선택 윤곽 도구]** 등을 이용해 선택해서 지웁니다.

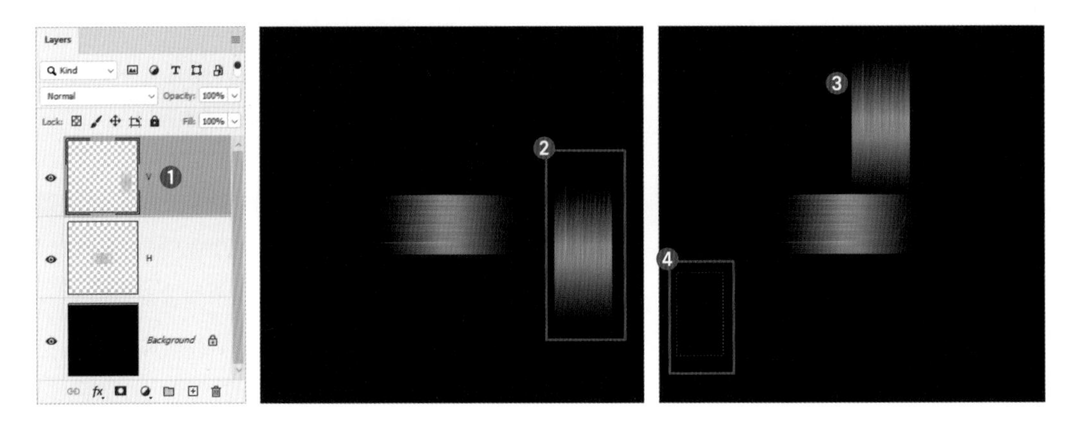

07 ❶Layers 패널에서 [H] 레이어를 선택한 후 Ctrl + J 를 눌러 레이어를 복제합니다. ❷작업 창에서 다음과 같이 오른쪽 위에 배치합니다.

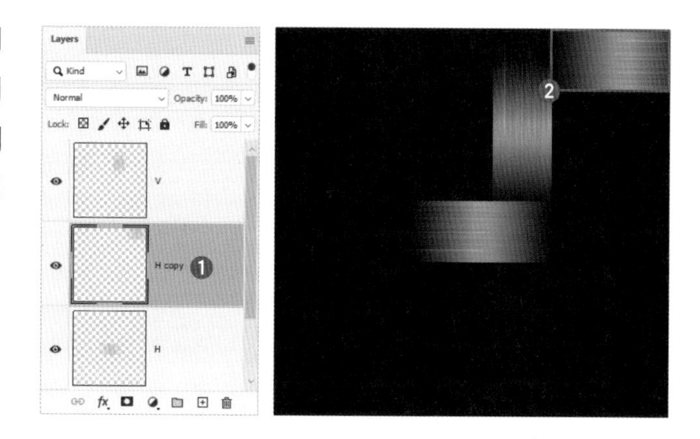

08 ❶이번에는 [V] 레이어를 복제하고(Ctrl + J), 메뉴 바에서 [Filter–Other–Offset]을 선택합니다. ❷Offset 창이 열리면 Horizontal: 135pixels, Vertical: 124pixels로 설정하고 ❸[OK]를 클릭하면 오른쪽으로 135픽셀, 아래로 124픽셀만큼 옮겨집니다.

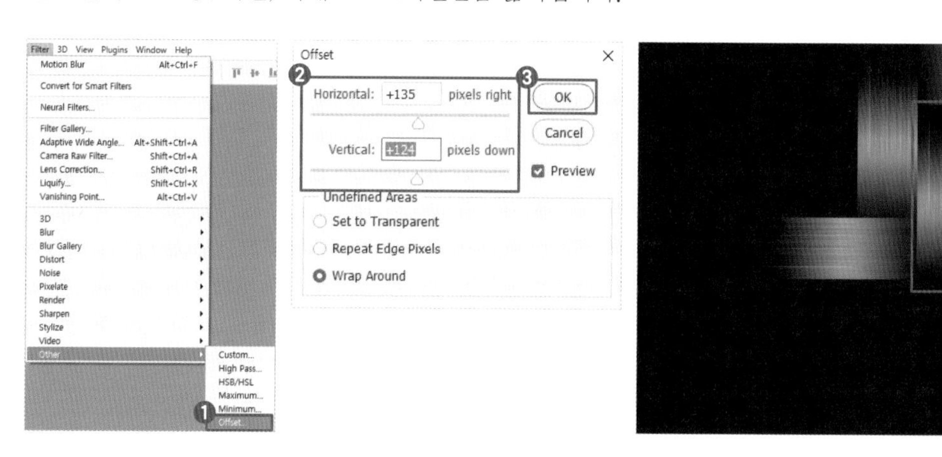

09 ❶[V copy] 레이어를 복제한 후(Ctrl + J) ❷오른쪽에 옮겨 놓고 Ctrl + T 를 눌러 180도 회전시켜 배치합니다.

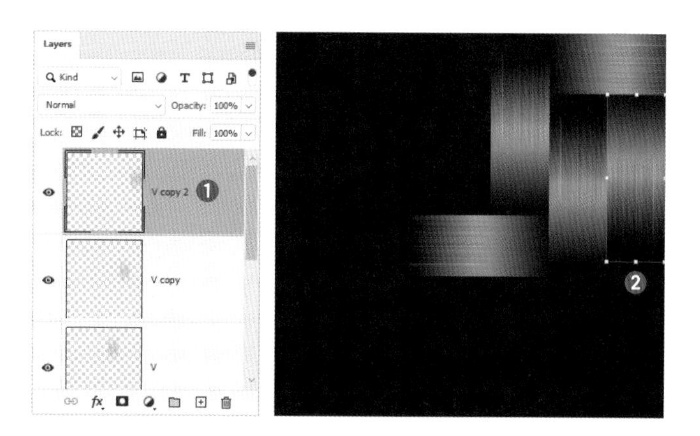

10 ❶[H] 레이어를 복제하고(Ctrl+J) **[이동 도구]** 등을 이용하여 다음과 같이 왼쪽 위로 옮깁니다. ❷메뉴 필드에서 **[Filter-Blur-Motion Blur]**를 선택하여 Motion Blur 창을 열고 ❸**Distance: 292Pixels**로 설정한 후 ❹**[OK]**를 클릭하여 오브젝트의 길이를 조금 늘립니다.

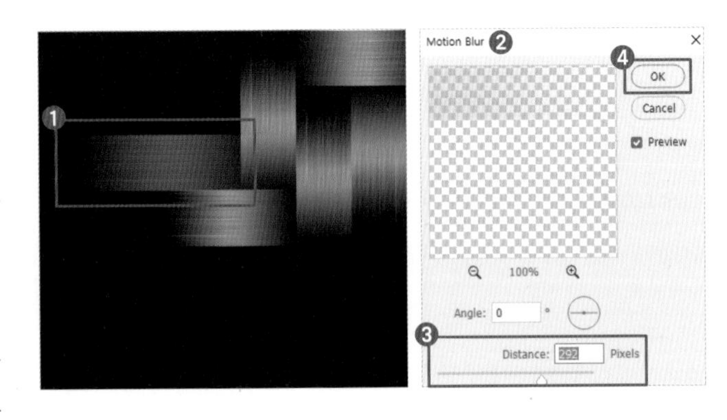

11 ❶지금까지 과정처럼 레이어를 복제하고 **[이동 도구]**나 Offset 기능을 이용하여 오브젝트를 배치합니다. ❷Adjustments 패널에서 **[Gradient Overlay]** 아이콘을 클릭한 후 ❸Properties 패널에서 **Gradient** 옵션을 클릭하여 Gradient Editor를 열고 'Presets' 영역에서 **[Pinks>Pink_07]**을 선택하고 ❹**[OK]**를 클릭합니다.

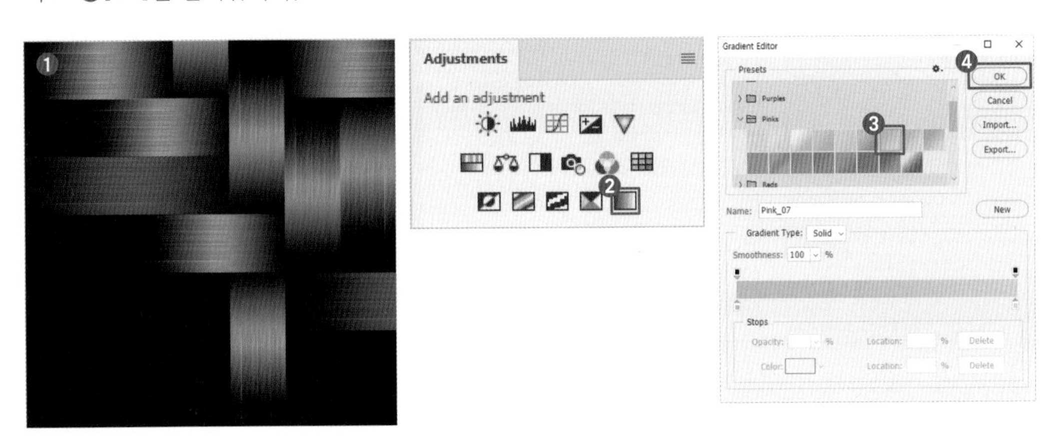

12 ❶Layers 패널에서 조정 레이어를 맨 위로 옮기고 ❷**Blending Mode: Overlay**로 설정하여 모든 레이어에 조정 레이어 효과를 적용하여 완성합니다.

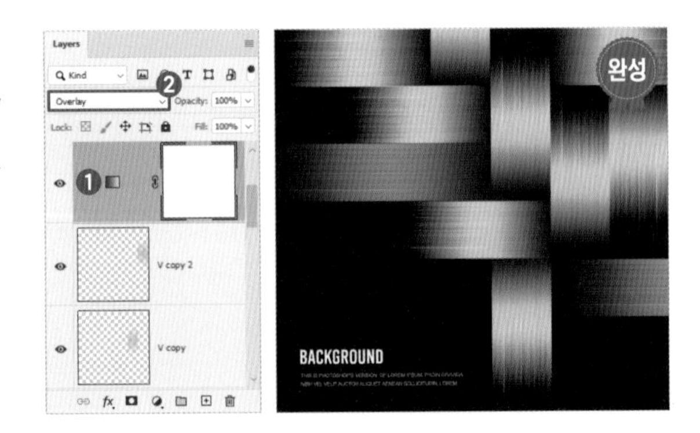

TEXT EFFECTS

텍스트로 표현하는 다양한 효과와 3D 텍스트처럼 보이도록 하는 방법, 딩벳 폰트를 디자인에 활용하는 방법 등 텍스트를 활용한 다양한 디자인 아이디어를 만날 수 있습니다.

Idea 34 딩벳 폰트를 활용한 장식용 텍스트

딩벳 폰트를 활용하여 디자인의 완성도를 높일 수 있습니다. 폰트이므로 벡터 속성이라서 쉽고 간편하게 편집할 수 있어 유용합니다. 실습에서는 우아한 장식으로 활용해 보겠습니다.

난이도 ★★☆☆☆

완 성 Decotext.psd

Dingbat
Dot Line

01 폰트 설치_ https://www.dafont.com을 접속한 후 [Floralia] 폰트를 검색해서 다운로드한 후 설치합니다.

02 배경 만들기_ ❶ Ctrl + N을 눌러 900×900Pixels, 흰색(#000000)으로 새 창을 만들고, Layers 패널에서 [Background] 레이어를 더블 클릭합니다. ❷New Layer 창이 열리면 [OK]를 클릭하여 잠김을 풀고 일반 레이어로 만듭니다.

03 ❶Layers 패널에서 [Add a layer style] 아이콘을 클릭한 후 [Gradient Overlay]를 선택합니다. ❷Layer Style 창이 열리면 Gradient 옵션을 클릭하여 Gradient Editor를 열고 다음과 같이 [Opacity Stop]은 100%, [Color Stop]은 #161719, #3a3c41로 설정하고 ❸[OK]를 클릭합니다.

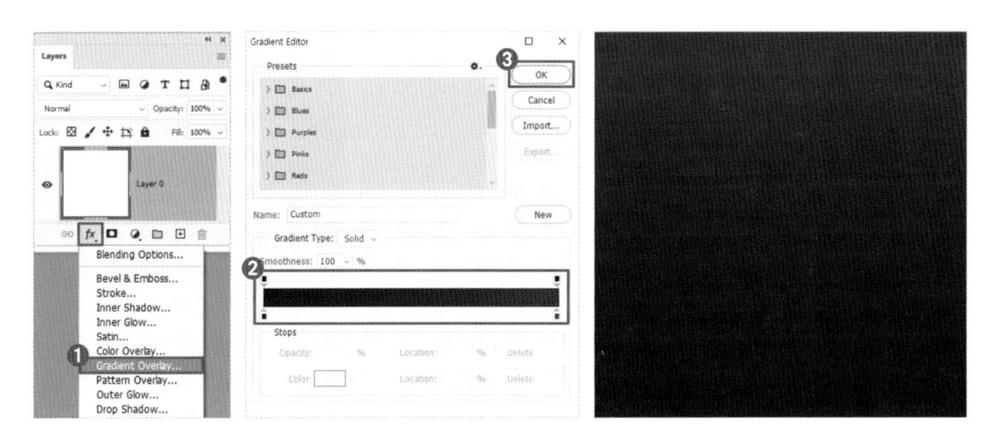

04 장식 입력_ ❶툴 바에서 [타원 도구]를 선택한 후 ❷옵션 바에서 Mode: Path로 설정합니다. ❸작업 창에서 다음과 같이 아래쪽에 타원 모양 패스를 그립니다.

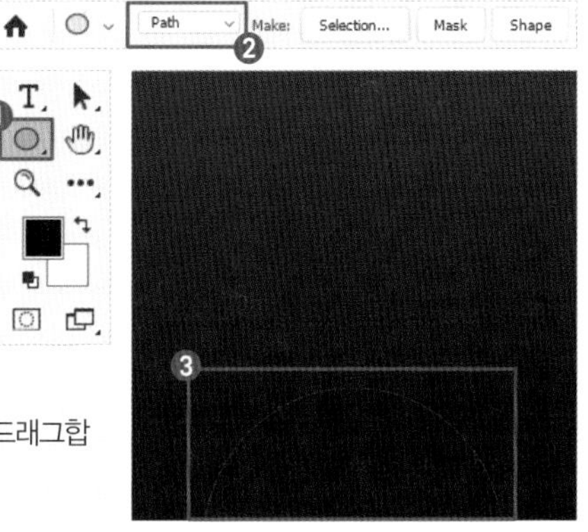

패스의 위치를 옮기고 싶다면 [패스 선택 도구] A를 선택한 후 패스를 드래그합니다.

05 ❶**[수평 문자 도구]**를 선택한 후 Character 패널 또는 옵션 바에서 Fonts: Floralia, Size: 100pt, Color: #e6b97b로 설정합니다. ❷작업 창에서 패스 위로 마우스 커서를 가져갔을 때 물결 모양이 나타나면 클릭하여 ❸f를 반복해서 입력한 후 Ctrl + Enter를 눌러 입력을 마칩니다. 패스를 따라 딩벳 폰트가 입력됩니다.

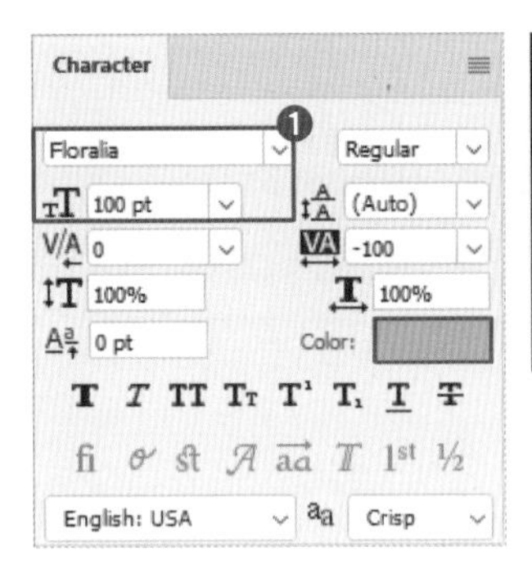

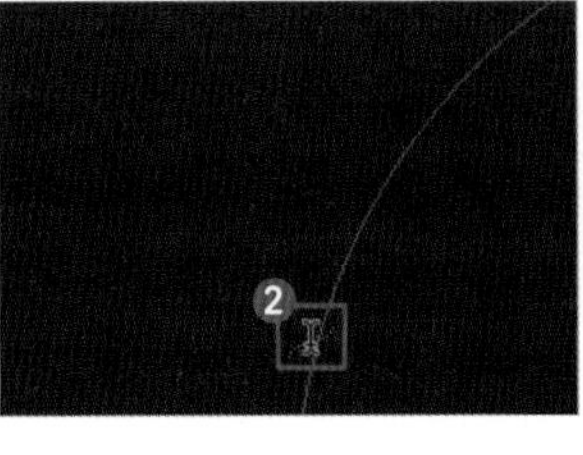

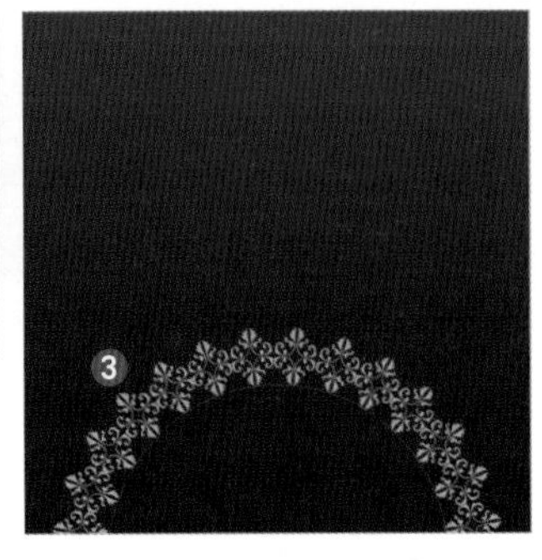

06 ❶Layers 패널에서 Ctrl + J를 눌러 텍스트 레이어를 복제하고, ❷ Ctrl + T를 눌러 자유 변형을 실행합니다. Alt를 누른 채 안쪽으로 드래그하여 다음과 같이 크기를 줄이고 Enter를 눌러 마칩니다.

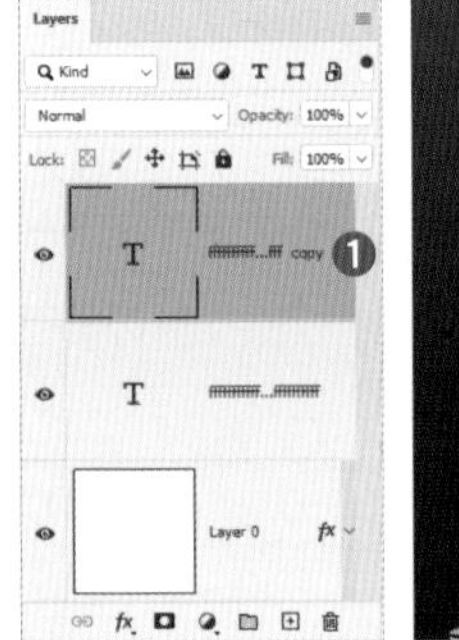

07 **테두리 꾸미기_** ❶툴 바에서 **[사각형 도구]**를 선택한 후 ❷옵션 바에서 Mode: Shape, Fill: No Color, Stroke: #e6b97b, 4pt로 설정합니다. ❸작업 창에서 다음과 같이 테두리를 그립니다.

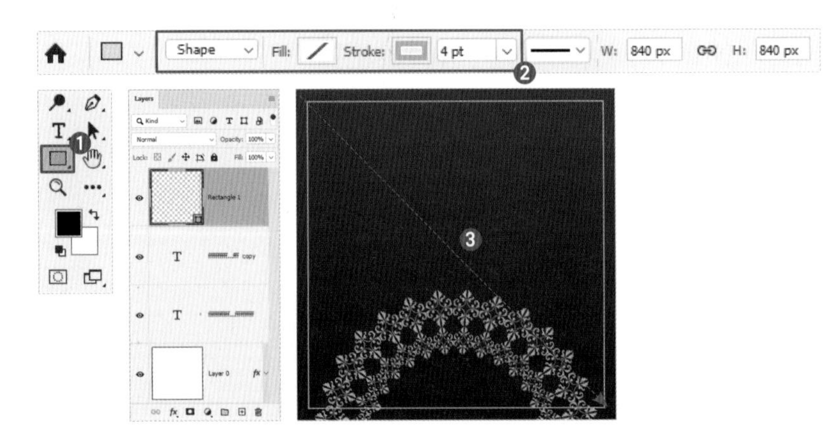

08 **텍스트 입력_** ❶**[수평 문자 도구]**를 선택한 후 다음과 같이 크기와 스타일 등을 변경하여 내용을 입력합니다. ❷**[수평 문자 도구]**를 이용하여 …을 반복 입력해서 내용과 내용 사이의 구분선을 표현합니다.

09 **디자인 정리_** ❶첫 번째 딩벳 폰트 레이어를 선택한 후 **[Add layer mask]** 아이콘을 클릭하여 레이어 마스크를 추가합니다. ❷툴 바에서 **[사각 선택 윤곽 도구]**를 선택하고 **전경색: 검정(#000000)**으로 설정합니다. ❸작업 창에서 테두리 아래쪽을 드래그해서 선택 영역을 지정한 후 Alt + Delete 를 눌러 전경색으로 채우면 해당 부분의 딩벳 폰트가 가려집니다.

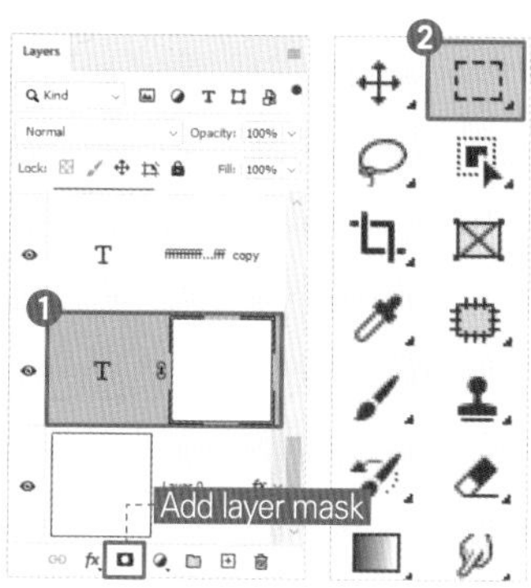

10 두 번째 딩벳 폰트 레이어에도 레이어 마스크를 추가한 후 위와 같은 방법으로 테두리 아래쪽을 정리하여 완성합니다.

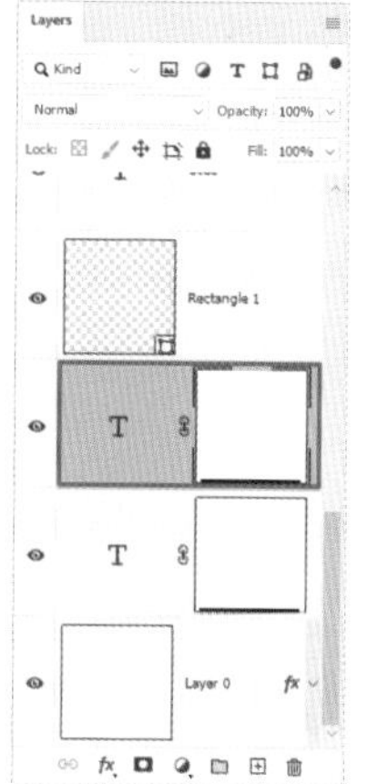

Idea 35

Fill 옵션을 활용한 투명 텍스트

Layers 패널의 Fill 옵션을 조절하고, 레이어 스타일을 적용하면 투명한 텍스트를 연출할 수 있습니다. 원리만 알면 매우 쉽고 간단한 효과입니다.

난이도 ★☆☆☆☆
예 제 Coffee.jpg
완 성 Filltext.psd

Fill
fx

01 예제 열기_ Ctrl + O 를 눌러 Coffee.jpg 예제 파일을 엽니다.

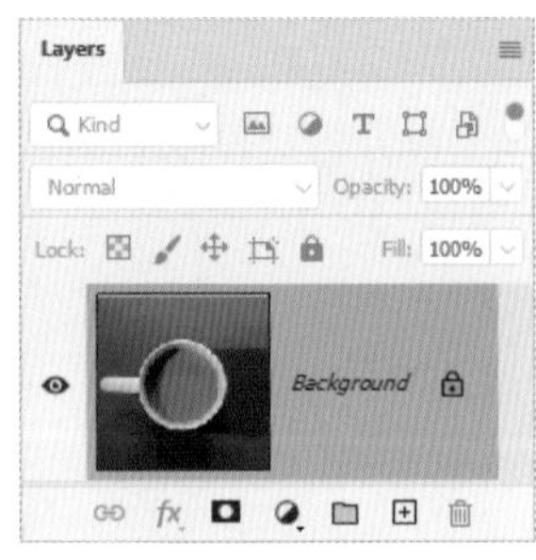

02 텍스트 입력_ ❶툴 바에서 **[수평 문자 도구]**를 선택한 후 원하는 폰트를 적용하고 ❷작업 창에서 커피 이미지 위에 텍스트를 입력합니다. 실습에서는 2개의 텍스트 레이어로 나눠서 입력했습니다.

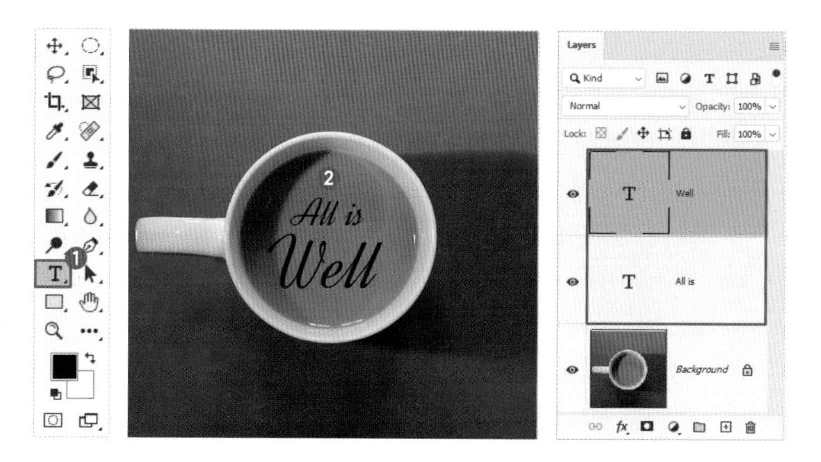

03 레이어 스타일 적용_ ❶Layers 패널에서 [Add a layer style] 아이콘을 클릭한 후 [Bevel&Emboss]를 선택합니다. ❷Layer Style 창이 열리면 Style: Outer Bevel, Depth: 83%, Size: 2px, Soften: 0px로 설정하고 ❸[OK]를 클릭합니다.

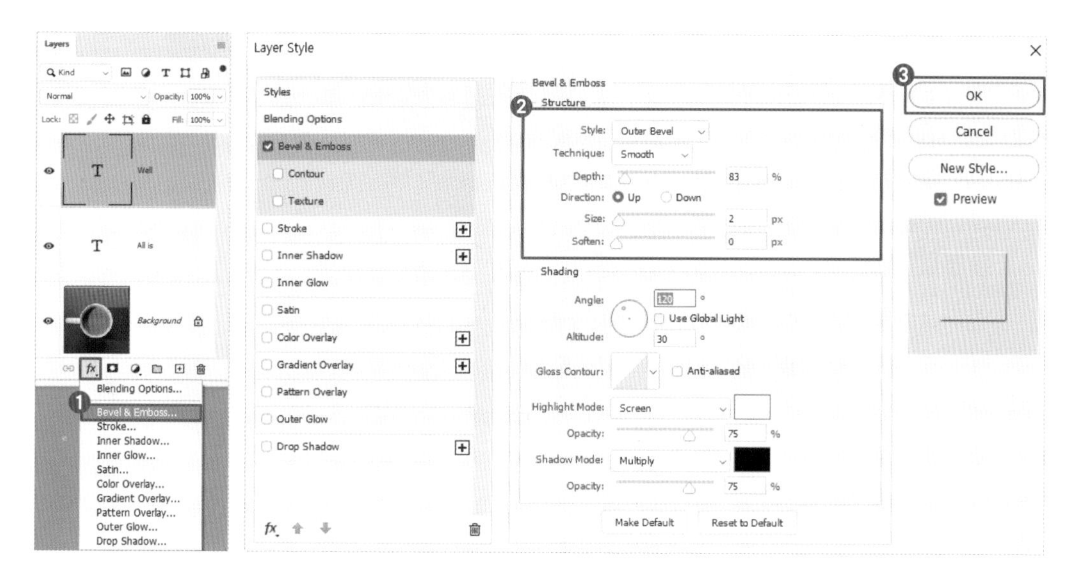

04 Fill 옵션 설정_ Layers 패널에서 **Fill: 0%**로 설정합니다. 레이어 이미지 색은 0%가 되어 투명해지고, 적용한 레이어 스타일만 남습니다.

05 ❶Layers 패널에서 Alt를 누른 채 **[Effects]** 효과 레이어를 나머지 텍스트 레이어로 드래그해서 복제한 후 ❷**Fill: 0%**로 설정해서 완성합니다.

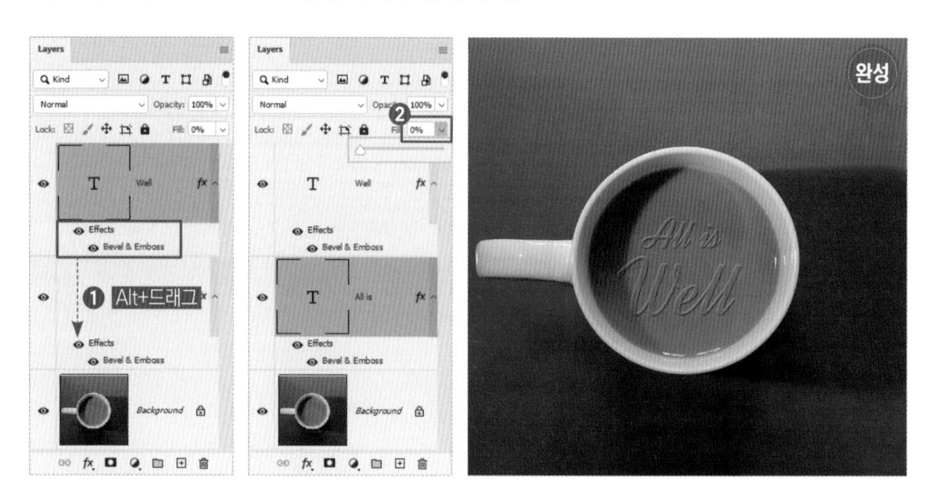

Idea 36

정돈된 디자인의 양 끝 맞춤 텍스트

텍스트 위주의 디자인에서 시작점과 끝점을 맞추면 전체적으로 깔끔하고 정돈된 느낌을 전달할 수 있습니다. 기본 기능으로 텍스트를 정렬한 후 디자인을 완성합니다.

난이도 ★☆☆☆☆
예 제 Ornaments.jpg
완 성 Endtext.psd

Paragraph
Justify All
Align

01 예제 열기_ Ctrl + O를 눌러 Ornaments.jpg 예제 파일을 엽니다.

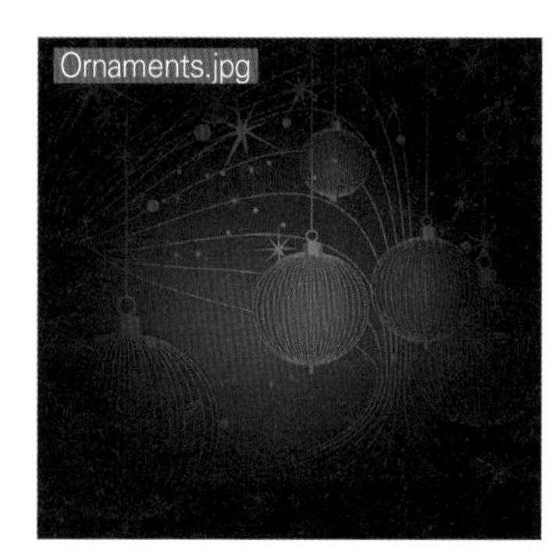

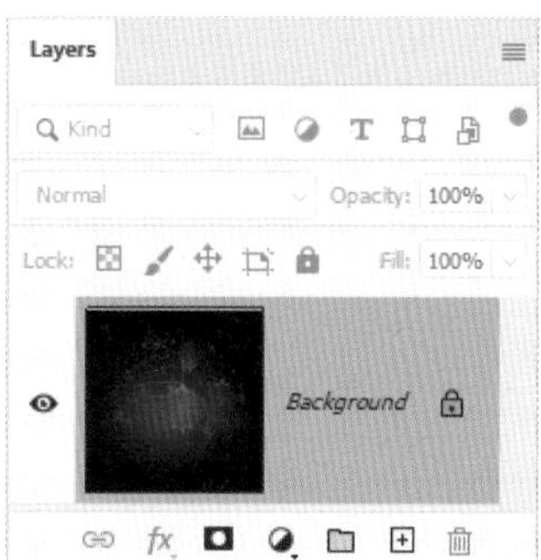

02 **텍스트 입력_** ❶**[수평 문자 도구]**를 선택한 후 작업 창에서 클릭&드래그하여 텍스트 입력 상자를 만들고, 다음과 같이 입력합니다. ❷입력한 내용을 드래그해서 모두 선택하고, ❸Paragraph 패널에서 **[Justify all]** 아이콘을 클릭하여 텍스트 상자 내에서 양쪽으로 정렬합니다.

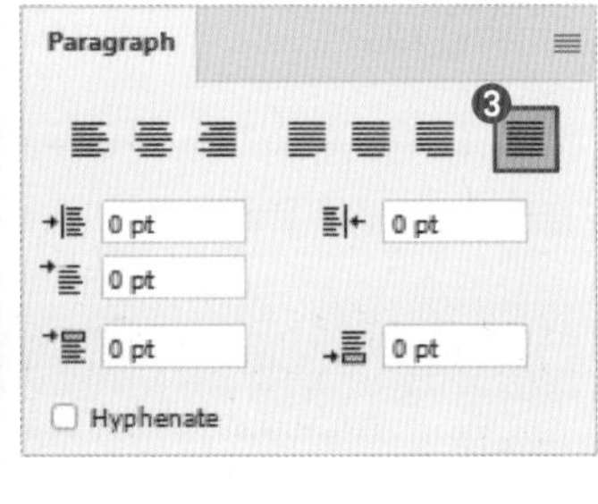

메뉴 바에서 [Window–Paragraph]를 선택하면 Paragraph 패널을 열 수 있습니다.

03 **텍스트 꾸미기_** ❶텍스트에서 가운데 줄에 있는 'BIG'만 드래그해서 선택합니다. ❷옵션 바나 Character 패널에서 **Color: #00ffff**로 색을 변경하고 ❸ Ctrl + Enter 를 눌러 텍스트 편집을 마칩니다.

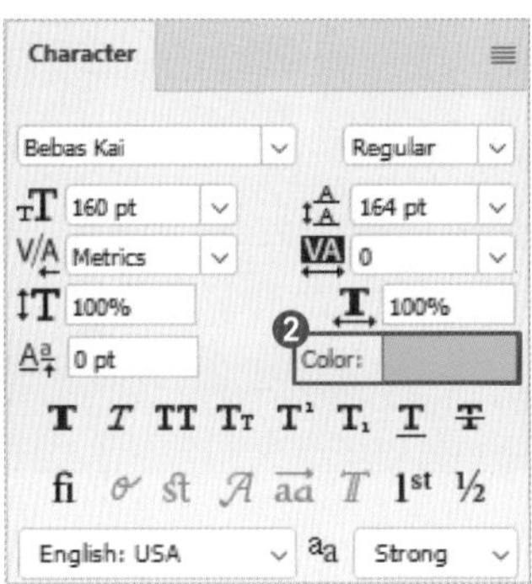

04 레이어 스타일 적용_ ❶Layers 패널에서 [Add a layer style] 아이콘을 클릭한 후 [Drop Shadow]를 선택하여 Layer Style 창을 열고, ❷Blend Mode: Multiply, Angle: 120, Distance: 15px, Spread: 0%, Size: 35px로 설정한 후 ❸[OK]를 클릭하여 그림자 효과를 적용합니다.

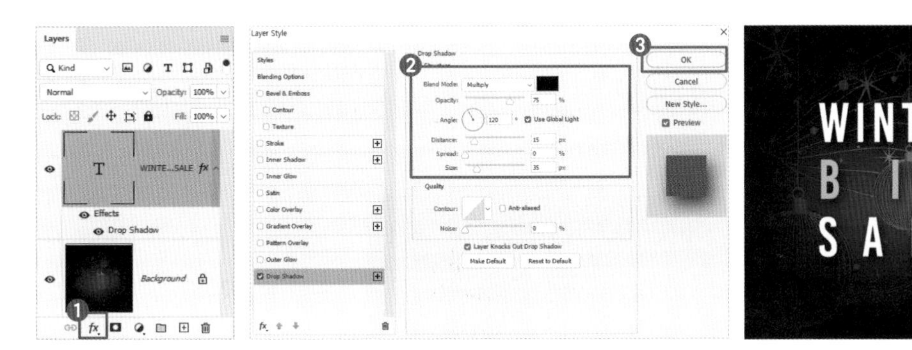

05 ❶툴 바에서 **[사각형 도구]**를 선택한 후 ❷옵션 바에서 Mode: Shape, Fill: No Color, Stroke: #00ffff, 9pt로 설정하고 ❸작업 창에서 드래그하여 테두리를 그립니다.

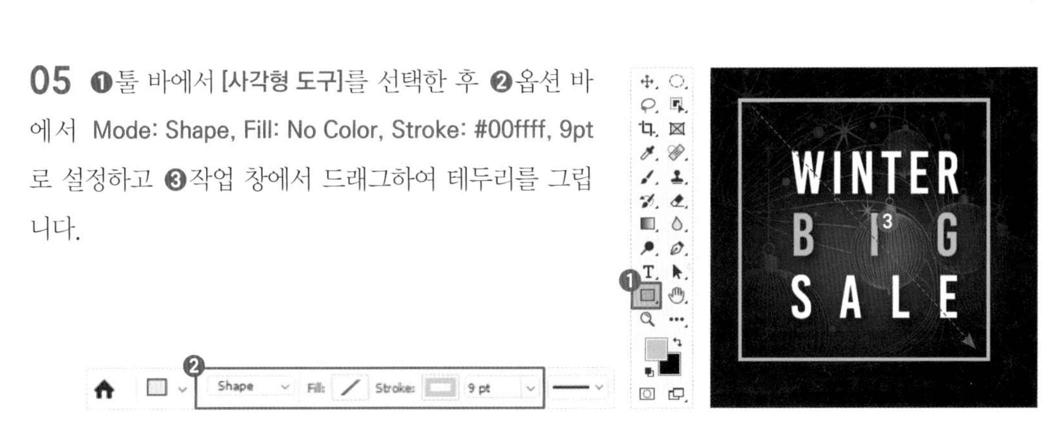

06 ❶Layers 패널에서 모든 레이어를 선택합니다. ❷툴 바에서 **[이동 도구]**를 선택한 후 ❸옵션 바에서 [Align horizontal centers]와 [Align vertical centers]를 클릭하여 정중앙으로 정렬합니다.

Idea 37 패스 형태로 쓰는 텍스트

패스를 활용하면 텍스트를 원하는 형태로 입력할 수 있습니다. 실습에서는 원형으로 만들었지만, 이외에도 원하는 형태로 자유롭게 텍스트를 입력할 수 있습니다.

난이도 ★☆☆☆☆

완 성 Woman.jpg

완 성 Ptext.psd

#Path

01 예제 열기_ Ctrl + O을 눌러 Woman.jpg 예제 파일을 엽니다.

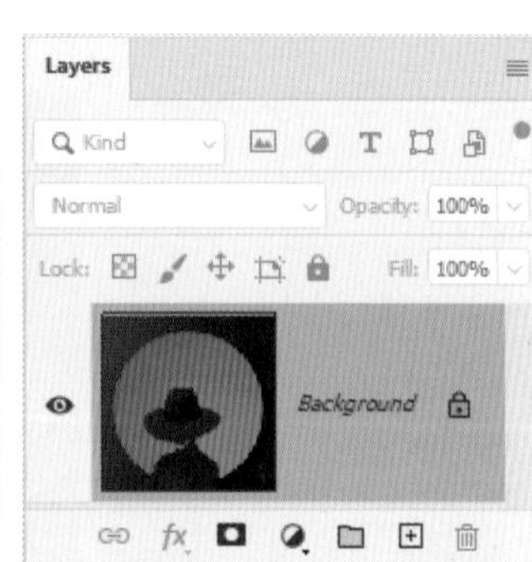

02 패스 그리기_ ❶툴 바에서 **[타원 도구]**를 선택한 후 ❷옵션 바에서 Mode: Path로 설정합니다. ❸작업 창에서 드래그하여 주황색 원에 맞춰 원형 패스를 그립니다.

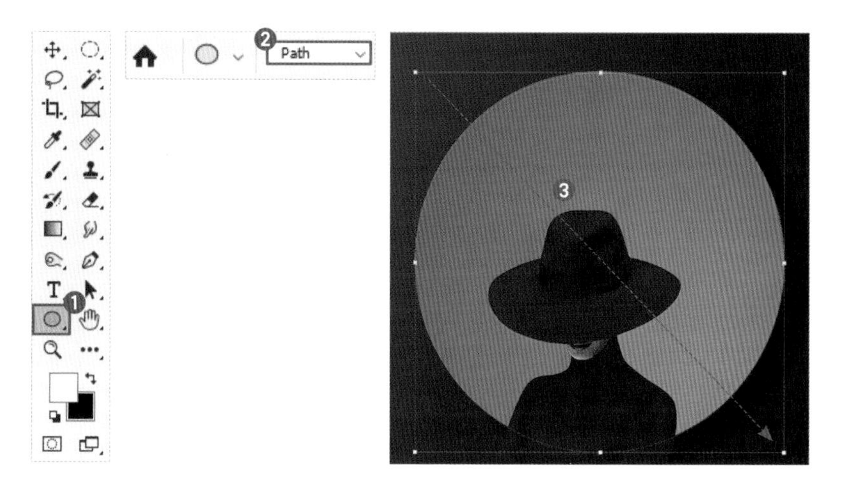

03 텍스트 입력_ ❶툴 바에서 **[수평 문자 도구]**를 선택한 후 원하는 폰트로 설정합니다. ❷작업 창에서 패스 위를 클릭하여 원하는 내용을 입력하고 ❸ Ctrl + Enter 를 눌러 입력을 마칩니다. 패스를 따라 텍스트가 입력됩니다.

패스의 위치를 옮기고 싶다면 [패스 선택 도구] A 를 선택한 후 패스를 드래그합니다.

04 Ctrl + T 를 눌러 자유 변형을 실행한 후 Alt 를 누른 채 안쪽으로 드래그하여 크기를 줄이고 Enter 를 눌러 자유 변형을 마칩니다.

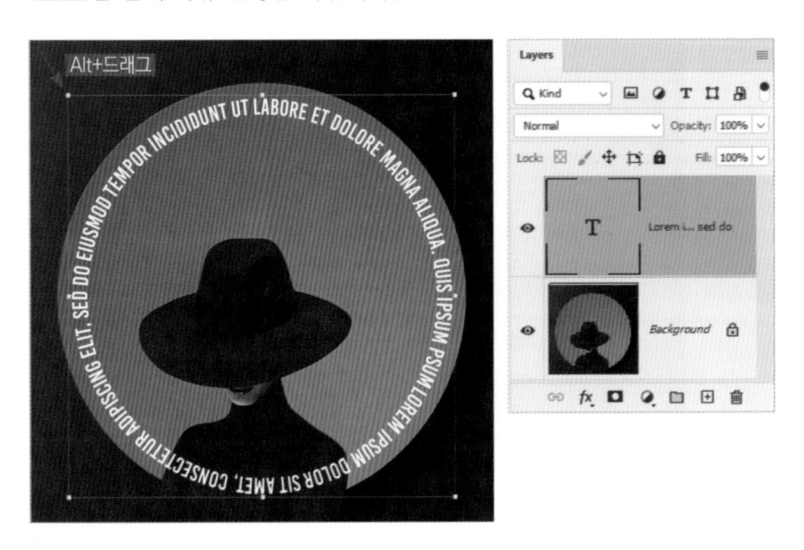

05 **디자인 정리_** ❶Layers 패널에서 텍스트 레이어를 선택한 후 ❷**[Add layer mask]** 아이콘을 클릭하여 레이어 마스크를 추가합니다. ❸툴 바에서 **[브러시 도구]**를 선택하고 **전경색: 검정(#000000)**으로 설정한 후 ❹작업 창에서 인물과 겹치는 부분을 드래그하여 화면에서 가리면 완성됩니다.

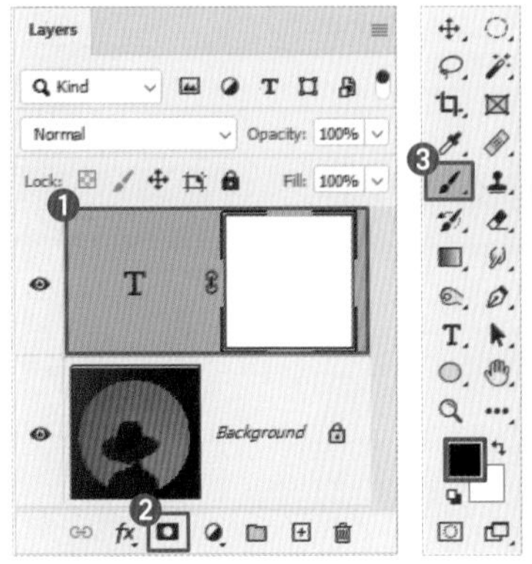

Idea 38 형태를 채우는 텍스트

편집 디자인에서 흔히 볼 수 있는 디자인으로, 특정 형태를 만들고 그 안을 텍스트로 가득 채울 수 있습니다. 특정 내용을 채우는 것이 아니라 디자인 요소로 활용하는 상황이라면 로렘 입숨(Lorem Ipsum)을 이용하면 됩니다.

난이도 ★☆☆☆☆
예 제 Waffle.jpg
완 성 Innertext.psd

Path
Lorem Ipsum

01 예제 열기_ Ctrl + O를 눌러 Waffle.jpg 예제 파일을 엽니다.

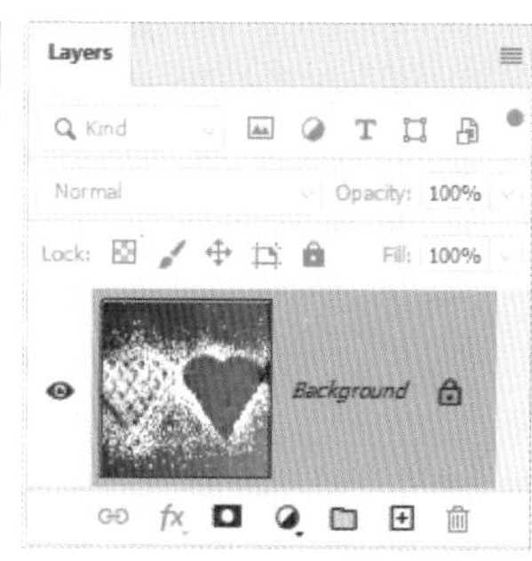

02 패스 그리기_ ❶툴 바에서 **[펜 도구]**를 선택하고 ❷옵션 바에서 Mode: Path로 설정한 후 ❸작업 창에서 오른쪽 하트 모양을 따라 패스를 그립니다.

03 텍스트 입력_ ❶툴 바에서 **[수평 문자 도구]**를 선택한 후 적절한 폰트를 선택하고, 작업 창에서 패스로 그린 형태 안쪽을 클릭합니다. ❷텍스트 편집 상태가 되면 메뉴 바에서 [Type-Paste Lorem Ipsum]을 선택하여 임의의 텍스트로 패스 영역을 채웁니다.

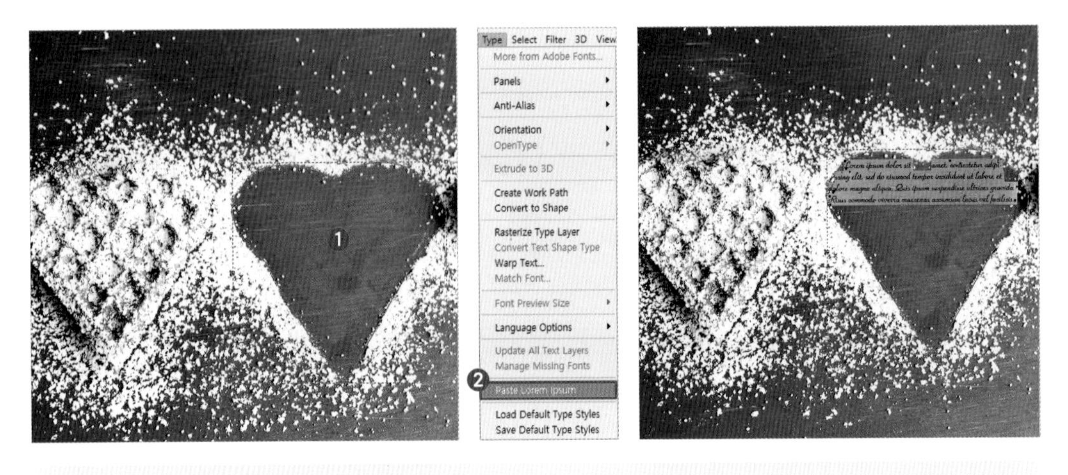

포토샵 환경 설정에 따라 기본적으로 로렘 입숨(Lorem Ipsum)이 채워질 수도 있습니다. 메뉴 바에서 [Edit-Preferences-Type]를 선택했을 때 [Fill new type layers with placeholder text: 체크] 설정이라면 자동으로 채워집니다.

04 메뉴 바에서 [Type-Paste Lorem Ipsum] 선택을 반복하여 남은 영역도 임의의 텍스트로 가득 채우고 Ctrl + Enter를 눌러 텍스트 편집을 마칩니다.

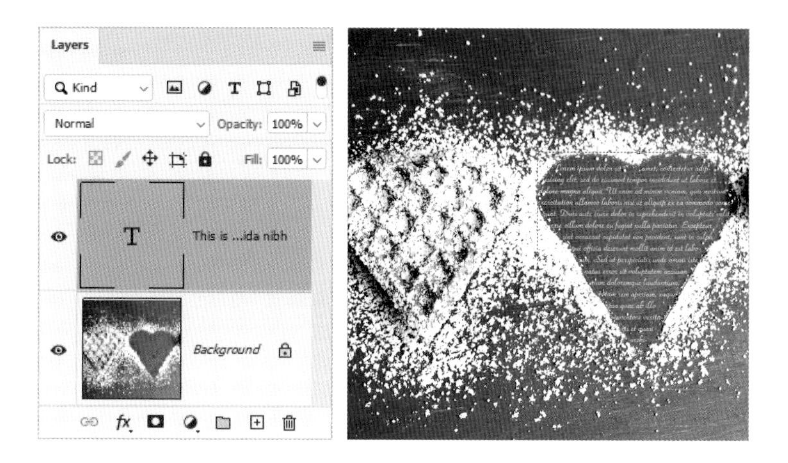

05 **디자인 정리_** Ctrl + T를 눌러 자유 변형을 실행한 후 Alt를 누른 채 조절점을 안쪽으로 드래그하여 크기를 살짝 줄여서 여백을 만들고 Enter를 눌러 완성합니다.

Idea 39

사방으로 빛을 발산하는 텍스트

빛을 잘 활용하면 화려한 텍스트를 연출할 수 있습니다. 다양한 필터를 활용해서 텍스트에서 빛이 발산되는 듯한 느낌을 더해 봅니다.

난이도 ★★★☆☆

완 성 Lighteffect.psd

Gaussian Blur
Solarize
Polar Coordinates
Image Rotation

01 예제 열기_ Ctrl + N 을 눌러 900×900 Pixels, 흰색(#000000)으로 새 창을 만들고 툴바에서 **[수평 문자 도구]**를 선택한 후 다음과 같이 양 끝 맞춤으로 텍스트를 입력합니다.

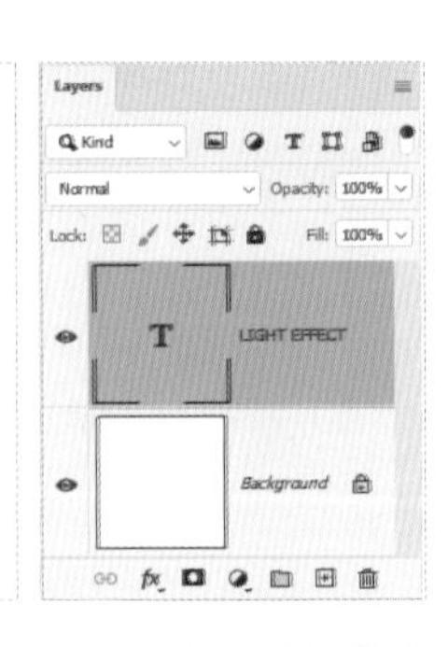

양끝 맞춤은 텍스트 입력 영역을 지정한 후 Paragraph 패널에서 [Justify all] 아이콘을 클릭합니다. 자세한 과정은 [Idea 36] 205쪽을 참고하세요.

02 채널 만들기_ ❶Layers 패널에서 Ctrl을 누른 채 텍스트 레이어의 섬네일을 클릭하여 텍스트 모양으로 선택 영역을 지정합니다. ❷Channels 패널에서 [Save selection as channel] 아이콘을 클릭하여 선택 영역을 알파 채널을 저장하고, ❸ Ctrl + D를 눌러 선택 영역을 해제합니다.

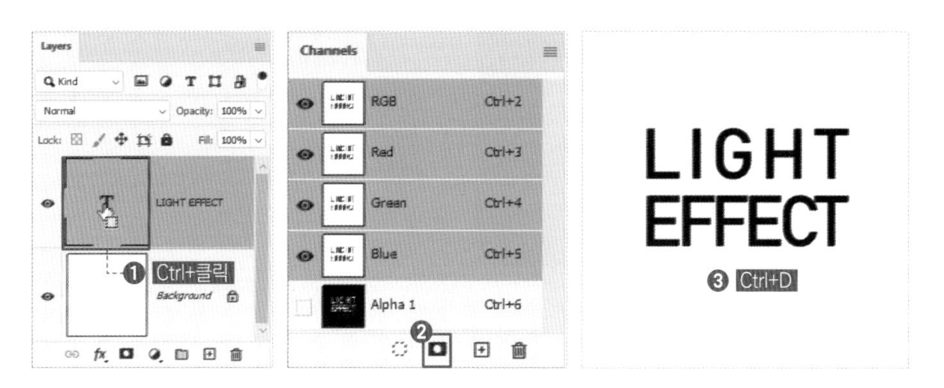

03 텍스트 래스터화_ ❶Layers 패널에서 텍스트 레이어를 **[마우스 오른쪽 버튼]**으로 클릭한 후 [Rasterize Type]을 선택하여 일반 레이어로 변경합니다. ❷모든 레이어를 선택한 후 ❸ Ctrl + E를 눌러 레이어를 하나로 합칩니다.

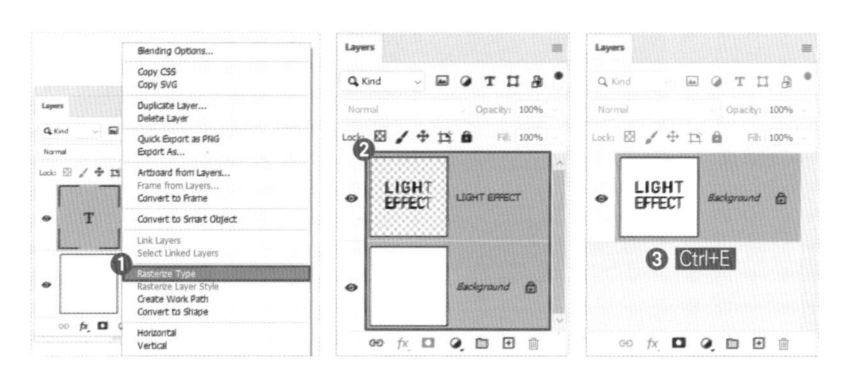

04 필터 적용 및 보정_ ❶메뉴 바에서 [Filter-Blur-Gaussian Blur]를 선택하고, ❷Gaussian Blur 창이 열리면 Radius: 5Pixels로 설정한 후 ❸[OK]를 클릭합니다.

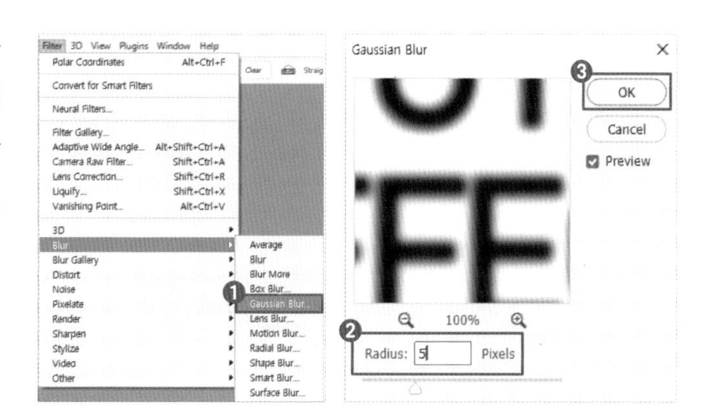

05 메뉴 바에서 [Filter-Stylize-Solarize]를 선택해서 과대 노출시키면 다음과 같이 표현됩니다.

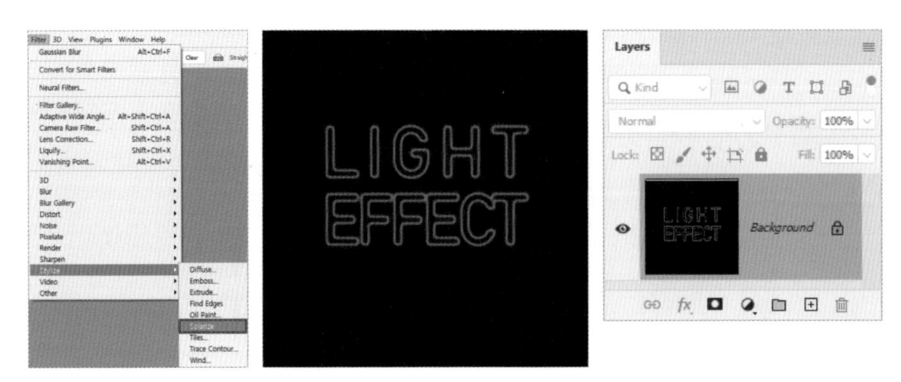

06 ❶ Ctrl + L 을 눌러 Levels 창을 열고 ❷Input Levels에서 Highlight: 125로 설정한 후 ❸[OK]를 클릭하여 대비를 조정합니다. ❹ Ctrl + J 를 눌러 레이어를 복제하고 이름은 Effect로 변경합니다.

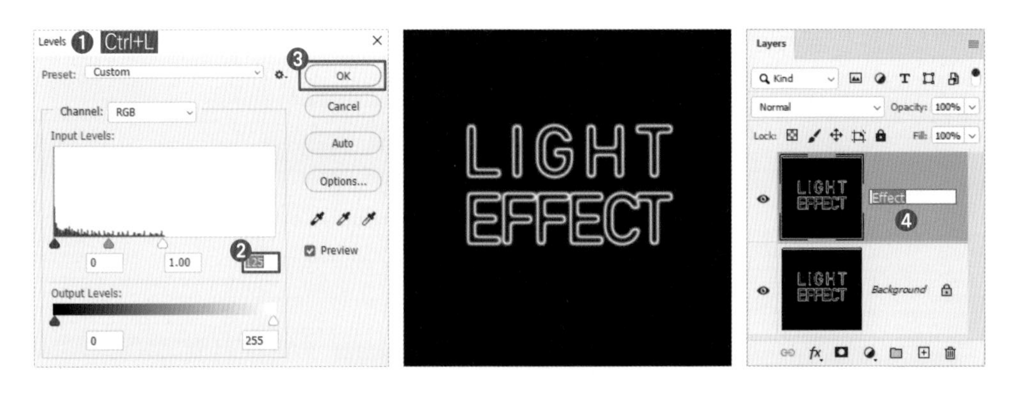

07 ❶메뉴 바에서 [Filter-Distort-Polar Coordinates]를 선택한 후 ❷Polar Coordinates 창이 열리면 [Polar to Rectangular]를 선택하고 ❸[OK]를 클릭합니다.

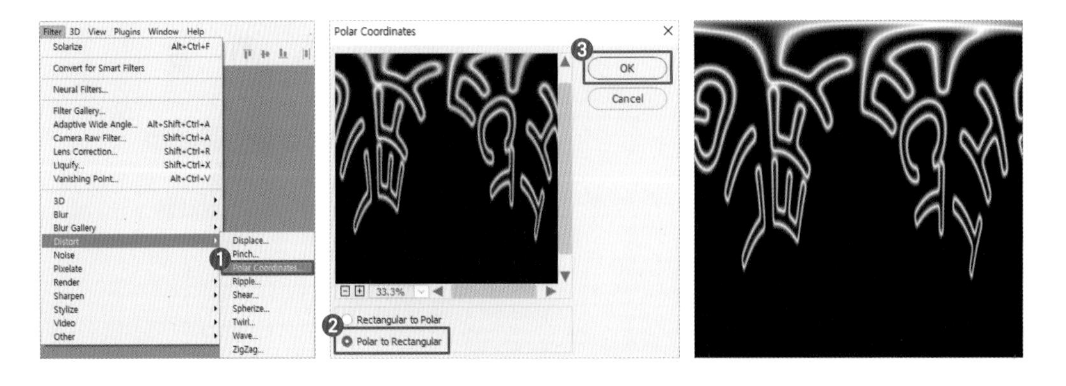

08 ❶ 메뉴 바에서 [Image-Image Rotation-90 Clockwise]를 선택하여 이미지를 시계 방향으로 90도 회전시키고, ❷ Ctrl + I 를 눌러 이미지를 반전시킵니다.

09 ❶ 메뉴 바에서 [Filter-Stylize-Wind]를 선택한 후 ❷ Wind 창이 열리면 Method: Wind, Direction: From the Right로 설정하고 ❸ [OK]를 클릭합니다.

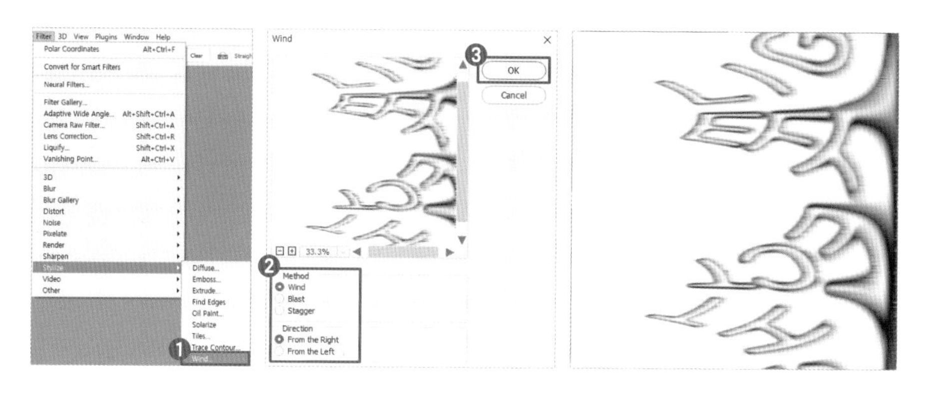

10 ❶ Ctrl + I 를 눌러 이미지를 다시 반전시키고, ❷ Alt + Ctrl + F 를 3번 눌러 마지막에 적용한 Wind 필터를 추가로 적용합니다.

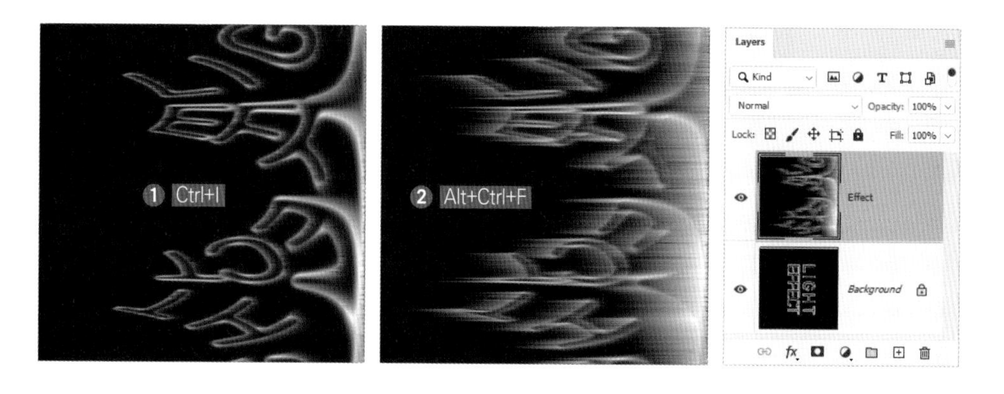

11 메뉴 바에서 [Image-Image Rotation-90 Counter Clockwise] 메뉴를 선택하여 반시계 방향으로 90도 회전시킵니다.

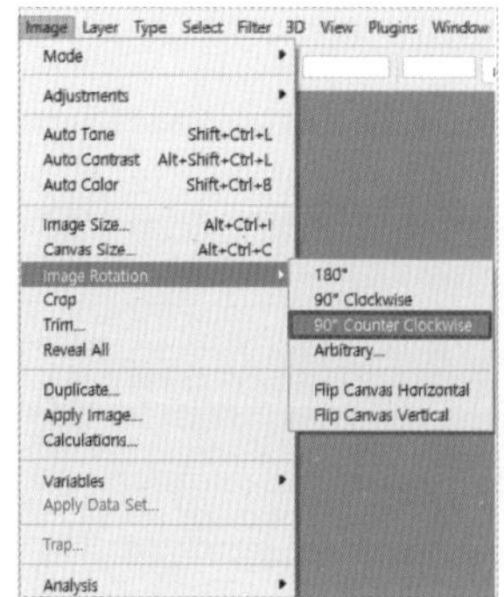

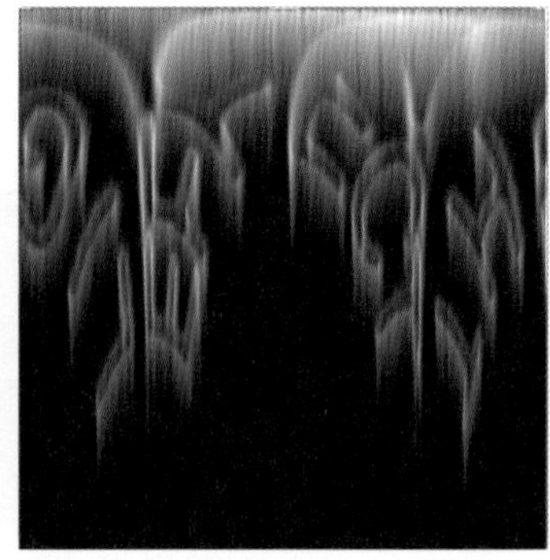

12 ❶ 메뉴 바에서 [Filter-Distort-Polar Coordinates]를 선택한 후 ❷ Polar Coordinates 창이 열리면 [Rectangular to Polar]를 선택하고 ❸ [OK]를 클릭합니다.

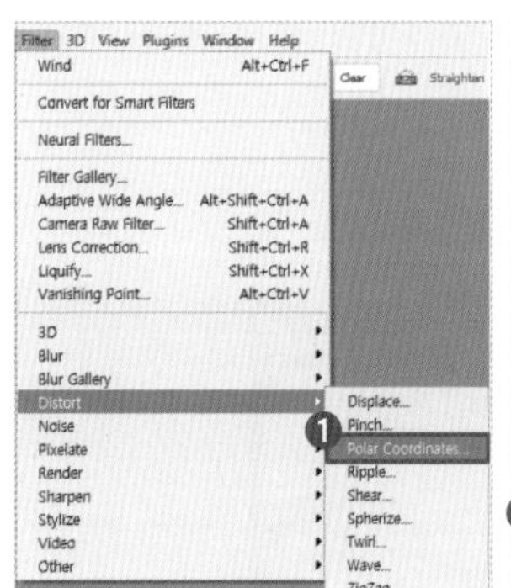

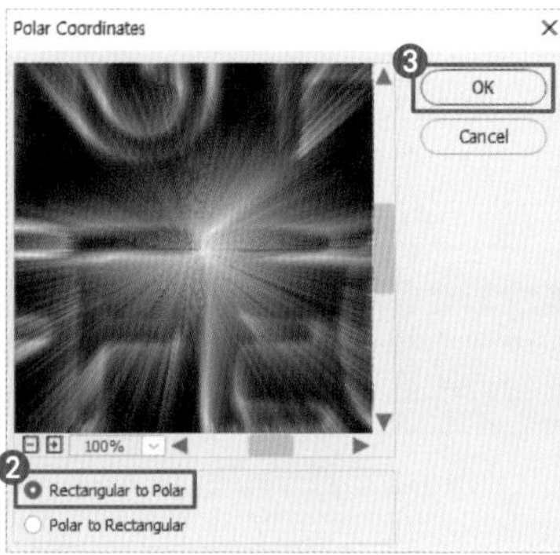

13 Layers 패널에서 Blending Mode: Screen으로 설정하여 합성하면 텍스트가 선명하게 보이면서 빛 발산 효과가 표현됩니다.

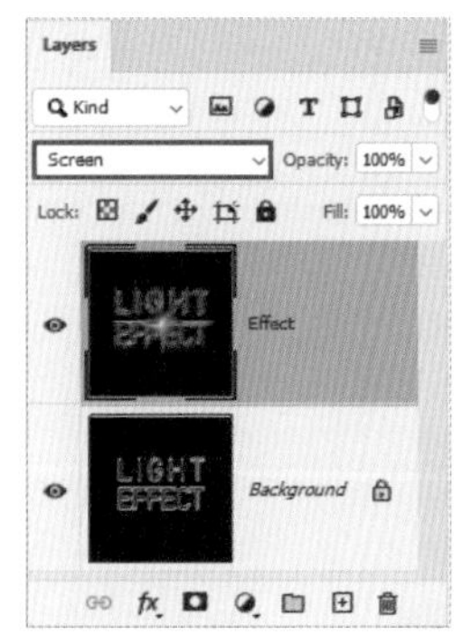

14 그레이디언트 적용_ ❶ Layers 패널에서 레이어를 추가하고 이름은 Gradient로 변경합니다. ❷ 툴 바에서 **[그레이디언트 도구]**를 선택한 후 옵션 바에서 Style: Radial Gradient로 설정하고 ❸ Gradient 옵션을 클릭합니다. ❹ Gradient Editor가 열리면 [Opacity Stop]은 모두 100%로 설정하고 [Color Stop]은 왼쪽부터 #b0f9ff, #a99bff, #fa5ac7로 설정한 후 ❺ [OK]를 클릭합니다. ❻ 작업 창 왼쪽 아래에서 오른쪽 위로 드래그하여 원형 그레이디언트를 적용한 후 ❼ Layers 패널에서 Blending Mode: Color로 설정합니다.

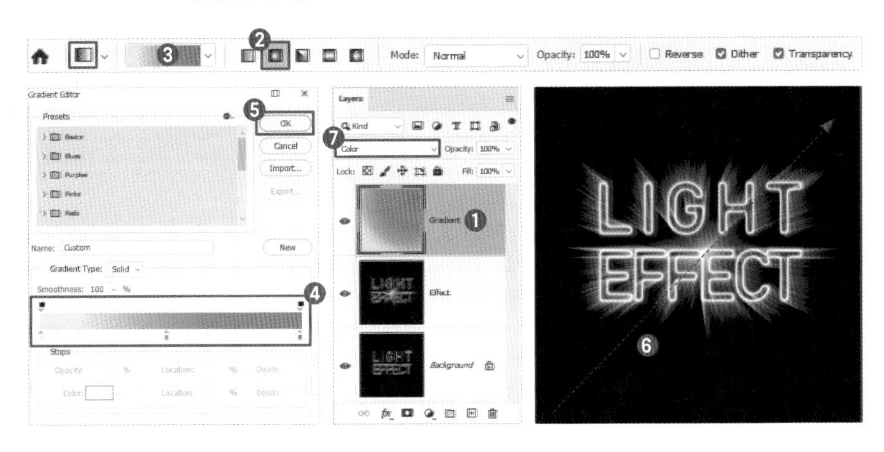

15 필터 적용_ ❶ Layers 패널에서 [Background] 레이어를 선택합니다. ❷ 메뉴 바에서 [Filter-Blur-Radial Blur]를 선택한 후 ❸ Radial Blur 창이 열리면 Amount: 70, Blur Method: Zoom, Quality: Best로 설정하고 ❹ [OK]를 클릭합니다. 빛이 발산하는 느낌이 더욱 강렬해집니다.

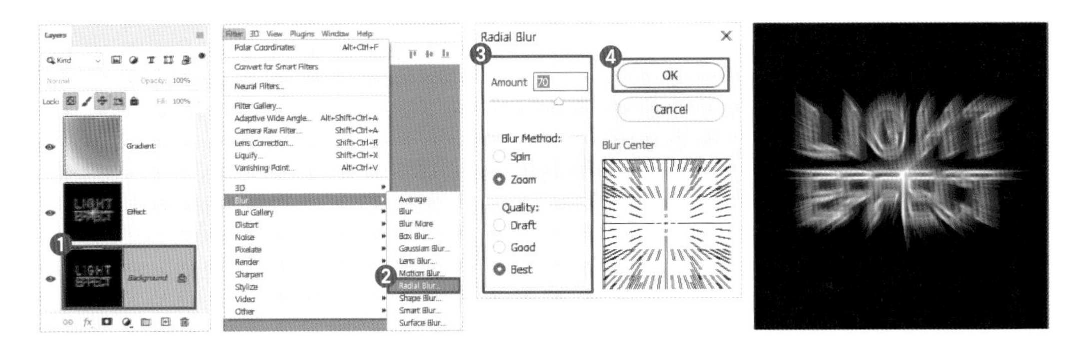

16 텍스트 선명도 높이기_ ❶Channels 패널에서 Ctrl 을 누른 채 시작할 때 만든 알파 채널의 섬네일을 클릭해서 선택 영역으로 지정합니다. ❷툴 바에서 **전경색: 검정(#000000)**으로 설정한 후 Alt + Delete 를 눌러 선택 영역에 전경색(검정)을 채우고 ❸ Ctrl + D 를 눌러 선택 영역을 해제하여 완성합니다.

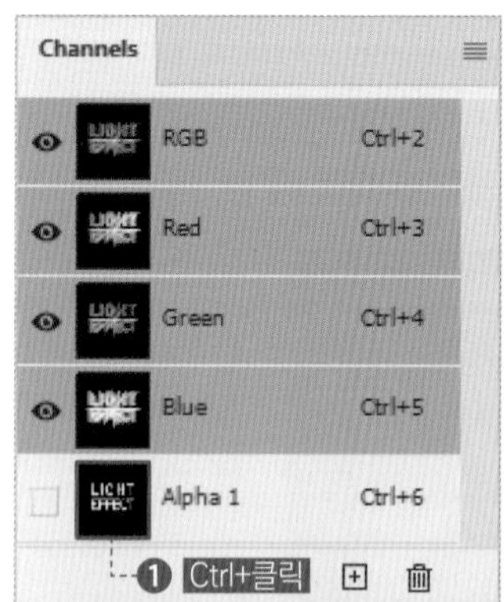

Idea 40 은은하게 빛나는 네온사인 텍스트

레이어 스타일을 적용하여 간단하게 네온사인 효과를 낼 수 있습니다. 하나의 레이어에 네온사인 효과를 완성한 후 다른 레이어에 복제하는 방법으로 빠르게 완성해 봅니다.

난이도 ★★☆☆☆
예 제 Brick.jpg
Heart.png
완 성 Neon.psd

fx

01 예제 열기_ Ctrl + O 를 눌러 Brick.jpg 예제 파일을 엽니다.

02 그레이디언트 적용_ ❶툴 바에서 [그레이디언트 도구]를 선택한 후 ❷옵션 바에서 Style: Radial Gradient로 설정하고 ❸Gradient 옵션을 클릭합니다. ❹Gradient Editor가 열리면 [Opacity Stop]은 0%, 100%로 설정하고 [Color Stop]은 #010522 1개만 설정한 후 ❺[OK]를 클릭합니다. ❻작업 창 중앙에서 대각선 방향 바깥쪽으로 드래그하여 원형 그레이디언트를 적용한 후 ❼Layers 패널에서 Blending Mode: Hard Light, Opacity: 78%로 설정합니다.

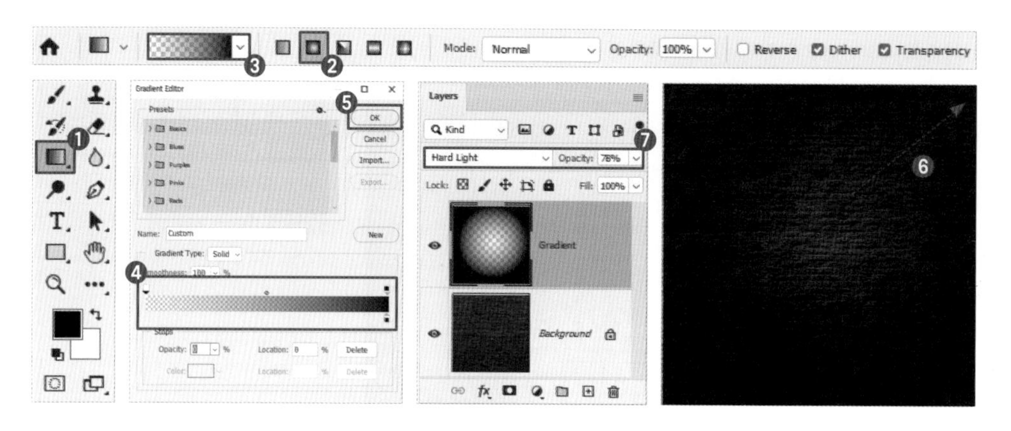

03 레이어 스타일 적용_ ❶[수평 문자 도구]를 이용해 텍스트를 입력합니다. ❷Layers 패널에서 [Add a layer style] 아이콘을 클릭한 후 [Stroke]를 선택해서 Layer Style 창을 열고 ❸Size: 2px, Position: Outside, Color: #ff00df로 설정하여 테두리를 적용합니다.

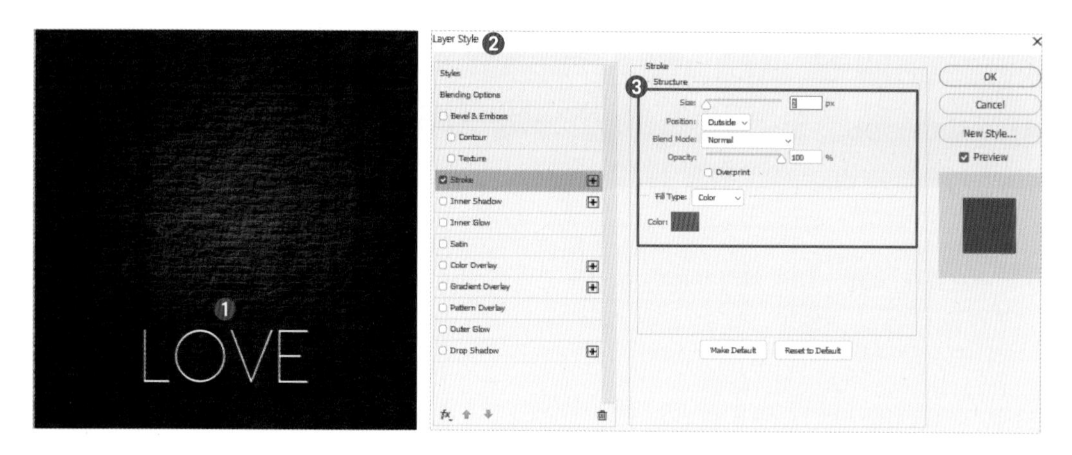

04 ❶[Inner Glow]를 선택하여 **체크**하고 ❷Blend Mode: Normal, Opacity: 100%, Color: #cc0897, Choke: 0%, Size: 27px로 설정하여 내부 광선을 적용합니다. ❸[Outer Glow]를 선택하여 **체크**하고 ❹Blend Mode: Normal, Opacity: 60%, Color: #cc0897, Spread: 54%, Size: 12px로 설정하여 외부 광선을 적용합니다.

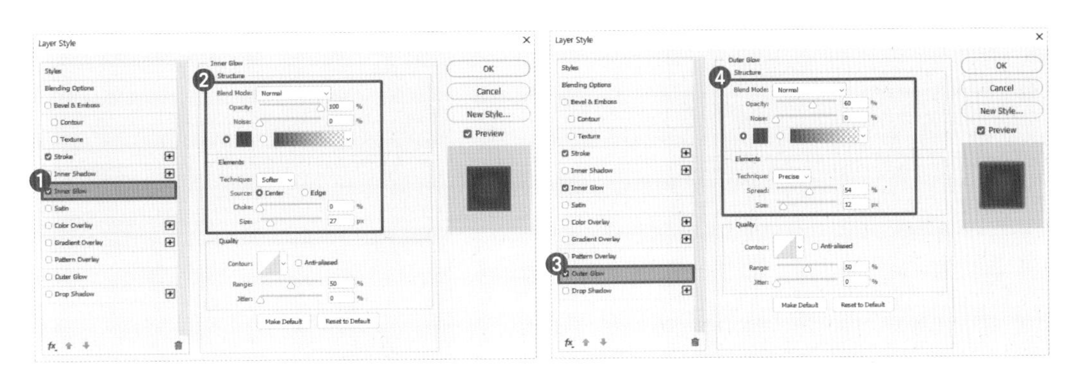

05 마지막으로 ❶[Drop Shadow]를 선택하여 **체크**하고 ❷Blend Mode: Normal, Opacity: 75%, Angle: 120, Distance: 21px, Spread: 5%, Size: 4px로 설정하여 그림자를 적용한 후 ❸[OK]를 클릭하여 레이어 스타일 적용을 마칩니다.

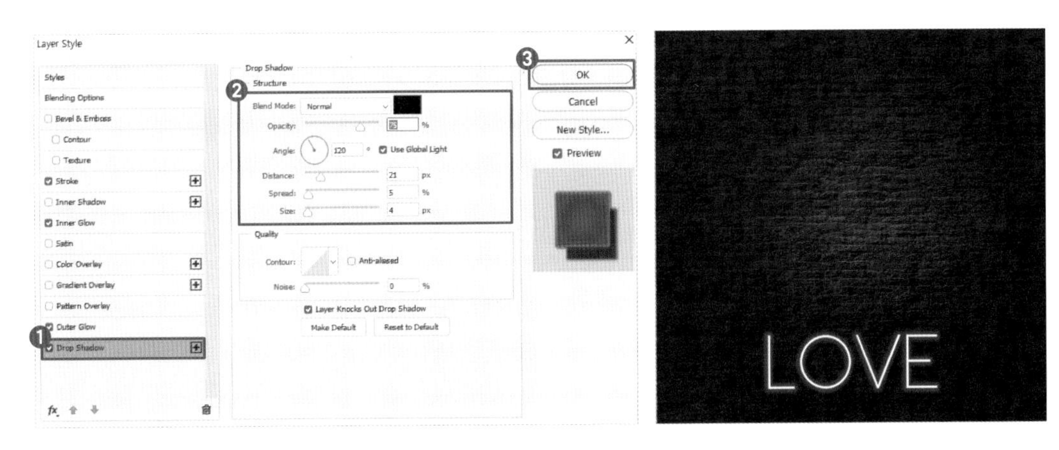

06 레이어 스타일 복제 배치_ ❶ Ctrl + O를 눌러 Heart.png 예제 파일을 열고, Brick.jpg 작업 창으로 드래그해서 복제한 후 적절한 크기로 조절해서 배치합니다. ❷Layers 패널에서 레이어 이름은 Heart로 변경하고, ❸ Alt를 누른 채 텍스트 레이어의 [Effects]를 [Heart] 레이어로 드래그해서 복제 배치합니다.

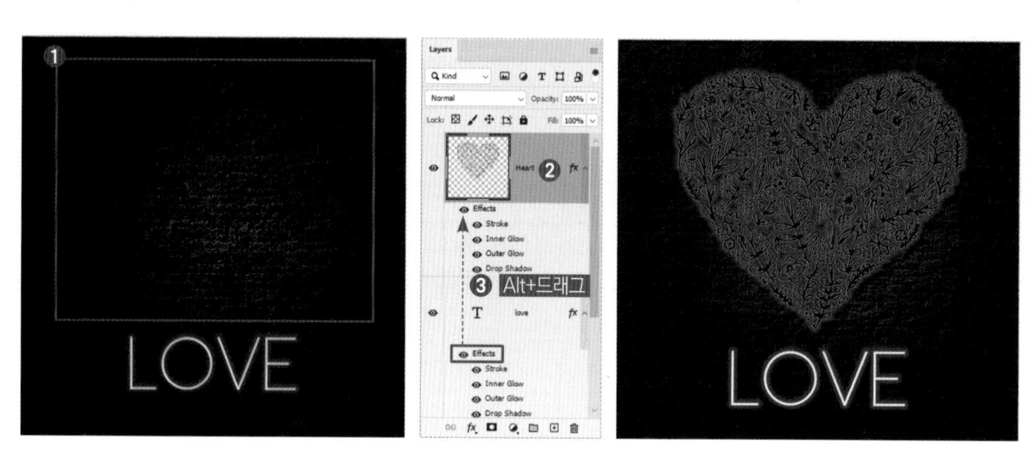

07 ❶Layers 패널에서 [Heart] 레이어의 [Effect]를 더블 클릭하여 Layer Style 창을 엽니다. ❷ [Color Overlay]를 선택하여 **체크**하고 ❸Color: #ffffff로 설정하여 흰색으로 채운 후 ❹[OK]를 클릭하여 완성합니다.

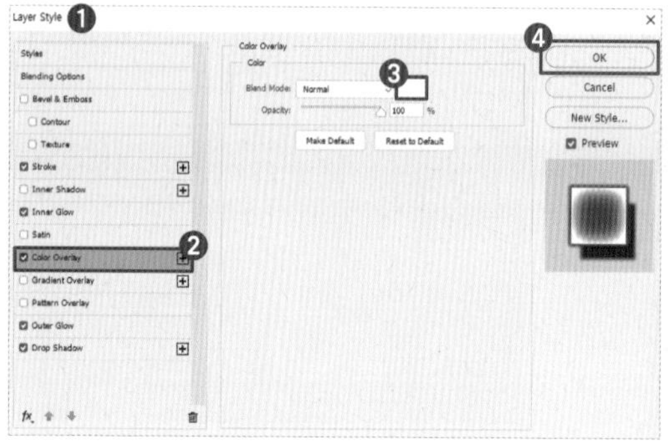

Idea 41 레이어 스타일로 만드는 3D 텍스트

2D 문자를 3D처럼 보이도록 만드는 방법에 대해 살펴봅니다. 포토샵에도 3D 기능이 포함되어 있지만, 높은 사양이 필요하므로, 여기서는 레이어 스타일을 활용하여 3D 텍스트를 표현해 봅니다.

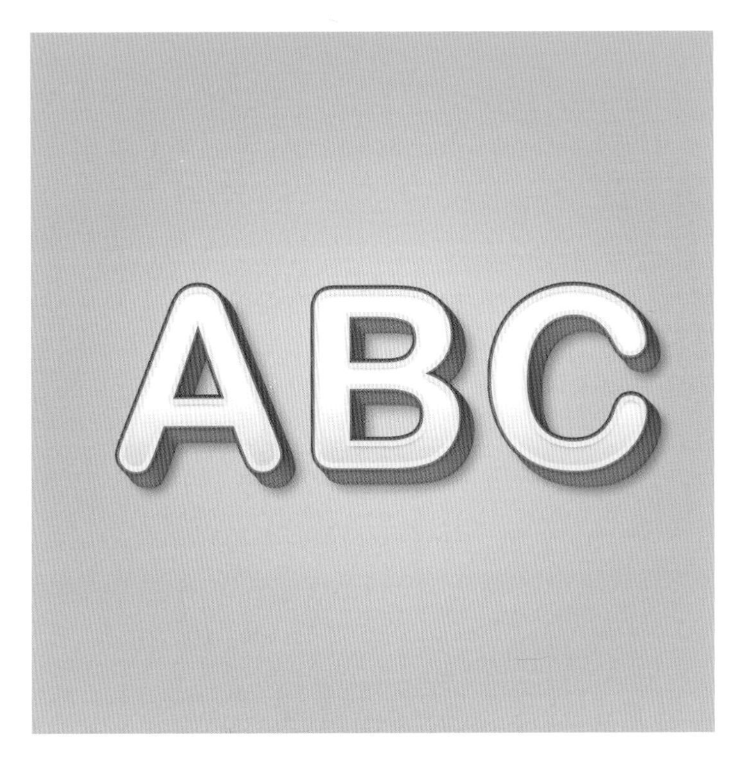

난이도 ★★★★☆
완 성 PINK.psd

Smart Object
fx

01 그레이디언트 채우기_ ❶ Ctrl + N 을 눌러 900×900Pixels, 흰색(#000000)으로 새 창을 만들고, ❷Layers 패널에서 [Create new fill or adjustment layer] 아이콘을 클릭한 후 [Gradient]를 선택합니다.

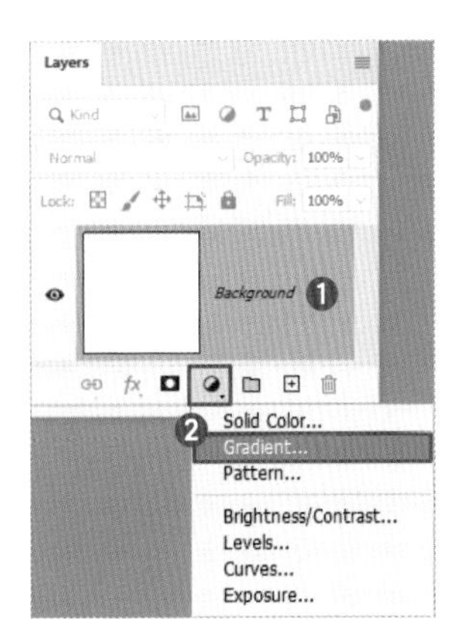

02 ❶Gradient Fill 창이 열리면 **Style: Radial**로 설정한 후 ❷**Gradient** 옵션을 클릭합니다. ❸Gradient Editor에서 **[Opacity Stop]**은 모두 **100%**, **[Color Stop]**은 **#fad4d5**, **#fcbcbd**로 설정한 후 ❹❺**[OK]**를 클릭하여 그레이디언트 조정 레이어를 추가합니다.

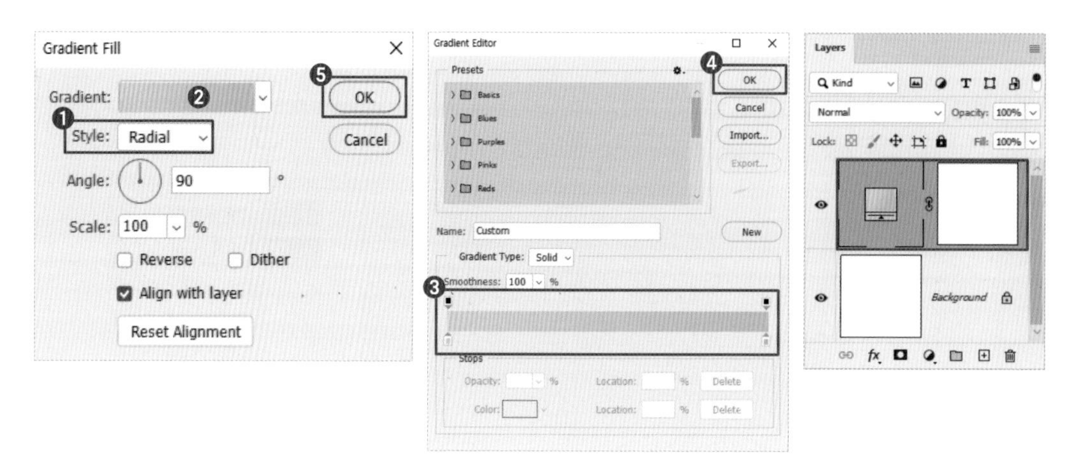

03 **텍스트 입력_** ❶툴 바에서 **[수평 문자 도구]**를 선택한 후 Character 패널이나 옵션 바에서 **Color: 흰색(#ffffff)** 및 나머지 스타일을 자유롭게 설정한 후 ❷작업 창에 **PINK**를 입력합니다. ❸Layers 패널에서 **[PINK]** 텍스트 레이어를 **[마우스 오른쪽 버튼]**으로 클릭한 후 **[Convert To Smart Object]**를 선택하여 스마트 오브젝트로 변경합니다.

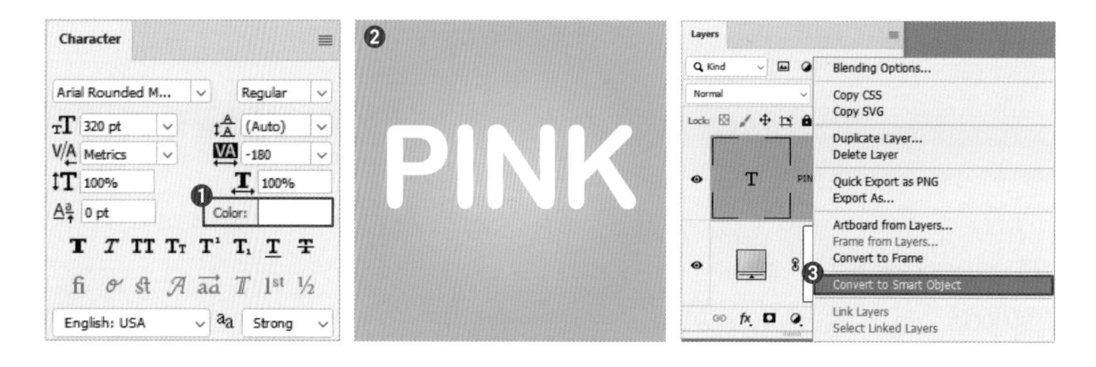

04 **레이어 스타일 적용_** ❶Layers 패널에서 [Add a layer style] 아이콘을 클릭한 후 [Stroke]를 선택합니다. ❷Layer Style 창이 열리면 Size: 7px, Position: Inside, Color: #ffe6e7로 설정하여 테두리를 적용합니다.

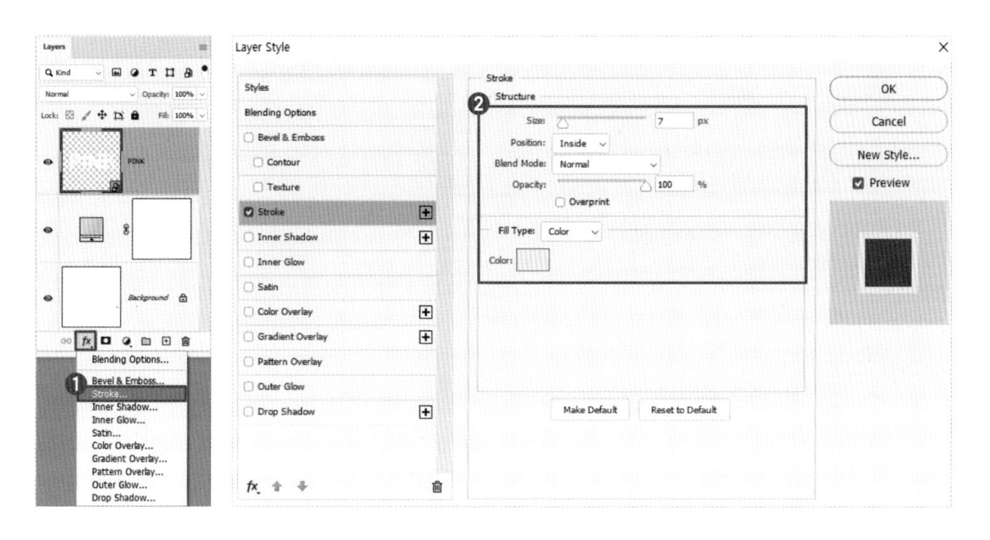

05 ❶[Inner Shadow]를 선택하여 **체크**하고 ❷Distance: 5px, Choke: 10%, Size: 10px로 설정하여 내부 그림자를 적용합니다. ❸[Gradient Overlay]를 선택하여 **체크**하고, ❹Blend Mode: Normal, Gradient: #ffffff(Location: 50%)/#ffd2d3(Location: 100%), Style: Linear, Angle: -90으로 설정하여 그레이디언트를 적용합니다.

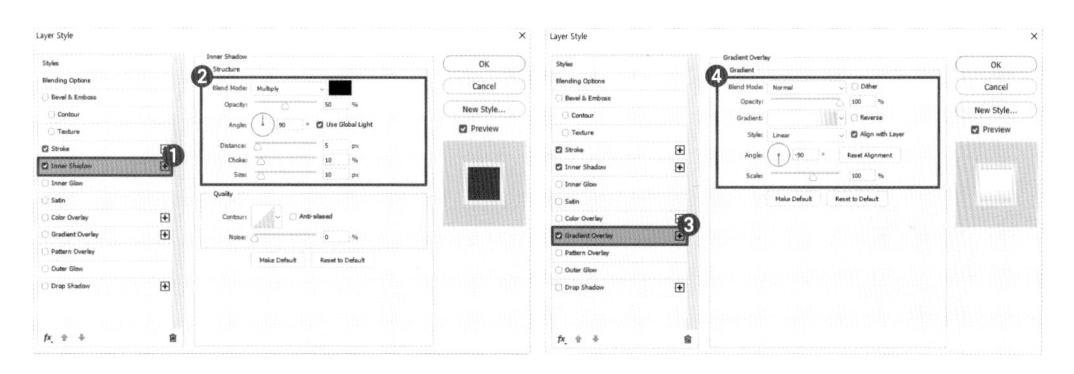

06 ❶[Drop Shadow]를 선택하여 **체크**하고 ❷Blend Mode: Linear Burn, Color: #000000, Distance: 2px, Spread: 2%, Size: 10px로 설정하여 그림자를 적용하고 ❸[OK]를 클릭하여 레이어 스타일 적용을 마칩니다.

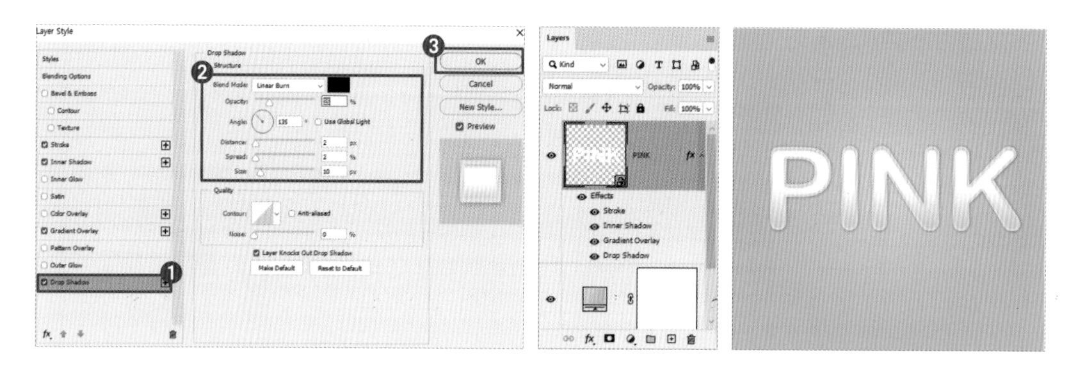

07 **레이어 복제 및 스타일 변경_** ❶Layers 패널에서 Ctrl + J 를 눌러 [PINK] 레이어를 복제하고 [PINK] 레이어 아래로 옮깁니다. ❷복제한 [PINK copy] 레이어의 [Effects]를 더블 클릭하여 Layer Style 창을 열고 ❸체크된 항목들을 모두 **체크 해제**한 후 ❹[Bevel&Emboss]를 선택하여 **체크**하고 ❺ Style: Stroke Emboss, Technique: Chisel Soft, Depth: 150%, Direction: Down, Size: 2px, Soften: 9px로 설정합니다.

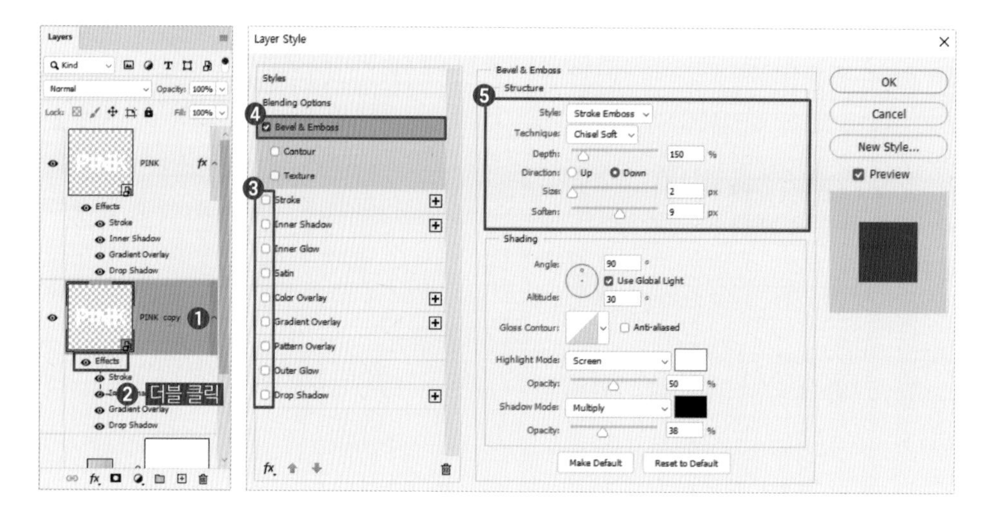

08 ❶[Stoke]를 선택하여 **체크**하고 ❷Size: 5px, Position: Center, Color: #d15153으로 설정하여 테두리를 적용하고 ❸[OK]를 클릭합니다.

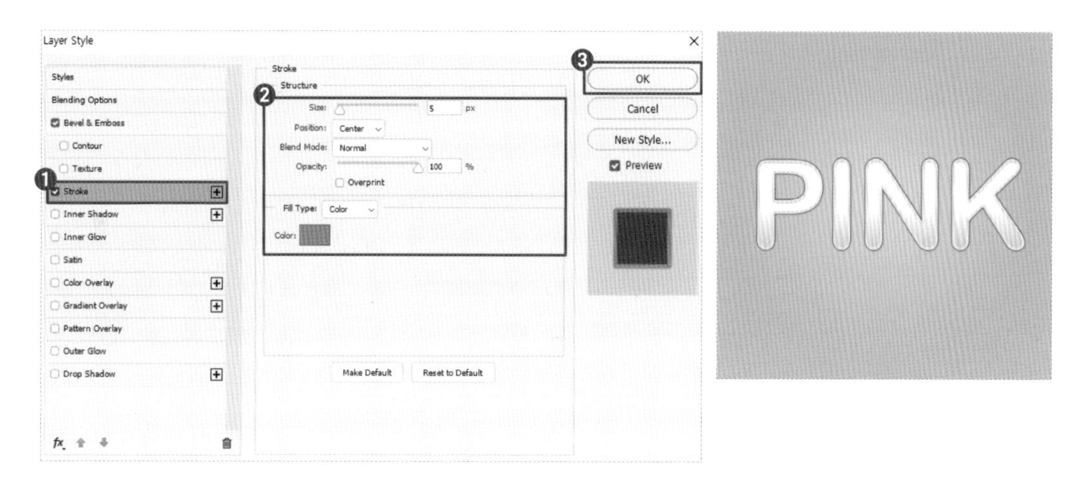

09 ❶Layers 패널에서 [PINK copy] 레이어 이름을 PINK2로 변경한 후 ❷[Pink2] 레이어를 복제하여(Ctrl + J) 이름은 PINK3으로 변경하고, [PINK2] 레이어 아래로 옮깁니다. ❸[Stroke] 효과를 더블 클릭하여 Layer Style 창을 열고 ❹Position: Outside, Color: #af536a로 변경한 후 ❺[OK]를 클릭합니다.

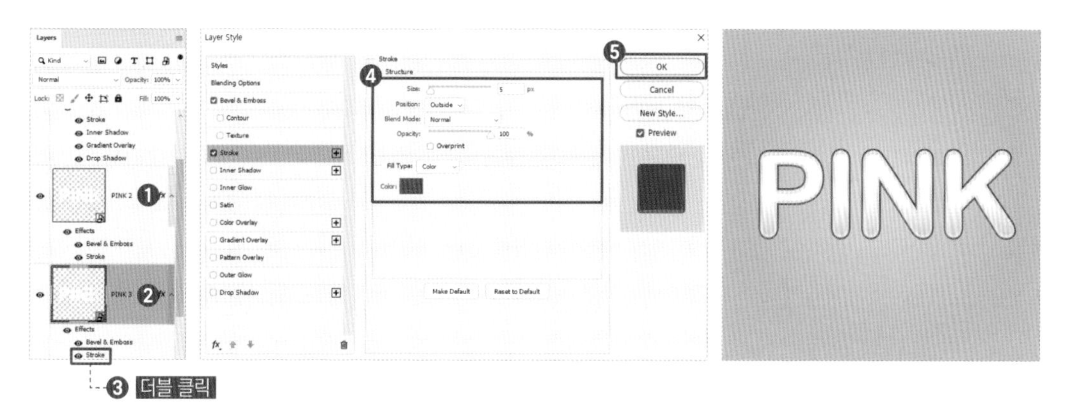

10 ❶Layers 패널에서 [PINK3] 레이어를 복제하여(Ctrl + J) 이름은 PINK4로 변경하고 [PINK3] 레이어 아래로 옮깁니다. ❷[PINK4] 레이어는 Fill: 0%로 설정합니다.

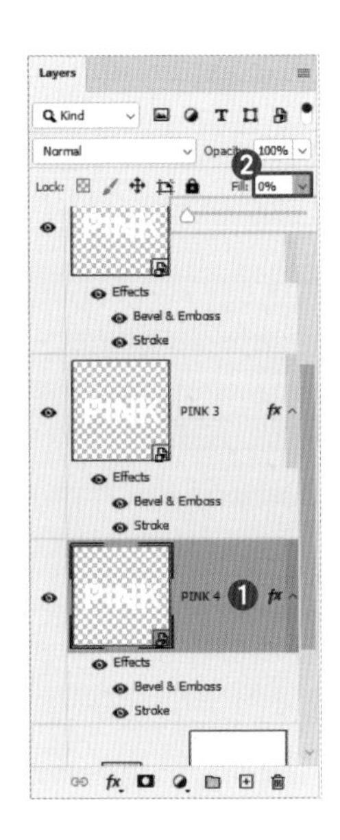

11 **복제 배치_** ❶[PINK4] 레이어가 선택된 채 Ctrl + Alt + ▼ + ▶를 동시에 여러 번 누릅니다. ❷작업 창에서 원하는 만큼 입체감이 표현되었다면 [PINK4] 레이어부터 마지막에서 세 번째 레이어까지 선택(맨 마지막에 복제된 레이어 2개를 제외하고 모두 선택)한 후 Ctrl + G를 눌러 그룹으로 묶고, ❸그룹 레이어를 위로 드래그해서 [PINK3] 레이어 바로 아래로 옮깁니다. ❹아래에 있는 [PINK4] 복제 레이어 2개도 순서를 변경합니다.

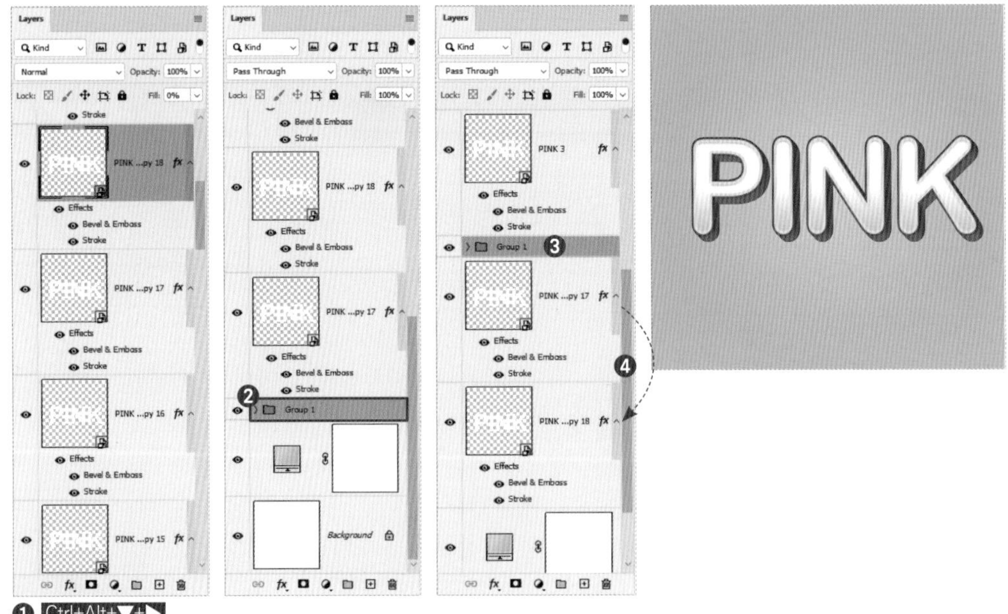

12 레이어 스타일 변경_ 그룹에서 제외한 2개의 복제 레이어에 그림자 효과를 추가하겠습니다. ❶먼저 위에 있는 복제 레이어에서 [Effects]를 더블 클릭합니다. ❷Layer Style 창이 열리면 [Drop Shadow]를 선택하여 **체크**하고, ❸Blend Mode: Linear Burn, Color: #000000, Opacity: 25%, Distance: 5px, Spread: 4%, Size: 5px로 설정하여 그림자를 적용하고 ❹[OK]를 클릭하여 레이어 스타일 적용을 마칩니다.

13 ❶계속해서 두 번째 복제 레이어에서 [Effects]를 더블 클릭합니다. ❷Layer Style 창이 열리면 [Drop Shadow]를 선택하여 **체크**하고, ❸Blend Mode: Linear Burn, Color: #000000, Opacity: 24%, Distance: 10px, Spread: 22%, Size: 21px로 설정하여 그림자를 적용하고 ❹[OK]를 클릭하여 레이어 스타일 적용을 마치면 완성됩니다.

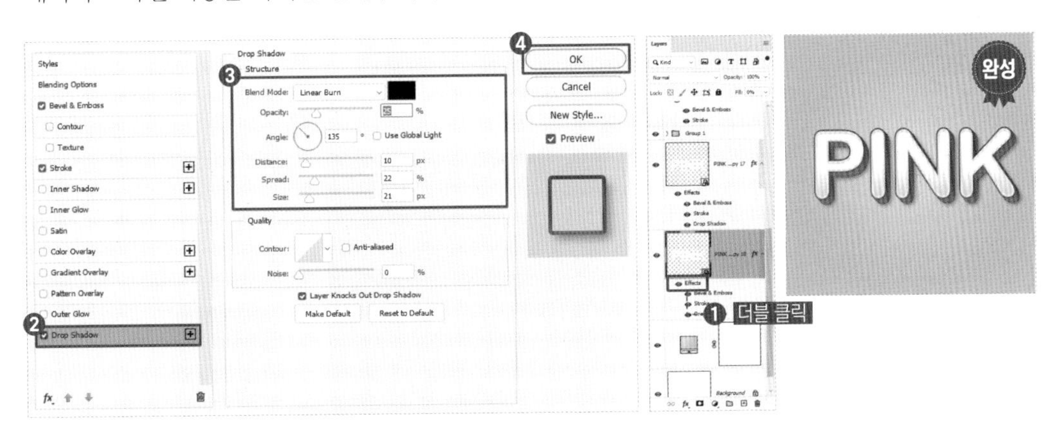

[PINK] 레이어는 텍스트 레이어를 스마트 오브젝트로 변경한 것입니다. 그러므로 디자인이 완성된 후 [PINK] 레이어의 섬네일을 더블 클릭하면 원본 텍스트 레이어 창이 표시됩니다. 원본 작업 창에서 텍스트를 변경한 후 저장하면 디자인에 변경된 텍스트가 반영됩니다.

Idea 42

디자인의 일부이자 전부인 텍스트

텍스트는 내용을 전달하는 용도지만, 그 자체가 디자인 요소로 사용될 수도 있습니다. 여러 필터를 활용하여 텍스트만으로 구성된 디자인을 완성해 보겠습니다.

난이도 ★★★★☆

완 성 Typotext.psd

Distort Filter

Lighting Effects

01 텍스트 소스 만들기_ Ctrl + N 을 눌러 900×9000Pixels, 검정(#000000)으로 창을 만듭니다.

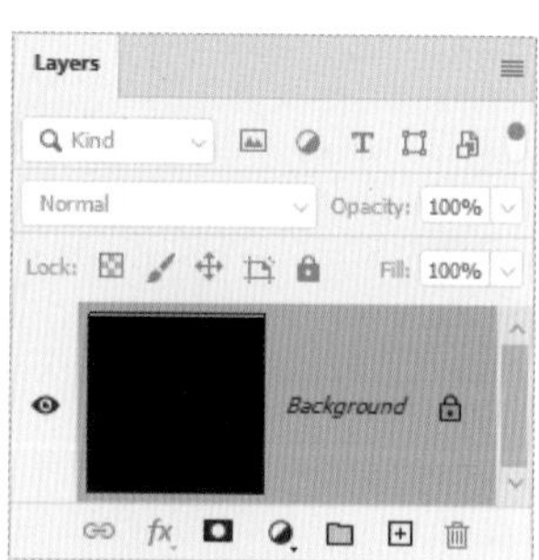

흰색 창으로 만들었다면 툴 바에서 [전경색: 검정(#000000)]으로 설정하고, Alt + Delete 를 눌러 전경색으로 채웁니다.

02 텍스트 입력_ ❶툴 바에서 **[수평 문자 도구]**를 선택한 후 Character 패널이나 옵션 바에서 원하는 폰트를 선택하고, **Color: 흰색(#ffffff)**으로 설정합니다. ❷작업 창을 클릭하여 LOVE를 입력하고 Ctrl + Enter를 눌러 입력을 마칩니다.

03 레이어 스타일 적용_ ❶Layers 패널에서 **[LOVE]** 텍스트에 레이어가 선택된 상태로 **[Add a layer style]** 아이콘을 클릭한 후 **[Bevel&Emboss]**를 선택해서 Layer Style 창을 엽니다. ❷**Style: Inner Bevel, Technique: Smooth, Depth: 286%, Size: 5px, Soften: 16px, Angle: 135, Altitiude: 58**로 설정합니다.

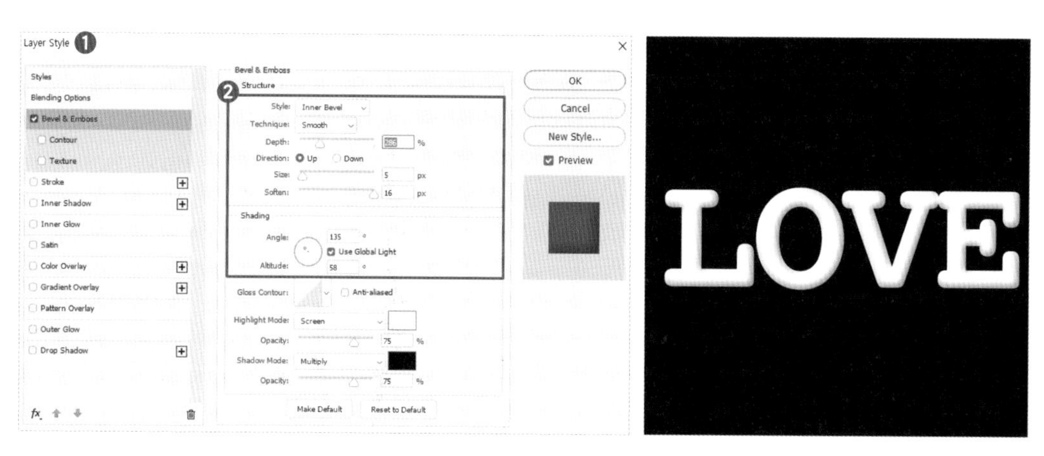

설정한 옵션 값은 절댓값이 아닙니다. 각자가 사용한 폰트에 따라 결과를 확인하면서 볼록한 입체감이 표현되도록 설정하면 됩니다.

04 ❶계속해서 [Inner Shadow]를 선택해서 **체크**하고 ❷Blend Mode: Multiply, Opacity: 100%, Angle: 135, Distance: 5px, Choke: 0%, Size: 16px로 설정하여 내부 그림자까지 적용한 후 ❸[OK]를 클릭하여 소스 디자인을 완성합니다. ❹ Ctrl + S 를 눌러 Love.psd 파일로 저장합니다.

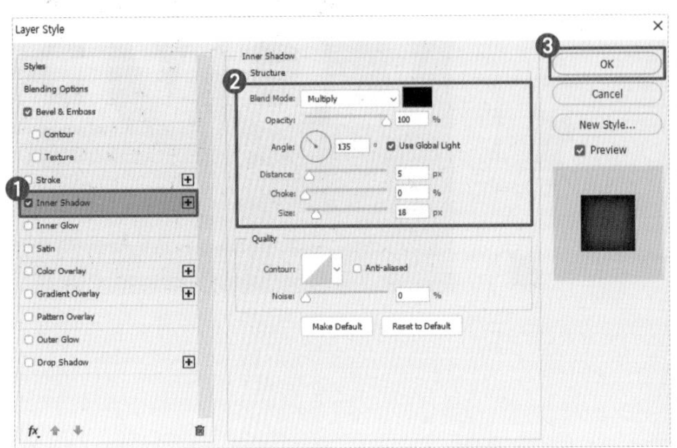

05 **새 창 만들기_** Ctrl + N 을 눌러 900×9000Pixels, 검정(#000000) 창을 새로 만듭니다.

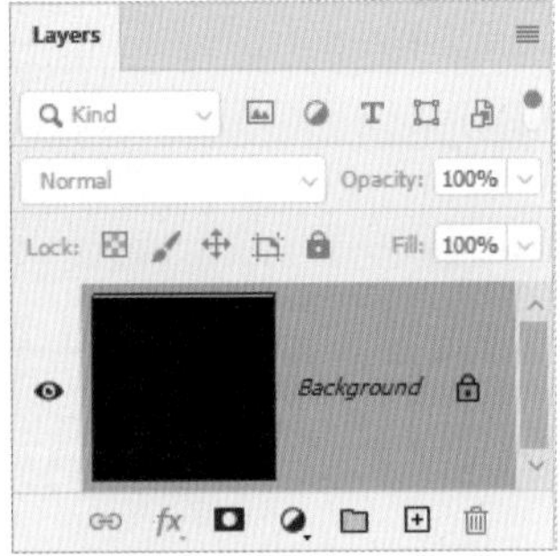

06 **배경 텍스트 입력_** ❶툴 바에서 **[수평 문자 도구]**를 선택한 후 Character 패널이나 옵션 바에서 폰트 및 스타일을 지정합니다. ❷작업 창에서 전체 크기만큼 드래그하여 텍스트 입력 영역을 만들고, 임의의 텍스트로 가득 채웁니다.

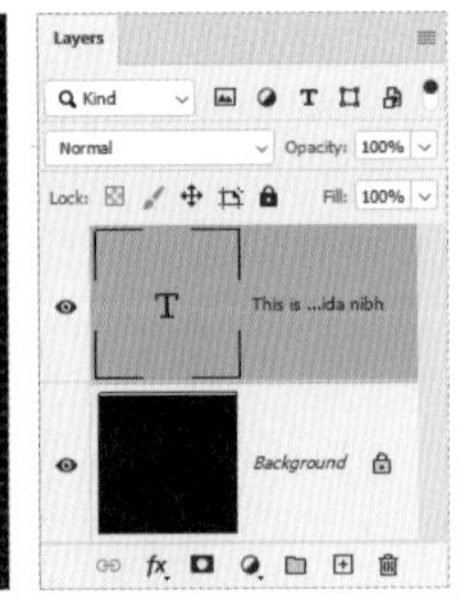

텍스트 영역을 채울 때는 웹사이트에서 임의의 영문 텍스트를 복사해서 붙여 넣거나, 메뉴 바에서 [Type-Paste Loren Ipsum]을 선택해서 채우기 텍스트를 활용합니다. 폰트는 한 가지만 사용하기보다는 2~3가지를 혼용하면 좋습니다.

07 텍스트 소스 활용_ ❶Layers 패널에서 Ctrl + J 를 눌러 텍스트 레이어를 복제합니다. ❷원본 텍스트 레이어의 **[눈]** 아이콘을 비활성화하고, ❸복제된 레이어가 선택된 상태로 메뉴 바에서 **[Filter-Distort-Displace]**를 선택합니다. ❹알림 창이 열리면 **[Convert To Smart Object]**를 클릭하여 텍스트 레이어를 텍스트 모양 스마트 오브젝트로 변경합니다.

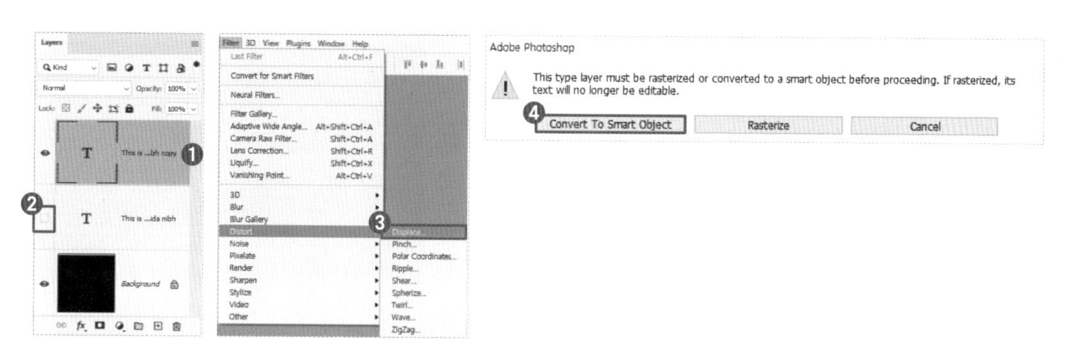

08 ❶Displace 창이 열리면 Horizontal Scale: 4, Vertical Scale: 4로 설정하고 ❷[OK]를 클릭합니다. ❸파일 선택 창이 열리면 앞서 만든 Love.psd 파일을 선택한 후 ❹**[열기]**를 클릭합니다. [Love.psd] 파일이 적용되어 텍스트 레이어가 변형됩니다.

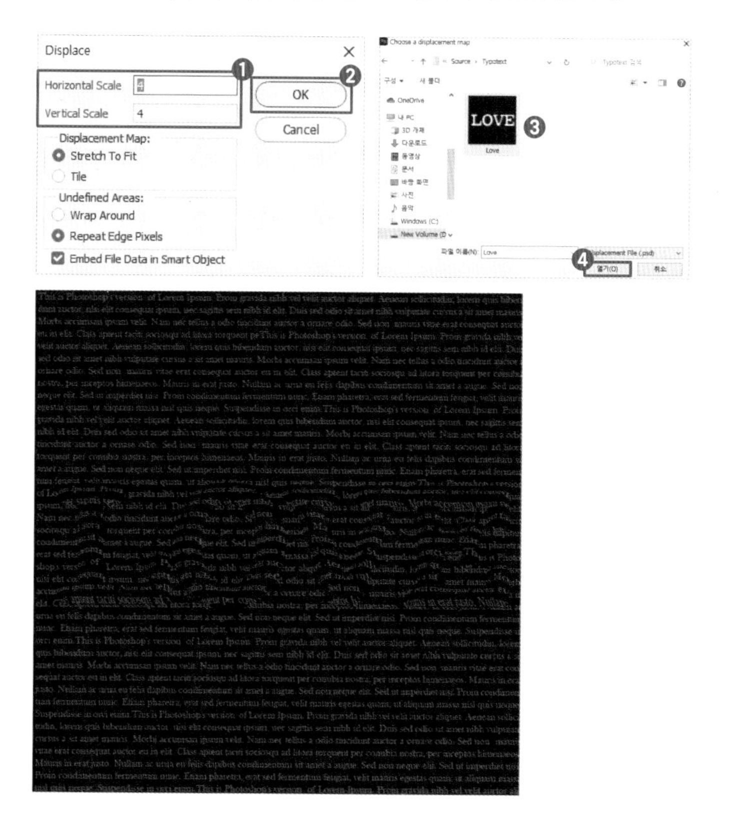

09 입체감 표현_ 입체감을 살리기 위해 조명 효과 필터를 적용하겠습니다. ❶메뉴 바에서 [Filter-Render-Lighting Effects]를 선택합니다. ❷Properties 패널이 열리면 Lighting Effects Style: Spot으로 설정하고 ❸작업 창에서 빛의 위치와 방향을 그림과 같이 조절한 후 Enter를 눌러 완료합니다.

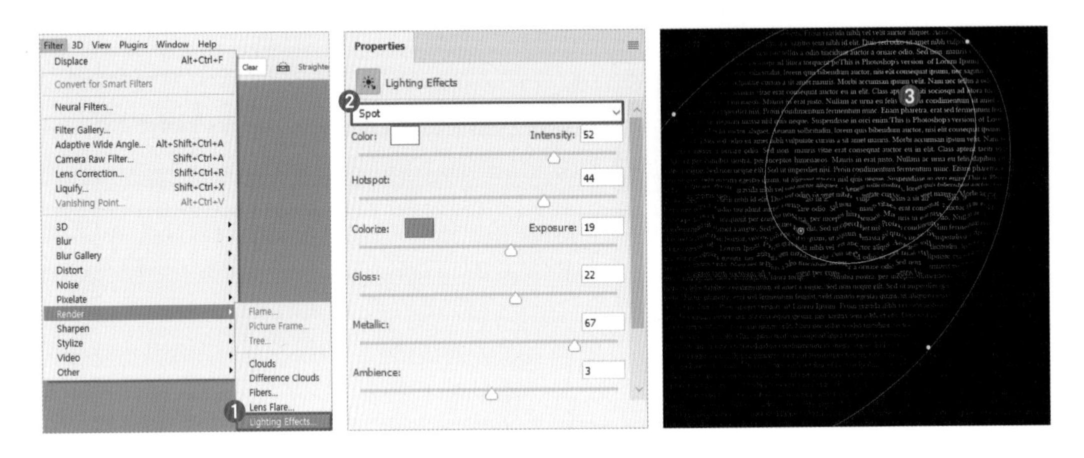

10 ❶Layers 패널에서 Ctrl + J를 눌러 조명 효과까지 적용한 텍스트 레이어를 복제한 후 메뉴 바에서 [Filter-Other-Offset]을 선택합니다. ❷Offset 창이 열리면 Horizontal: 10, Vertical: 10으로 설정한 후 ❸[OK]를 클릭하여 원본 텍스트 레이어보다 수직, 수평으로 10픽셀씩 옮깁니다.

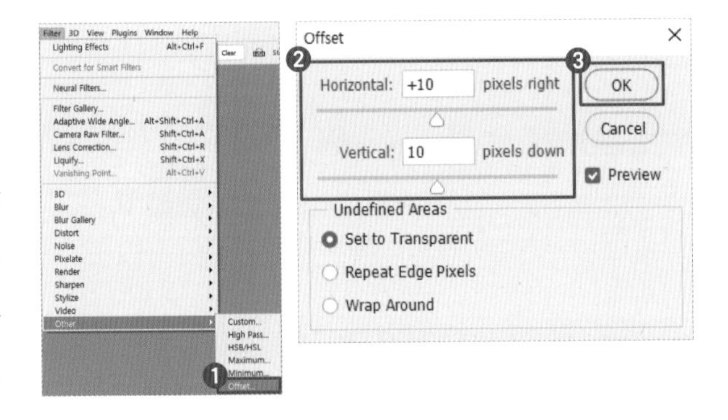

11 ❶Layers 패널에서 원본 텍스트 레이어의 아래로 옮기고, ❷Opacity: 40%로 설정합니다. 위치를 옮긴 텍스트 레이어가 원본 뒤쪽에서 비쳐 보이는 것처럼 표현됩니다.

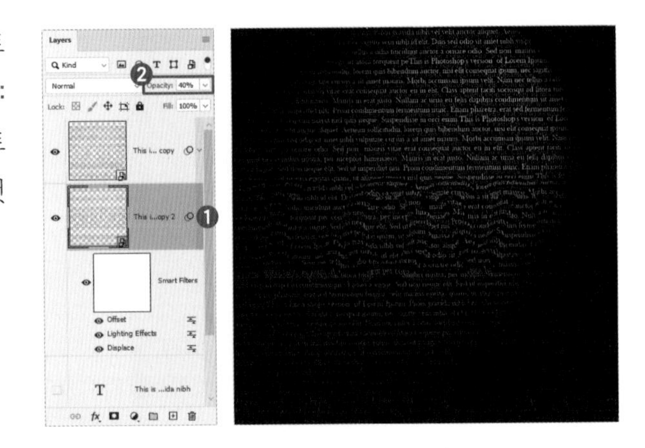

12 ❶아래로 옮긴 텍스트 레이어(copy2)를 한 번 더 복제하고(Ctrl + J), 다음과 같이 텍스트 레이어 중 가장 아래로 옮긴 후 ❷Opacity: 20%로 설정합니다. ❸[이동 도구]를 선택한 후 작업 창에서 방향키를 사용하여 마지막에 복제된 텍스트 레이어 위치를 조금씩 오른쪽 아래로 옮기면 입체감이 더욱 살아납니다.

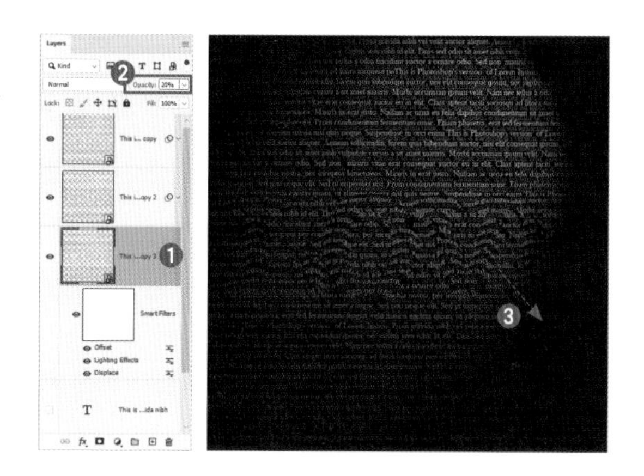

13 **메인 텍스트 표현_** ❶Love.psd 작업 창에서 [LOVE] 텍스트 레이어를 작업 중인 창으로 드래그해서 옮깁니다. ❷Layers 패널에서 맨 위로 옮기고 레이어 이름은 LOVE로 변경합니다. ❸Blending Mode: Soft Light, Opacity: 15%로 설정하여 흰색 텍스트와 배경 텍스트 무늬를 자연스럽게 합성합니다.

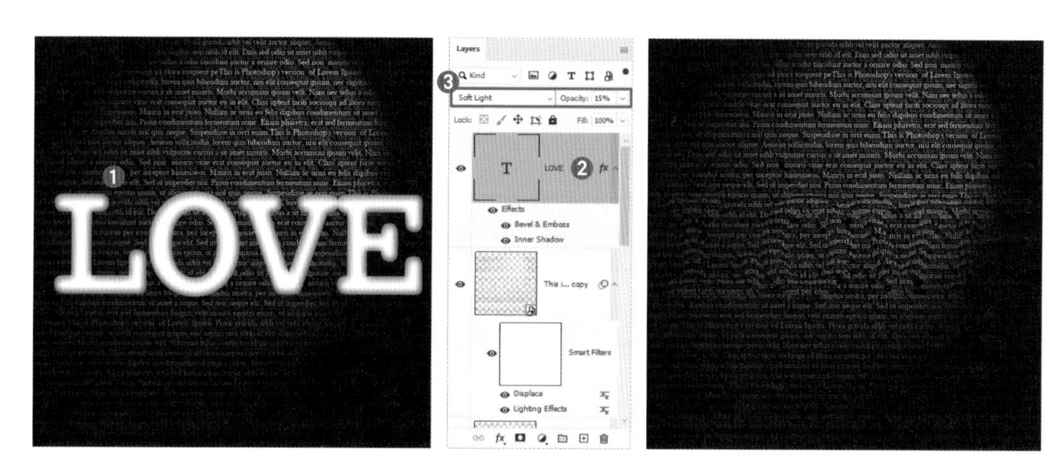

14 ❶Layers 패널에서 [LOVE] 레이어를 복제한 후 ❷Opacity: 100%로 설정하고, ❸적용된 레이어 스타일은 숨기기 위해 [Effects] 효과 레이어의 [눈] 아이콘을 비활성화합니다. 작업 창을 보면 'LOVE' 텍스트가 더욱 뚜렷해졌습니다.

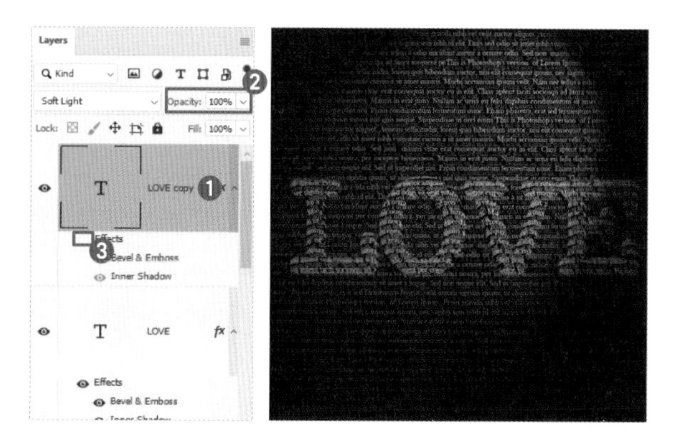

15 ❶메뉴 바에서 **[Filter-Blur-Gaussian Blur]**를 선택합니다. ❷안내 창이 열리면 **[Convert Smart Object]**를 클릭해서 고급 개체로 변경한 후 ❸Gaussian Blur 창이 열리면 **Radius: 10Pixels** 정도로 설정하고 ❹**[OK]**를 클릭합니다. 'LOVE' 텍스트 가장자리가 자연스럽게 퍼져 보입니다.

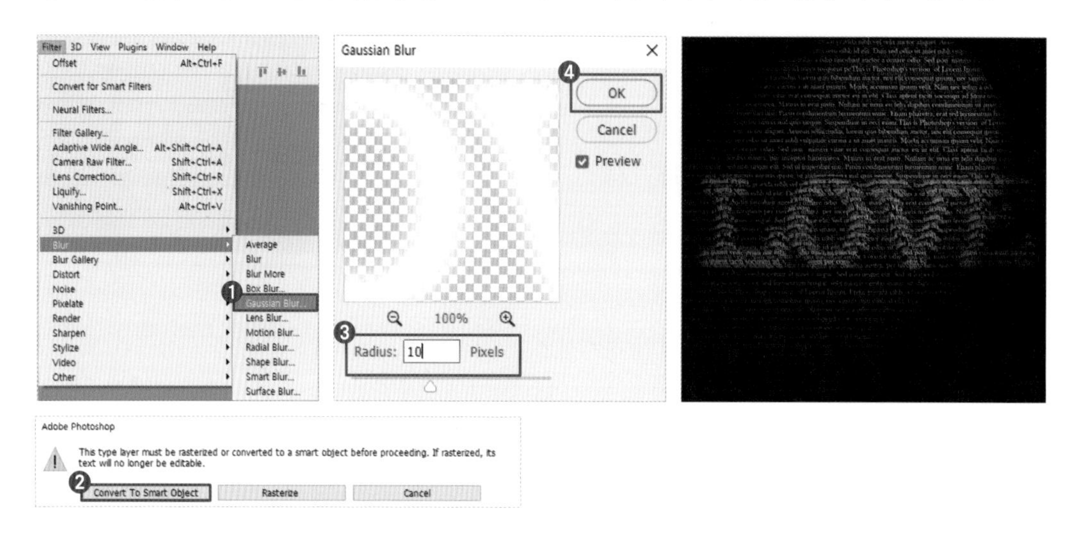

16 Layers 패널에서 **Opacity: 82%** 정도로 설정하여 배경과 자연스럽게 어울리도록 합성하면 완성됩니다.

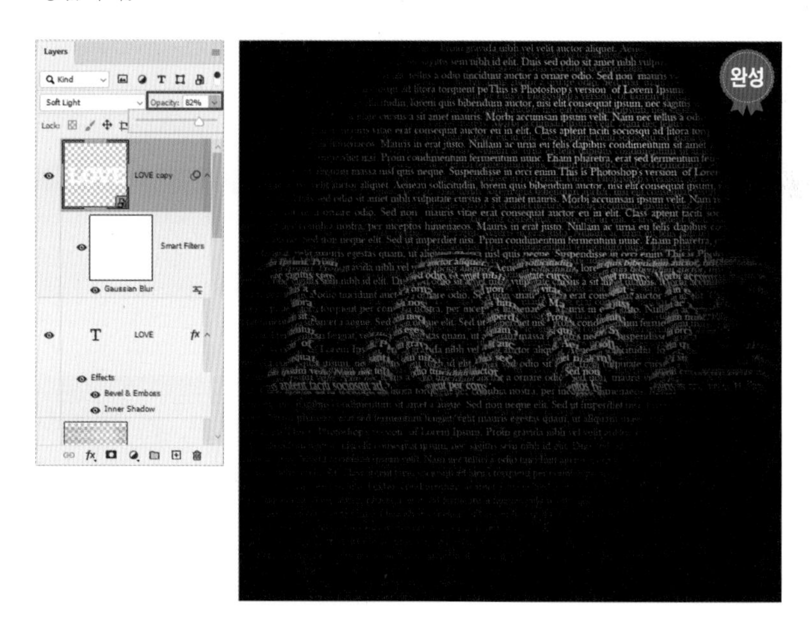

Idea 43

얼음 효과로 입체감을 준 텍스트

Cloud, Wind 등 자연 효과를 구현할 수 있는 필터를 활용하여 마치 구름이나, 쌓인 눈 사이로 솟아오른 얼음 기둥 느낌을 표현할 수 있습니다. 우선 Cloud 필터로 구름 배경을 만든 후 텍스트를 이용해 얼음 기둥을 완성합니다.

난이도 ★★★☆☆

완 성 DREAM.psd

Clouds
Wind
Color Lookup

01 배경 만들기_ Ctrl + N 을 눌러 900×900Pixels, 흰색(#ffffff)으로 창을 만듭니다.

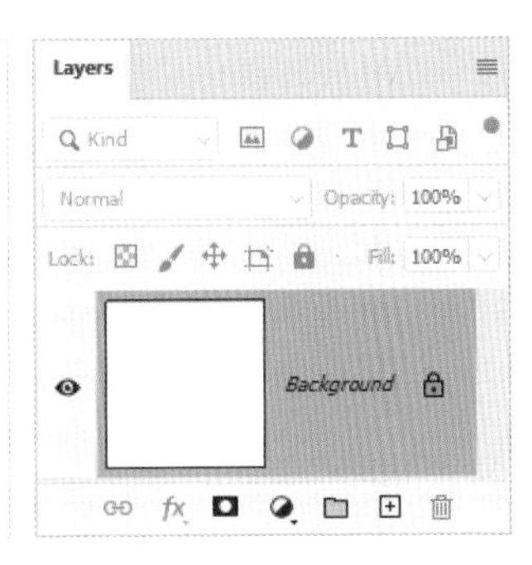

02 ❶툴 바에서 **전경색: 검정(#000000), 배경색: 흰색(#ffffff)**으로 설정한 후 ❷메뉴 바에서 **[Filter-Render-Clouds]**를 선택해서 검은색과 흰색으로 표현된 구름 배경을 만듭니다.

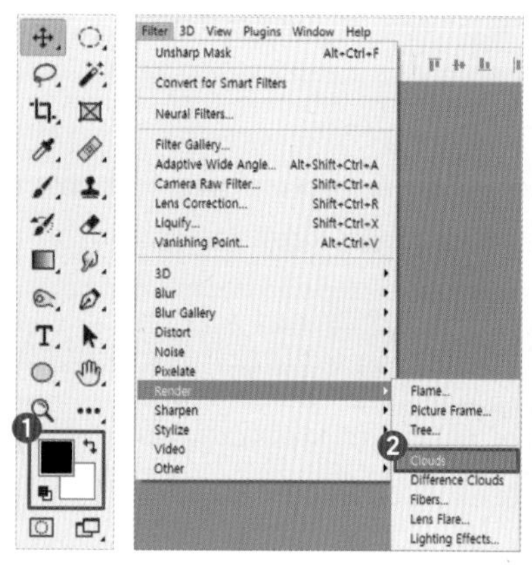

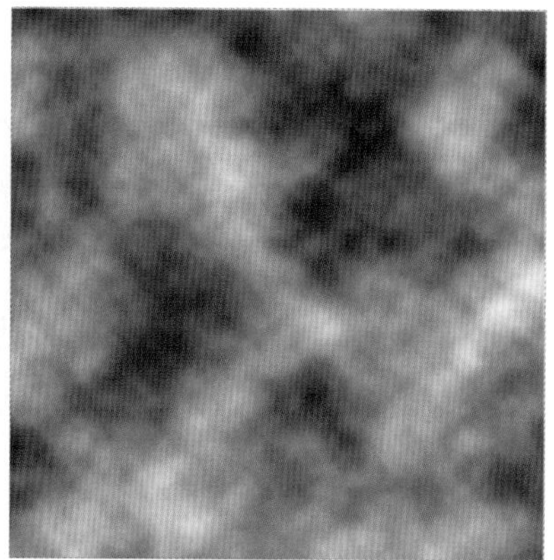

03 **텍스트 입력_** 툴 바에서 **[수평 문자 도구]**를 선택하고 원하는 스타일을 적용한 후 작업 창에 DREAM을 입력합니다.

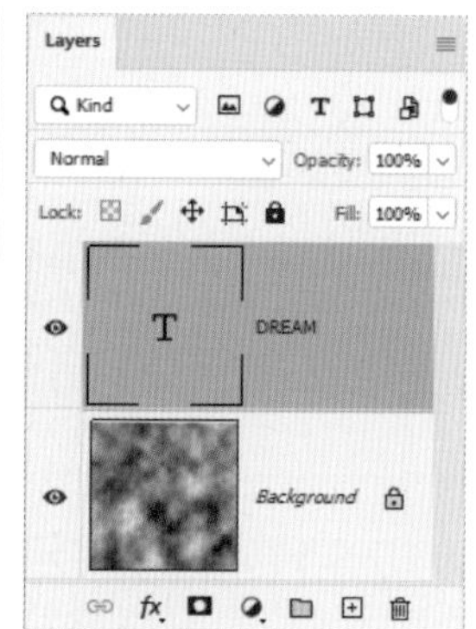

04 **텍스트 변형_** ❶Layers 패널에서 **[Create a new layer]** 아이콘을 클릭해서 레이어를 추가하고, ❷ Ctrl 을 누른 채 **[DREAM]** 레이어의 섬네일을 클릭하여 텍스트 형태대로 선택 영역을 지정합니다.

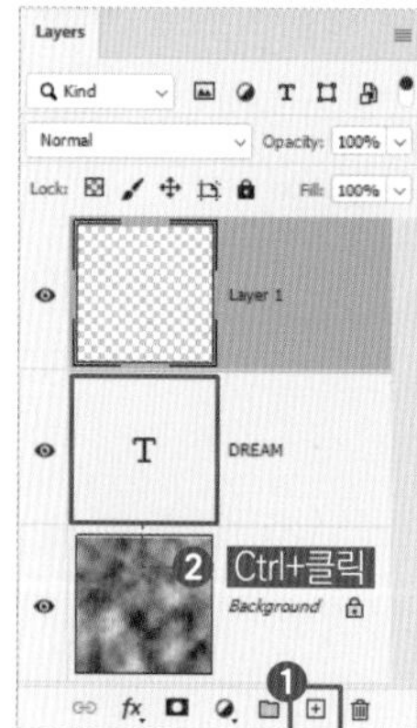

05 ❶메뉴 바에서 [Select-Modify-Feather]를 선택하고 ❷Feather Selection 창이 열리면 Feather Radius: 3pixels로 설정한 후 ❸[OK]를 클릭하여 선택 영역을 조정합니다.

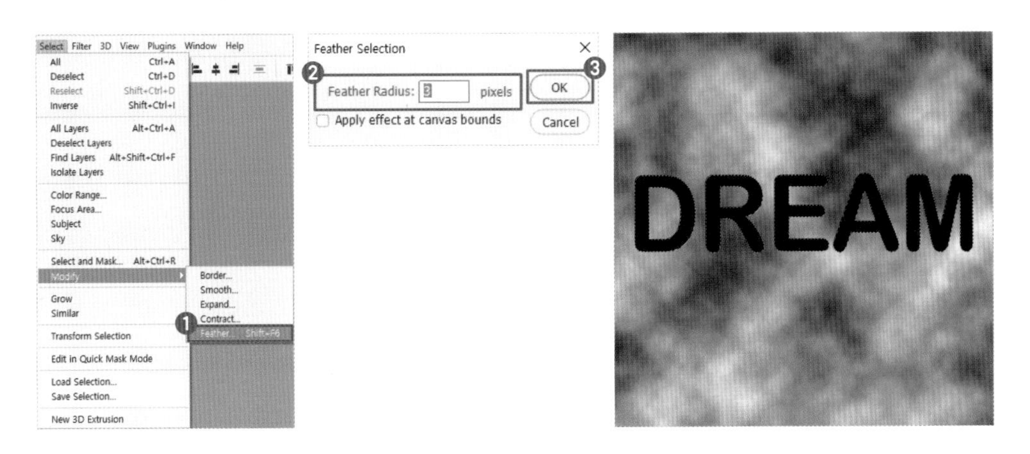

06 ❶Layers 패널에서 [DREAM] 레이어의 [눈] 아이콘을 비활성화해서 가립니다. ❷툴 바에서 전경색: 회색(#7d7d7d7)로 설정하고, ❸메뉴 바에서 [Filter-Render-Clouds]를 선택하여 선택 영역에도 구름 효과를 적용한 후 Ctrl + D를 눌러 선택 영역을 해제합니다. ❹Layers 패널에서 Ctrl을 누른 채 [Background] 레이어를 추가로 선택하고 ❺ Ctrl + E를 눌러 선택한 레이어를 합칩니다.

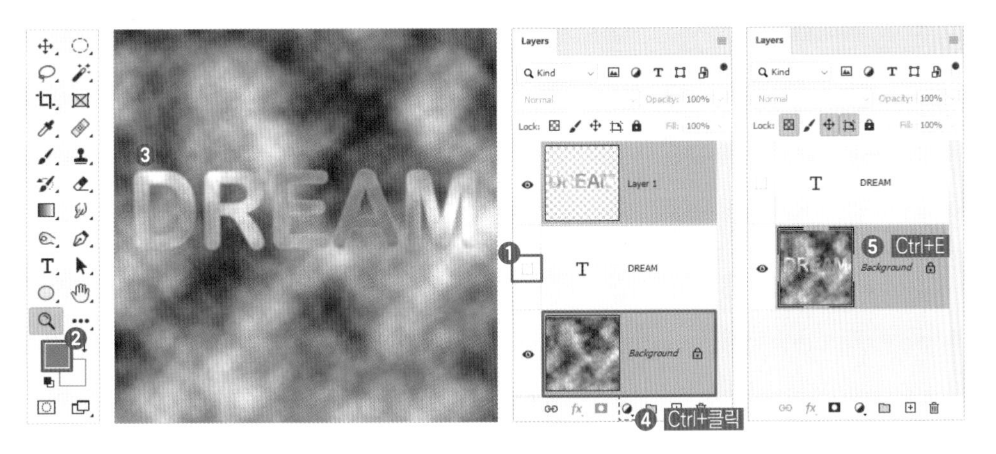

07 메뉴 바에서 [Image-Image Rotation-90 Clockwise]를 선택하여 [Background] 레이어를 시계 방향으로 90도 회전시킵니다.

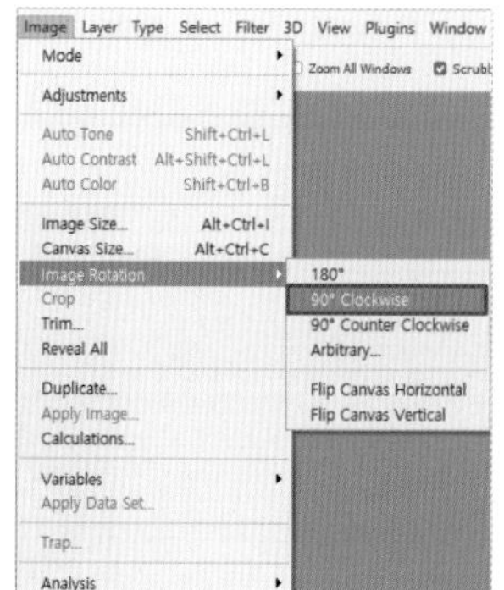

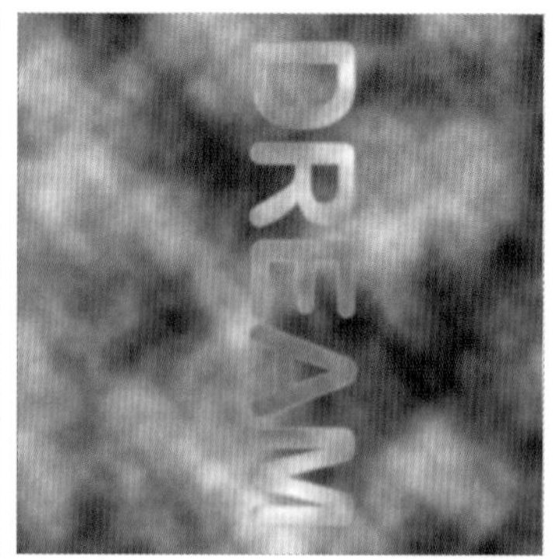

08 **필터 적용_** ❶메뉴 바에서 [Filter-Stylize-Wind]를 선택한 후 ❷Wind 창이 열리면 Method: Wind, Direction: From the Right로 설정하고 ❸[OK]를 클릭합니다.

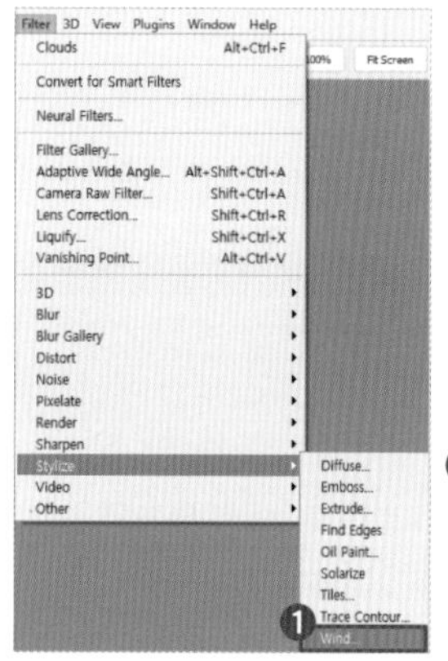

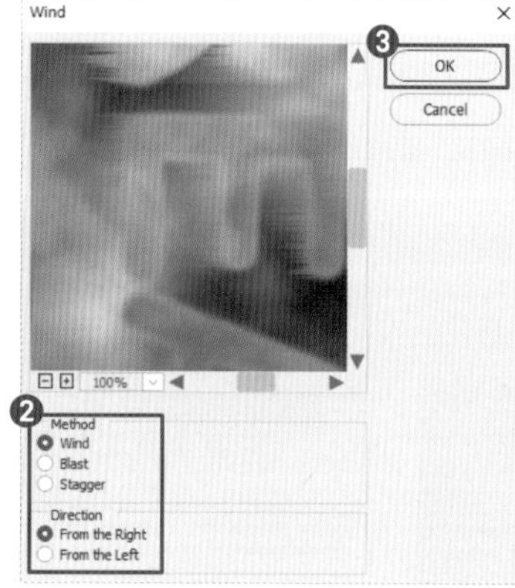

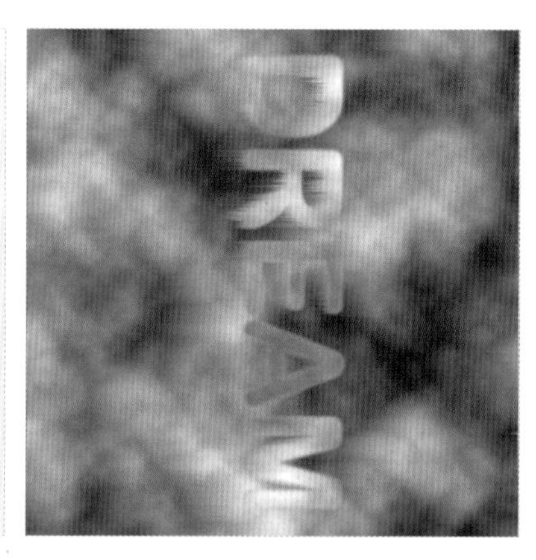

09 ❶ Alt + Ctrl + F 를 3번 눌러서 마지막에 적용한 효과(Wind 필터)를 3번 더 적용하여 기둥 모양을 완성합니다. ❷메뉴 바에서 [Image-Image Rotation-90 Counter Clockwise]를 선택해서 시계 반대 방향으로 90도 회전시켜서 원래 상태로 돌립니다.

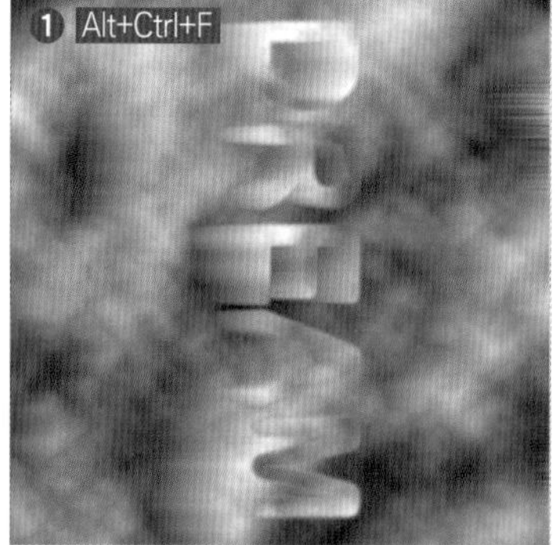

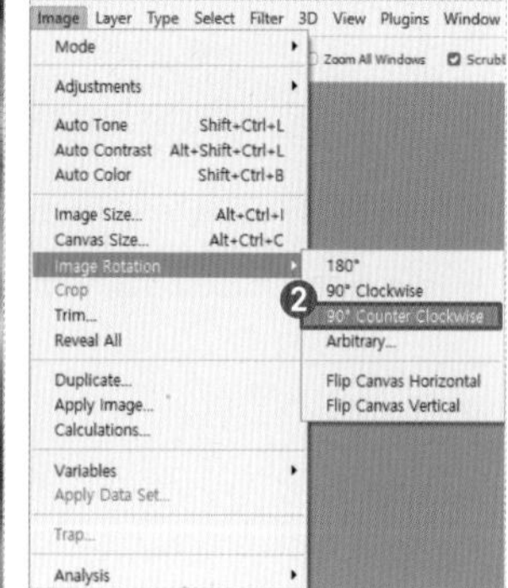

10 색 보정_ ❶Adjustments 패널에서 [Hue/Saturation] 아이콘을 클릭한 후 ❷Properties 패널에서 Colorize: **체크**로 설정하고 ❸Hue, Saturation, Lightness 옵션 값을 조절하여 원하는 색으로 변경합니다.

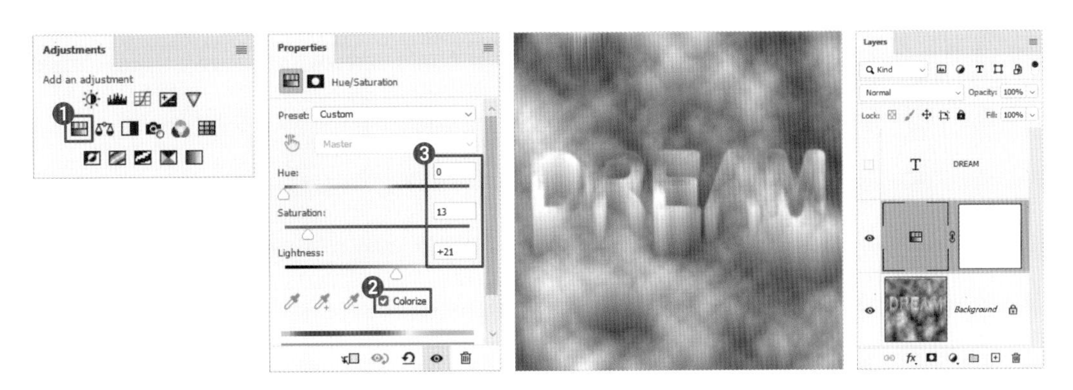

11 ❶Layers 패널에서 Ctrl을 누른 채 [DREAM] 레이어의 섬네일을 클릭하여 선택 영역을 지정하고, ❷[Background] 레이어를 선택한 후 Ctrl + C를 눌러 선택 영역을 복사합니다. 그 상태에서 Ctrl + V를 누르면 레이어가 추가되면서 붙여넣기가 실행됩니다. ❸추가된 레이어를 조정 레이어 위로 옮깁니다.

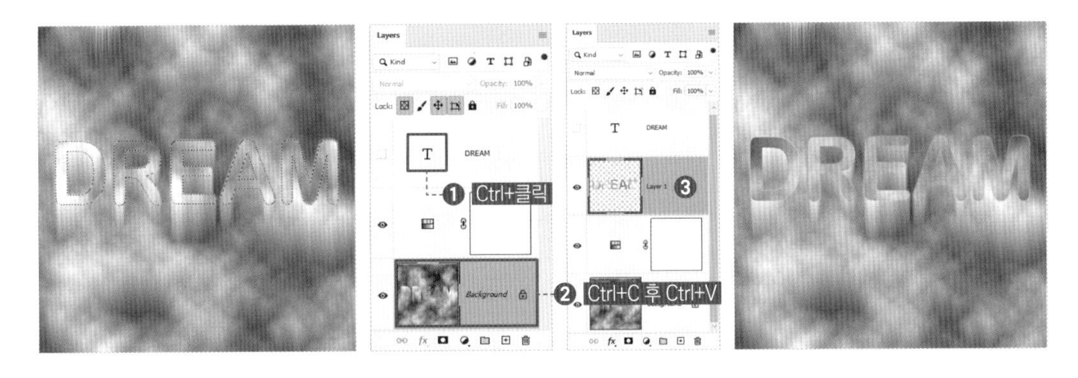

12 Layers 패널에서 [Layer1] 레이어를 선택하고 Blending Mode: Color Burn으로 설정하여 자연스럽게 합성합니다.

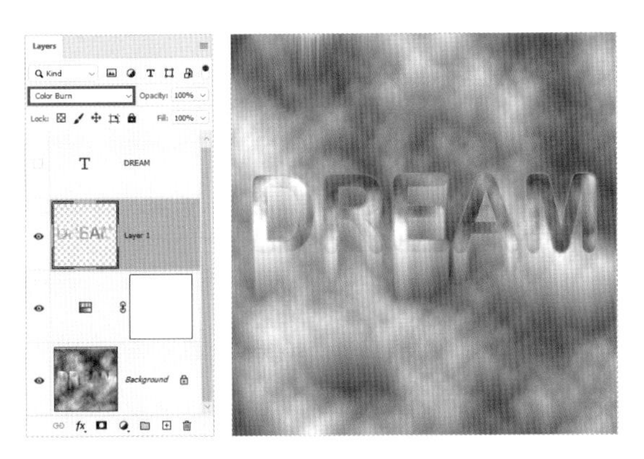

13 ❶Adjustments 패널에서 **[Color Lookup]** 아이콘을 클릭한 후 ❷Properties 패널에서 **3DLUT File: filmstock_50.3dl**로 설정합니다.

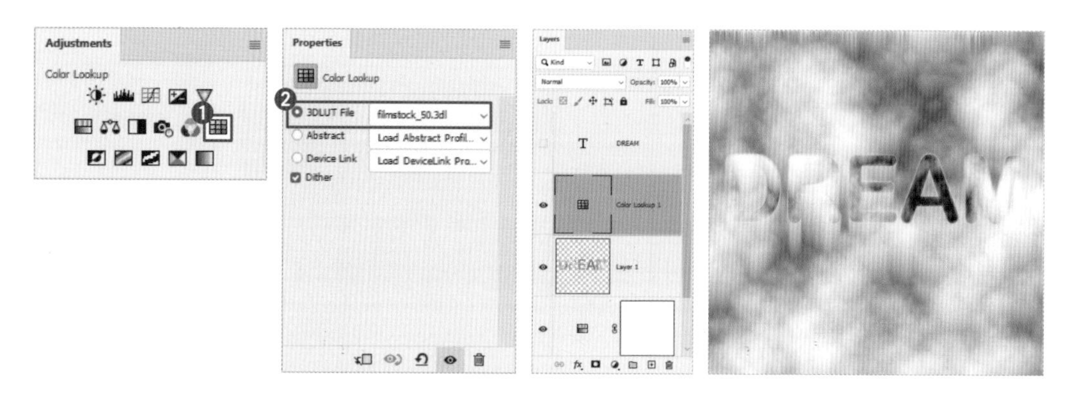

14 **텍스트 강조_** Layers 패널에서 Ctrl + J 를 눌러 **[Layer 1]** 레이어를 복제하여 텍스트를 선명하게 표현하여 완성합니다.

Idea 44

고급스러운 골드 텍스트

검은색 배경에 골드 느낌의 텍스트를 입력하면 멋스러우면서 고급스러운 느낌을 연출할 수 있으며, 검은색 배경에 패턴을 추가하면 더욱 완성도를 높일 수 있습니다.

난이도 ★★★☆☆

완 성 Goldtext.psd

fx

Pattern

01 패턴 제작_ Ctrl + N 을 눌러 40×40Pixels, 검정(#000000)으로 창을 만듭니다.

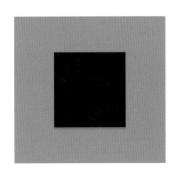

02 ❶툴 바에서 **[다각형 올가미 도구]**를 선택한 후 **전경색: #0b0b0b**로 설정합니다. ❷작업 창에서 다음과 같이 삼각형 모양으로 선택 영역을 지정한 후 Alt + Delete 를 눌러 전경색을 채우고, Ctrl + D 를 눌러 선택 영역을 해제합니다.

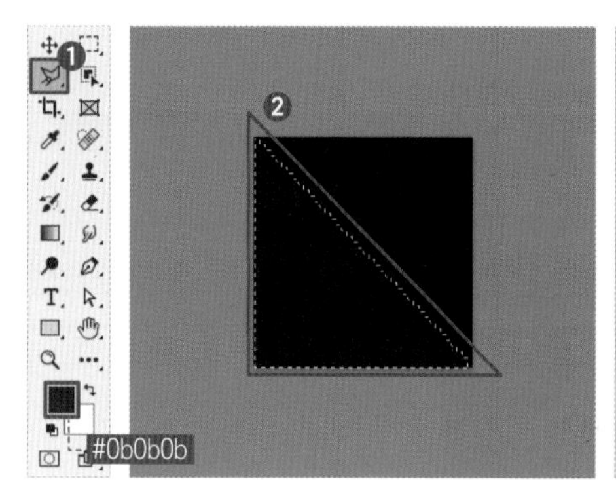

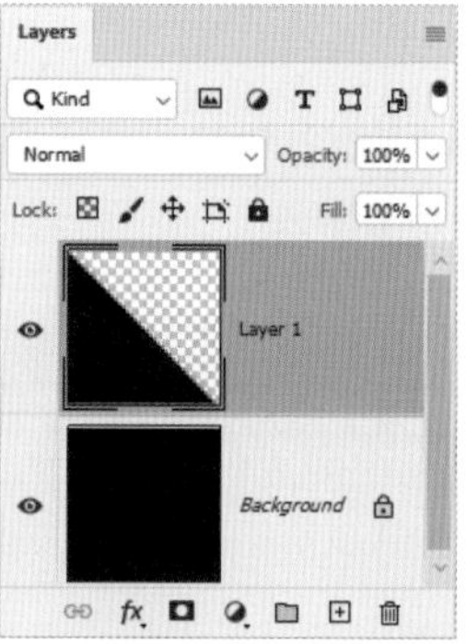

03 ❶메뉴 바에서 [Edit-Define Pattern]을 선택한 후 ❷[OK]를 클릭하여 패턴으로 등록합니다.

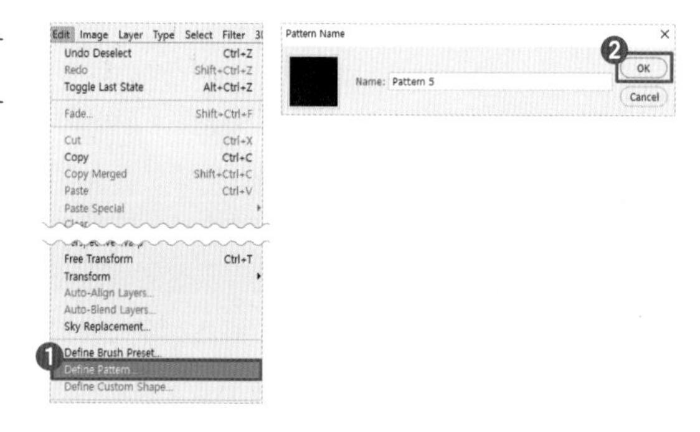

04 **패턴 채우기_** ❶ Ctrl + N 을 눌러 **900×900Pixels, 검정(#000000)** 설정으로 새 창을 만듭니다. ❷Layers 패널에서 레이어를 추가하고 이름은 **Pattern**으로 변경한 후 ❸메뉴 바에서 **[Edit -Fill]**을 선택합니다. ❹Fill 창이 열리면 **Contents: Pattern, Custom Pattern: 앞서 등록한 패턴**으로 설정한 후 ❺[OK]를 클릭합니다.

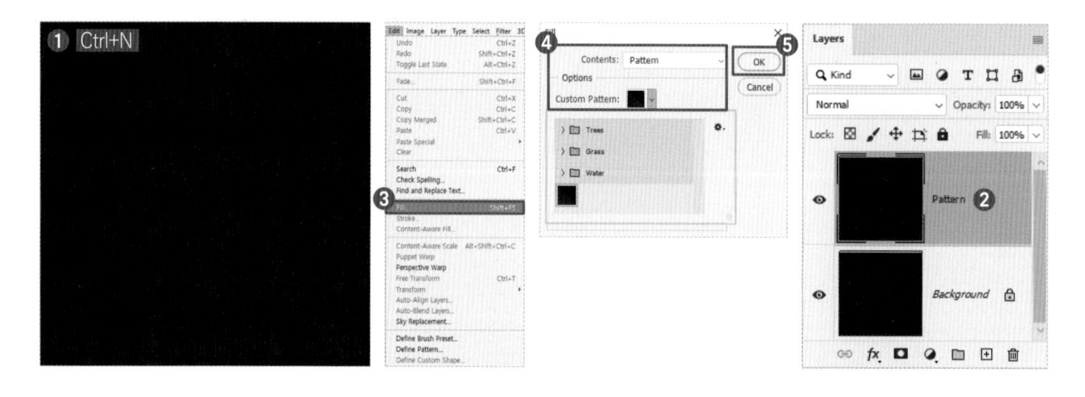

05 **배경 꾸미기_** Ctrl + T 를 눌러 자유 변형을 실행한 후 45도 정도 회전시키고 Enter 를 눌러 자유 변형을 마칩니다.

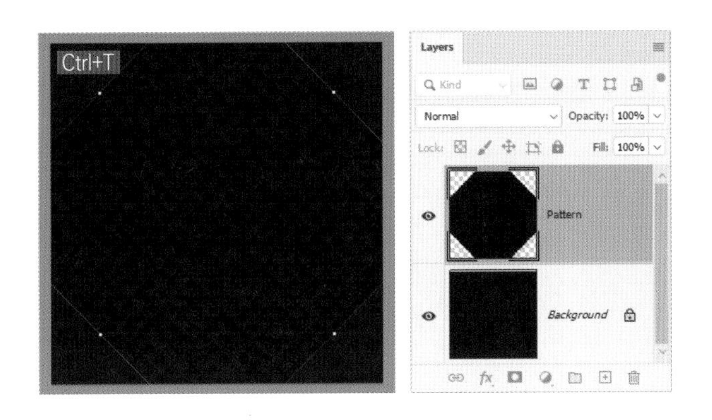

06 ❶툴 바에서 **[사각형 도구]**를 선택하고, ❷옵션 바에서 Mode: Shape, Fill: No Color, Stroke: 흰색(#ffffff), 20pt로 설정합니다. ❸작업 창을 가득 채우도록 드래그해서 사각형을 그린 후 ❹45도 회전시키고 Enter 를 눌러 완료합니다.

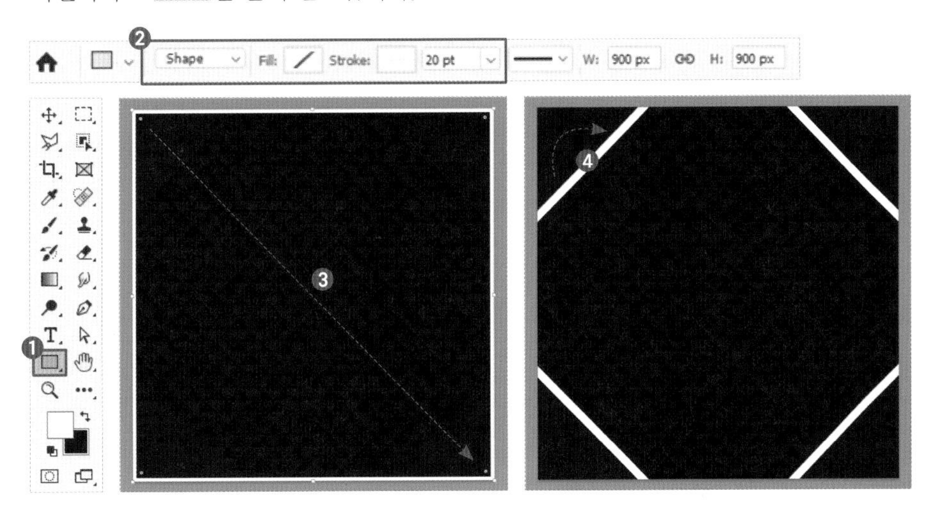

07 ❶ Ctrl + J 를 눌러 사각형을 복제하고 Ctrl + T 를 눌러 자유 변형을 실행한 후 Alt 를 누른 채 안쪽으로 드래그하여 크기를 줄입니다. **[사각형 도구]**의 옵션 바에서 Width: 6pt로 설정하여 굵기를 줄입니다. ❷같은 방법으로 사각형을 하나 더 복제해서 크기를 줄인 후 Width: 2pt로 설정합니다.

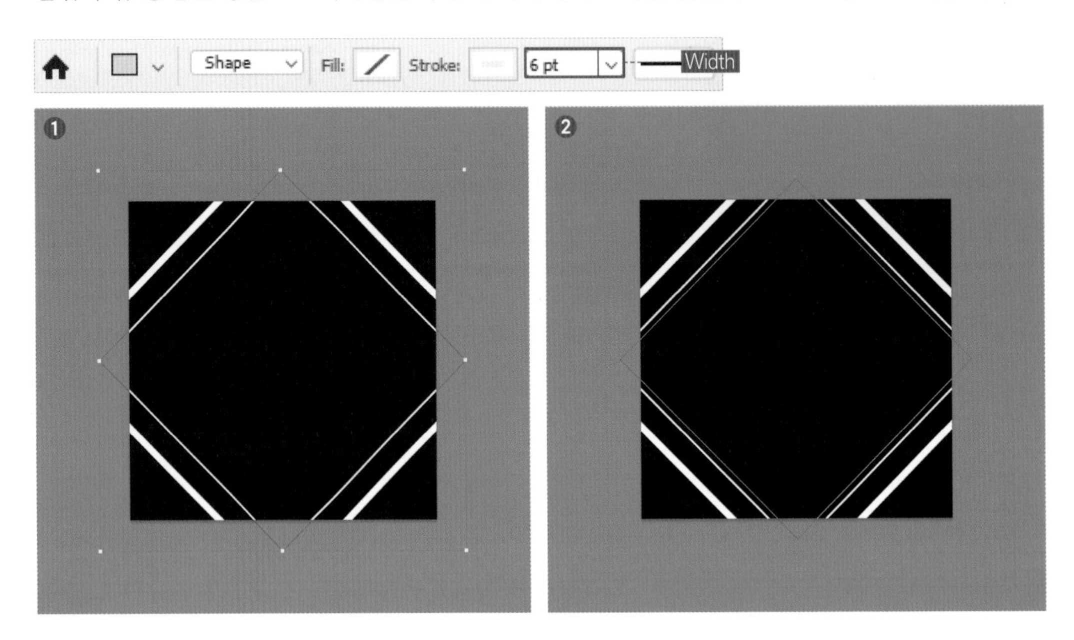

08 **텍스트 입력_** ❶툴 바에서 **[수평 문자 도구]**를 선택한 후 Character 패널이나 옵션 바에서 폰트 등의 스타일을 설정하고, ❷작업 창을 클릭하여 2022를 입력한 후 Ctrl + Enter 를 눌러 완료합니다.

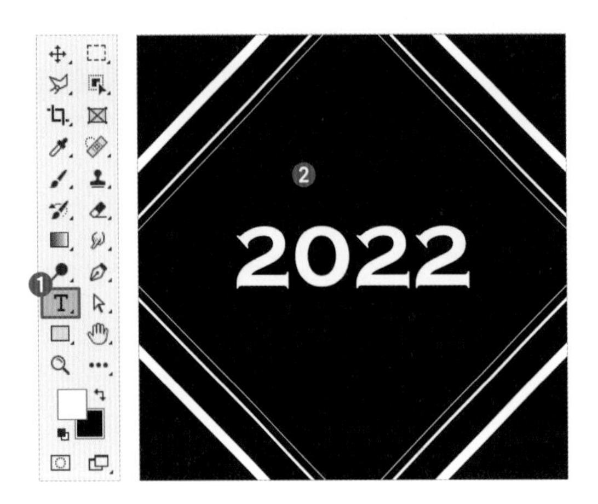

09 **레이어 스타일 적용_** ❶Layers 패널에서 텍스트 레이어를 선택한 채 [Add a layer style] 아이콘을 클릭한 후 [Gradient Overlay]를 선택해서 Layer Style 창을 열고 ❷Gradient 옵션을 클릭합니다. ❸Gradient Editor가 열리면 [Color Stop]을 왼쪽부터 #edd86f, #b78919, #f7e47d, #c3901b, #f0d96f로 설정하고 ❹[OK]를 클릭해서 그레이디언트를 적용합니다.

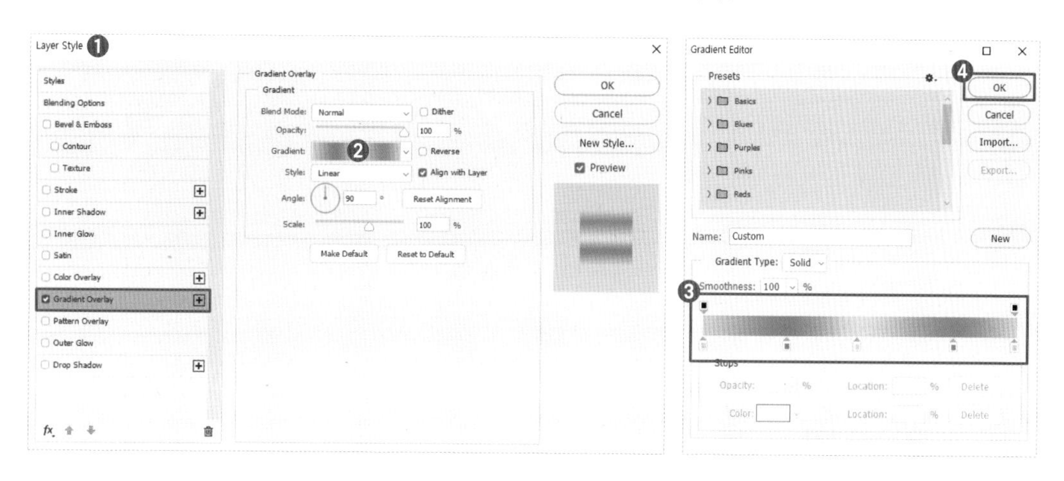

10 ❶Layer Style 창에서 [Inner Shadow]를 선택해서 체크하고, ❷Blend Mode: Screen, Opacity: 90%, Angle: 120, Distance: 3px, Choke: 0%, Size: 0px로 설정하여 내부 그림자를 적용한 후 ❸[OK]를 클릭하여 레이어 스타일 설정을 마칩니다.

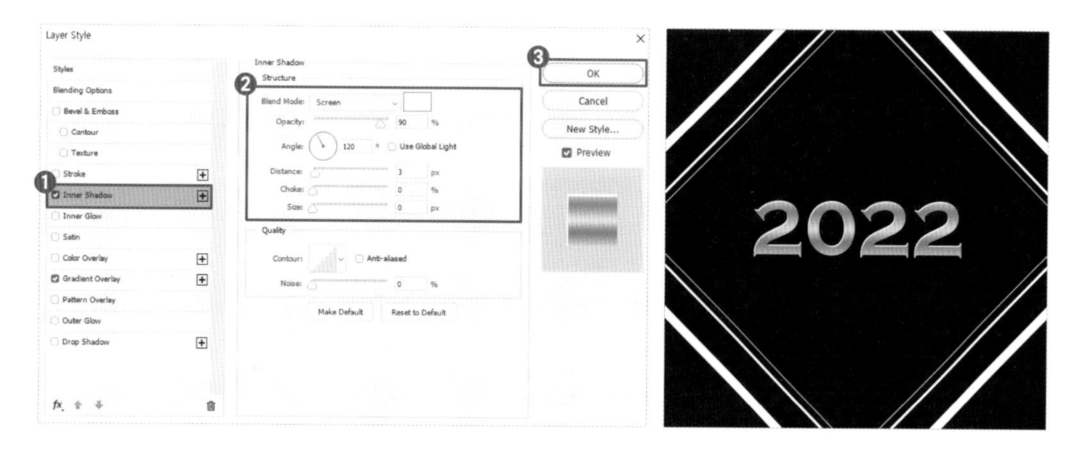

11 텍스트 테두리 적용_ ❶Layers 패널에서 레이어를 추가하고 이름은 **Outline**으로 변경합니다. ❷ Ctrl 을 누른 채 **[2022]** 텍스트 레이어의 섬네일을 클릭하여 텍스트 모양으로 선택 영역을 지정하고, ❸메뉴 바에서 **[Select-Modify-Expand]**를 선택하여 ❹Expand 창이 열리면 **Expand by: 4pixles**로 설정한 후 ❺**[OK]**를 클릭합니다.

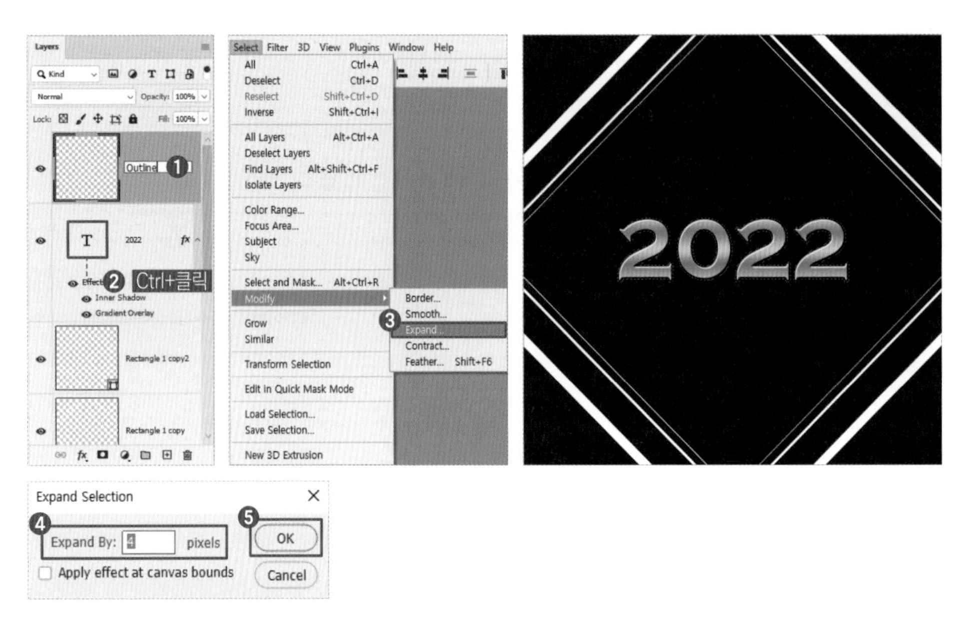

12 ❶툴 바에서 **전경색: 흰색(#ffffff)**으로 설정하고 ❷ Alt + Delete 를 눌러 선택 영역에 전경색을 채우고, Ctrl + D 를 눌러 선택 영역을 해제합니다. ❸Layers 패널에서 **[Outline]** 레이어를 **[2022]** 레이어 아래로 옮기면 흰색 테두리처럼 표현됩니다.

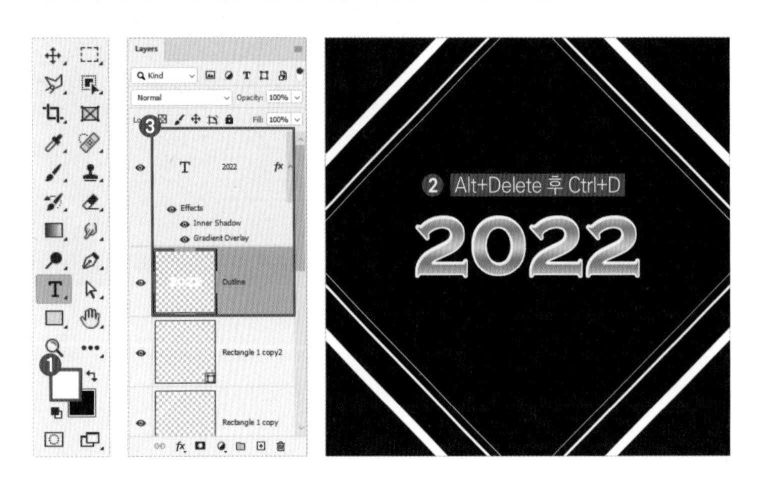

13 레이어 스타일 적용_ ❶[Outline] 레이어를 선택한 채 [Add a layer style] 아이콘을 클릭한 후 [Bevel & Emboss]를 선택하여 Layer Style 창을 열고, ❷Style: Inner Bevel, Technique: Smooth, Depth: 100%, Size: 12px, Soften: 0px, Shadow Mode: Multiply / #c4921d로 설정합니다.

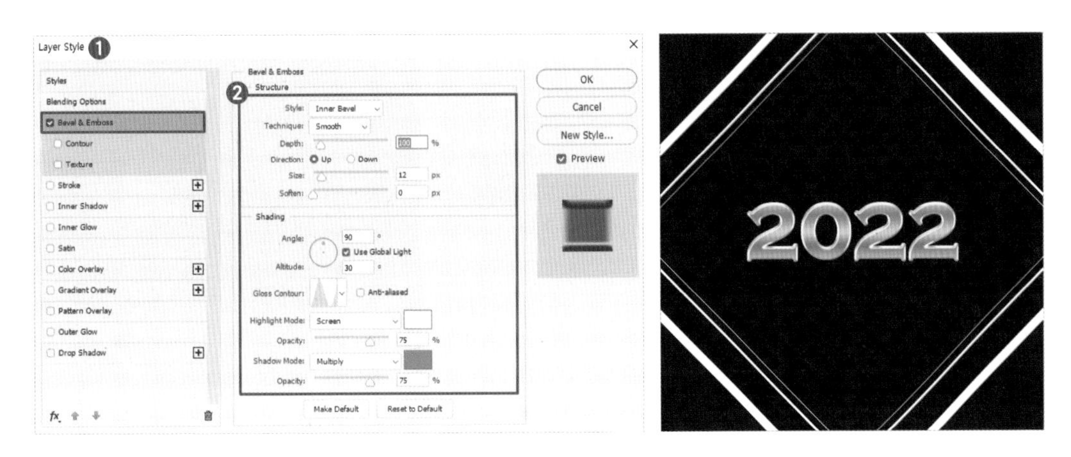

14 ❶[Satin]을 선택하여 **체크**하고, ❷Blend Mode: Multiply/#775404, Opacity: 50%, Angle: 19, Distance: 26px, Size: 14px로 설정합니다.

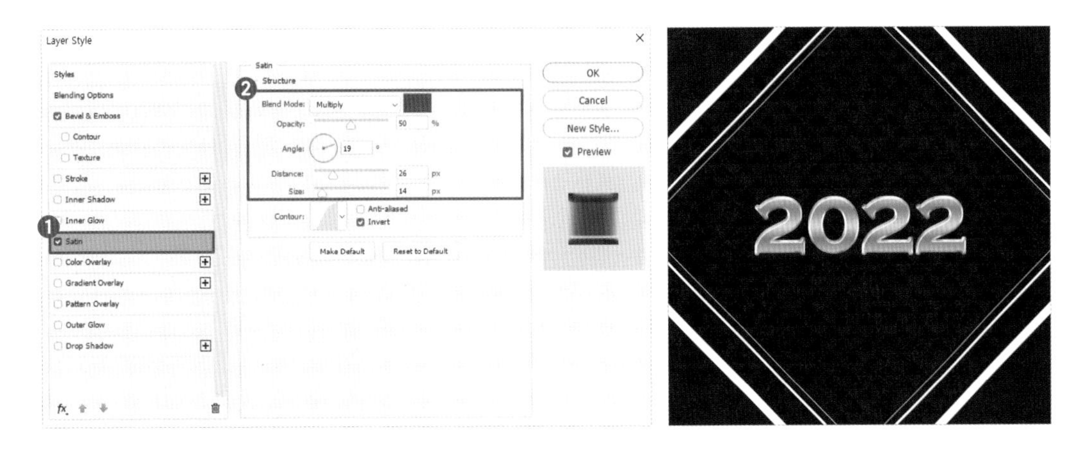

15 ❶[Color Overlay]를 선택하여 **체크**하고, ❷Blend Mode: Normal/#f5e17a로 설정한 후 ❸[OK]를 클릭하여 레이어 스타일 적용을 마칩니다.

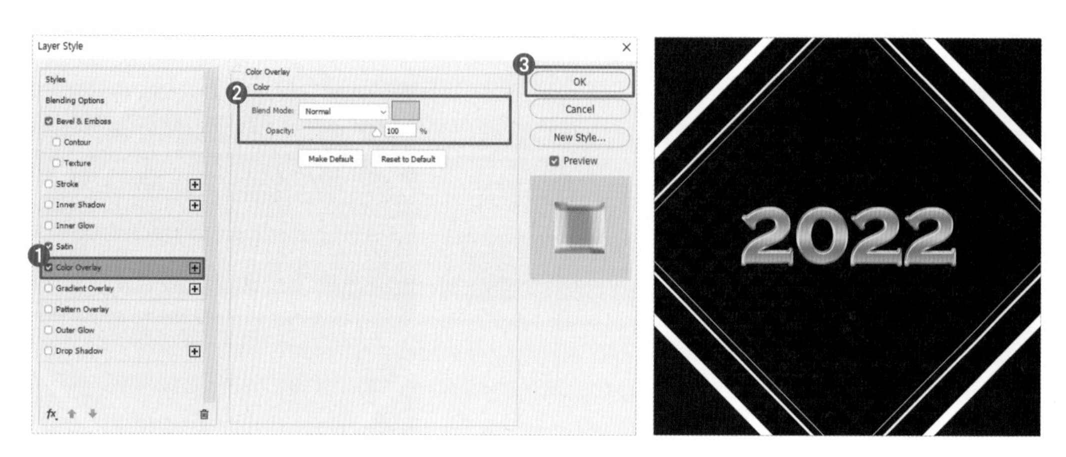

16 **레이어 스타일 복제 배치_** ❶**[수평 문자 도구]**를 이용하여 다음과 같이 HAPPY NEW YEAR를 입력한 후 ❷Layers 패널에서 Alt를 누른 채 [2022] 레이어의 [Effects]를 새로 입력한 텍스트 레이어로 드래그하여 복제 배치하고, ❸[Inner Shadow] 효과의 [눈] 아이콘만 클릭하여 비활성화합니다.

17 ❶같은 방법으로 가장 바깥쪽 테두리 레이어(Rectangle1)에도 효과를 복제 배치한 후 **[Inner Shadow]** 효과의 **[눈]** 아이콘을 비활성화합니다. ❷**[Gradient Overlay]** 효과를 더블 클릭하여 Layer Style 창을 열고, ❸**Angle: 45**로 설정을 변경한 후 ❹**[OK]**를 클릭합니다.

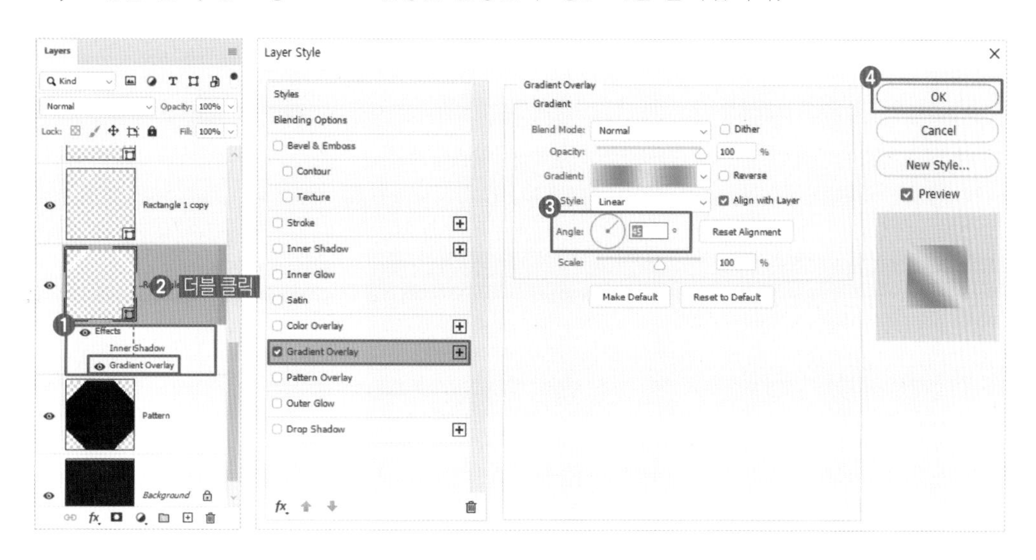

18 수정한 레이어 스타일을 나머지 2개의 테두리에도 복제 배치하여 완성합니다.

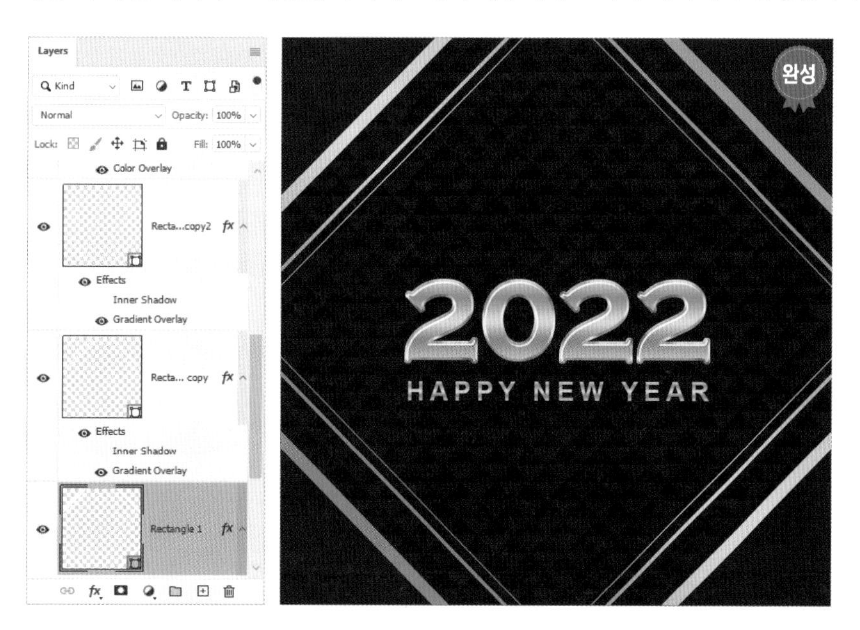

Idea 45 이미지를 재구성한 텍스트

텍스트 이미지를 사용해 배경 이미지를 재구성합니다. 사용한 배경 이미지와 소스 이미지를 어떤 것으로 사용하느냐에 따라 색다른 느낌을 연출할 수 있으니 다양한 소스를 준비해서 응용해 보세요.

난이도 ★★★☆☆
예 제 Man.jpg
Hello.png
완 성 Facetext.psd

Displace Filter
Layer Mask

01 예제 파일 열기_ ❶ Ctrl + O를 눌러 Man.jpg 예제 파일을 열고, ❷ Ctrl + J를 눌러 레이어를 복제합니다.

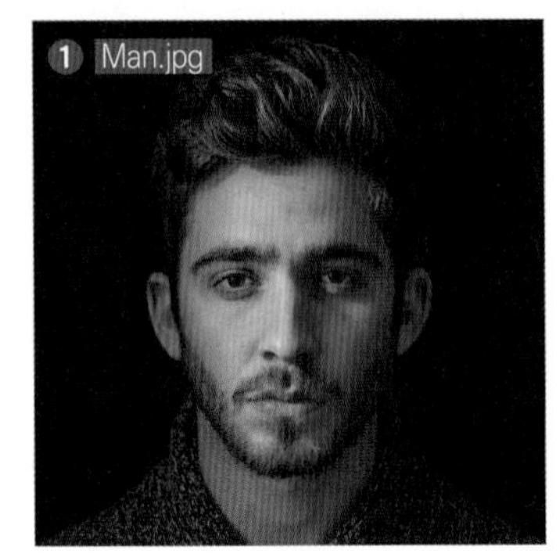

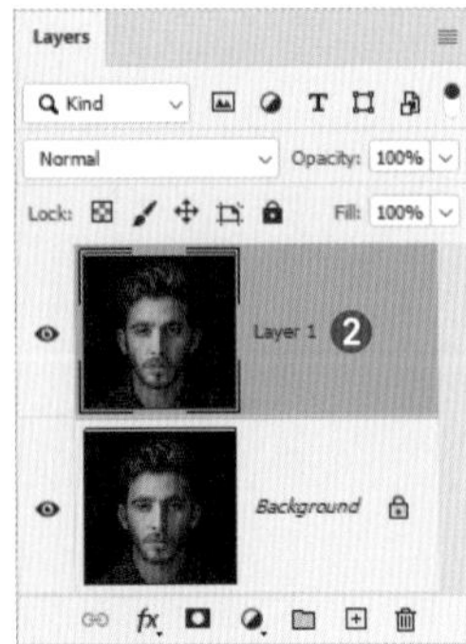

02 ❶툴 바에서 **[빠른 선택 도구]** 등을 이용하여 인물(피사체)만 선택 영역으로 지정한 후 ❷Layers 패널에서 [Add layer mask] 아이콘을 클릭하여 선택 영역만 표시되도록 레이어 마스크를 적용합니다.

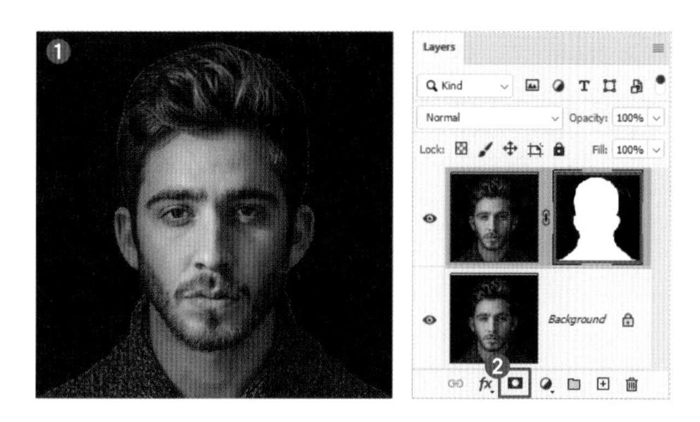

최신 버전의 포토샵을 사용 중이라면 선택 도구의 옵션 바에서 [Select Subject]를 클릭하여 빠르게 선택 영역을 지정할 수 있습니다.

03 ❶메뉴 바에서 [Image-Adjustments-Desaturate]를 선택하여 흑백 이미지로 변경하고, ❷[Image-Adjustments-Brightness/Contrast]를 선택하여 ❸Brightness/Contrast 창이 열리면 Brightness: 9, Contrast: 76으로 설정한 후 ❹[OK]를 클릭하여 대비까지 조정합니다.

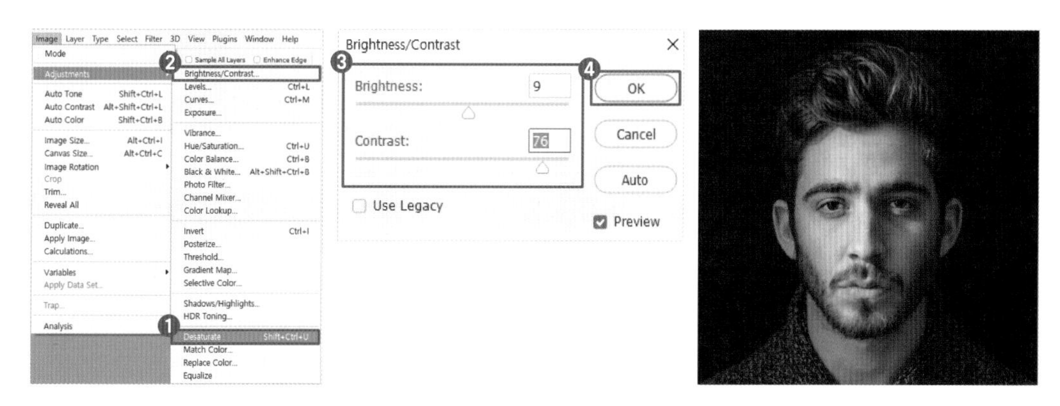

04 ❶Layers 패널에서 레이어 마스크 섬네일을 **[마우스 오른쪽 버튼]**으로 클릭한 후 [Apply Layer Mask]를 선택하여 레이어와 레이어 마스크를 통합하고, ❷레이어 이름은 Man으로 변경합니다.

05 파일로 저장_ ❶[Background] 레이어의 [눈] 아이콘을 비활성화하고, ❷메뉴 바에서 [Image-Duplicate]를 선택합니다. ❸Duplicate Image 창이 열리면 적절한 이름을 입력하고 ❹[OK]를 클릭하여 배경이 투명한 [Man] 레이어를 별도의 파일로 저장합니다.

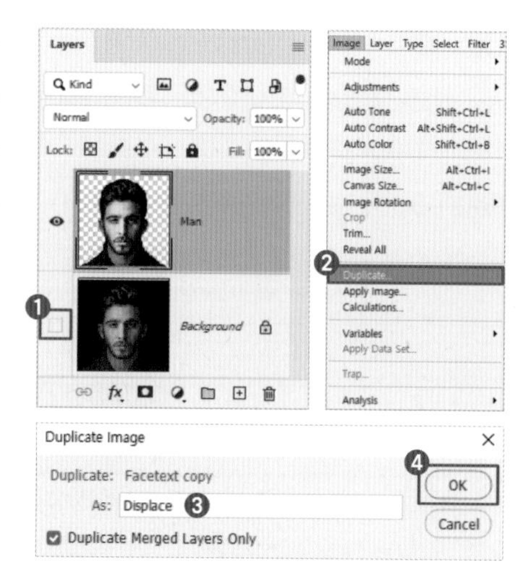

06 ❶별도로 저장한 작업 창의 메뉴 바에서 [Filter-Blur-Gaussian Blur]를 선택하고 ❷Gaussian Blur 창이 열리면 Radius: 2Pixels로 설정한 후 ❸[OK]를 클릭하고 ❹ Ctrl + S 를 눌러 변경된 내용을 저장합니다.

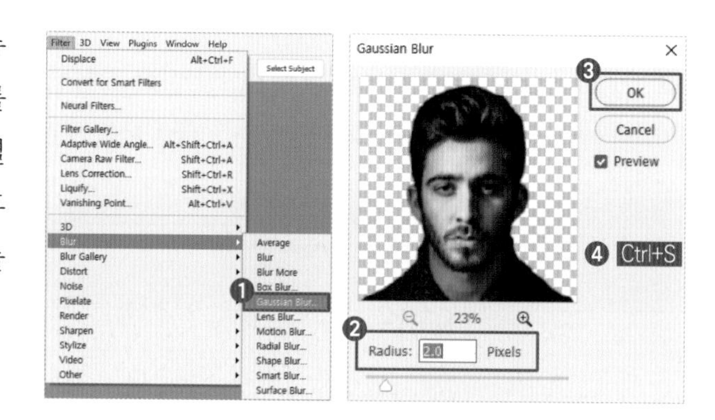

07 배경 처리_ ❶'Man.jpg' 작업 창으로 돌아와 [Background] 레이어를 선택하고, ❷[Create new fill or adjustment layer] 아이콘을 클릭한 후 [Solid Color]를 선택합니다. ❸Color Picker 창이 열리면 Color: 검정(#000000)으로 설정하여 배경을 검은색으로 처리합니다.

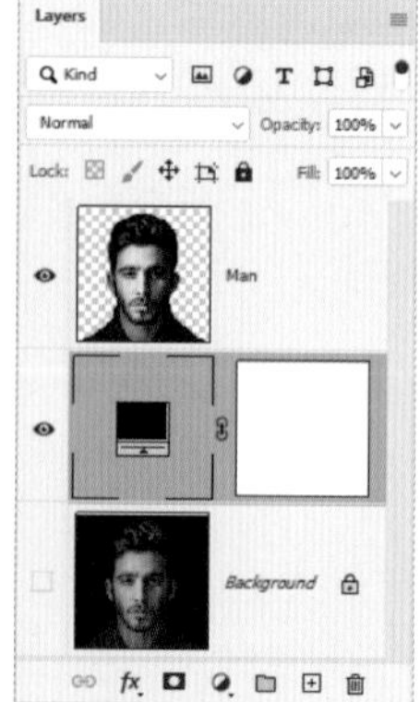

08 소스 이미지 배치_ ❶ Ctrl + O 를 눌러 Hello.jpg 예제 파일을 열고, 'Man.jpg' 작업 창으로 복제한 후 ❷Layers 패널에서 맨 위에 배치합니다. ❸Layers 패널에서 [Add a layer style] 아이콘을 클릭한 후 [Color Overlay]를 선택하여 Layer Style 창을 열고 ❹Blend Mode: Normal/흰색(#000000)으로 설정합니다. 텍스트 이미지가 흰색으로 바뀝니다.

09 ❶[Drop Shadow]를 선택하여 **체크**하고, ❷Blend Mode: Normal, Angle: 120, Distance: 4px, Spread: 4px, Size: 4px로 설정하고 ❸[OK]를 클릭하여 레이어 스타일 적용을 마칩니다.

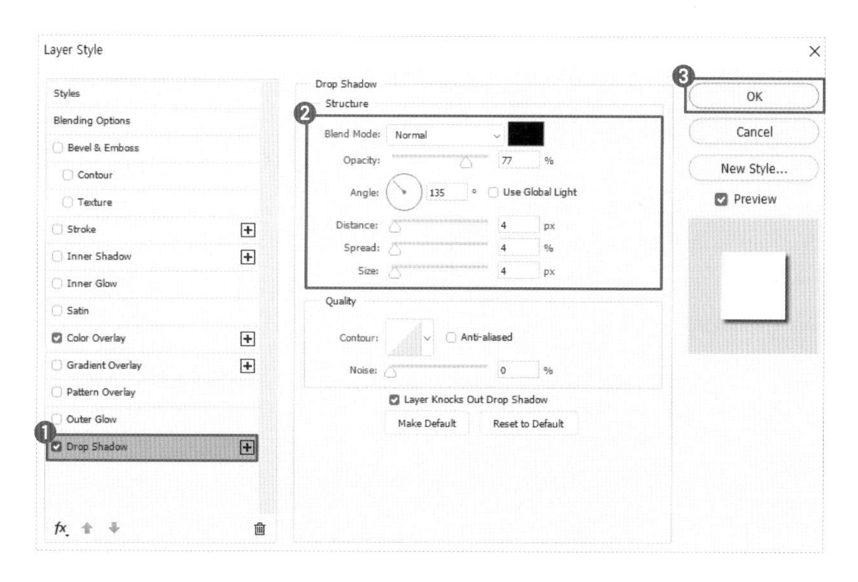

10 ❶ Ctrl + T 를 눌러 자유 변형을 실행해서 다음과 같이 크기와 위치를 조절합니다. ❷ Ctrl + J 를 눌러 소스 이미지 레이어를 여러 개 복제해서 크기와 위치, 방향 등을 조절하여 다음과 같이 인물을 모두 덮을 수 있도록 배치합니다.

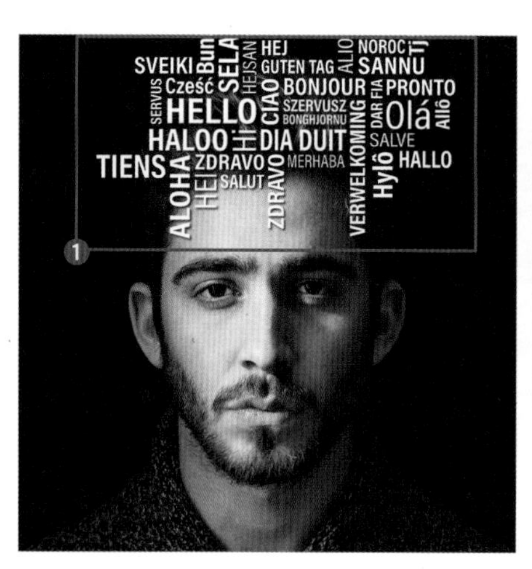

11 ❶Layers 패널에서 소스 이미지 레이어를 모두 선택하고, **[마우스 오른쪽 버튼]**을 클릭한 후 **[Convert to Smart Object]**를 선택해서 하나의 고급 개체 레이어로 통합합니다. ❷통합한 레이어 이름을 **Text**로 변경하고, ❸ Ctrl + J 를 눌러 레이어를 복제합니다.

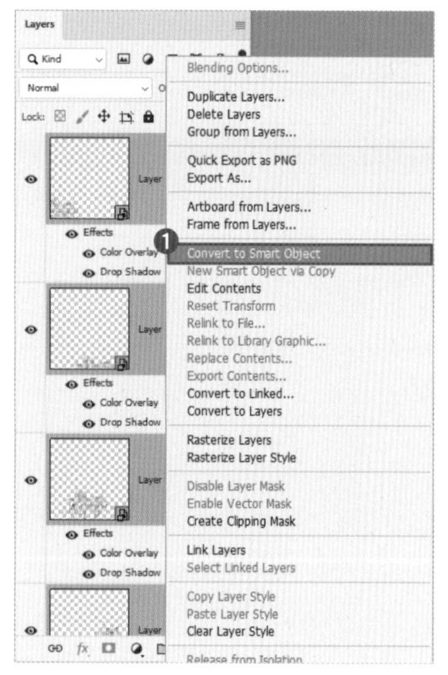

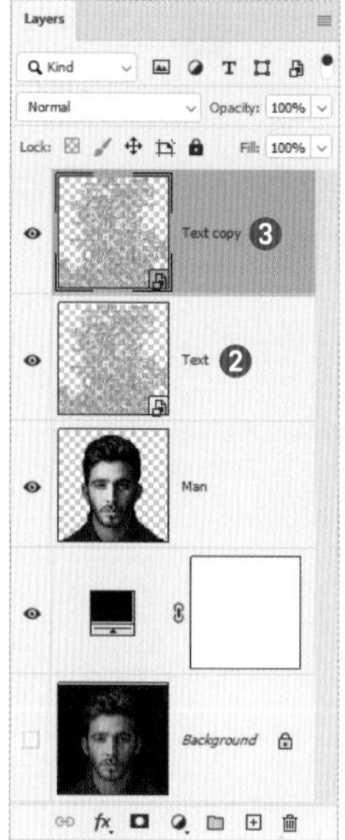

12 **이미지 변형_** ❶메뉴 바에서 **[Filter-Distort-Displace]**를 선택한 후 ❷Displace 창이 열리면 **Horizontal Scale: 5, Vertical Scale: 5**로 설정하고 ❸**[OK]**를 클릭합니다. ❹이미지 선택 창이 열리면 앞서 저장한 파일(Displace.psd)을 찾아 선택하고 ❺**[열기]**를 클릭합니다.

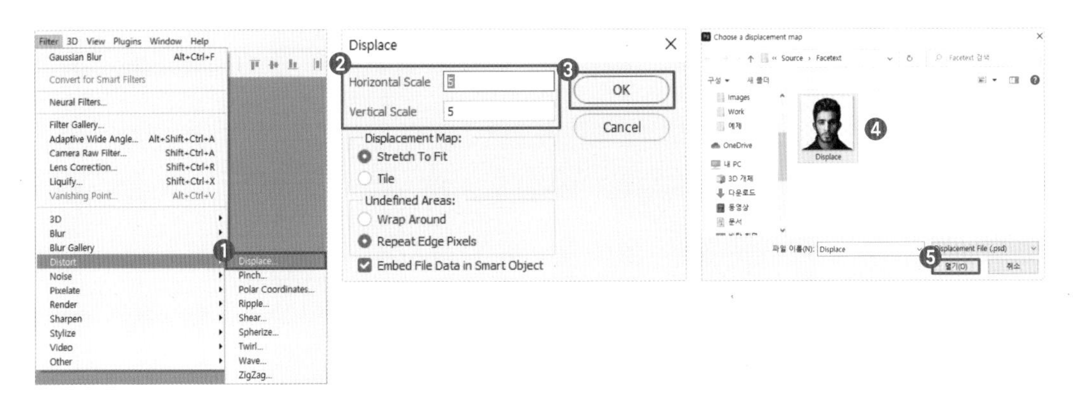

13 ❶Layers 패널에서 **[Text]** 레이어의 **[눈]** 아이콘을 비활성화하면 불러온 파일(Displace.psd)의 이미지와 유사하게 왜곡된 텍스트 이미지를 확인할 수 있습니다. ❷Layers 패널에서 Ctrl 을 누른 채 **[Text copy]** 레이어의 섬네일을 클릭하여 왜곡된 이미지 형태를 선택 영역으로 지정합니다.

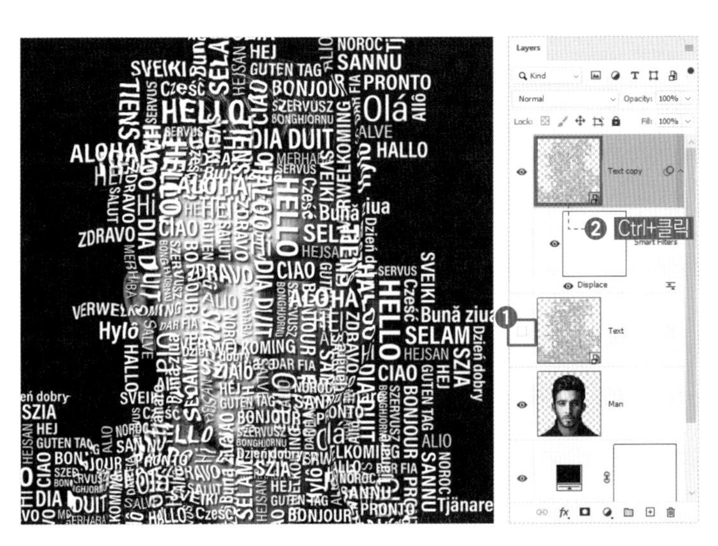

14 ❶Layers 패널에서 [Man] 레이어를 선택한 후 [Add layer mask] 아이콘을 클릭하여 왜곡된 이미지의 형태로 레이어 마스크를 추가합니다. ❷[Text copy] 레이어의 [눈] 아이콘을 비활성화하여 완성된 결과를 확인합니다.

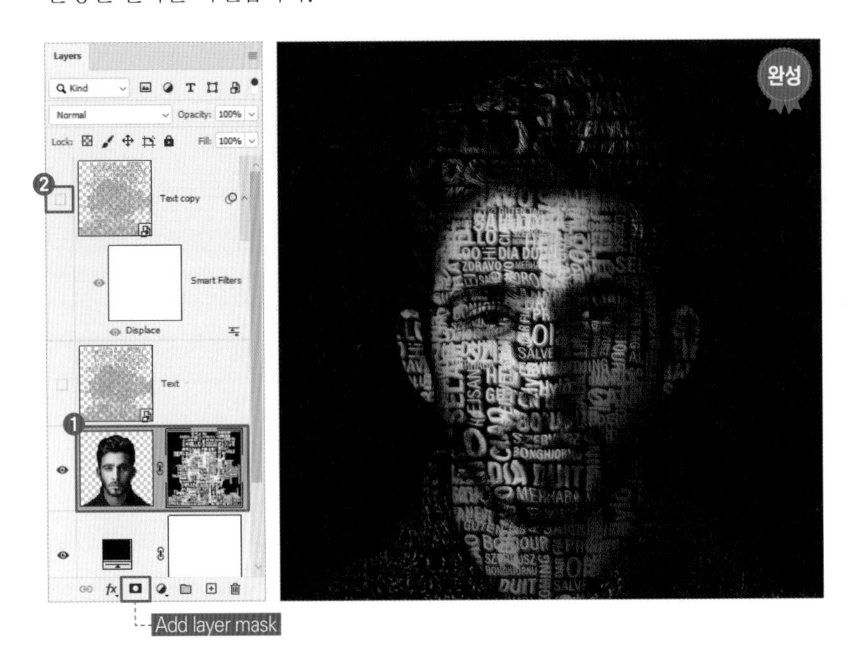

CHAPTER 5

PHOTO EFFECTS

자연스럽게 빛을 더하거나 한 장의 사진이 여러 개로 겹친 것처럼 보이게 하는 등 밋밋한 사진을 하나의 완성된 이미지로 업그레이드할 수 있는 다양한 방법을 학습합니다.

Idea 46

빛이 내리쬐는 효과

사진 이미지의 하이라이트 부분을 추출한 후 해당 영역에 빛이 내리쬐는 효과를 만들어 보겠습니다. 이 작업의 핵심은 원래부터 있던 빛처럼 자연스럽게 표현하는 것입니다.

난이도 ★★★★☆
예 제 Forest.jpg
완 성 Lightrays.psd

Color Range
Field Blur

01 예제 열기_ Ctrl + O 을 눌러 Forest.jpg 예제 파일을 엽니다.

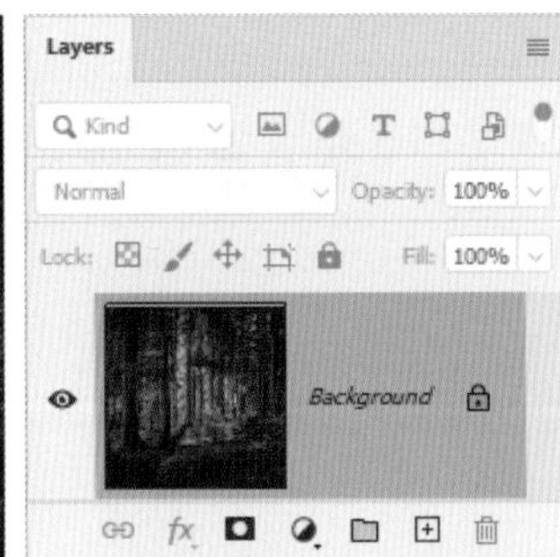

02 하이라이트 추출_ ❶ 메뉴 바에서 [Select-Color Range]를 선택한 후 ❷ Color Range 창이 열리면 Select: Highlights, Fuzziness: 5%, Range: 210, Selection, Preview: Black Matte로 설정하고 ❸ [OK]를 클릭하여 하이라이트 부분을 선택 영역으로 지정합니다.

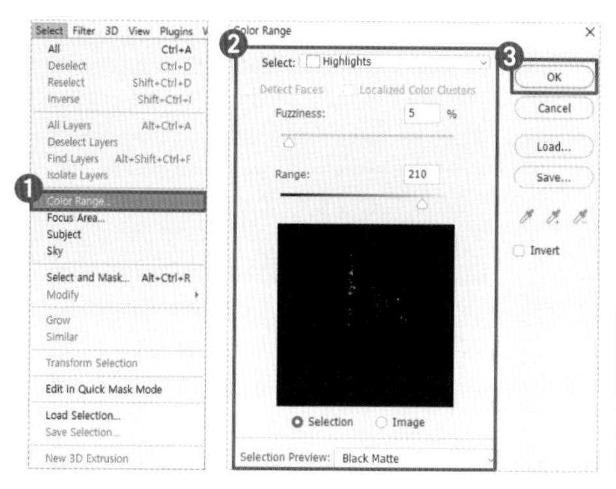

03 ❶ Ctrl + J 를 눌러 선택 영역을 복제한 후 레이어 이름은 Light로 변경합니다. ❷ [Light] 레이어에서 **[마우스 오른쪽 버튼]**을 클릭한 후 [Convert to Smart Object]를 선택하여 스마트 오브젝트로 변경합니다.

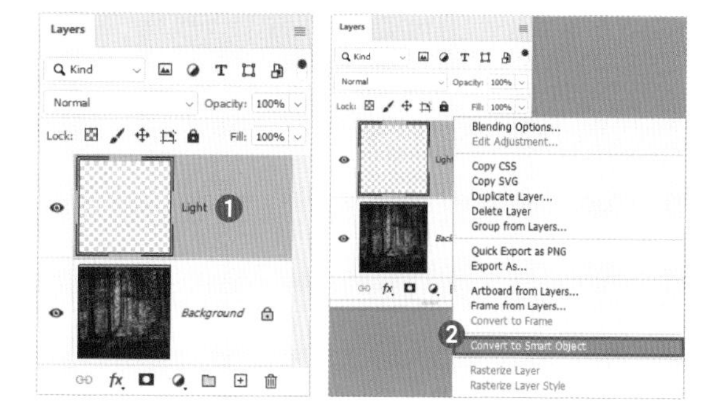

04 효과 적용_ ❶ 메뉴 바에서 [Filter-Blur-Radial Blur]를 선택합니다. ❷ Radial Blur 창이 열리면 Amount: 100, Blur Method: Zoom, Quality: Best로 설정한 후 ❸ 추출한 하이라이트의 방향을 고려하여 Blur Center 옵션에서 중심을 드래그하여 **위쪽 가운데**로 설정하고 ❹ [OK]를 클릭합니다. 효과가 적용되었으나 눈에 잘 띄지는 않습니다.

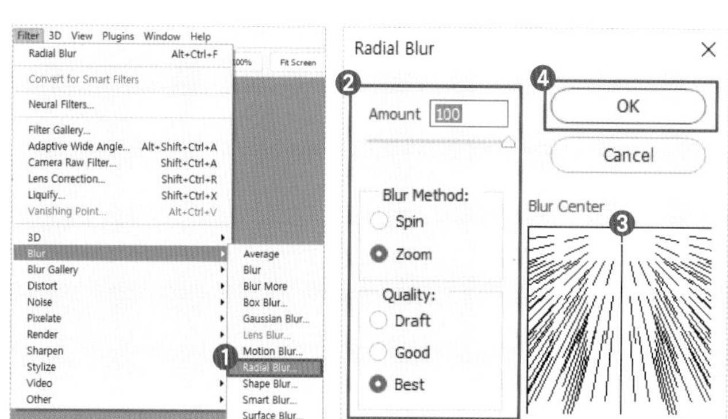

05 Ctrl + J를 여러 번 눌러 레이어를 여러 개 복제 배치하여 효과를 뚜렷하게 표현합니다.

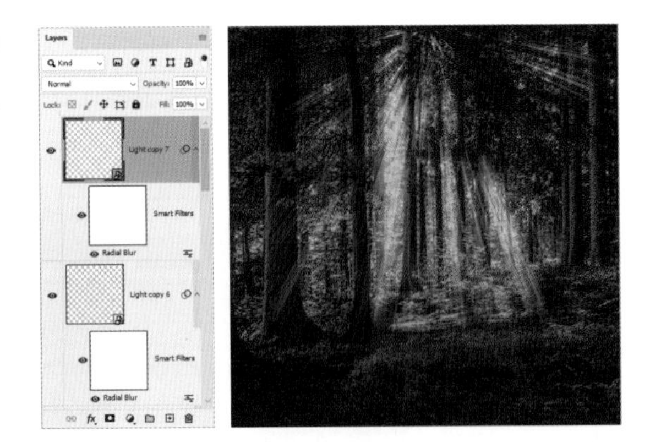

06 ❶ Layers 패널에서 **[Background]** 레이어를 뺀 나머지 레이어를 모두 선택하고, **[마우스 오른쪽 버튼]**을 클릭한 후 **[Convert to Smart Object]**를 선택합니다. ❷ 선택한 레이어가 하나의 고급 개체로 변경되면 이름을 **Light**로 변경합니다.

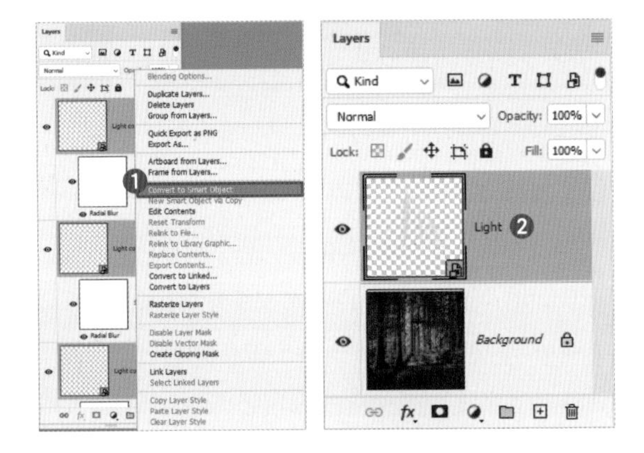

07 **효과 보정_** ❶ 메뉴 바에서 **[Filter-Blur Gallery-Field Blur]**를 선택합니다. ❷ Blur Tools 패널이 열리면 작업 창에서 광원의 위치로 잡은 위쪽 중앙을 클릭하여 포인터를 추가하고 ❸ **Blur: 0px**로 설정합니다.

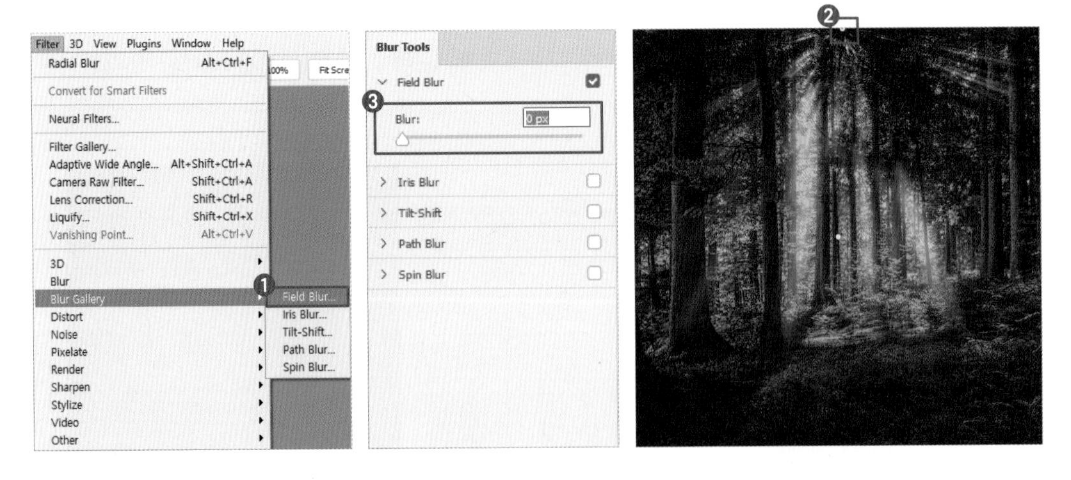

08 ❶ 이어서 작업 창에서 빛이 퍼지는 지점들을 클릭하여 포인터를 추가하고 ❷ Blur: 7px 정도로 설정합니다. ❸ 설정이 끝나면 Enter 를 눌러 Blur Tools 패널을 닫습니다.

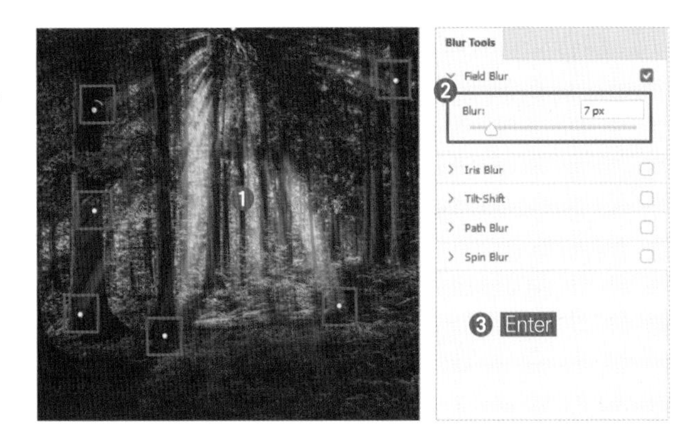

09 Layers 패널에서 Blending Mode: Screen으로 설정하여 자연스럽게 합성합니다.

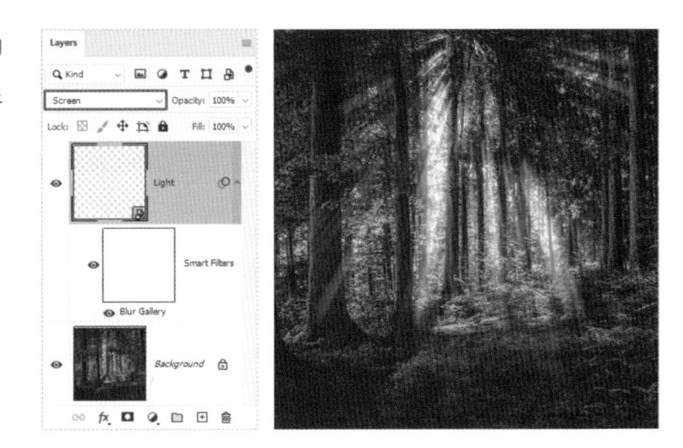

10 **색감 더하기_** 빛에 색을 더하기 위해 ❶ Layers 패널에서 [Create new fill or adjustment layer] 아이콘을 클릭한 후 [Solid Color]를 선택합니다. ❷ Color Picker 창이 열리면 Color: #f8d238으로 설정하여 노란색으로 조정 레이어를 추가합니다. ❸ Layers 패널에서 추가된 조정 레이어와 [Light] 레이어 경계에서 Alt 를 누른 채 클릭하여 클리핑 마스크를 적용하여 [Light] 레이어에만 조정 레이어를 적용합니다.

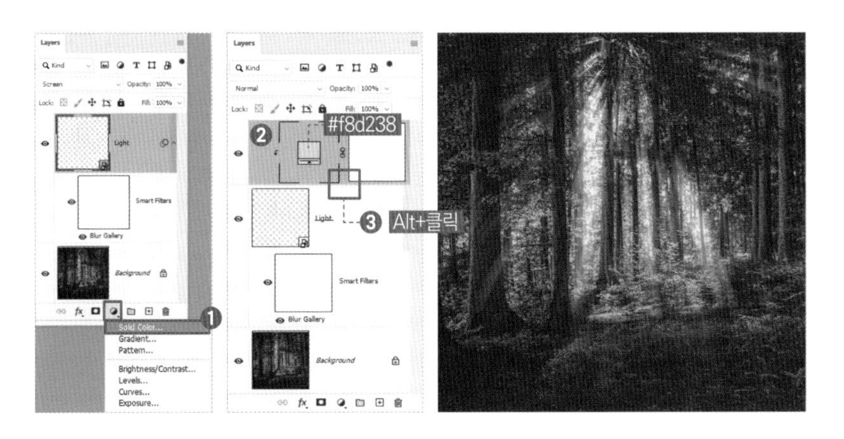

11 ❶툴 바에서 **[브러시 도구]**를 선택하고 **전경색: #f8d238**로 설정합니다. ❷Layers 패널에서 레이어를 추가하고 이름은 **Spot**으로 변경합니다. ❸작업 창에서 지면에 빛이 닿는 부분을 브러시로 칠합니다.

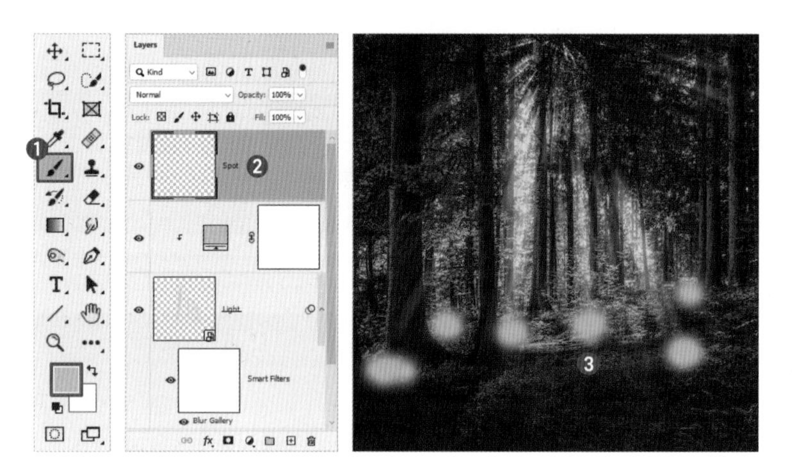

12 레이어 스타일 적용_ ❶Layers 패널에서 **[Add a layer style]** 아이콘을 클릭한 후 **[Blending Options]**를 선택합니다. ❷Layer Style 창이 열리면 **Blend Mode: Color Dodge, Transparency Shapes Layer: 체크 해제**로 설정한 후 ❸**Underlying Layers** 옵션에서 Alt를 누른 채 검은색 포인터를 드래그하여 분리 및 조절하고 ❹**[OK]**를 클릭합니다.

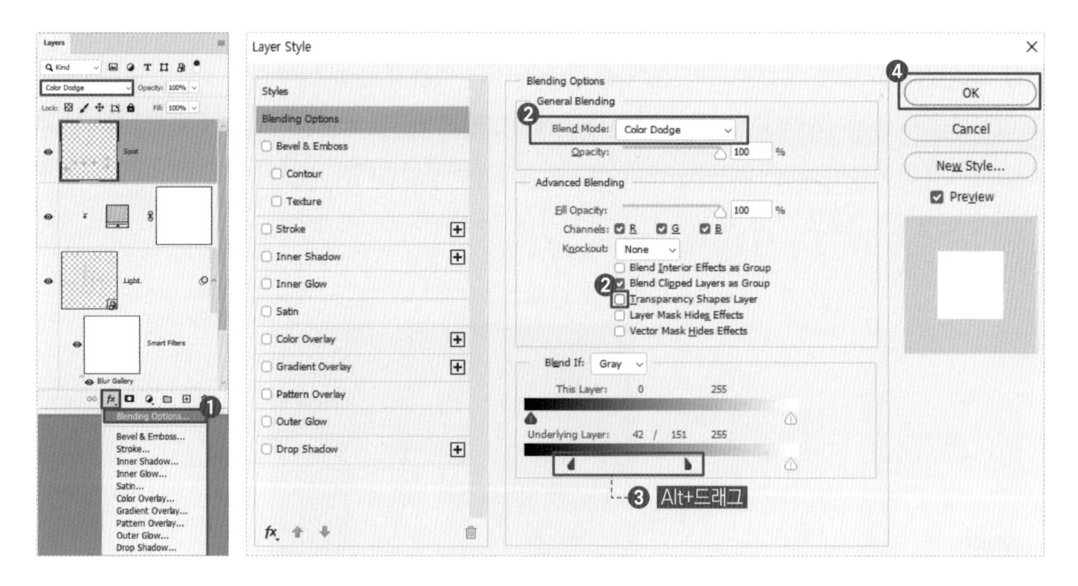

13 Layers 패널에서 **Blending Mode: Color Dodge, Opacity: 51%**로 설정하여 합성합니다.

14 **효과 보정_** ❶ 툴 바에서 **전경색: 검정(#000000)**으로 설정합니다. ❷ Layers 패널에서 **[Light]** 레이어를 선택한 후 **[Add layer mask]** 아이콘을 클릭하여 레이어 마스크를 추가하고, ❸ 작업 창에서 내리쬐는 빛의 끝부분이 자연스럽게 표현되도록 드래그해서 가립니다.

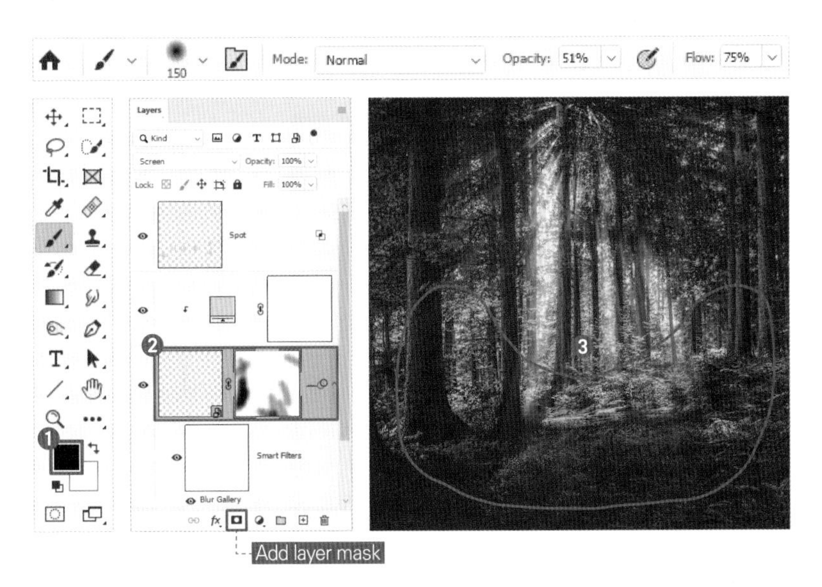

15 ❶ Layers 패널에서 **[Spot]** 레이어를 선택하고 ❷ **[Create new fill or adjustment layer]** 아이콘을 클릭한 후 **[Curves]**를 선택합니다. ❸ Properties 패널에서 다음과 같이 Curves 곡선을 드래그하여 조절하고, ❹ **[Blue]**로 변경한 후 ❺ 오른쪽 조절점을 아래로 살짝 내립니다.

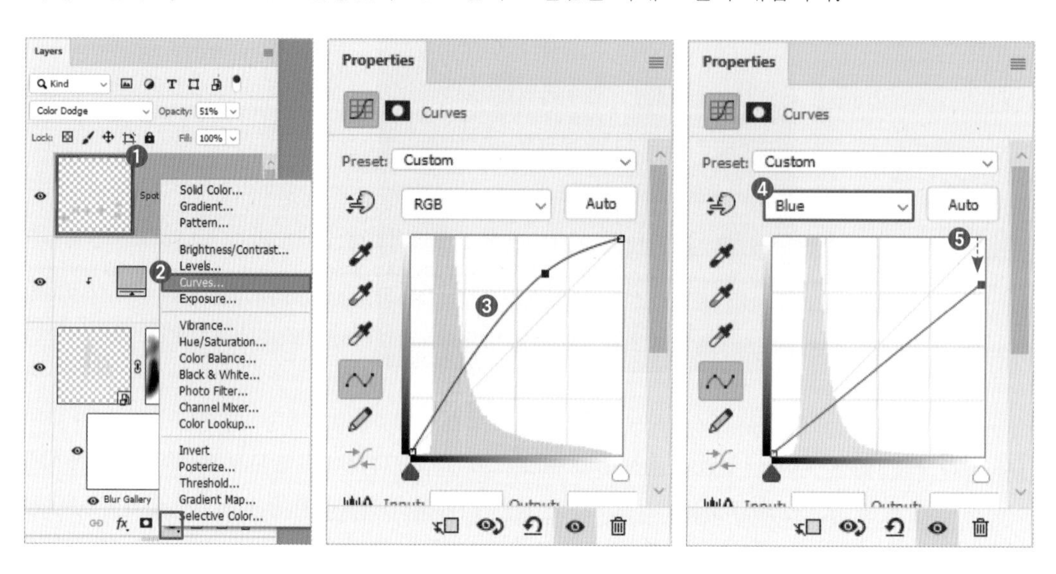

16 Layers 패널에서 **Opacity: 70%**로 설정하여 완성합니다.

Idea 47 비 내리는 풍경 효과

비 내리는 날의 사진과 또 다른 풍경 사진을 합성하여 비 내리는 날의 멋진 풍경 사진을 완성합니다. 여기에 유리 창문에 손가락으로 그린 듯한 텍스트를 추가해 보겠습니다.

난이도 ★★☆☆☆
예 제 Rain.jpg
Road.jpg
완 성 Rain.psd

Gaussian Blur
Liquify

01 예제 파일 열기_ ❶ Ctrl + O를 눌러 Rain.jpg와 Road.jpg 예제 파일을 열고, ❷ Road.jpg 이미지를 'Rain.jpg' 작업 창으로 복제 배치한 후 ❸ 레이어 이름은 Road로 변경합니다.

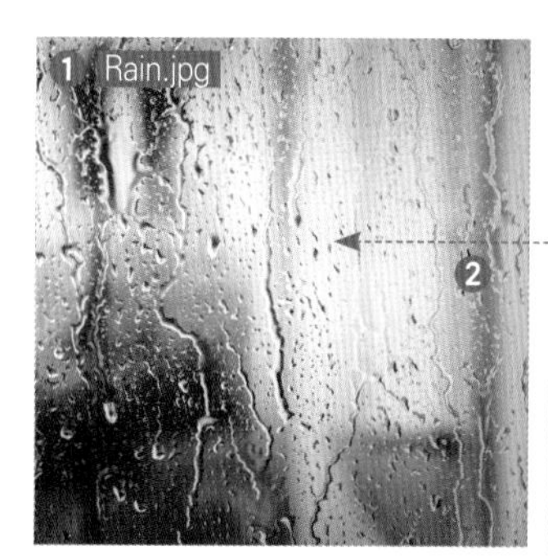

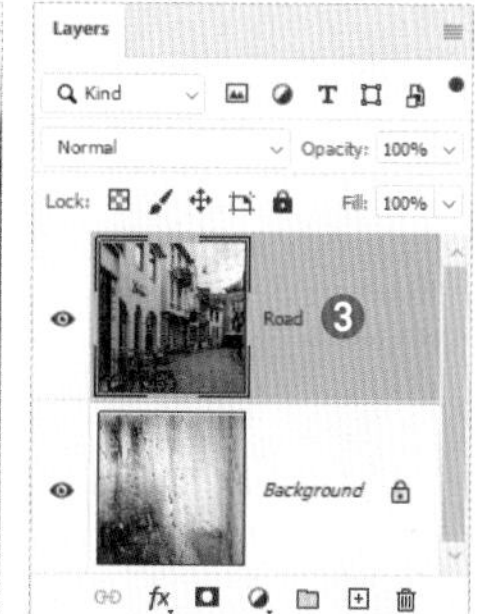

02 **이미지 보정 및 텍스트 입력_** ❶ 메뉴 바에서 **[Filter-Blur-Gaussian Blur]**를 선택하고, ❷ Gaussian Blur 창이 열리면 **Radius: 5Pixels**로 설정한 후 ❸ **[OK]**를 클릭합니다.

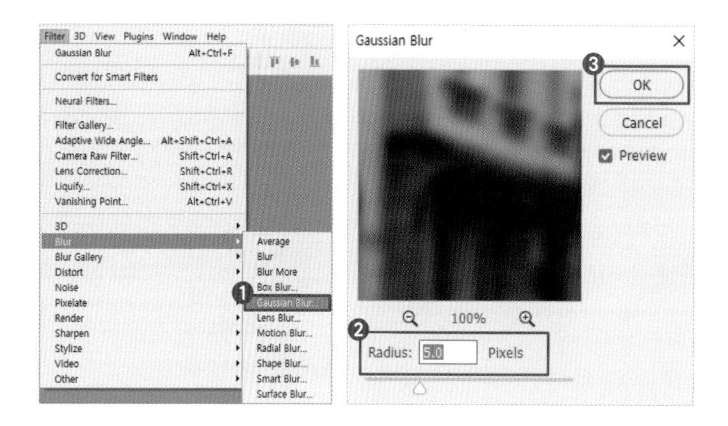

03 ❶ Layers 패널에서 **Blending Mode: Overlay**로 설정하여 합성합니다. ❷ 툴 바에서 **[수평 문자 도구]**를 선택하고 **전경색: 검정(#000000)**으로 설정한 후 ❸ 작업 창에 원하는 내용을 입력합니다.

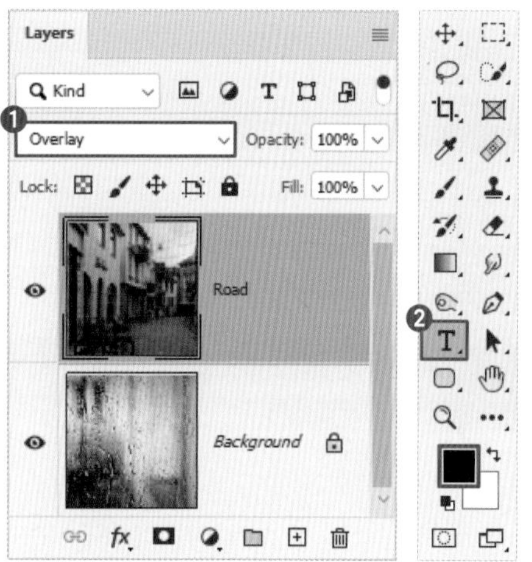

04 ❶ 메뉴 바에서 [Filter–Liquify]를 선택합니다. ❷ 알림 창이 열리면 [Convert To Smart Object]를 클릭하여 스마트 오브젝트로 변경합니다. ❸ Liquify 창이 열리면 **[뒤틀기 도구]**를 선택하고 ❹ 텍스트 아래 부분을 드래그하여 물방울이 흘러내리는 것처럼 표현하고 ❺ [OK]를 클릭합니다.

05 ❶ Layers 패널에서 Blending Mode: Overlay로 설정하여 합성하고, ❷ 문구를 좀 더 또렷하게 표현하기 위해 Ctrl + J 를 눌러 레이어를 복제하면 완성됩니다.

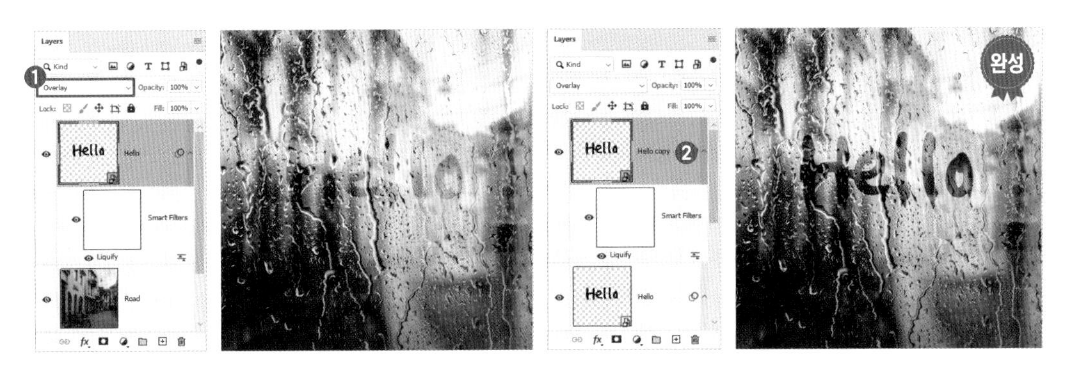

Idea 48 방사형으로 퍼져 나가는 빛 효과

이미지에 방사형 빛을 더하는 방법을 알아봅니다. 쉽고 간단하게 적용할 수 있는 효과로, 이미지에 좀 더 극적인 효과를 표현할 수 있습니다.

난이도 ★★☆☆☆
예 제 Couple.jpg
완 성 Light.psd

Polar Coordinates
Wave

01 배경 준비_ ❶ Ctrl + O을 눌러 Couple.jpg 예제 파일을 엽니다. ❷Layers 패널에서 [Create a new layer] 아이콘을 클릭하여 레이어를 추가하고 ❸이름은 Light로 변경합니다.

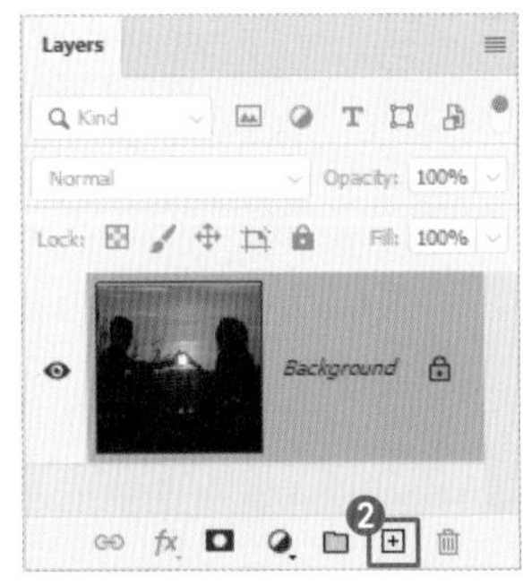

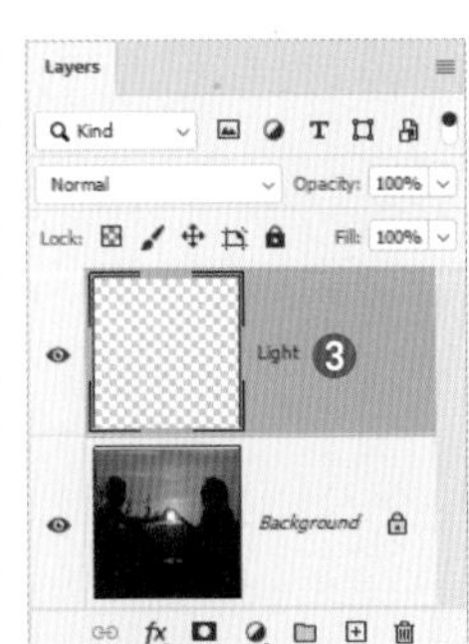

02 ❶툴 바에서 **[그레이디언트 도구]**를 선택하고 **전경색: 검정(#000000), 배경색: 흰색(#ffffff)**으로 설정합니다. ❷옵션 바에서 **Gradient** 옵션을 클릭하여 Gradient Editor를 열고 **[Basics>Foreground to Background]**를 선택한 후 ❸**[OK]**를 클릭합니다. ❹작업 창 아래에서 위로 드래그하여 그레이디언트를 적용합니다.

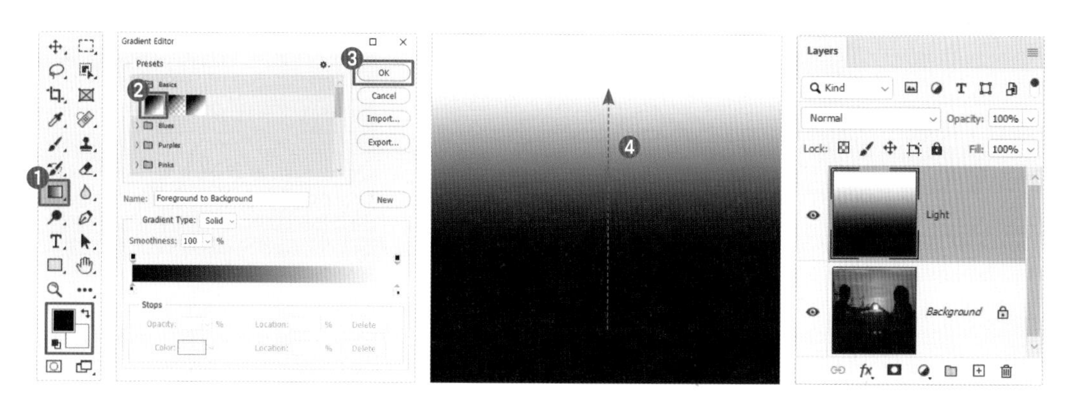

03 필터 적용_ ❶메뉴 바에서 **[Filter-Distort-Wave]**를 선택한 후 ❷Wave 창이 열리면 **Wavelength: 25/150, Amplitude: 5/150, Type: Square, Undefined Areas: Repeat Edge Pixels**로 설정하고 ❸**[OK]**를 클릭합니다.

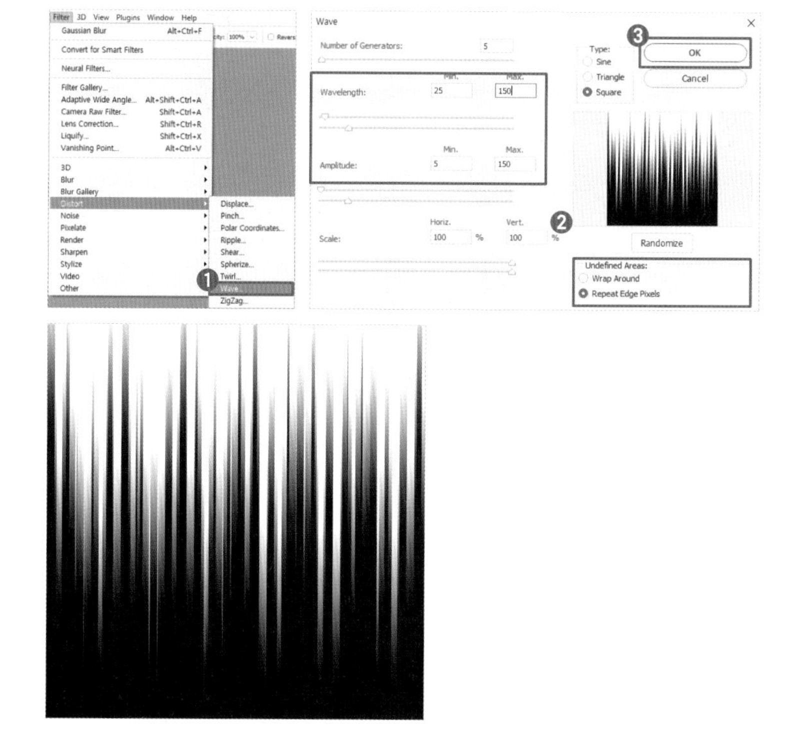

04 ❶메뉴 바에서 **[Filter-Distort-Polar Coordinates]**를 선택한 후 ❷Polar Coordinates 창이 열리면 **Rectangular to Polar**로 설정하고 ❸**[OK]**를 클릭합니다.

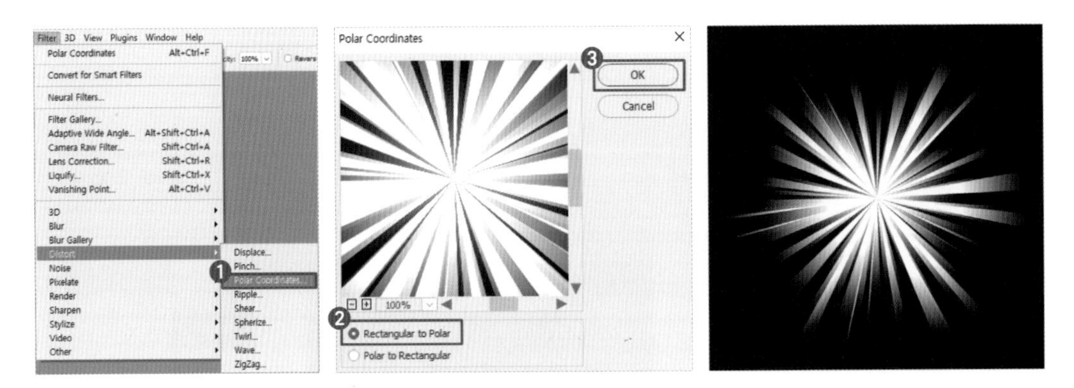

05 **이미지 보정_** ❶메뉴 바에서 **[Image-Adjustments-Hue/Saturation]**을 선택하여 Hue/ Saturation 창을 열고 ❷**Colorize: 체크, Saturation: 16, Lightness: -34**로 설정한 후 ❸**[OK]**를 클릭합니다.

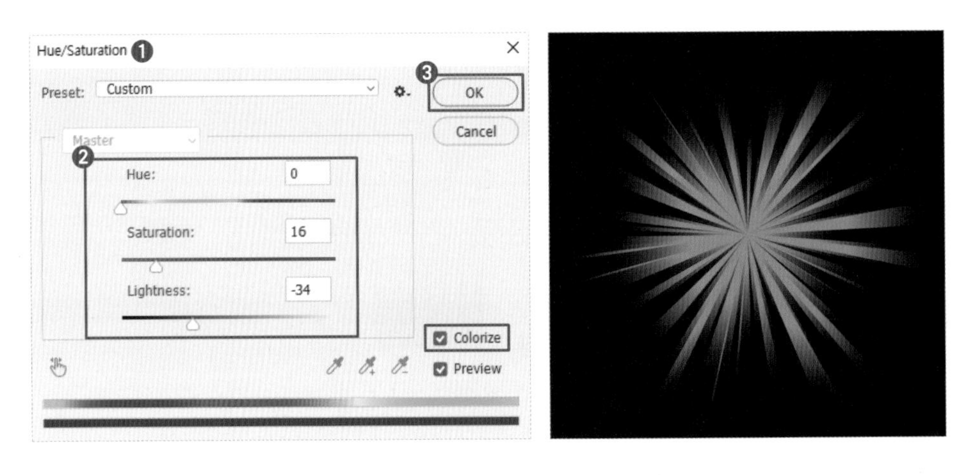

06 ❶메뉴 바에서 [Image-Adjustments-Levels]를 선택하여 Levels 창을 열고 ❷Input Levels에서 Midtone: 0.69로 설정한 후 ❸[OK]를 클릭합니다.

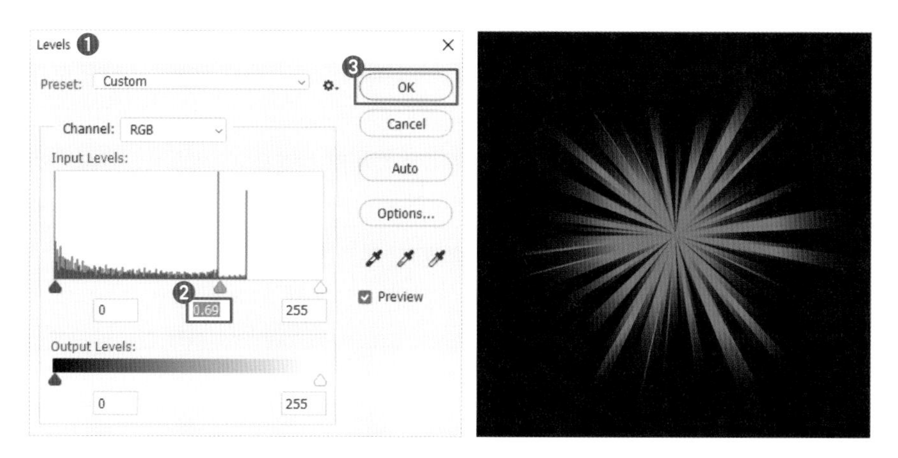

07 Layers 패널에서 Blending Mode: Color Dodge, Opacity: 87% 정도로 설정하여 자연스럽게 합성합니다.

Idea 49 폴라로이드 사진 효과

한 장의 사진에 담긴 여러 피사체를 각각 폴라로이드 사진처럼 표현하여 각 피사체를 강조할 수 있습니다. 폴라로이드 사진의 사이즈와 방향을 자유롭게 변형해 보세요.

난이도 ★★☆☆☆
예 제 Flower.jpg
완 성 Polaroid.psd

Clipping Mask
Layer Mask

01 예제 열기_ Ctrl + O를 눌러 Flower.jpg 예제 파일을 엽니다.

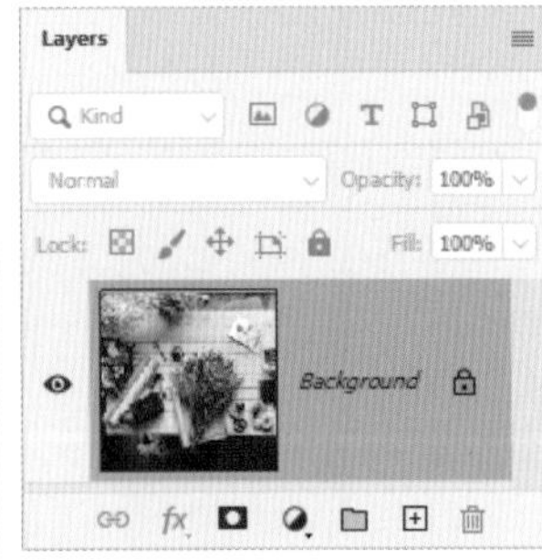

02 폴라로이드 모양 제작_ ❶툴 바에서 **[사각형 도구]**를 선택하고, ❷옵션 바에서 Mode: Shape, Fill: #ffffff, Stroke: No Color로 설정한 후 ❸작업 창에서 드래그하여 사각형을 그립니다.

포토샵 2021 이상을 사용 중이라면 [사각형 도구] 옵션 바에서 [Radius: 0px]로 설정해야 합니다. [Radius] 옵션 값에 따라 사각형의 모서리가 둥글게 처리됩니다.

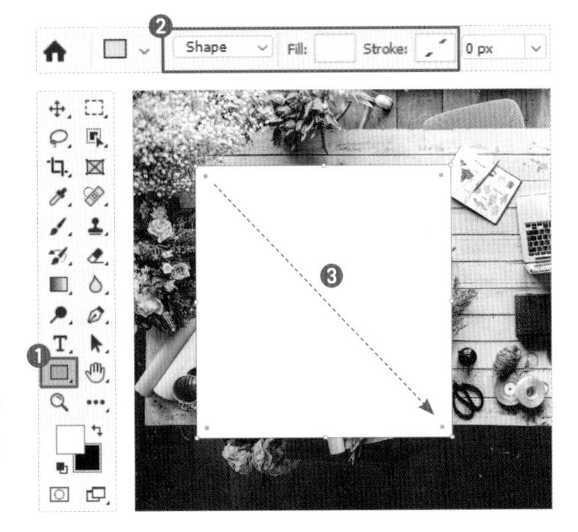

03 다음과 같이 드래그하여 폴라로이드에서 사진이 배치될 영역을 만들고 **[사각형 도구]**의 옵션 바에서 Fill: #000000로 변경합니다.

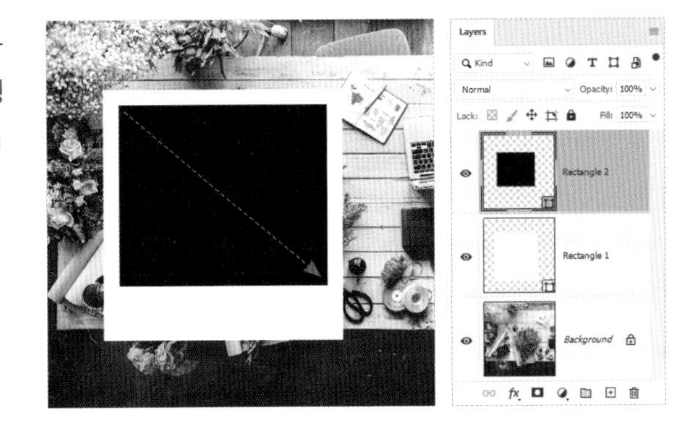

04 사진 배치_ ❶Layers 패널에서 **[Background]** 레이어를 선택하고 Ctrl + J 를 눌러 복제한 후 ❷맨 위로 옮깁니다. ❸ Alt 를 누른 채 **[Background copy]** 레이어와 검은색 사각형 레이어(Rectangle2) 경계를 클릭하여 클리핑 마스크를 적용합니다.

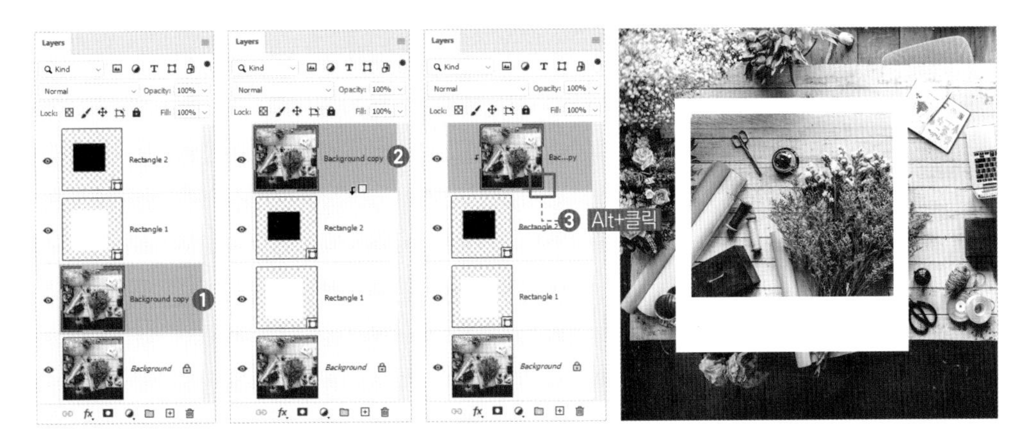

05 레이어 스타일 적용_ ❶흰색 사각형 레이어(Rectangle1)를 선택하고 [Add a layer style] 아이콘을 클릭한 후 [Drop Shadow]를 선택하여 Layer Style 창을 열어 ❷Blend Mode: Multiply, Angle: 120, Distance: 10px, Spread: 0%, Size: 18px로 설정한 후 ❸[OK]를 클릭하고, ❹검은색 사각형 레이어(Rectangle2)를 선택하고 [Add a layer style] 아이콘을 클릭한 후 [Inner Shadow]를 선택하여 ❺Blend Mode: Multiply, Angle: 120, Distance: 5px, Spread: 0%, Size: 5px로 설정한 후 ❻[OK]를 클릭합니다.

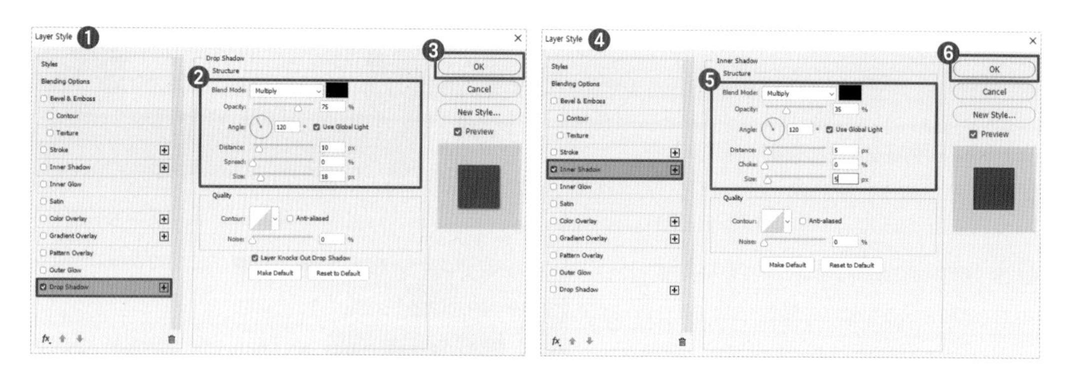

06 그룹 및 틀 배치_ ❶Layers 패널에서 [Background] 레이어를 제외한 모든 레이어를 선택한 후 Ctrl + G를 눌러 그룹으로 묶고 ❷[Group 1] 그룹에서 Ctrl + J를 눌러 복제합니다. ❸[Group1] 그룹의 [눈] 아이콘을 비활성화하고, ❹[Group 1 copy] 그룹을 펼쳐서 2개의 사각형 레이어를 선택합니다.

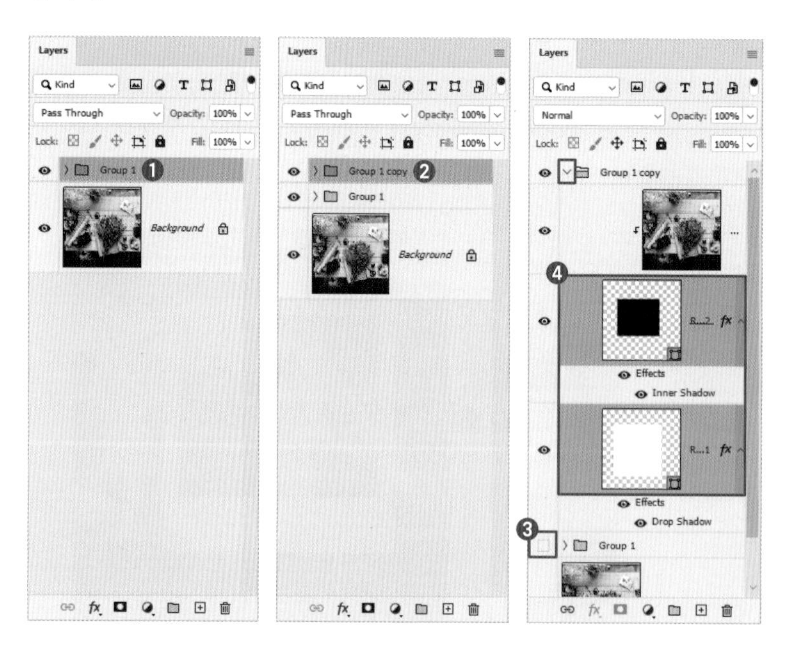

07 Ctrl + T 를 눌러 자유 변형을 실행한 후 다음과 같이 폴라로이드 틀을 살짝 회전시킨 후 Enter 를 눌러 자유 변형을 마칩니다.

08 ❶Layers 패널에서 [Group 1] 그룹을 한 개 더 복제하고(Ctrl + J), 그룹을 펼친 후 2개의 사각형 레이어를 선택합니다. ❷자유 변형을 실행하여(Ctrl + T) 폴라로이드 틀의 위치와 크기, 각도 등을 조절하여 원하는 위치에 배치한 후 Enter 를 누릅니다.

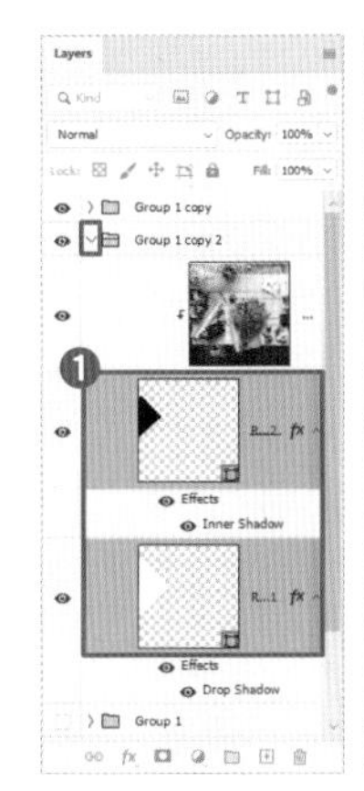

09 위와 같은 방법으로 그룹을 복제하고 폴라로이드 틀을 변형하여 원하는 위치에 배치하여 완성합니다.

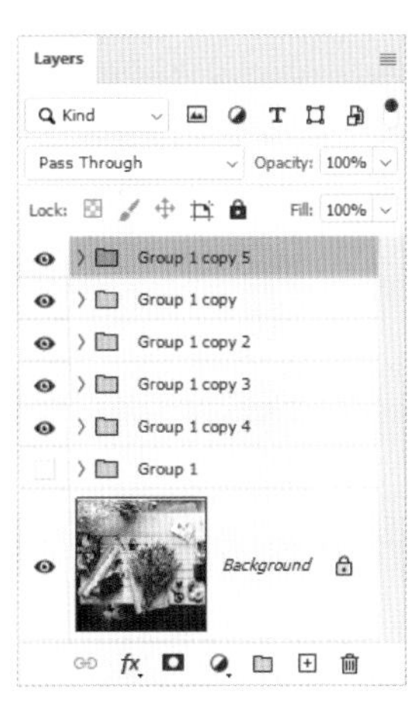

Idea 50

반투명한 모자이크 효과

한 장의 사진에서 투명한 조각과 반투명한 조각이 다채롭게 섞여 있는 모자이크 이미지처럼 연출해 보겠습니다. 간단한 기능으로 평범한 이미지를 톡톡 튀는 재미있는 이미지로 탈바꿈할 수 있습니다.

난이도 ★☆☆☆☆
예 제 Mosaic.jpg
완 성 Mosaic.psd

Pointillize
Mosaic

01 예제 열기_ ❶ Ctrl + O 을 눌러 Mosaic.jpg 예제 파일을 열고, ❷ Ctrl + J 를 눌러 레이어를 복제합니다.

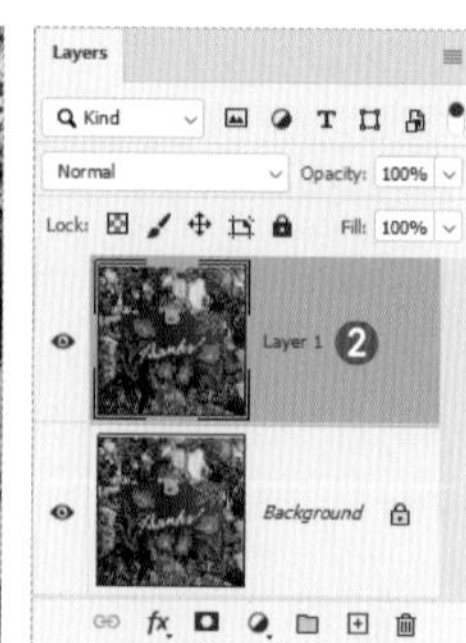

02 필터 적용_ ❶메뉴 바에서 [Filter-Pixelate-Pointillize]를 선택한 후 ❷Pointillize 창이 열리면 Cell Size: 100으로 설정하고 ❸[OK]를 클릭합니다.

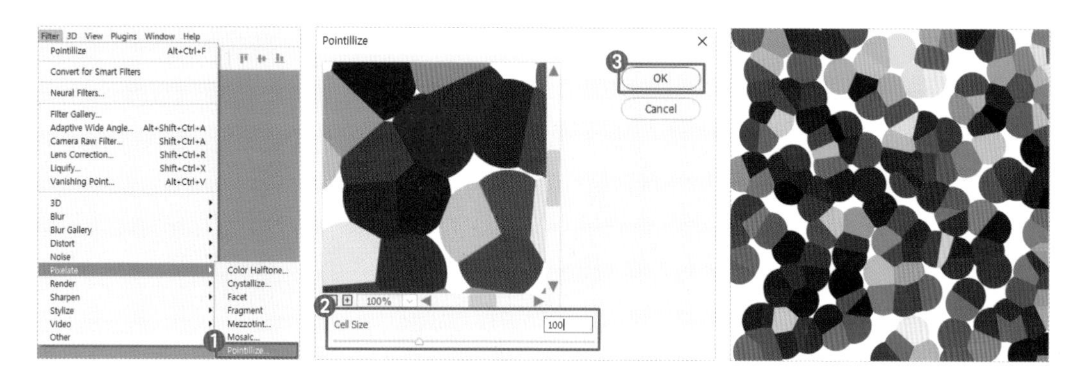

03 ❶메뉴 바에서 [Filter-Pixelate-Mosaic]를 선택한 후 ❷Mosaic 창이 열리면 Cell Size: 100square로 설정하고 ❸[OK]를 클릭합니다.

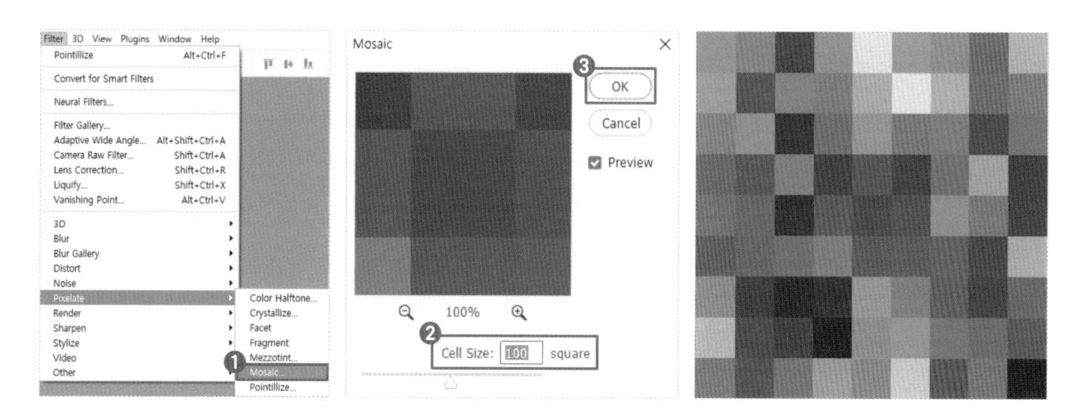

04 ❶메뉴 바에서 **[Filter-Sharpen-Sharpen Edges]**를 선택하여 가장자리를 선명하게 처리하고, ❷ Alt + Ctrl + F 를 눌러 마지막에 적용한 필터(Sharpen Edges)를 한 번 더 적용합니다. ❸Layers 패널에서 **Blending Mode: Hard Light, Opacity: 55%**로 설정하여 완성합니다.

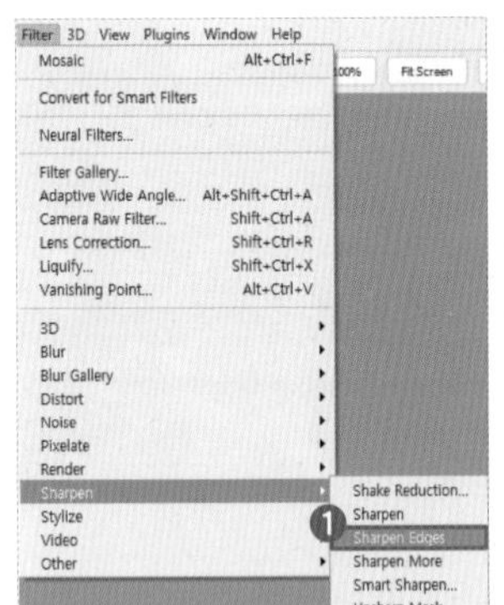

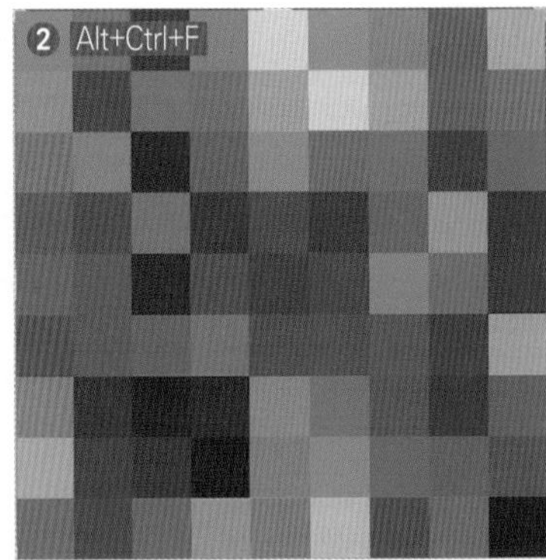

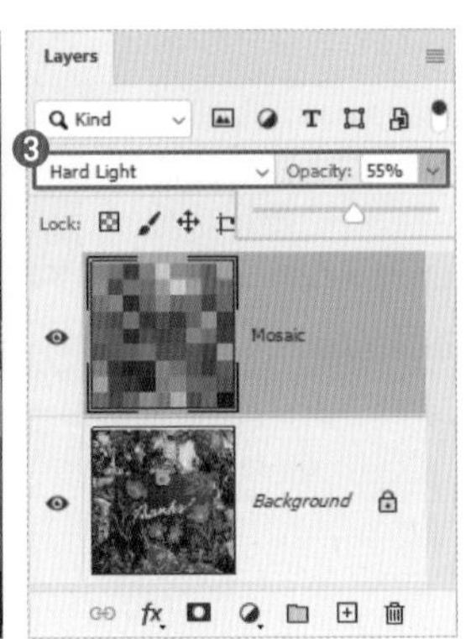

Idea 51

아날로그 감성의 글리치 효과

이미지를 흑백으로 변경한 후 옛날 흑백 TV의 주사선 같은 필터를 적용하면 아날로그 감성이 물씬 풍기는 이미지를 만들 수 있습니다.

난이도 ★★☆☆☆
예 제 Man.jpg
완 성 Glitch.psd

Blending Options
Halftone Pattern

01 예제 열기_ ❶ Ctrl + O 을 눌러 Man.jpg 예제 파일을 열고, ❷ Ctrl + J 를 눌러 레이어를 복제한 후 이름은 Man으로 변경합니다.

02 이미지 보정_ ❶ 다시 Ctrl + J 를 눌러 [Man] 레이어를 복제하고, ❷ 메뉴 바에서 [Image-Adjustments-Desaturate]를 선택하여 채도를 감소시킵니다.

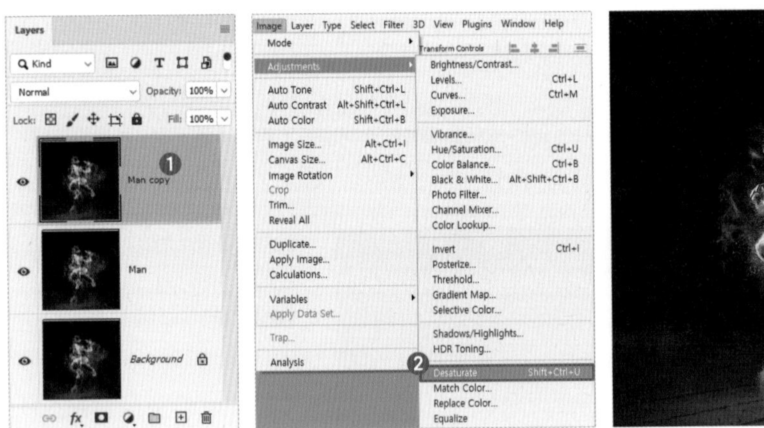

03 레이어 스타일 적용_ ❷ Layers 패널에서 [Add a layer style] 아이콘을 클릭한 후 [Blending Options]을 선택합니다. ❷ Layer Style 창이 열리면 Channels: R **체크 해제**로 설정하고 ❸ [OK]를 클릭합니다.

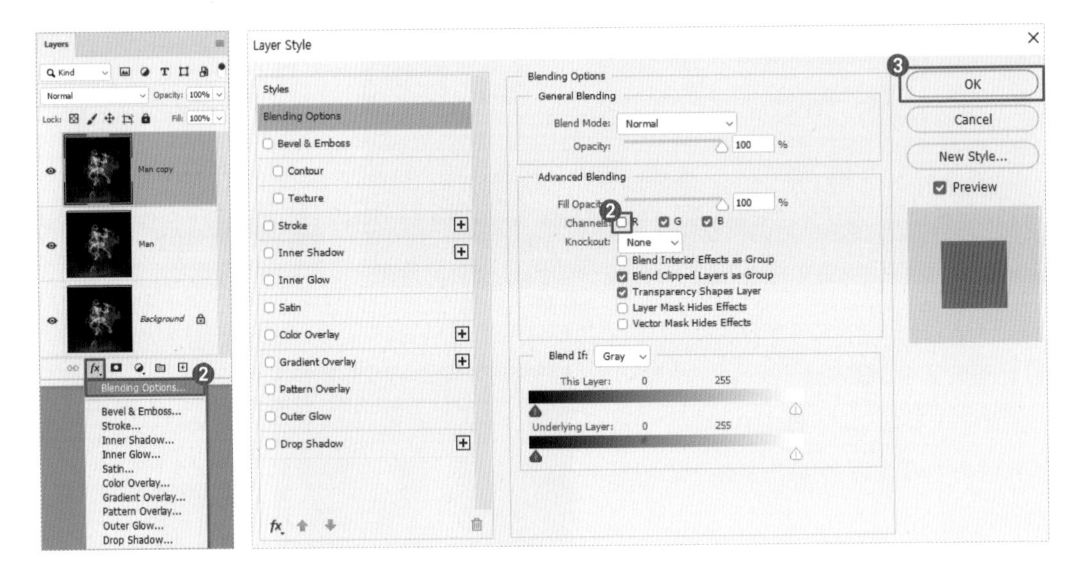

04 ❶ 툴 바에서 **[이동 도구]**를 선택하고 ❷ 작업 창에서 살짝 오른쪽으로 드래그하여 옮깁니다.

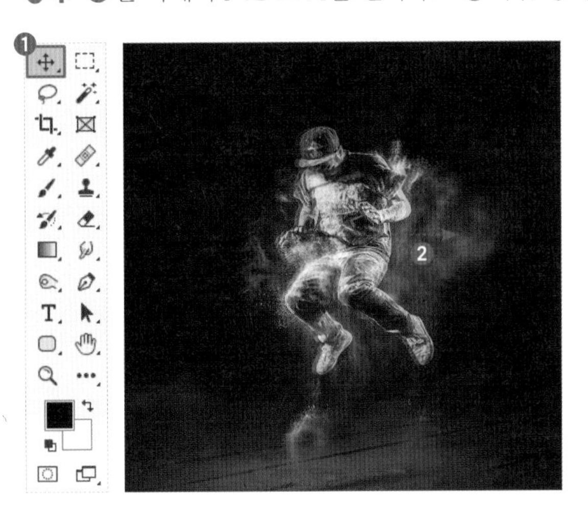

05 **화면 연출_** ❶ 툴 바에서 **[사각형 선택 윤곽 도구]**를 선택합니다. ❷ 작업 창에서 화면이 '지직' 거리는 것처럼 표현할 부분을 드래그하여 직사각형 바 형태로 선택 영역을 지정하고, Shift 를 누른 채 여러 위치를 드래그하여 선택 영역을 추가합니다. ❸ **[이동 도구]**를 선택한 후 ❹ 작업 창에서 선택 영역을 살짝 드래그하여 위치를 옮기고 Ctrl + D 를 눌러 선택 영역을 해제합니다.

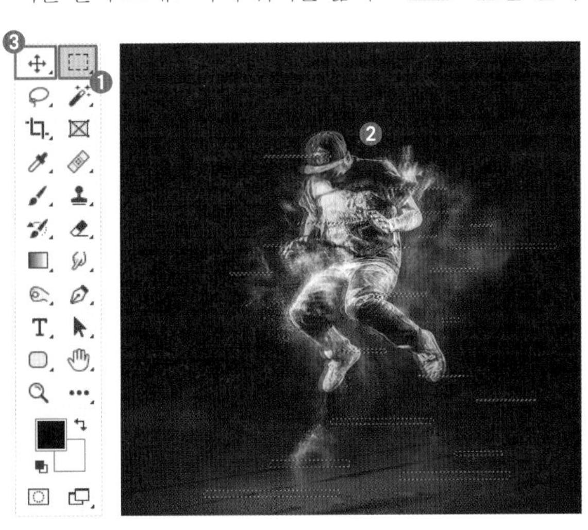

06 ❶ Layers 패널에서 레이어를 추가하고 흰색(#ffffff)으로 채웁니다. ❷ 메뉴 바에서 [Filter-Filter Gallery]를 선택하여 Filter Gallery 창을 열고 ❸ [Sketch〉Halftone Pattern]을 선택한 후 ❹ Size: 1, Contrast: 5, Pattern Type: Line으로 설정하고 ❺ [OK]를 클릭합니다.

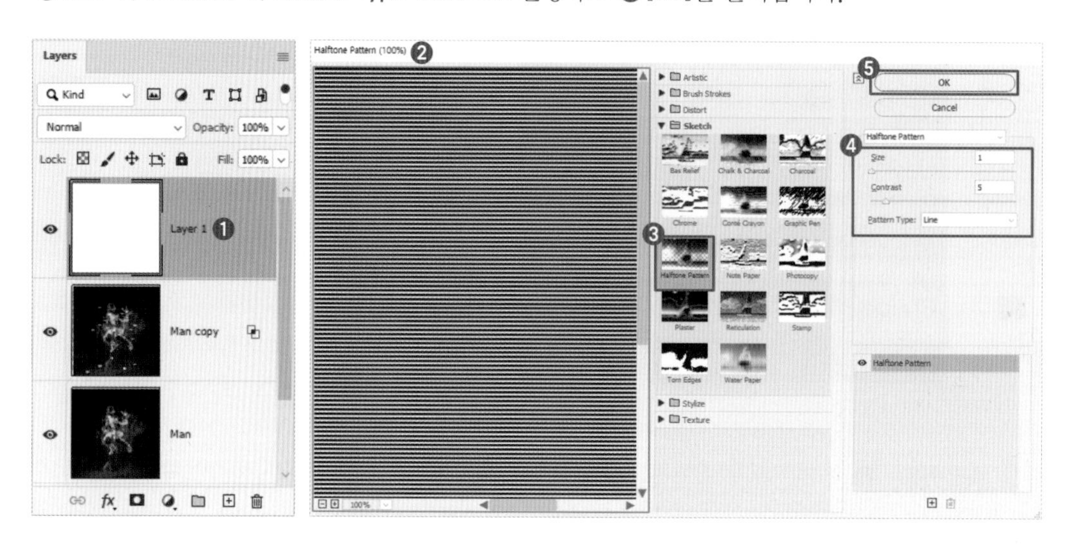

07 Layers 패널에서 Blending Mode: Overaly, Opacity: 48%로 설정하여 완성합니다.

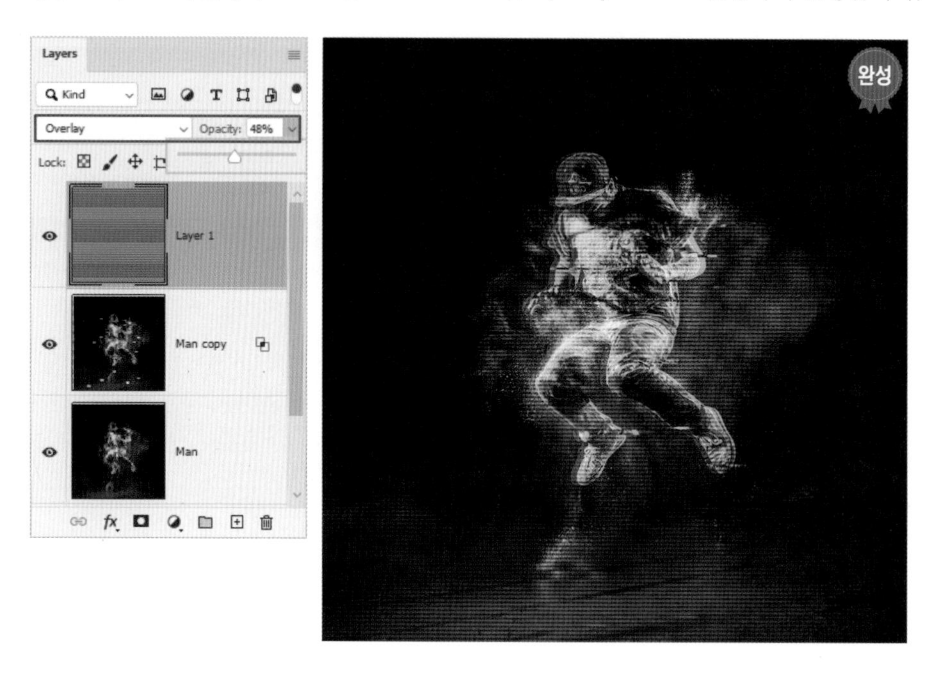

CHAPTER 6

ILLUSTRATOR TECHNIQUE

일러스트레이터에는 편리한 드로잉 기능인 펜과 도형 도구들 외에도 훨씬 다양한 기능이 있습니다. 스타일이나 심볼 등 내재된 기능을 활용하면 최소한의 노력으로 여러분의 아이디어를 구현할 수 있습니다.

직접 만든 브러시로 꾸민 배경

[펜 도구]를 이용해 배경을 꾸미는 데 사용할 오브젝트를 만듭니다. 이렇게 만든 오브젝트는 이후에도 반복해서 사용할 수 있도록 브러시로 등록하여 활용합니다.

난이도 ★★★☆☆

완 성 HappyHoliday.ai

Blend

Brush

01 오브젝트 만들기_ ❶ Ctrl + N을 눌러 900×900Points로 새 창을 만들고, ❷툴 바에서 **[펜 도구]**를 선택한 후 **칠: #0E7271, 선: None**으로 설정합니다.

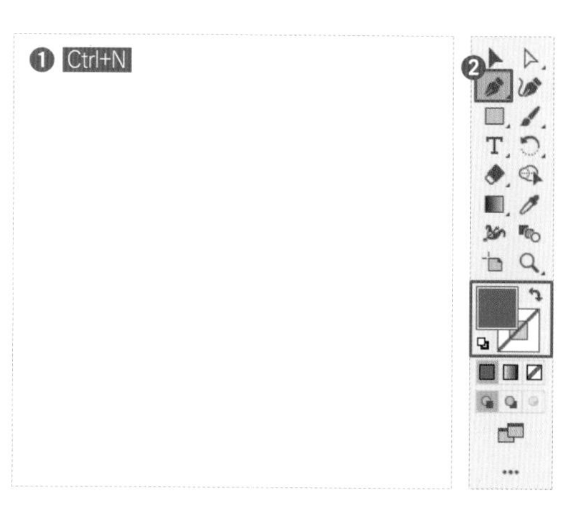

02 ❶작업 창(아트보드)에서 첫 지점을 클릭하고 ❷이어서 다음 지점을 클릭한 후 드래그하여 곡선을 그립니다. ❸ Alt 를 누른 채 오른쪽에 있는 방향선을 드래그하여 다음과 같이 살짝 위로 옮깁니다. ❹처음 클릭한 지점을 클릭하여 나뭇잎 모양을 그립니다.

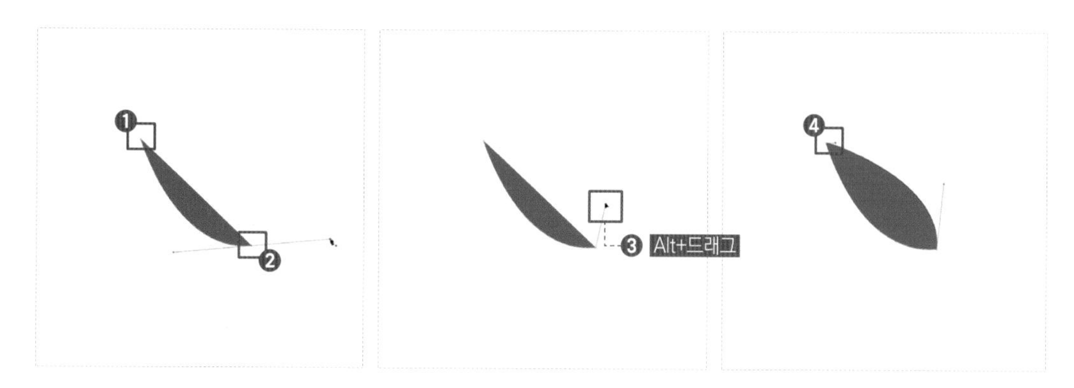

[펜 도구] 사용 중 Alt 를 누르고 있으면 [고정점 도구]가 선택됩니다.

03 ❶툴 바에서 **[선택 도구]**를 선택한 후 ❷작업 창에서 Shift + Alt 를 누른 채 나뭇잎을 위로 살짝 드래그하여 복제합니다.

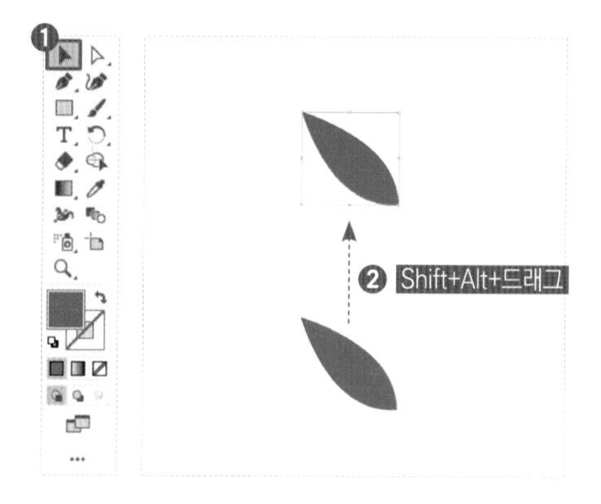

04 ❶복제한 나뭇잎에서 **[마우스 오른쪽 버튼]**을 클릭한 후 **[Transform-Scale]**을 선택하고, ❷Scale 창이 열리면 **Uniform: 70%**로 설정한 후 ❸**[OK]**를 클릭하여 크기를 줄입니다.

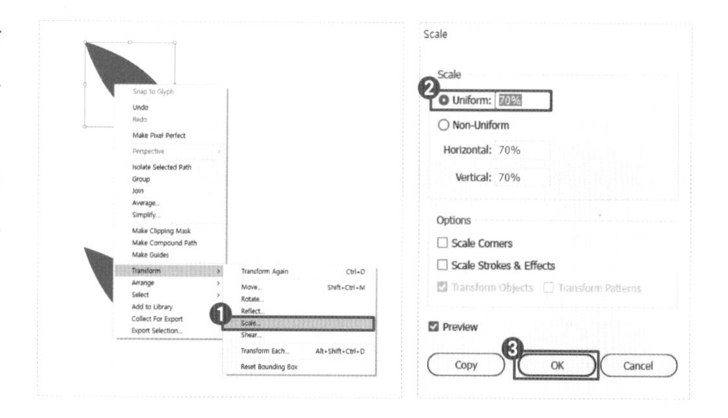

05 ❶범위를 드래그하여 2개의 나뭇잎을 선택하고 ❷Align 패널에서 [Horizontal Align Right]를 클릭하여 정렬합니다.

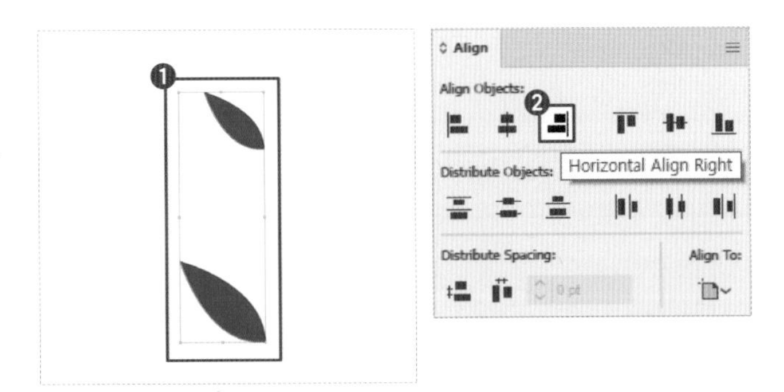

06 ❶툴 바에서 **[블렌드 도구]**를 더블 클릭합니다. ❷Blend Options 창이 열리면 **Spacing: Specified Steps/2**로 설정하고 ❸[OK]를 클릭합니다. ❹작업 창에서 위와 아래의 나뭇잎을 각각 클릭합니다. 클릭한 2개의 나뭇잎에 따라 크기가 서로 다른 나뭇잎 2개가 추가됩니다.

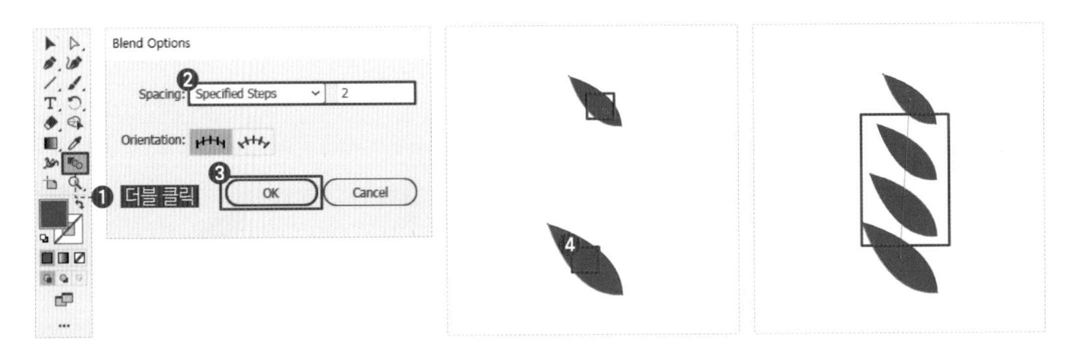

07 ❶툴 바에서 **[선택 도구]**를 선택한 후 Shift + Alt를 누른 채 4개의 나뭇잎을 오른쪽으로 드래그하여 복제하고 ❷**[마우스 오른쪽 버튼]**을 클릭한 후 [Transform-Reflect]를 선택합니다. ❸Reflect 창이 열리면 **Axis: Vertical**로 설정하고 ❹[OK]를 클릭하여 좌우 반전시킵니다.

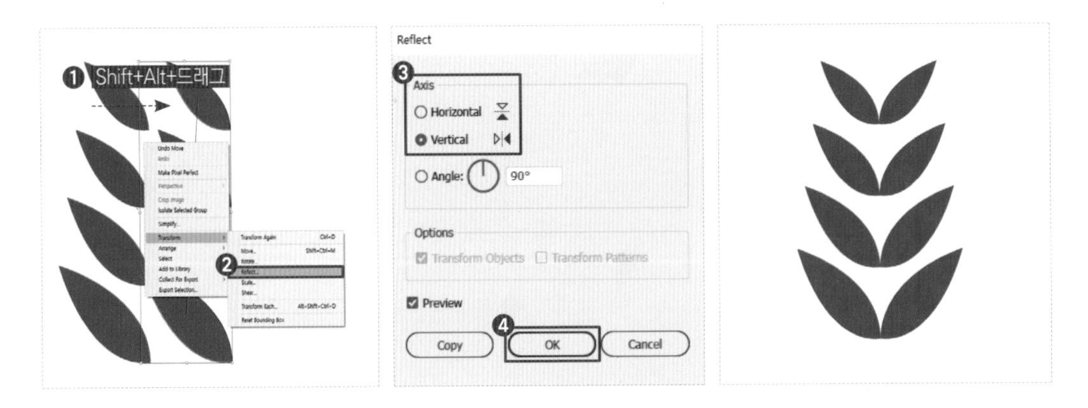

08 ❶툴 바에서 **[페인트브러시 도구]**를 선택하고, ❷**[Swap Fill and Stroke]** 아이콘을 클릭하여 칠과 선 설정 값을 바꿉니다. ❸Stroke 패널 또는 Appearance 패널에서 **Weight**(두께) 옵션 값을 적절하게 변경하고, ❹작업 창에서 양쪽에 배치된 나뭇잎 사이를 드래그하여 줄기를 그립니다.

09 ❶툴 바에서 **[직접 선택 도구]**를 선택하고 ❷나뭇잎을 하나를 선택하여 Ctrl + C 후 Ctrl + V 를 눌러 복제하고, 맨 위에 배치합니다. ❸**[선택 도구]** V 를 선택하여 ❹맨 위에 있는 나뭇잎을 선택하고 조절점 밖에서 드래그하여 다음과 같이 회전시켜 오브젝트를 완성합니다.

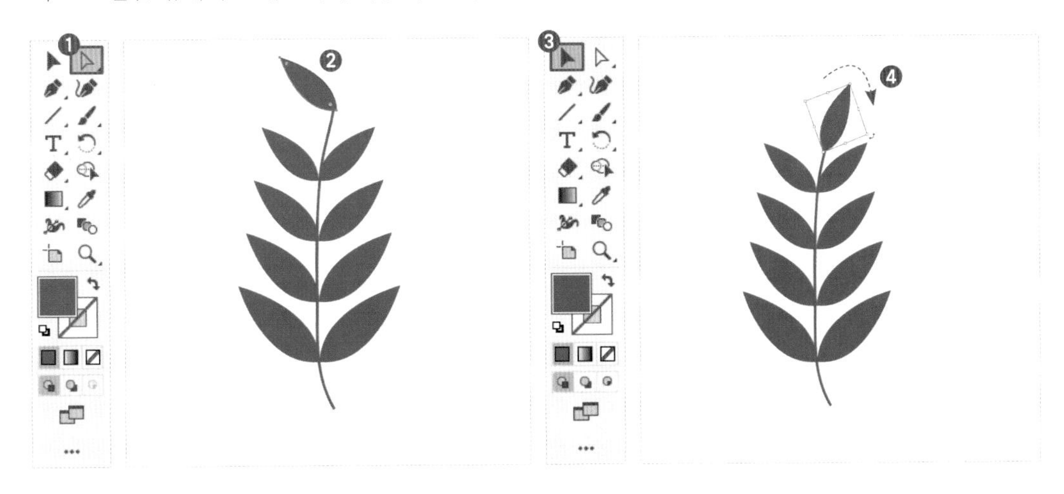

10 브러시 등록_ ❶ F5 를 눌러 Brushes 패널을 엽니다. ❷범위를 드래그하여 완성한 나뭇잎을 모두 선택한 후 ❸Brushes 패널로 드래그합니다. ❹New Brush 창이 열리면 **[Art Brush]**를 선택한 후 ❺**[OK]**를 클릭합니다.

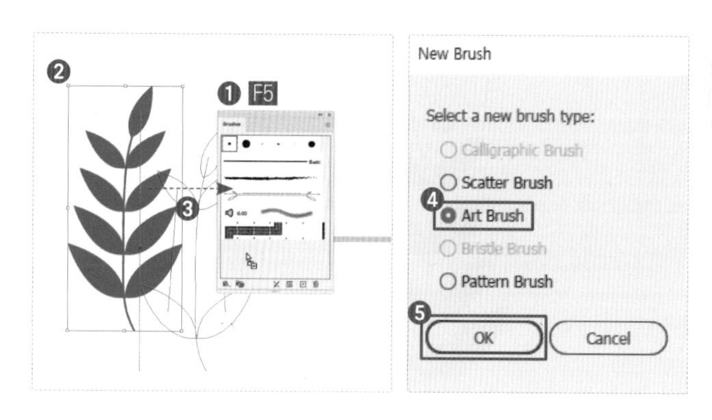

메뉴 바에서 [Window–Brushes]를 선택해도 Brushes 패널을 열 수 있습니다.

11 ❶Art Brush Options 창이 열리면 **Direction: 위쪽**으로 설정하고 ❷**[OK]**를 클릭합니다. ❸Brushes 패널을 보면 직접 만든 오브젝트가 브러시로 등록된 것을 확인할 수 있습니다.

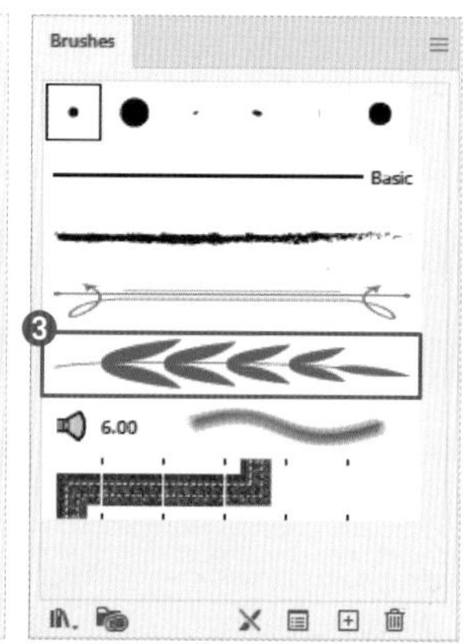

12 배경 만들기_ 앞서 그린 나뭇잎 오브젝트는 모두 선택해서 삭제합니다. ❶툴 바에서 **[사각형 도구]**를 선택하고 **칠: #091D24, 선: None**으로 설정합니다. ❷작업 창에서 아트보드 크기로 드래그해서 검은색 사각형 배경을 그립니다.

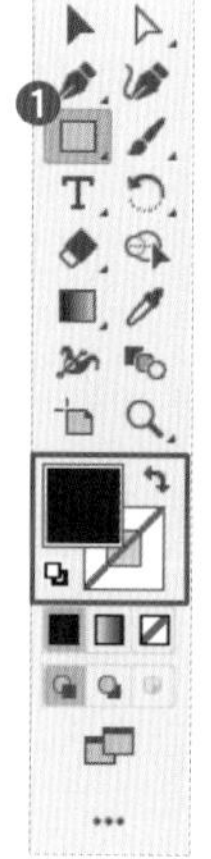

13 배경 꾸미기_ ❶툴 바에서 **[페인트브러시 도구]**를 선택하고, ❷Brushes 패널에서 앞서 등록한 브러시를 선택합니다. ❸작업 창에서 원하는 위치를 드래그하면 나뭇잎이 그려집니다.

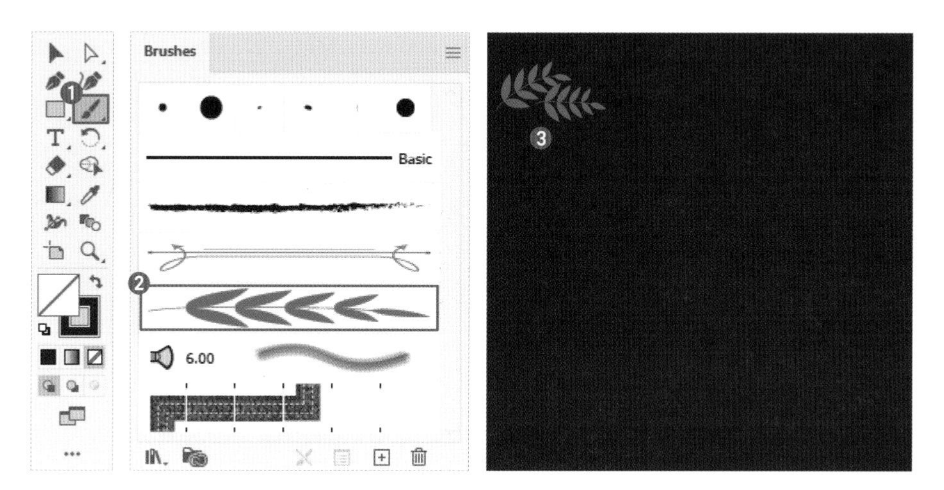

14 작업 창 위와 아래에서 자유롭게 드래그하여 나뭇잎으로 채웁니다.

15 오브젝트 그리기_ ❶**[원형 도구]**를 선택하고 **칠: #DB433B, 선: None**으로 설정한 후 ❷작업 창에서 드래그하여 열매를 그리고, ❸**선: #ffffff**으로 설정한 후 **[페인트브러시 도구]**를 이용해 줄기를 표현하여 체리 오브젝트를 완성합니다.

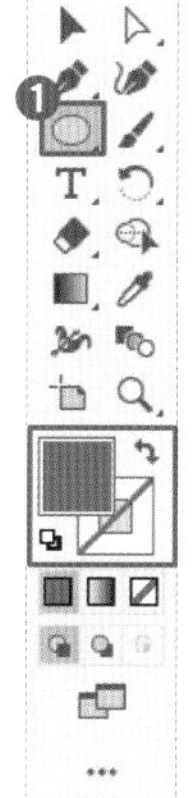

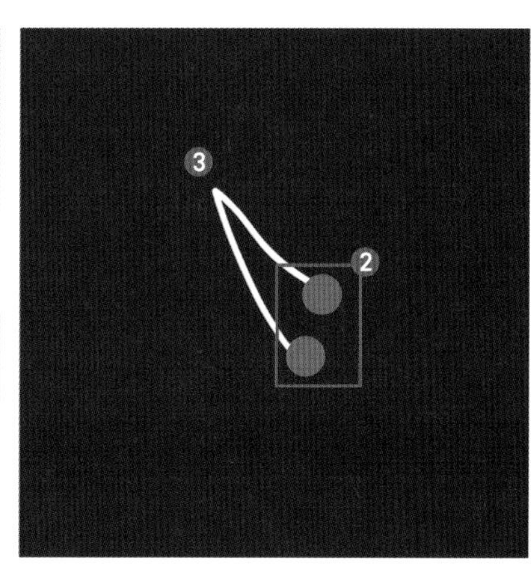

16 ❶툴 바에서 **[펜 도구]**를 선택하고 **칠: #fbb03b, 선: None**으로 설정한 후 ❷작업 창에서 큰 꽃잎을 그리고, ❸**칠: #f79320** 설정으로 작은 꽃잎을 그려 꽃잎 오브젝트까지 완성합니다.

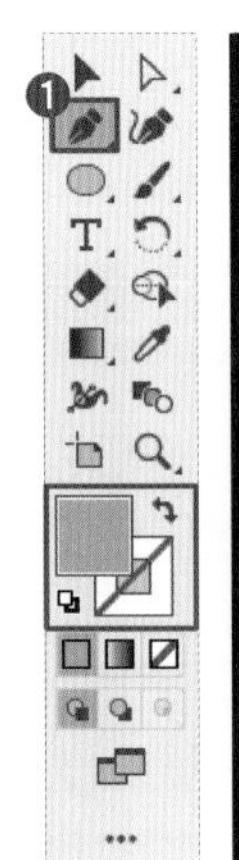

17 **아트 브러시 등록_** ❶❷나뭇잎 브러시를 등록했던 방법과 같은 방법으로 각각 **[Art Brush]**로 등록한 후 **Direction** 옵션에서는 각각 아래쪽과 오른쪽으로 설정합니다. 작업 창에서 브러시로 등록한 오브젝트는 삭제해서 정리합니다.

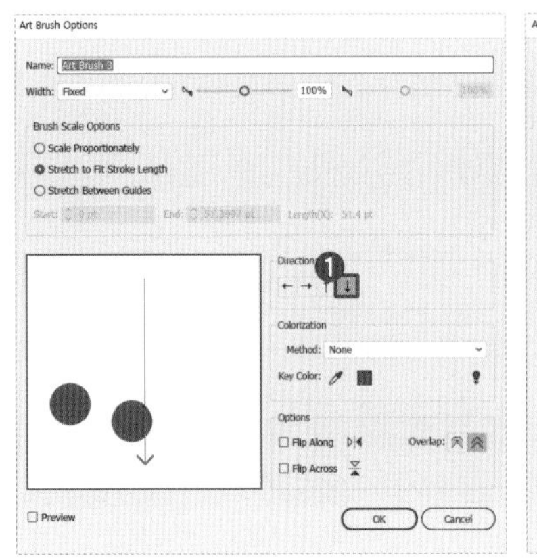

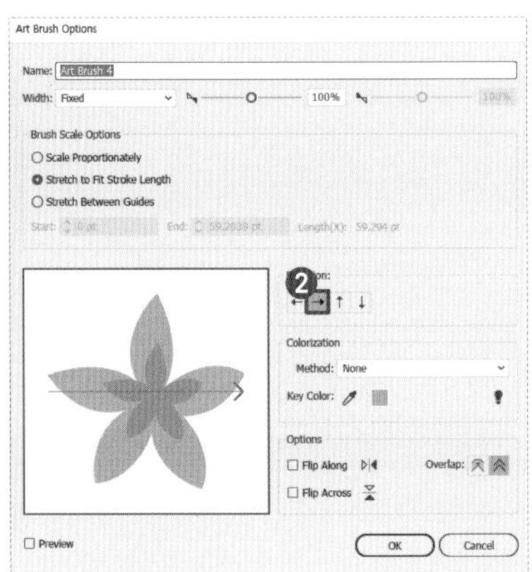

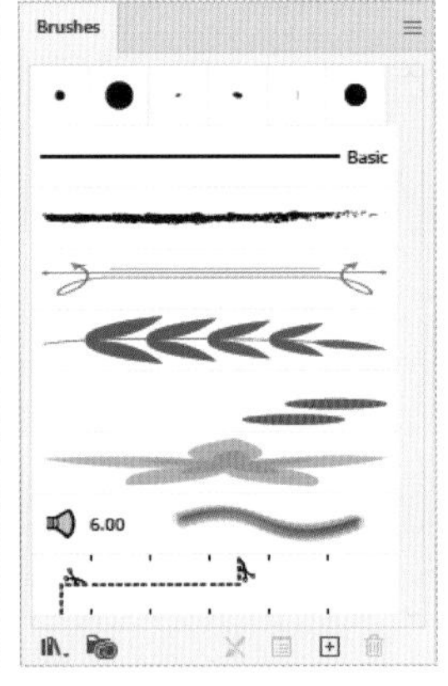

18 **배경 추가_ [페인트브러시 도구]**를 선택하고 Brushes 패널에서 새로 등록한 브러시를 선택한 후 작업 창에서 드래그하여 배경을 꾸밉니다. Brushes 패널에서 **[Round]** 모양을 선택하여 작은 흰색 원까지 표현하면 배경이 완성됩니다.

19 텍스트 입력_ [문자 도구]를 이용하여 작업 창 가운데 적당한 내용을 입력합니다. Ctrl + T 를 눌러 Character 패널을 열고 원하는 폰트 옵션을 설정합니다.

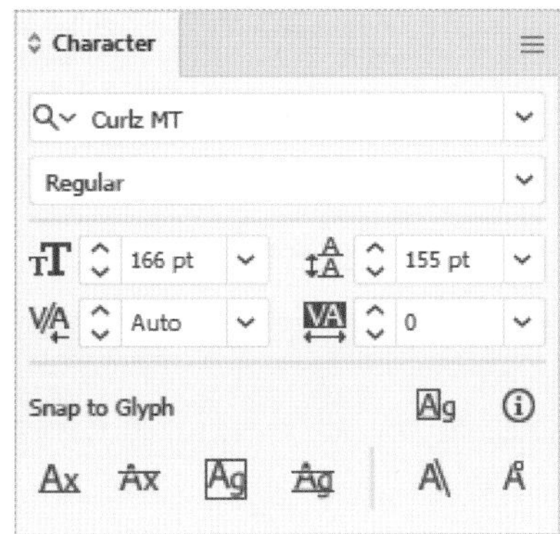

20 클리핑 마스크 적용_ 작업 창에서 아트보드 바깥쪽으로 오브젝트가 배치되는 등 테두리가 지저분해 보일 수 있습니다. ❶**[사각형 도구]**를 선택하여 아트보드 크기로 사각형을 그리고, ❷ Ctrl + A 를 눌러 모든 오브젝트를 선택합니다. ❸메뉴 바에서 [Object-Clipping Mask-Make]를 선택하면 마지막에 그린 사각형 모양으로 클리핑 마스크가 적용됩니다.

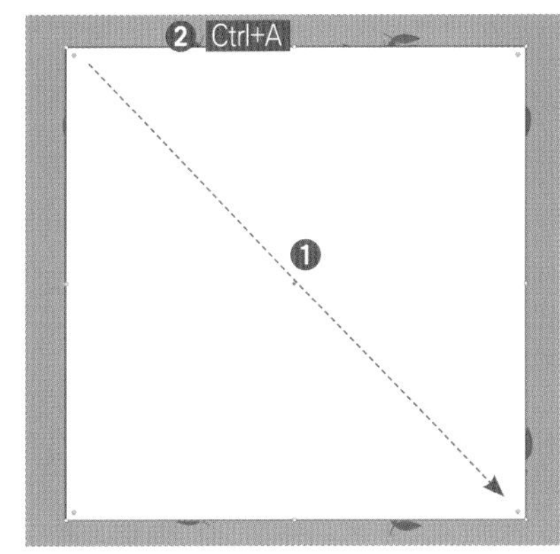

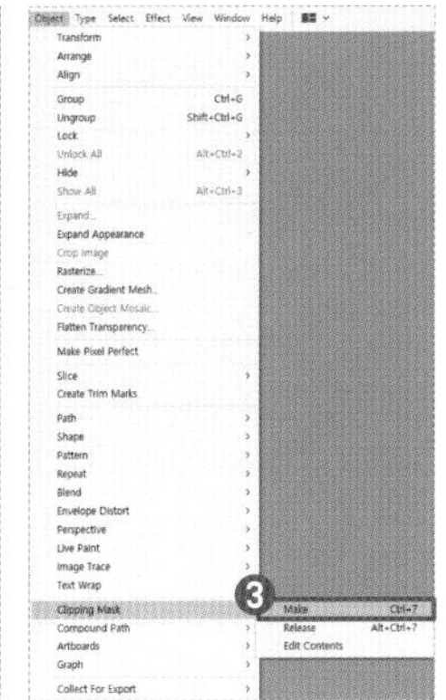

로고로 활용하기 좋은 엠블럼

상장이나 베스트셀러 책 표지에서 흔하게 볼 수 있는 엠블럼을 만들어 보겠습니다. 기본 형태를 만든 후 적절한 텍스트를 입력해 활용해 보세요.

난이도 ★★☆☆☆
완 성 Emblem.ai

New Brush
Stroke

01 오브젝트 만들기_ ❶ Ctrl + N 을 눌러 900×900Points로 새 창을 만들고 ❷툴 바에서 **[펜 도구]**를 선택한 후 **칠: 임의 색, 선: None**으로 설정합니다. ❸작업 창에서 다음과 같이 잎 모양을 그린 후 Ctrl 을 누른 채 완성한 잎을 클릭하여 선택합니다.

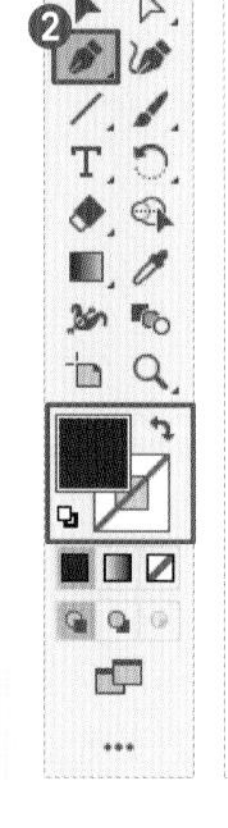

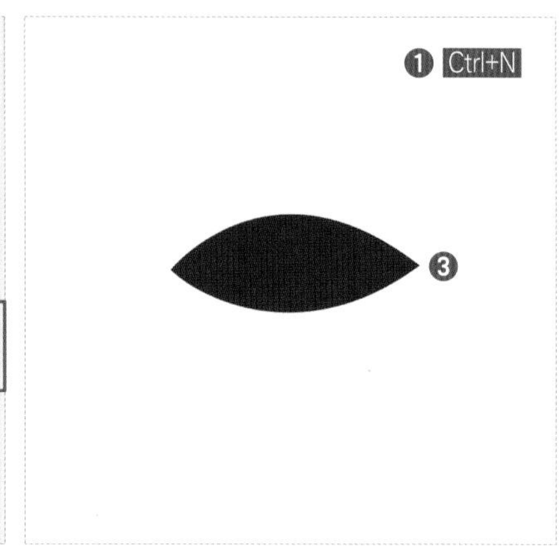

잎 모양을 그리는 방법은 289쪽을 참고하세요.

02 오브젝트 회전_ ❶툴 바에서 **[회전 도구]**를 더블 클릭하여 Rotate 창을 열고, ❷Angle: 150으로 설정한 후 ❸[OK]를 클릭합니다. 잎이 150도 회전됩니다.

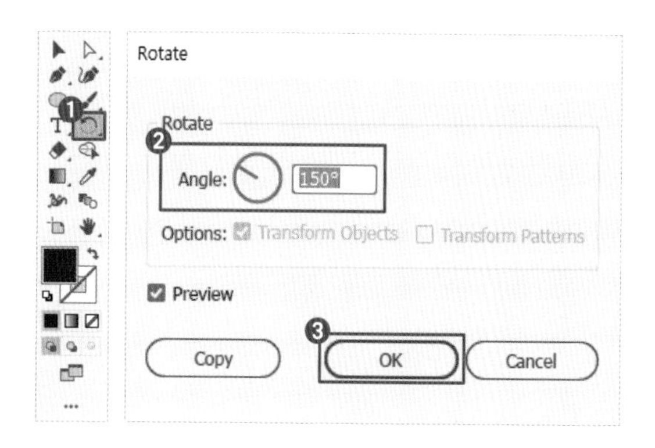

03 복제 배치_ ❶**[선택 도구]**를 선택한 후 작업 창에서 Alt를 누른 채 잎을 위로 충분히 드래그하여 복제 배치합니다. ❷복제된 잎에서 **[마우스 오른쪽 버튼]**을 클릭한 후 **[Transform-Scale]**을 선택하고 ❸Scale 창이 열리면 Unform: 60%로 설정한 후 ❹[OK]를 클릭하여 크기를 줄입니다.

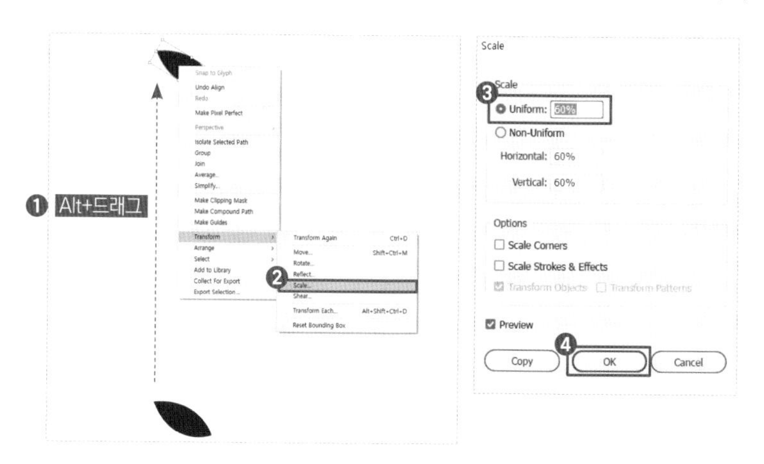

04 ❶범위를 드래그해서 2개의 잎을 선택하고 ❷Align 패널에서 **[Horizontal Align Right]**를 클릭하여 정렬합니다.

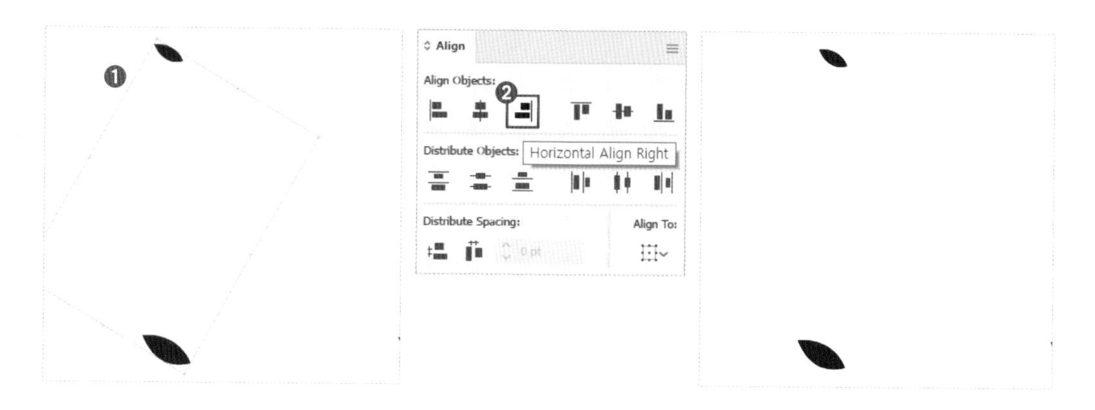

05 ❶툴 바에서 **[블렌드 도구]**를 더블 클릭하여 ❷Blend Options 창이 열리면 **Spacing: Specified Steps/10**으로 설정한 후 ❸[OK]를 클릭합니다. ❹작업 창에서 위와 아래에 있는 잎을 각각 클릭하면 사이에 10개의 잎이 채워집니다.

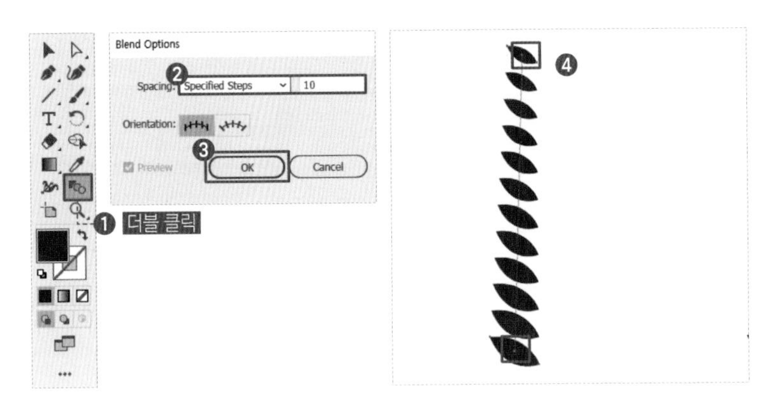

06 ❶툴 바에서 **[선택 도구]**를 선택하고 ❷작업 창에서 Shift + Alt를 누른 채 오른쪽으로 드래그하여 복제 배치합니다.

07 ❶복제된 오브젝트에서 **[마우스 오른쪽 버튼]**을 클릭한 후 **[Transform-Reflect]**를 선택합니다. ❷Reflect 창이 열리면 **Axis: Vertical**로 설정하고 ❸[OK]를 클릭하여 좌우로 반전시킵니다.

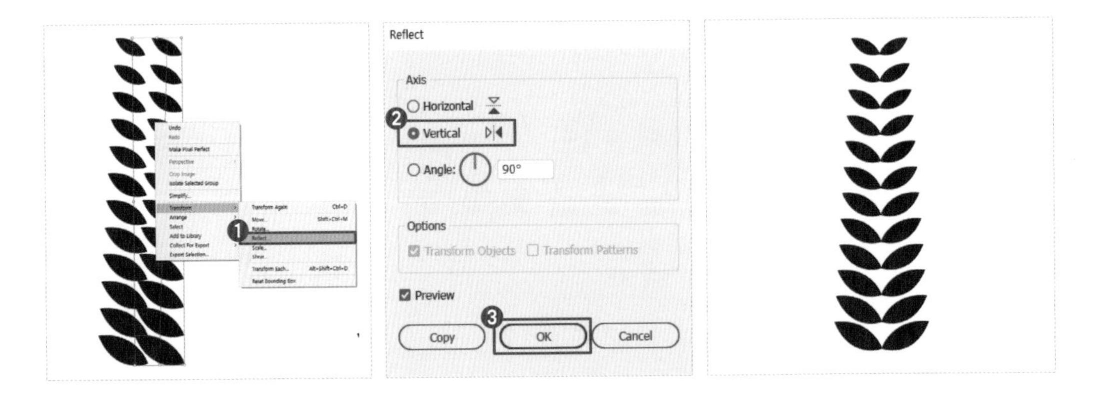

08 ❶**[펜 도구]** 등을 이용하여 맨 위에 잎을 하나 더 그립니다. ❷완성한 오브젝트는 **Direction: 위쪽, Method: Hue Shift**로 설정하여 Art Brush로 등록합니다. 작업 창의 오브젝트는 모두 선택한 후(Ctrl+A) 삭제합니다(Delete).

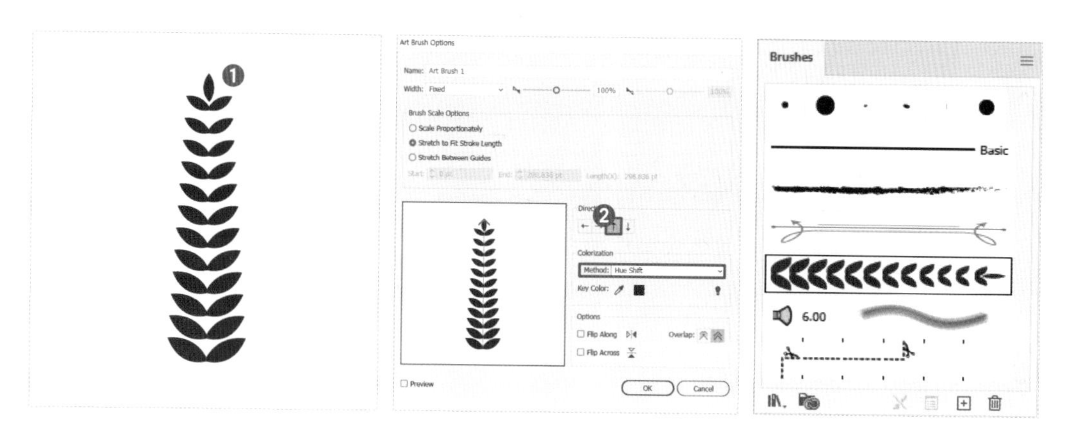

자세한 Art Brush 등록 방법은 292쪽을 참고합니다. 옵션 설정 시 [Method: Hue Shift]로 설정하면 이후 툴 바에서 지정한 색에 따라 브러시의 색이 바뀝니다.

09 **배경 만들기_** ❶툴 바에서 **[사각형 도구]**를 선택하고 **칠: #1d1d1e, 선: None**으로 설정한 후 ❷작업 창에서 아트보드 크기로 드래그하여 검은색 사각형 배경을 그립니다.

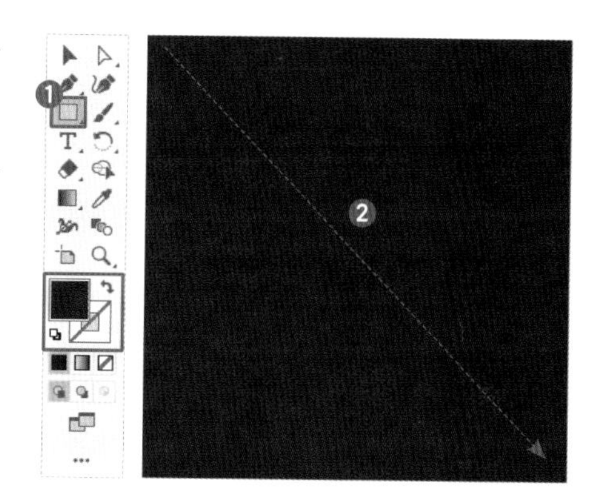

10 **엠블럼 형태 만들기_** ❶툴 바에서 **[원형 도구]**를 선택한 후 ❷작업 창에서 Shift+Alt를 누른 채 드래그해서 정원을 그립니다. ❸툴 바에서 **칠: None, 선: #dcc089**로 설정하여 정원의 테두리 색을 변경합니다.

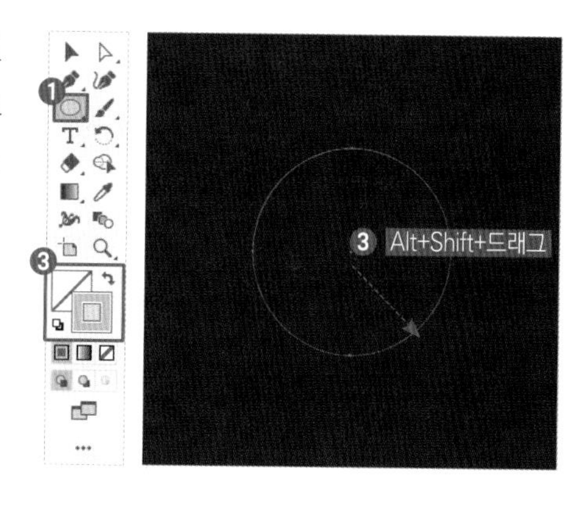

11 ❶툴 바에서 **[직접 선택 도구]**를 선택한 후 ❷정원에서 3시 방향의 고정점을 클릭하여 선택하고 ❸ Delete 를 눌러 지웁니다.

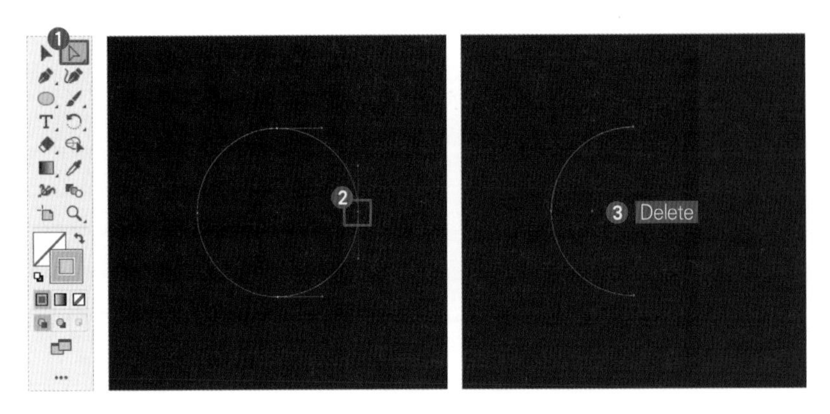

12 ❶**[펜 도구]**를 선택한 후 ❷정원에서 10시 방향을 클릭하여 고정점을 추가합니다. ❸**[직접 선택 도구]**를 선택한 후 ❹정원에서 12시 방향에 있는 고정점을 클릭하여 선택하고 ❺ Delete 를 눌러 지웁니다.

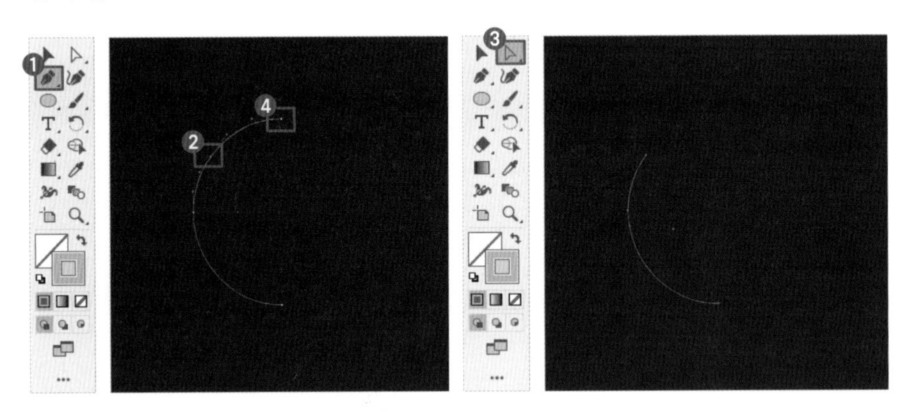

13 **브러시 적용_** ❶ F5 를 눌러 Brushes 패널을 열고 ❷앞서 등록한 아트 브러시를 선택합니다. 선택 중인 패스 모양에 맞춰 브러시가 적용됩니다.

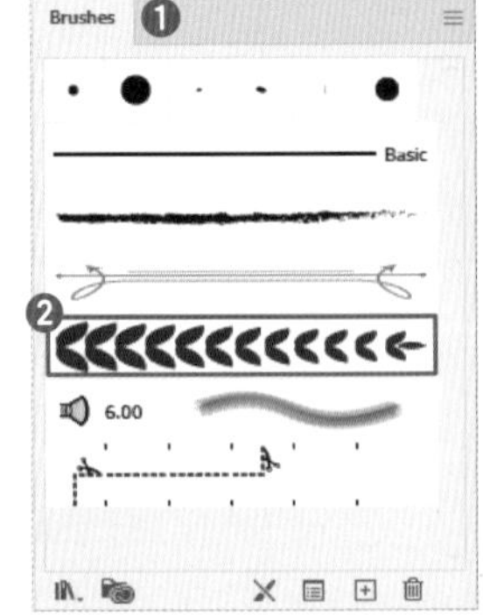

14 **복제 배치_** ❶**[선택 도구]** V 를 선택한 후 Shift + Alt 를 누른 채 오른쪽으로 드래그하여 복제 배치합니다. ❷**[마우스 오른쪽 버튼]**을 클릭한 후 **[Transform-Reflect]**를 선택하여 ❸Reflect 창이 열리면 Axis: Vertical로 설정하고 ❹**[OK]**를 클릭하여 좌우 반전시킵니다.

15 ❶반전시킨 오브젝트의 위치를 조정하여 형태를 완성하고 ❷**[원형 도구]**를 선택하여 처음 그린 정원과 같은 크기로 원을 그립니다. ❸**[펜 도구]**를 선택하고 ❹원과 좌우 잎 끝이 만나는 지점(10시, 2시 방향)을 클릭하여 고정점을 추가합니다.

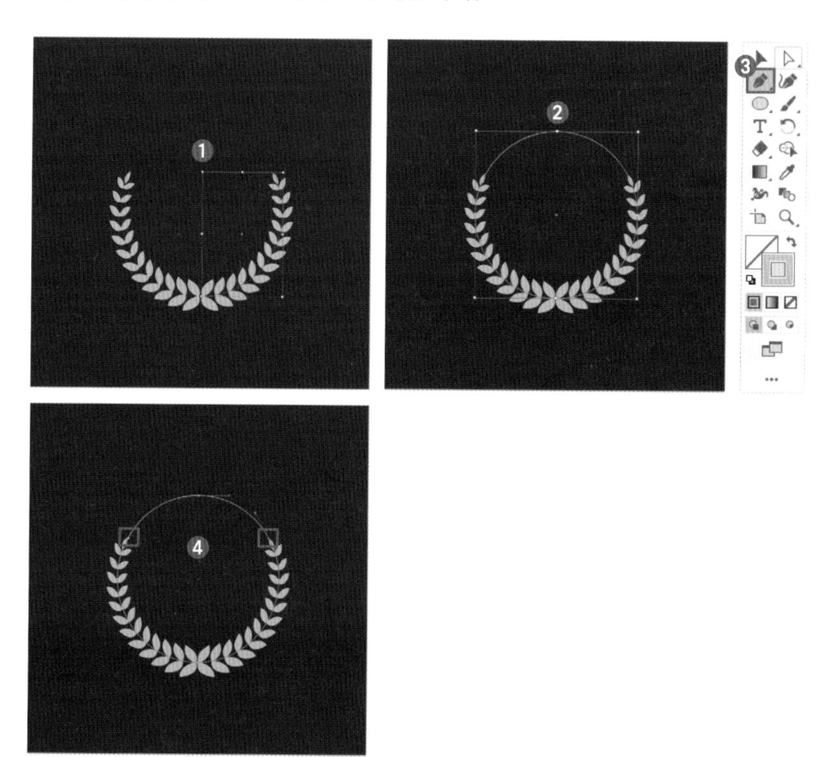

16 ❶**[직접 선택 도구]**를 선택한 후 ❷12시 방향의 고정점을 클릭하여 선택하고 ❸ Delete 를 눌러 지웁니다.

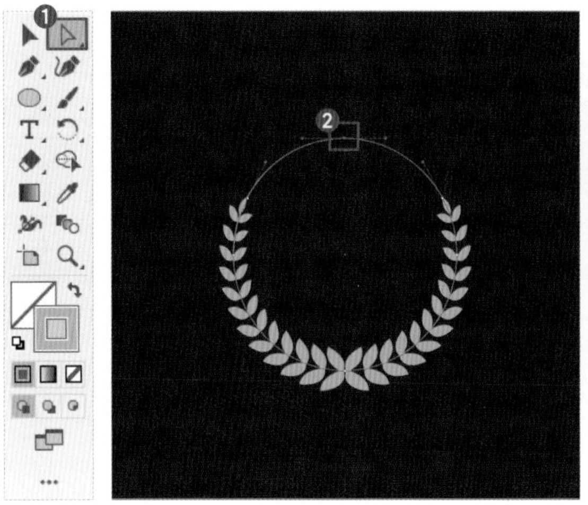

17 **[문자 도구]**를 이용하여 적당한 내용을 입력하여 완성합니다.

Idea 54

유연한 곡선 브러시로 꾸민 배경

일러스트레이터의 브러시 라이브러리에는 다양한 종류의 브러시가 있지만, 간단하게 그린 오브젝트를 브러시로 등록해서 사용하면 더 다채로운 결과를 완성할 수 있습니다. 붓글씨의 한 획 같은 오브젝트를 브러시로 등록한 후 자유롭게 드래그하여 배경을 꾸며 보세요.

난이도 ★★☆☆☆

완 성 New Year.ai

New Brush

레이어스타일

01 오브젝트 만들기_ ❶ Ctrl + N을 눌러 900×900 Points로 새 창을 만듭니다. ❷툴 바에서 **[펜 도구]**를 선택하고 **칠: 검정(#00000), 선: None**으로 설정합니다. ❸작업 창에서 한쪽은 조금 뾰족하고, 한쪽은 둥근 모양으로 오브젝트를 그립니다.

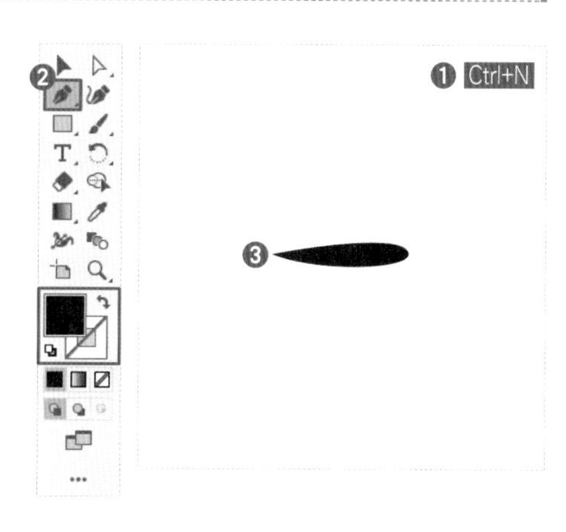

02 아트 브러시 등록_ ❶ F5 를 눌러 Bushes 패널을 열고 ❷완성한 오브젝트를 Bushes 패널로 드래그합니다. New Brush 창이 열리면 **[Art Brush]**를 선택한 후 ❸**[OK]**를 클릭하고, ❹Art Brush Options 창에서 **Direction: 왼쪽, Method: Hue Shift**로 설정한 후 ❺**[OK]**를 클릭합니다. 아트 브러시를 등록한 후 작업 창의 오브젝트는 삭제합니다.

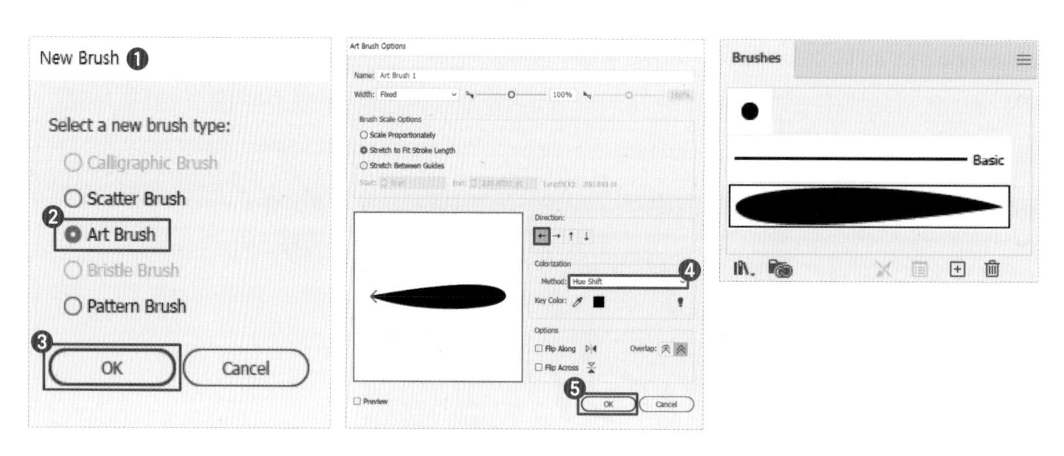

03 배경 만들기_ ❶툴 바에서 **[사각형 도구]**를 선택하고 **칠: #333333, 선: None**으로 설정한 후 ❷작업 창에서 드래그하여 사각형 배경을 그립니다.

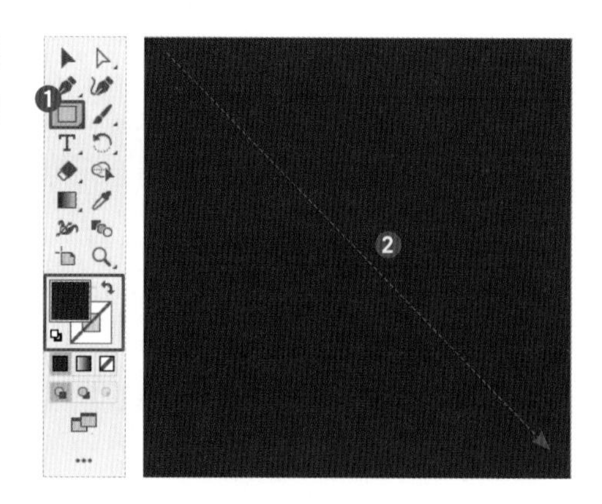

04 텍스트 입력_ ❶툴 바에서 **[문자 도구]**를 선택하고, ❷Character 패널에서 적당한 스타일을 적용한 후 작업 창에 원하는 내용을 입력합니다. ❸툴 바에서 **칠: 흰색(#ffffff)**으로 변경하여 텍스트 색상을 변경합니다.

05 **배경 꾸미기_** Ctrl 을 누른 채 여백을 클릭해서 오브젝트 선택을 해제합니다. ❶툴 바에서 **[페인트브러시 도구]**를 선택한 후 **칠: None, 선: #f4c536**으로 설정합니다. ❷ Ctrl + F10 을 눌러 Stroke 패널을 열어 Weight 옵션을 적당하게 설정하고, ❸Brushes 패널에서 앞서 등록한 아트 브러시를 선택합니다.

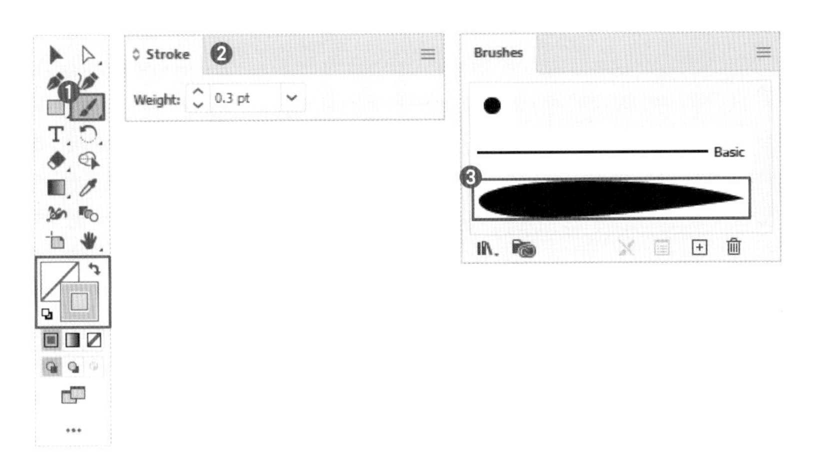

06 먼저 텍스트에 맞춰 주변을 자유롭게 드래그하여 꾸민 후 전체적으로 배경을 완성합니다.

심볼 기능을 활용한 배경

일러스트레이터에 있는 심볼 분무기 기능을 활용하면 하나의 오브젝트에 다양한 변화를 주어 쉽게 이미지를 만들 수 있습니다.

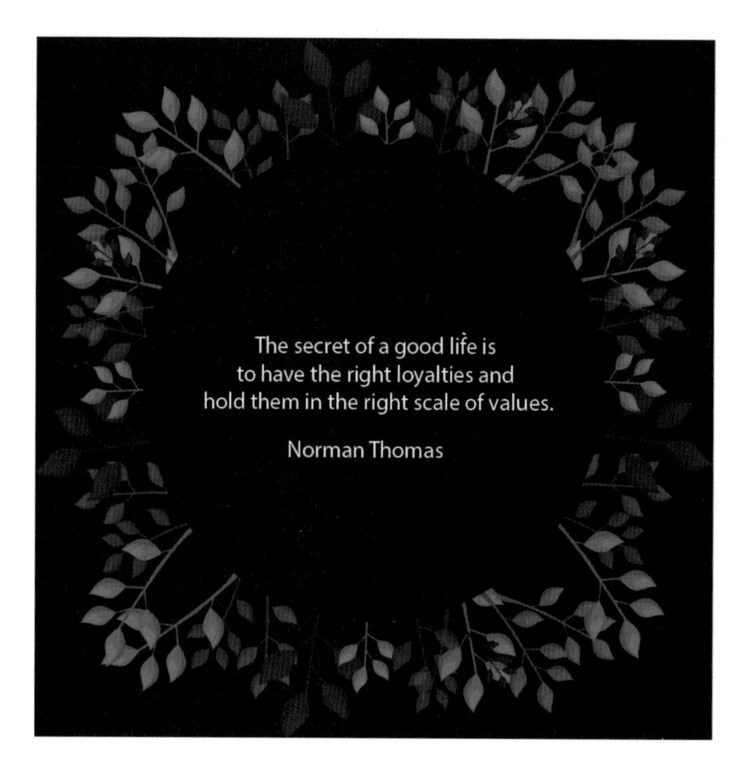

난이도 ★★★☆☆

완 성 Symbol.ai

Symbol Sprayer
Symbol Sizer
Symbol Spinner
Symbol Stainer

01 오브젝트 만들기_ ❶ Ctrl + N 을 눌러 900×900 Points로 새 창을 만들고, ❷툴 바에서 **[펜 도구]**를 선택한 후 **칠: #54644B, 선: None**으로 설정합니다. ❸작업 창에서 가장 바깥쪽 잎을 그립니다. ❹계속해서 **칠: #6A755F, #78816D**로 바꿔 가면서 3가지 색으로 된 잎을 그립니다.

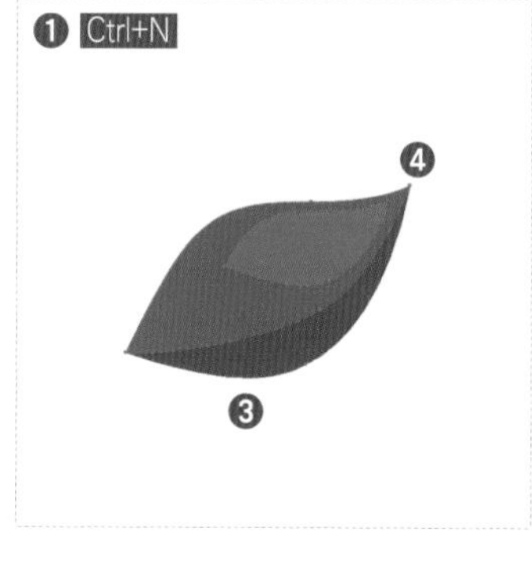

02 **[페인트브러시 도구]**나 **[펜 도구]** 등을 이용해 줄기를 그리고, 완성한 잎을 복제 배치하여 다음과 같은 오브젝트를 완성합니다.

03 **심볼 등록_** ❶Symbols 패널을 엽니다(Shift + Ctrl + F11). ❷툴 바에서 **[선택 도구]**를 선택한 후 완성한 오브젝트를 모두 선택하고 Symbols 패널로 드래그하여 Symbol Options 창이 열리면 ❸[OK]를 클릭해서 오브젝트를 심볼로 등록합니다. 작업 창에서 심볼로 등록한 오브젝트는 삭제합니다.

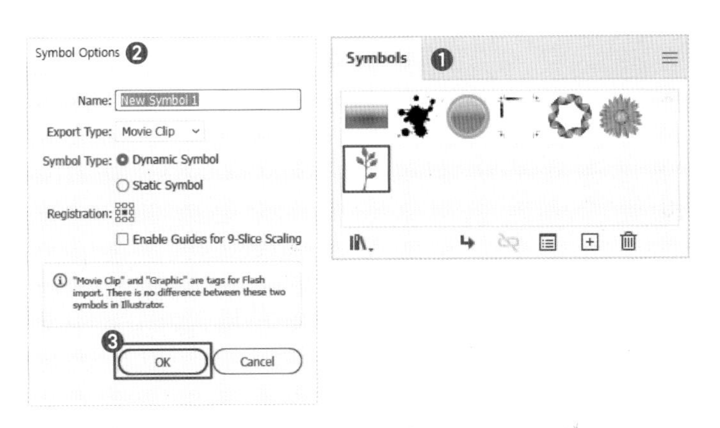

상단 메뉴 바에서 [Window–Symbols]를 선택해서 Symbols 패널을 열 수 있습니다.

05 심볼 분무기 도구 활용_ ❶ Shift + S 를 눌러 툴 바에 **[심볼 분무기 도구]**를 추가 및 선택합니다. ❷ [,]를 눌러 브러시 크기를 적절하게 조정한 후 작업 창 상단에서 드래그하여 등록한 나뭇잎 심볼을 그립니다.

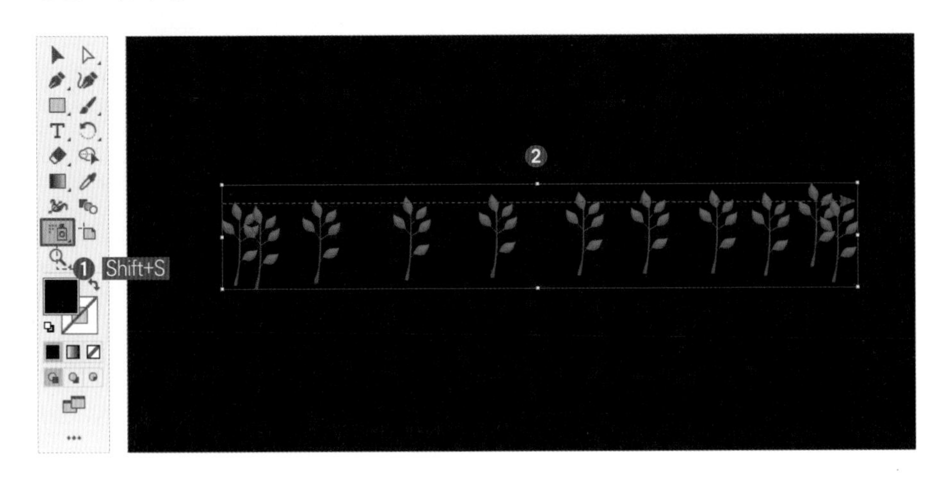

06 ❶툴 바에서 **[심볼 분무기 도구]**를 더블 클릭해서 Symbolism Tools Options 창을 열고 ❷**[심볼 크기 조절기]**를 선택한 후 ❸[OK]를 클릭합니다. ❹작업 창에 그려진 심볼 위를 드래그하면서 심볼 크기를 랜덤하게 변경합니다.

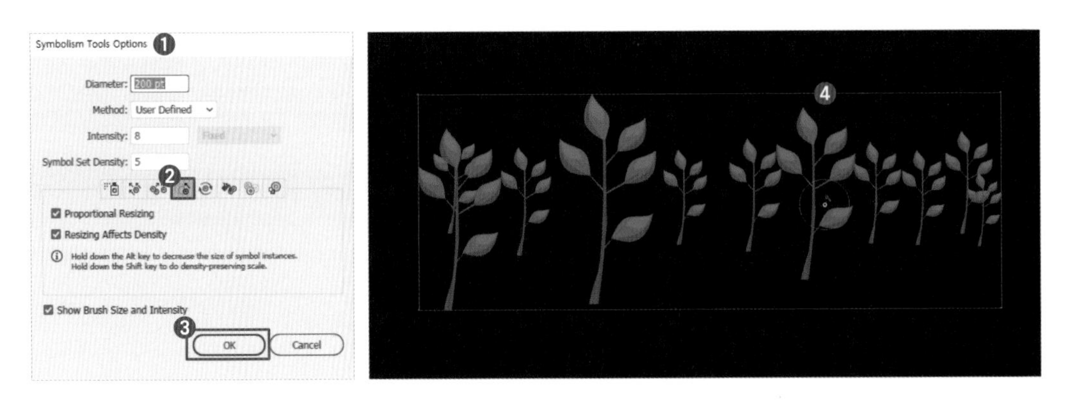

07 ❶툴 바에서 **[심볼 분무기 도구]**를 더블 클릭해서 Symbolism Tools Options 창을 열어 **[심볼 회전기]**를 선택하고, ❷작업 창에서 회전할 심볼을 드래그하여 자유롭게 각도를 조절합니다.

08 ❶툴 바에서 **[심볼 분무기 도구]**를 더블 클릭해서 Symbolism Tools Options 창을 열고 **[심볼 이동기]**를 선택합니다. ❷작업 창에서 각 심볼을 드래그하여 위치를 조절합니다.

[심볼 이동기]를 선택한 후 작업 창에서 앞으로 가져올 심볼은 Shift 를 누른 채 클릭하고, 뒤로 보낼 심볼은 Alt + Shift 를 누른 채 클릭해서 심볼 간 앞뒤 배치를 조정할 수도 있습니다.

09 ❶툴 바에서 **[심볼 분무기 도구]**를 더블 클릭해서 Symbolism Tools Options 창을 열고 **[심볼 염색기]**를 선택합니다. ❷작업 창에서 원하는 심볼을 클릭하여 색상을 변경합니다.

10 위쪽에 배치할 심볼 세트가 완료되었습니다. 한 세트를 완성하여 위에 놓습니다.

11 **회전 및 복제_** ❶툴 바에서 **[회전 도구]**를 더블 클릭한 후 ❷Rotate 창이 열리면 **Angle: 90**으로 설정한 후 ❸**[Copy]** 버튼을 클릭합니다. 심볼 세트가 90도 회전한 채 복제됩니다.

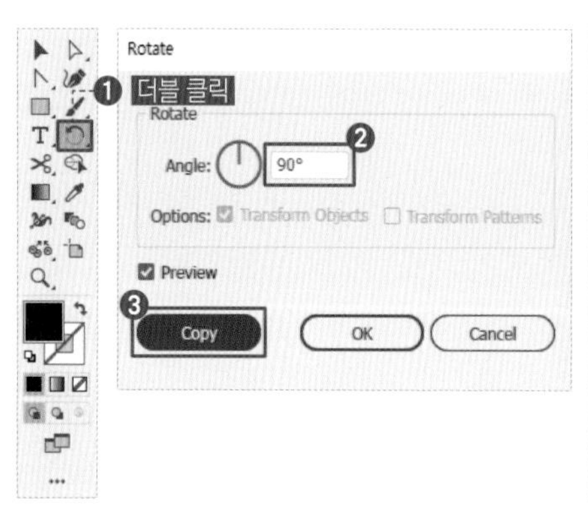

12 Ctrl + D를 2번 더 눌러 앞서 실행한 변형 작업(90도 회전 복제)을 2번 더 반복 실행합니다.

13 **테두리 배치_** ❶툴 바에서 **[선택 도구]**를 선택한 후 ❷총 4개의 심볼 세트를 작업 창 테두리에 하나씩 배치합니다.

14 **심볼 정리_** ❶툴 바에서 **[원형 도구]**를 선택한 후 **칠: #000000, 선: None**으로 설정하고, ❷작업 창 중앙에서 Shift + Alt를 누른 채 드래그하여 검은색 정원을 그립니다. 가운데 부분을 정리하는 효과와 함께, 텍스트 입력 영역을 만들었습니다.

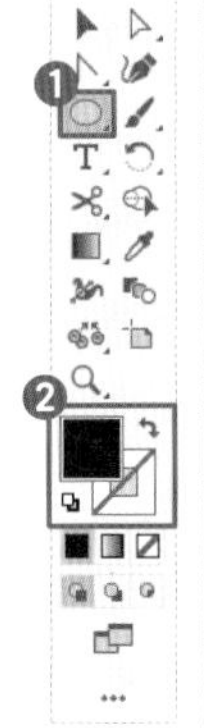

15 텍스트 입력_ [문자 도구]를 선택하고 Character 패널(Ctrl+T)에서 폰트 및 서식을 적용한 후 작업 창에서 검은색 원 안을 클릭하여 텍스트를 입력하여 완성합니다.

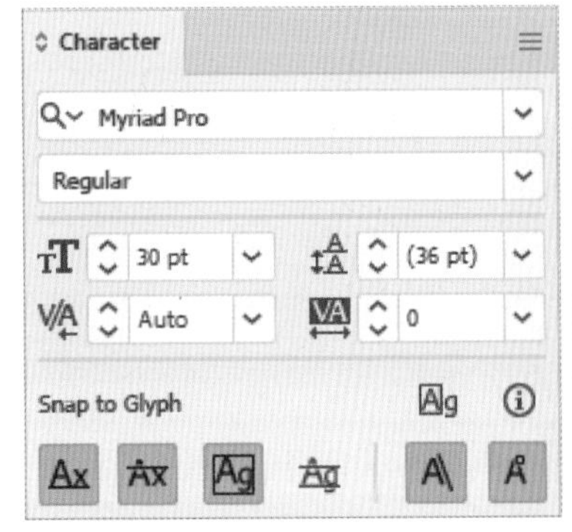

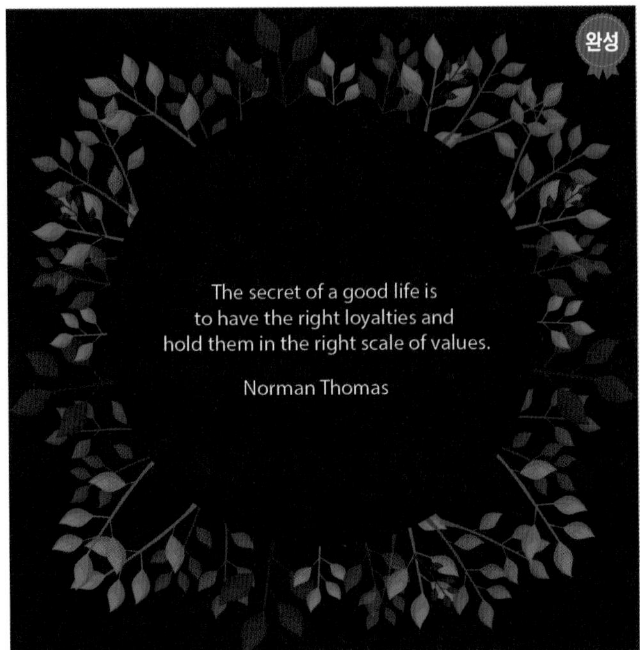

Idea 56 하프톤으로 만든 타이포그래피

도형을 이용해 알파벳을 그리고, 하프톤 텍스트로 변형해 봅니다. 요령만 익힌다면 원하는 형태로 그림을 그린 후 하프톤으로 표현할 수 있습니다.

난이도 ★★★★☆

완 성 Halftone Text.ai

Color Halftone

Image Trace

01 텍스트 형태 만들기_ ❶ Ctrl + N을 눌러 900×900Points로 새 창을 만들고 Ctrl + "를 눌러 작업 창에 눈금자를 표시합니다. ❷툴 바에서 **[정원 도구]**를 선택하고 칠: #000000, 선: None으로 설정합니다. ❸ 작업 창에서 눈금자를 활용하여 'LOVE' 형태가 되도록 정원(Shift + 드래그)을 그립니다.

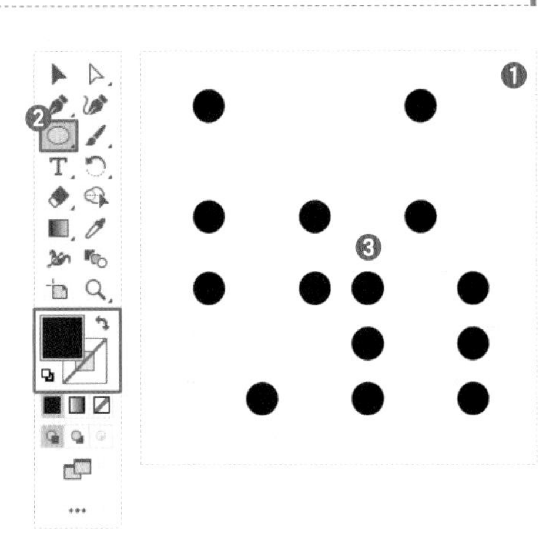

02 **[선택 도구]**를 선택한 후 작업 창에서 Shift를 누른 채 블렌딩을 위한 중간 점들을 클릭해서 선택합니다. 툴바에서 **칠: #ffffff**로 설정하여 선택한 정원을 모두 흰색으로 변경합니다.

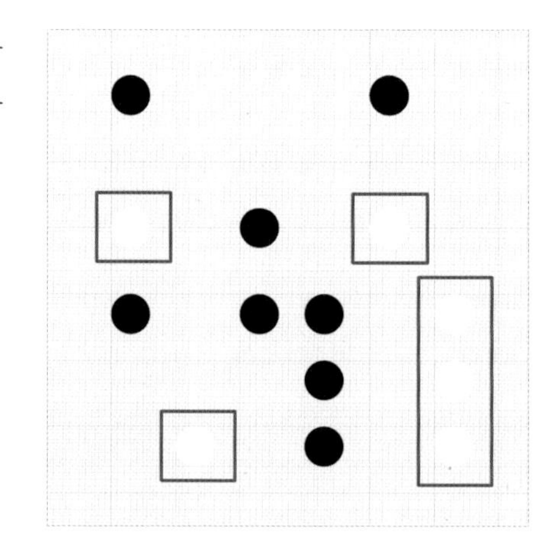

03 **블렌딩_** ❶툴 바에서 **[블렌드 도구]**를 선택하고, ❷다음과 같이 순서대로 정원을 클릭하여 L자 모양을 블렌딩합니다.

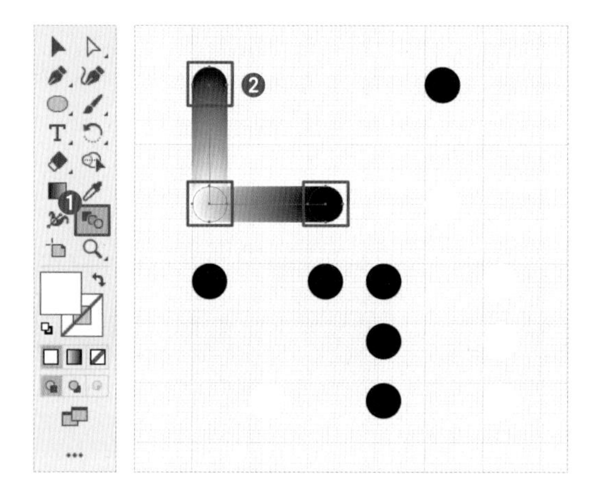

04 툴 바에서 **[선택 도구]**를 선택한 후 다시 **[블렌드 도구]**를 선택하고 ❶V자 모양을 블렌딩합니다. ❷계속해서 O자 모양을 만들기 위해 우선 수직으로 블렌딩합니다.

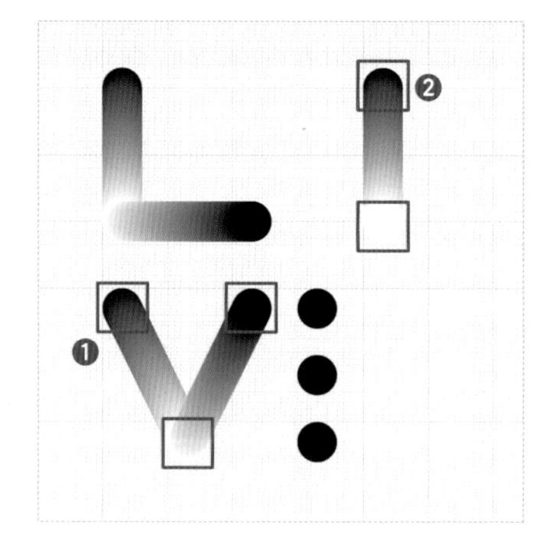

05 ❶툴 바에서 **[정원 도구]**를 선택한 후 블렌딩 수직선과 겹치도록 원형 패스를 그립니다. ❷**[선택 도구]**를 선택하여 원형 패스와 블렌딩 수직선을 선택하고, ❸메뉴 바에서 **[Object-Blend-Replace Spine]**을 선택합니다.

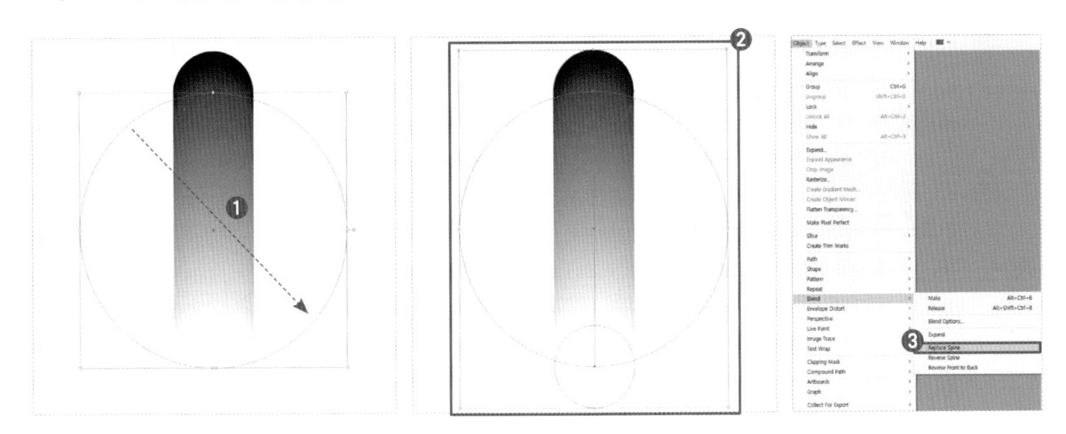

06 ❶툴 바에서 **[가위 도구]**를 선택하고 ❷6시 방향에 있는 고정점을 클릭하면 원으로 이어집니다.

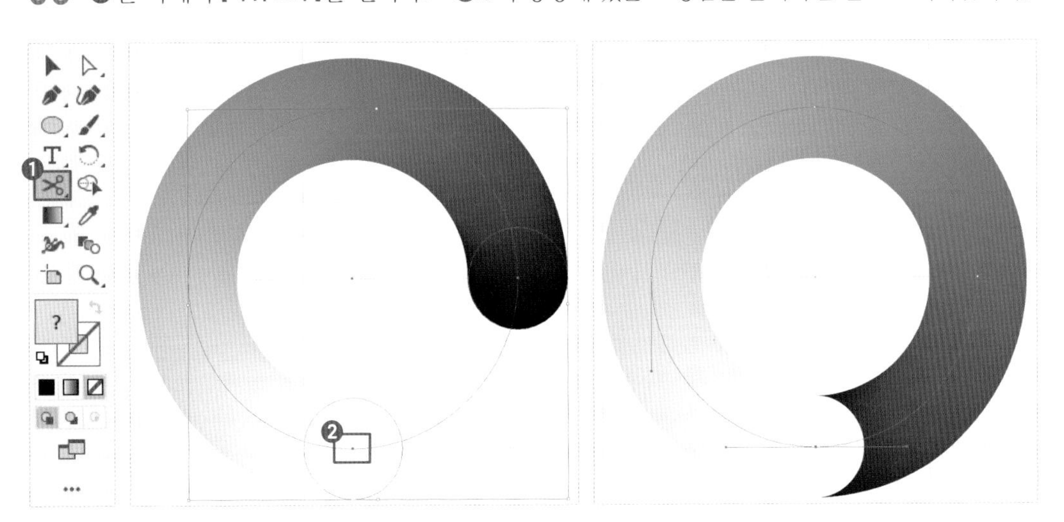

07 ❶E를 완성하기 위해 가로 방향으로 검정 원과 흰색 원을 블렌딩합니다. ❷이어서 첫 번째와 세 번째 가로선 왼쪽에 각각 검은색과 흰색 정원을 추가한 후 ❸세로 방향으로 블렌딩합니다.

08 **오브젝트 래스터화_** ❶**[선택 도구]**를 이용하여 L을 선택한 후 ❷메뉴 바에서 **[Object-Rasterize]**를 선택합니다. ❸Rasterize 창이 열리면 **Add: 4pt**로 설정하고 ❹**[OK]**를 클릭합니다. 오브젝트를 래스터화하면서 여백을 4pt로 설정했습니다. 같은 방법으로 나머지 알파벳도 래스터화합니다.

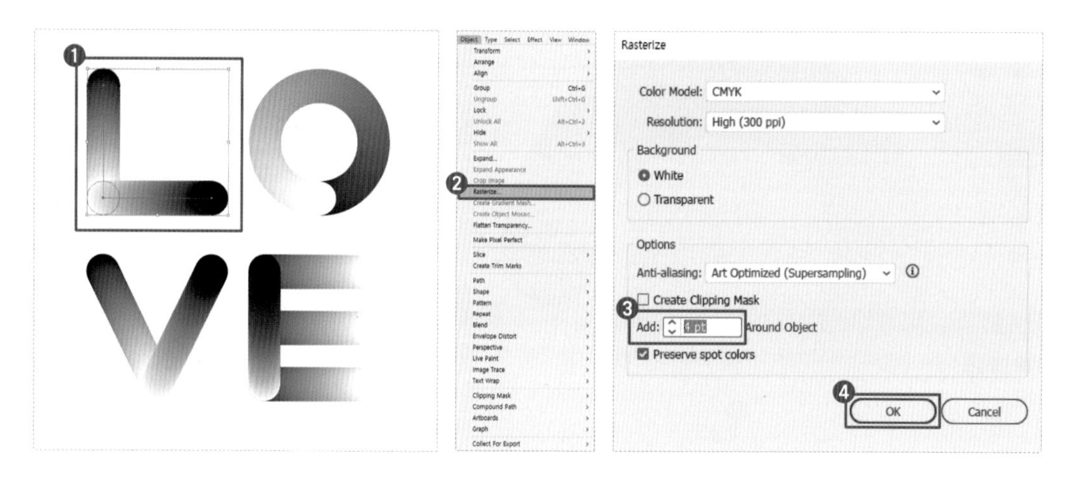

09 하프톤_ ❶L 모양을 선택하고, 메뉴 바에서 [Effect-Pixelate-Color Halftone]을 선택합니다. ❷Color Halftone 창이 열리면 Max Radius: 26, Channel 1, 2, 3, 4: 45로 설정한 후 ❸[OK]를 클릭하여 하프톤을 적용합니다.

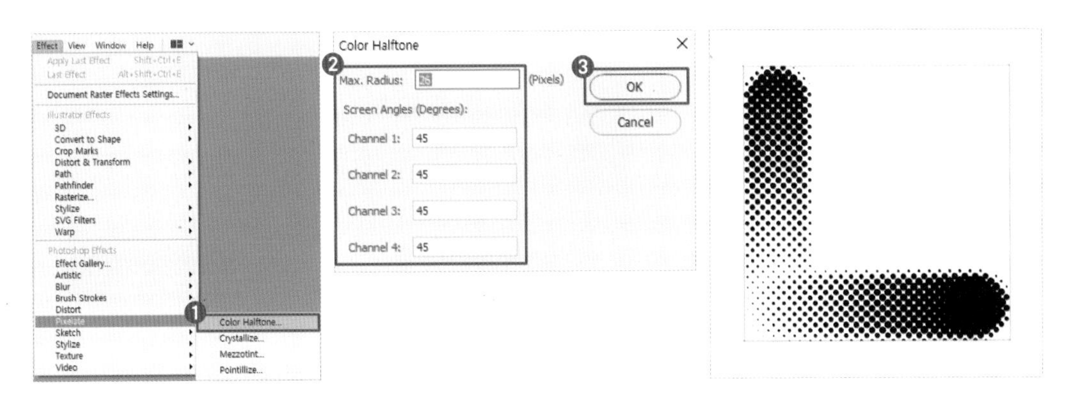

10 흰색 배경 지우기_ 모양을 래스터화하면서 생긴 흰색 배경을 삭제하겠습니다. ❶메뉴 바에서 [Object-Image Trace-Make and Expand]를 선택한 후 ❷ Ctrl + Shift + G를 눌러 그룹을 해제합니다.

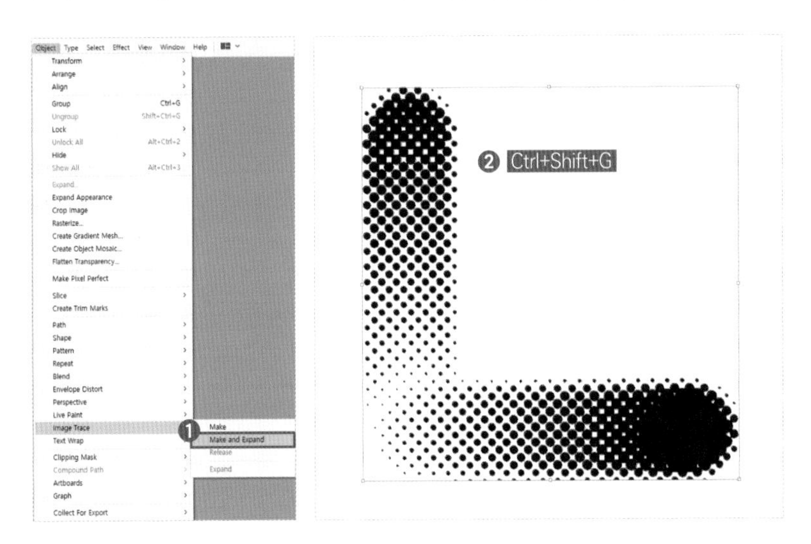

11 ❶ Y를 눌러 **[자동 선택 도구]**를 선택한 후 ❷L자 모양에서 검은색 부분을 클릭하여 검은색을 모두 선택하고 ❸ Ctrl + G를 눌러 그룹으로 묶습니다. ❹ Ctrl + Shift 를 누른 채 L 모양이 포함되도록 범위를 드래그한 후 ❺ Delete 를 누르면 검은색 하프톤만 남습니다.

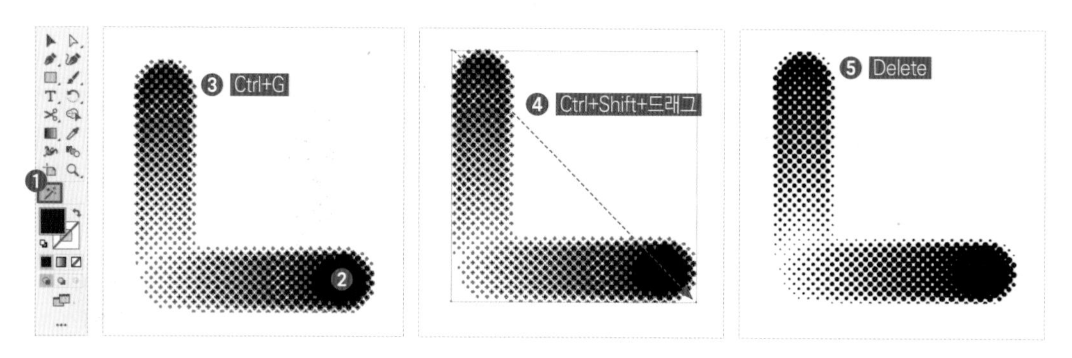

[자동 선택 도구] 사용 중에 Ctrl + Shift 를 누른 채 범위를 드래그하여 선택하면 선택 영역이 반전됩니다. 툴 바에서 [선택 도구]를 선택 중이라면 Shift 만 누른 채 범위를 드래그하면 됩니다.

12 위와 같은 방법으로 나머지 알파벳 모양도 하프톤만 남긴 후 흰색(#ffffff)으로 변경합니다. 끝으로 **칠: #d7273a**로 설정하여 사각형 배경을 만들고 그 위에 흰색 알파벳 모양을 배치하여 완성합니다.

패턴을 적용한 3D 오브젝트

3D 오브젝트를 만들고, 거기에 패턴 심볼을 적용할 수 있습니다. 완성한 3D 오브젝트에 회전 값을 적용하여 색다른 오브젝트를 만든 후 적절하게 배치하여 3D 오브젝트를 완성합니다.

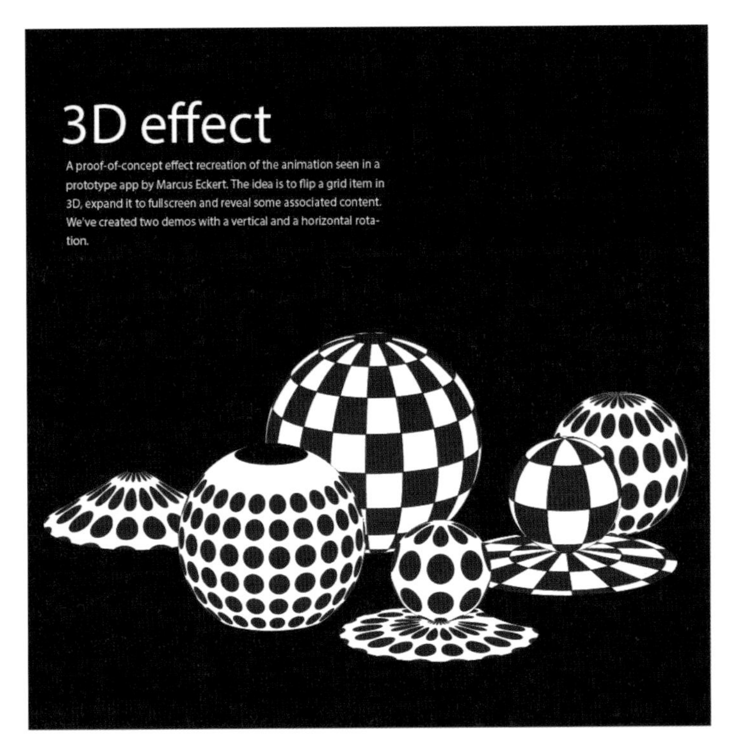

난이도 ★★★☆☆
예 제 Pattern.ai
완 성 3D Effects.ai

Pattern
3D

01 패턴 심볼 등록_ Ctrl + N 을 눌러 900×900Points로 새 창을 만들고 다음과 같이 2가지 패턴을 만듭니다. 패턴 제작이 어렵다면 Ctrl + O 를 눌러 Pattern.ai 예제 파일을 불러옵니다.

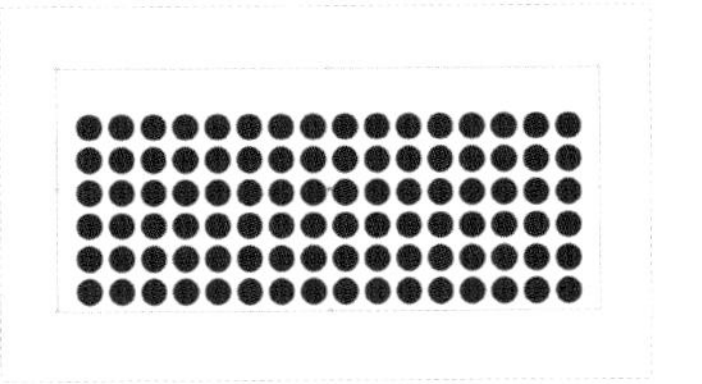

02 ❶ Ctrl + Shift + F11을 눌러 Symbols 패널을 열고, 2개의 패턴을 각각 패널로 드래그합니다. ❷Symbol Options 창이 열리면 그대로 [OK]를 클릭하여 ❸2개의 심볼을 추가합니다. 심볼을 추가한 후에는 작업 창의 오브젝트를 모두 삭제합니다.

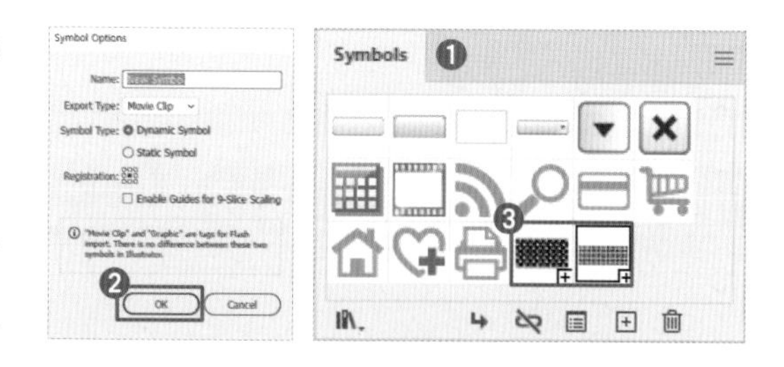

03 **배경 만들기_** ❶툴 바에서 **[사각형 도구]**를 선택한 후 **칠: 검정(#000000), 선: None**으로 설정하고, ❷작업 창에서 아트보드 크기로 드래그하여 검은색 사각형 배경을 만듭니다. ❸Layers 패널에서 앞서 그린 사각형 레이어(Rectangle)를 잠금 처리해서(Ctrl + 2) 움직이지 못하게 고정합니다.

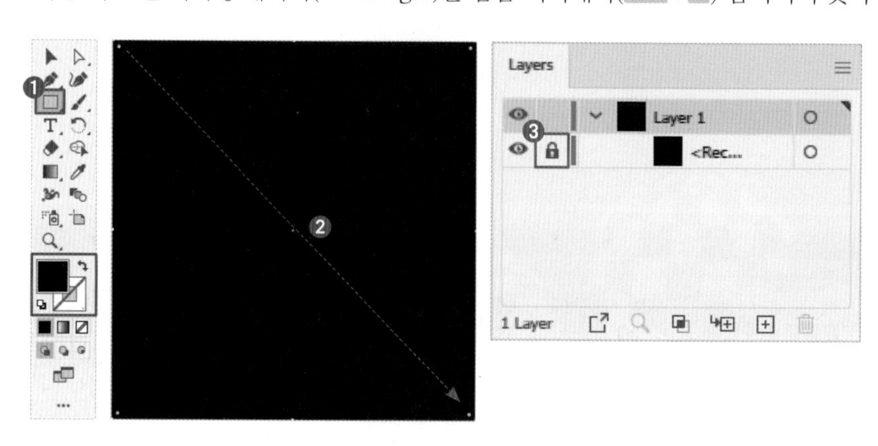

04 **오브젝트 만들기_** ❶툴 바에서 **[원형 도구]**를 선택한 후 **칠: 흰색(#ffffff)**으로 설정합니다. ❷작업 창에서 Shift를 누른 채 드래그하여 흰색 정원을 그립니다. ❸툴 바에서 **[직접 선택 도구]**를 선택하고, ❹정원에서 9시 방향 고정점을 클릭하여 선택한 후 ❺ Delete를 눌러 지웁니다.

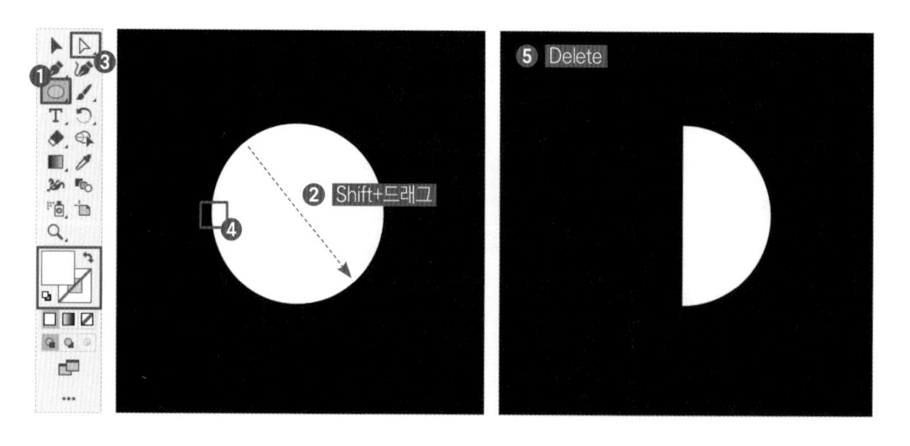

05 ❶반원이 선택된 상태로 메뉴 바에서 **[Effect-3D-Revolve]**를 선택합니다. ❷3D Revolve Options 창이 열리고 작업 창을 보면 완전한 구가 만들어져 있습니다. 패턴을 적용하기 위해 **[Map Art]**를 클릭합니다.

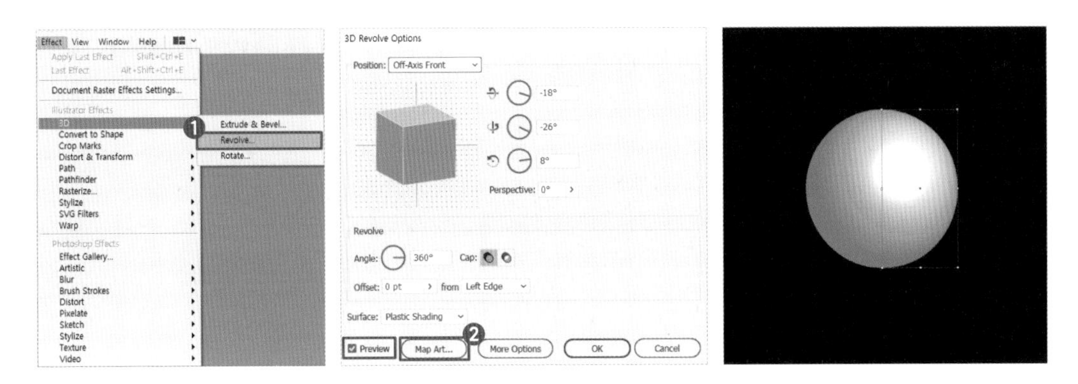

작업 창에서 완전한 구 형태로 보이지 않는다면 3D Revolve Options 창에서 [Preview] 옵션에 체크하세요.

06 ❶Map Art 창이 열리면 **Symbol: (사각형 패턴)**으로 설정한 후 ❷미리 보기 영역에서 패턴의 조절점을 드래그하여 적용할 면적을 조정한 후 ❸**[OK]**를 클릭합니다. 이어서 3D Revolve Options 창에서도 **[OK]**를 클릭하면 패턴이 적용된 입체 오브젝트가 완성됩니다.

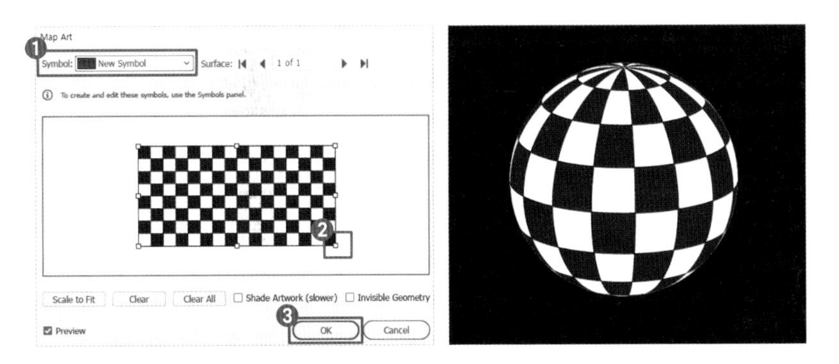

07 앞의 과정을 반복하고, 패턴의 종류를 달리하여 다양한 크기로 입체 오브젝트를 만들어 배치합니다.

08 **회전 변형_** ❶ 배치된 입체 오브젝트 중 하나를 복제해서 배치한 후(**[선택 도구]**로 선택한 후 Alt + 드래그) ❷ 툴 바에서 **[회전 도구]**를 더블 클릭합니다. ❸ Rotate 창이 열리면 **Angle: 262**로 설정한 후 ❹ **[OK]**를 클릭하여 형태를 변경합니다.

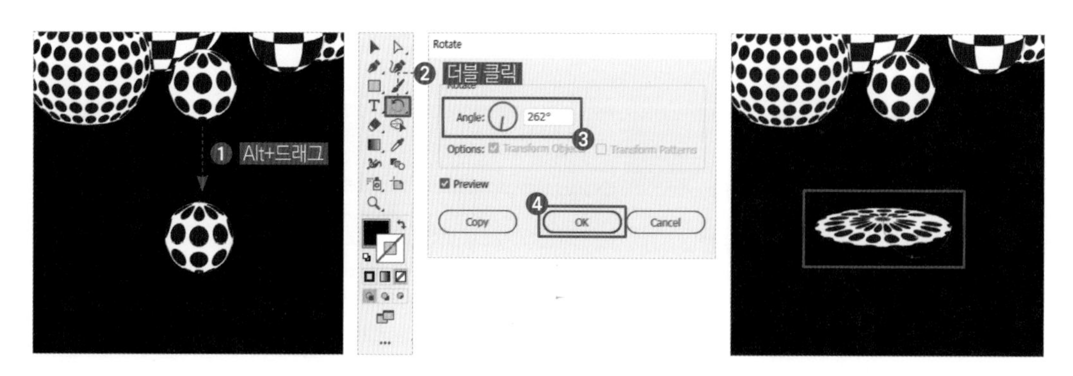

09 ❶ 계속해서 오브젝트를 추가로 복제해서 배치하고, ❷ **[회전 도구]**를 더블 클릭하여 Rotate 창이 열리면 ❸ **Angle: 237**로 설정하고 ❹ **[OK]** 를 클릭하여 형태를 변경합니다.

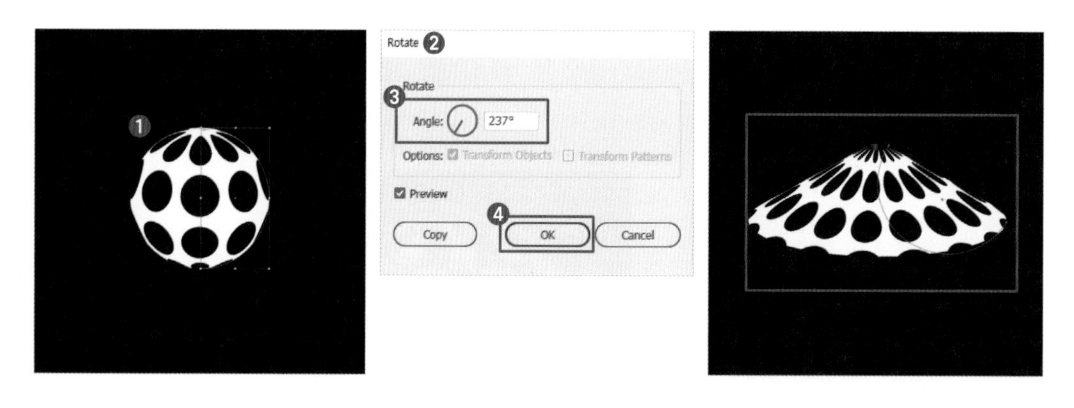

10 마지막으로 변형한 오브젝트를 적절하게 배치하고, 텍스트를 입력하여 완성합니다.

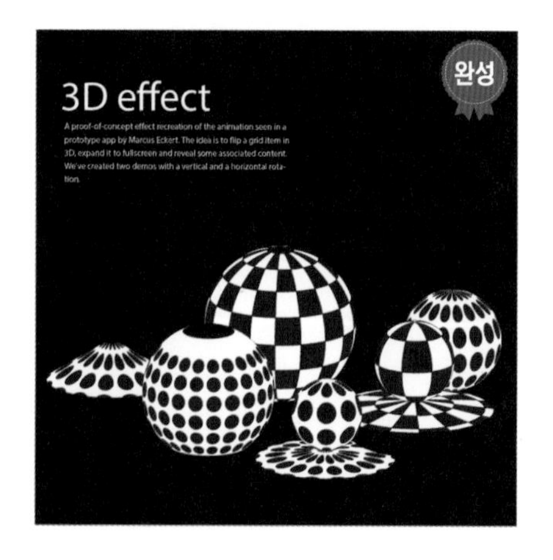

Idea 58 블렌드 효과로 만든 3D 느낌의 텍스트

블렌드 효과만으로도 메인 오브젝트로 사용할 수 있을 정도의 결과물을 만들 수 있습니다. 여기서는 같은 내용으로 입력한 텍스트에 블렌딩하여 3D 느낌의 텍스트를 완성합니다.

난이도 ★★★☆☆
예 제 Back.ai
완 성 BlendHappy.ai

Blend
Expand

01 텍스트 입력_ ❶ Ctrl + O 를 눌러 Back.ai 예제 파일을 불러옵니다. ❷툴 바에서 **[문자 도구]**를 선택한 후 ❸Character 패널에서 폰트나 크기 등을 설정하고 작업 창에 HAPPY를 입력한 후 Ctrl + Enter 를 누릅니다. ❹툴 바에서 **칠: None, 선: 흰색(#ffffff)**으로 설정하여 흰색 테두리 텍스트로 변경합니다.

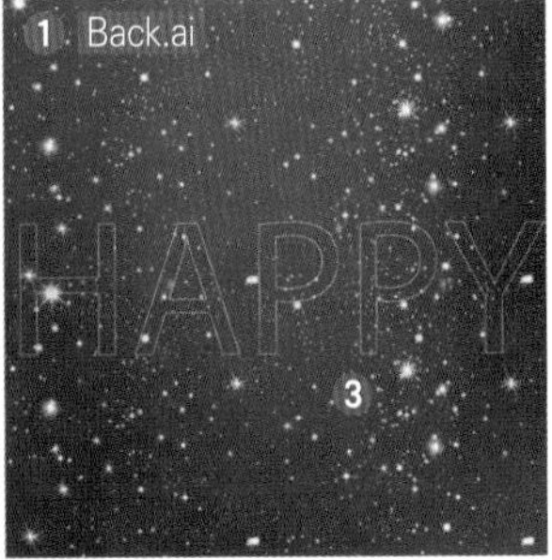

02 ❶계속해서 작업 창 아래쪽을 클릭하여 Happy를 입력합니다. ❷툴 바에서 **칠: None, 선: #971a1d(배경과 같은 색)**로 설정하고, ❸Character 패널에서 Size 옵션을 위쪽 텍스트보다 확연히 작게 조절합니다(310pt → 106pt).

03 **텍스트 오브젝트화_** ❶**[선택 도구]**를 이용하여 위쪽 'HAPPY' 텍스트를 선택한 후 ❷메뉴 바에서 **[Object-Expand]**를 선택합니다. ❸Expand 창이 열리면 다음과 같은 설정으로 ❹**[OK]**를 클릭하고, ❺ Ctrl + Shift + G 를 눌러 그룹을 해제합니다. ❻같은 방법으로 작은 'HAPPY'를 선택한 후 적용합니다.

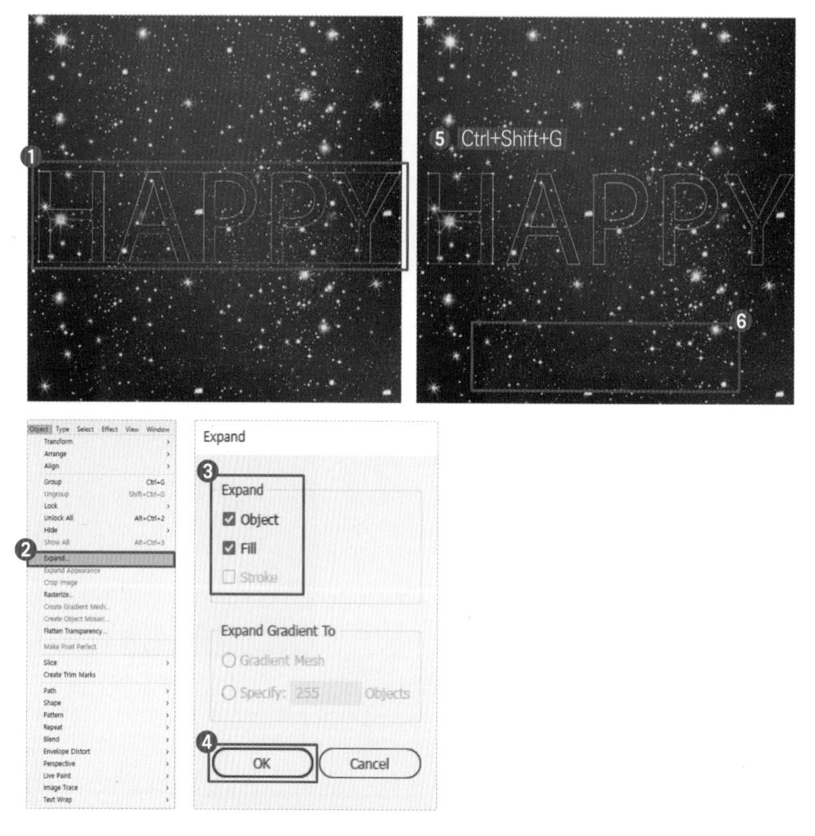

04 블렌드_ ❶툴 바에서 **[블렌드 도구]**를 더블 클릭합니다. ❷Blend Options 창이 열리면 Spacing: Specified Distance/4pt로 설정하고 ❸[OK]를 클릭합니다. ❹작업 창에서 큰 H를 클릭한 후 작은 H를 클릭하여 블렌딩합니다.

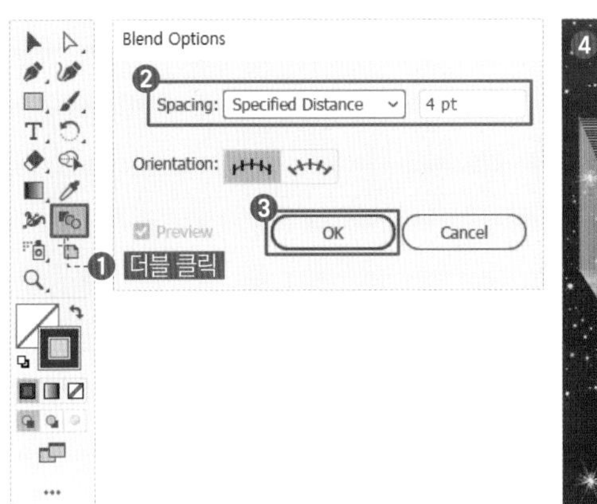

05 툴 바에서 **[선택 도구]**를 선택한 후 다시 **[블렌드 도구]**를 선택하여 A를 블렌딩합니다. 같은 방법으로 나머지 알파벳도 블렌딩합니다.

06 위치 조절_ 위치를 조절하기 위해 우선 **[선택 도구]**를 선택한 후 작업 창에서 빈 공간을 클릭하여 오브젝트 선택을 해제합니다. ❶툴 바에서 **[직접 선택 도구]**를 선택하고, ❷작업 창에서 Alt를 누른 채 큰 H를 클릭해서 선택한 후 키보드에서 방향키를 눌러 위치를 조절합니다.

07 ❶**[직접 선택 도구]**가 선택된 상태에서 Alt를 누른 채 큰 P의 바깥쪽 테두리 선을 클릭하고, Alt+Shift를 누른 채 안쪽 선을 클릭해서 선택한 뒤 위치를 조절합니다. ❷마찬가지로 'Y'의 위치도 조절합니다.

08 끝으로 적당한 텍스트를 입력하여 완성합니다.

Idea 59 블렌드 라인으로 만든 배경

이번 프로젝트는 일러스트레이터에서 소스를 만들어 포토샵에서 마무리하는 작업으로, 2줄의 자유 곡선을 그린 후 블렌딩하여 그물처럼 얽힌 느낌의 배경을 만들어 봅니다.

난이도 ★★★☆☆
예 제 Bline.ai
완 성 Bline.psd

Blend
Gradient

01 자유 곡선 그리기_ ❶[일러스트레이터]에서 Ctrl + N 을 눌러 900×900Points로 새 창을 만든 후 ❷툴 바에서 [펜 도구]를 선택하고 칠: None, 선: 검정(#000000)으로 설정합니다. ❸Stroke 패널(Ctrl + F10)에서 Weight: 1pt로 설정한 후 ❹작업 창에서 다음과 같이 자유 곡선 2줄을 그립니다.

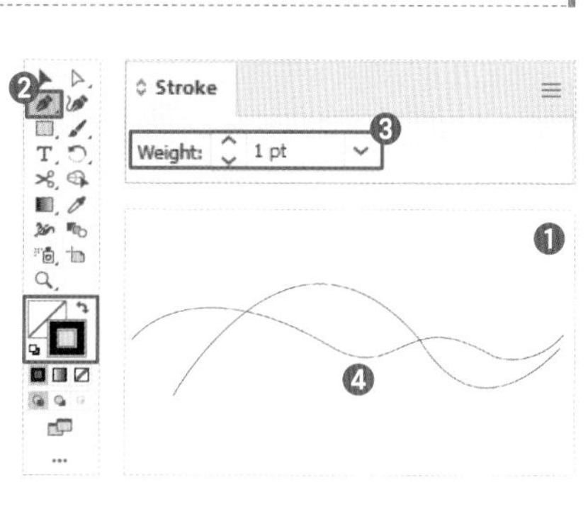

02 블렌딩_ ❶툴 바에서 **[블렌드 도구]**를 더블 클릭한 후 ❷Blend Options 창이 열리면 **Spacing: Specified Distance/4pt**로 설정하고 ❸**[OK]**를 클릭합니다. ❹작업 창에서 자유 곡선을 순서대로 클릭해서 다음과 같은 오브젝트를 완성합니다.

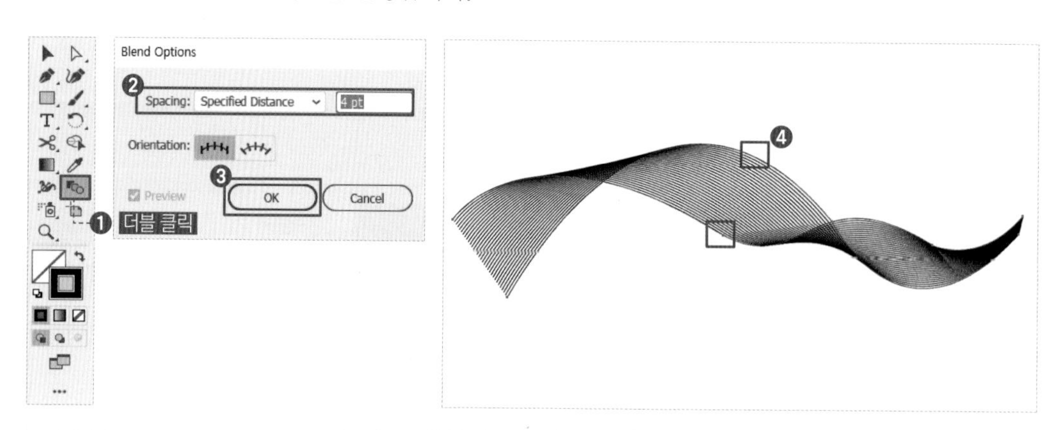

위 결과물은 [Bline.ai] 예제 파일에서 확인할 수 있습니다.

03 배경 만들기_ ❶**[포토샵]**을 실행한 후 Ctrl + N을 눌러 **900×900Pixels, 흰색(#ffffff)**으로 새 창을 만든 후 Layers 패널에서 **[Background]** 레이어를 더블 클릭합니다. ❷New Layer 창이 열리면 그대로 **[OK]**를 클릭하여 일반 레이어로 변경합니다.

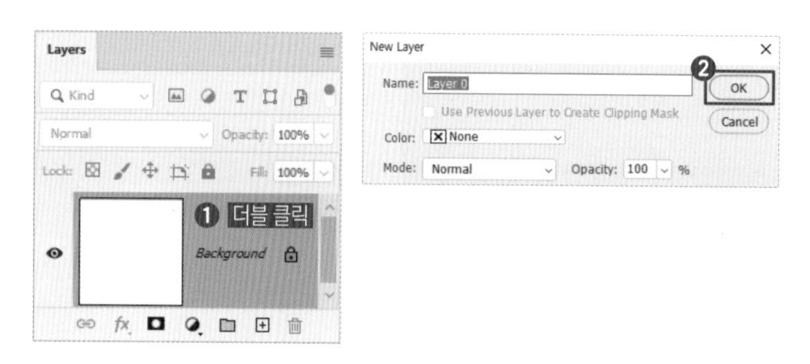

04 ❶그레이디언트 배경을 만들기 위해 Layers 패널에서 **[Add a layer style]** 아이콘을 클릭한 후 **[Gradient Overlay]**를 선택하여 Layer Style 창을 엽니다. ❷**Style: Radial**로 설정한 후 ❸**Gradient** 옵션을 클릭합니다.

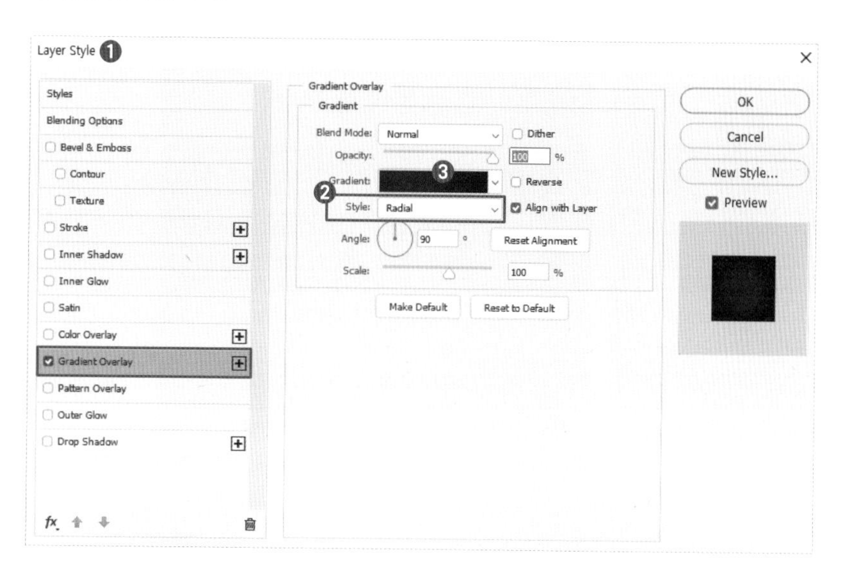

05 ❶Gradient Editor가 열리면 **[Opacity Stop]**은 모두 **100%**로 설정하고, ❷**[Color Stop]**은 다음과 같이 위치를 조절하고 **#5a0265, #290255**로 설정한 후 ❸**[OK]**를 클릭합니다. 이어서 Layer Style 창에서도 **[OK]**를 클릭하여 그레이디언트 배경을 완성합니다.

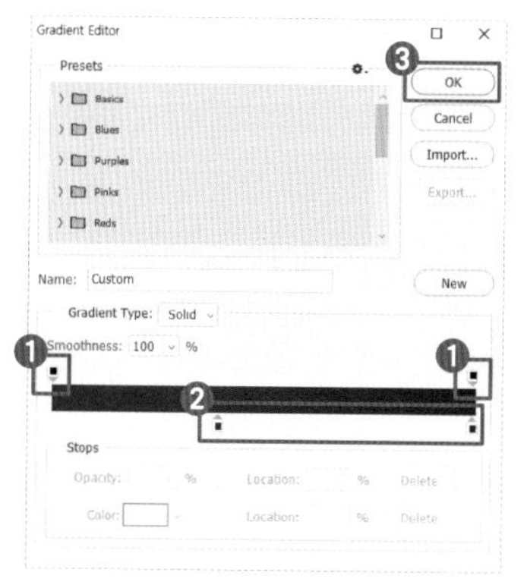

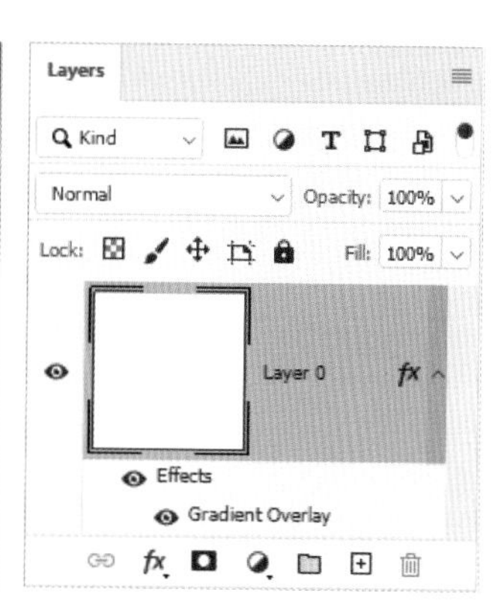

06 오브젝트 배치_ ❶일러스트레이터에서 만든 오브젝트를 포토샵 작업 창으로 드래그해서 가져온 후 ❷크기와 각도를 조절한 후 Enter 를 눌러 배치합니다.

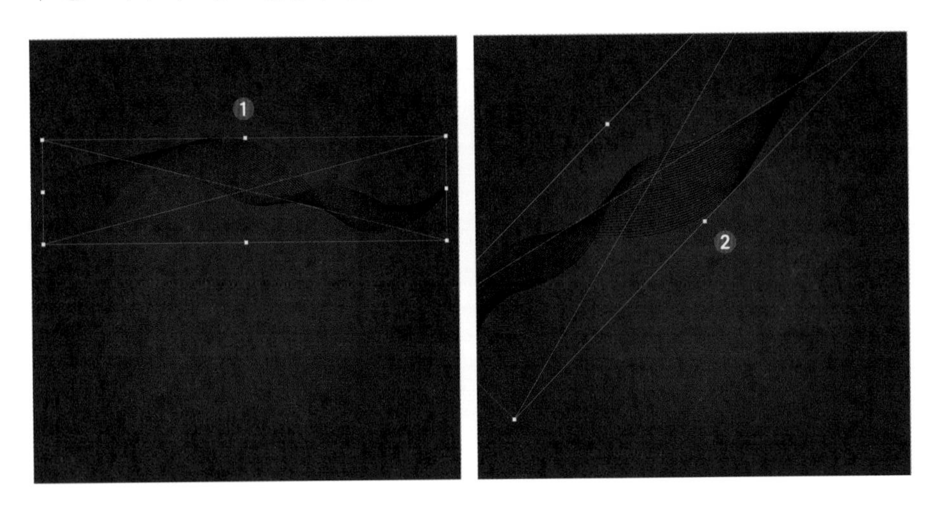

07 레이어 스타일 적용_ ❶Layers 패널에서 오브젝트 레이어를 선택한 채 [Add a layer style] 아이콘을 클릭한 후 [Gradient Overlay]를 선택하여 Layer Style 창을 엽니다. ❷Style: Radial로 설정한 후 ❸Gradient 옵션을 클릭하고, ❹Gradient Editor에서 다음과 같이 [Color Stop]을 #b589c0, #650a6b로 설정하고 ❺[OK]를 클릭합니다.

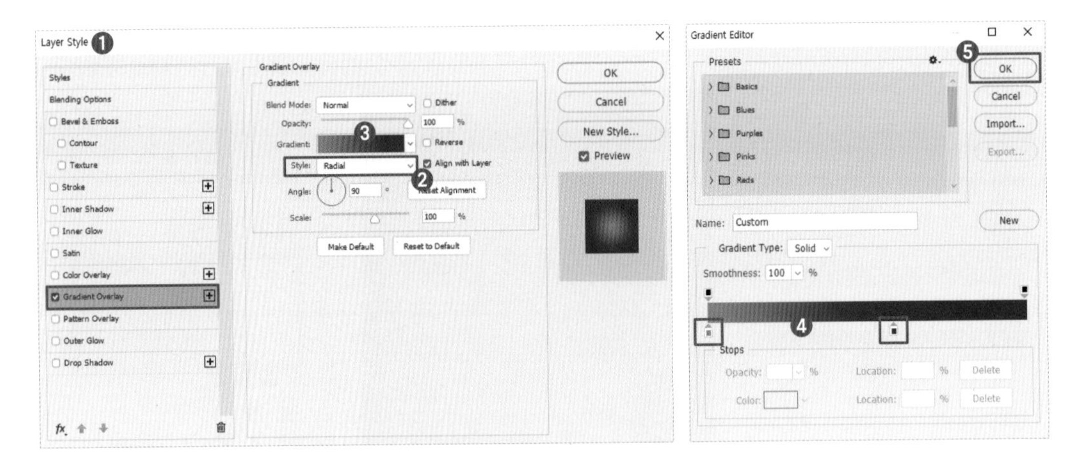

08 ❶Layer Style 창에서 [Inner Glow]를 선택하여 **체크**하고 ❷Color: **#3d0c48**로 설정한 후 ❸ [OK]를 클릭하여 레이어 스타일 적용을 마칩니다.

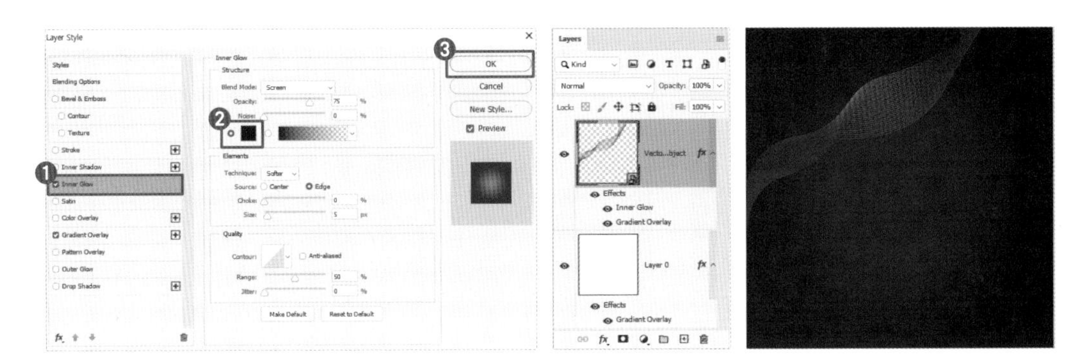

09 **복제 배치_** ❶ Ctrl + J 를 눌러 오브젝트를 복제한 후 Ctrl + T 를 눌러 자유 변형을 실행하고, 오른쪽 구석으로 각도를 조절한 후 옮깁니다. ❷자유 변형 상태에서 **[마우스 오른쪽 버튼]**을 클릭한 후 [Flip Horizontal]를 선택하여 좌우로 반전시키고 ❸ Ctrl + Enter 를 눌러 배치합니다.

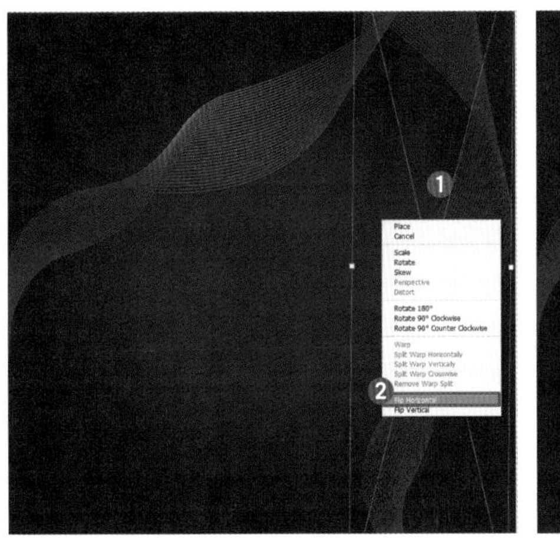

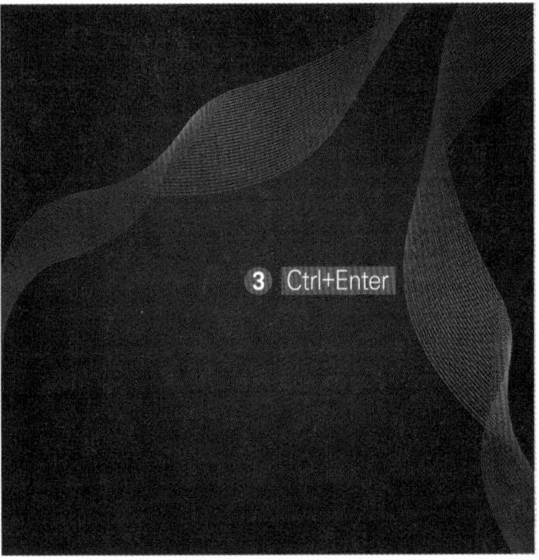

10 레이어 정리_ ❶계속해서 레이어를 복제한 후 위치와 각도를 조절하여 작업 창 가득 오브젝트를 배치합니다. ❷Layers 패널에서 모든 오브젝트 레이어를 선택한 후 Ctrl + G를 눌러 그룹으로 묶습니다.

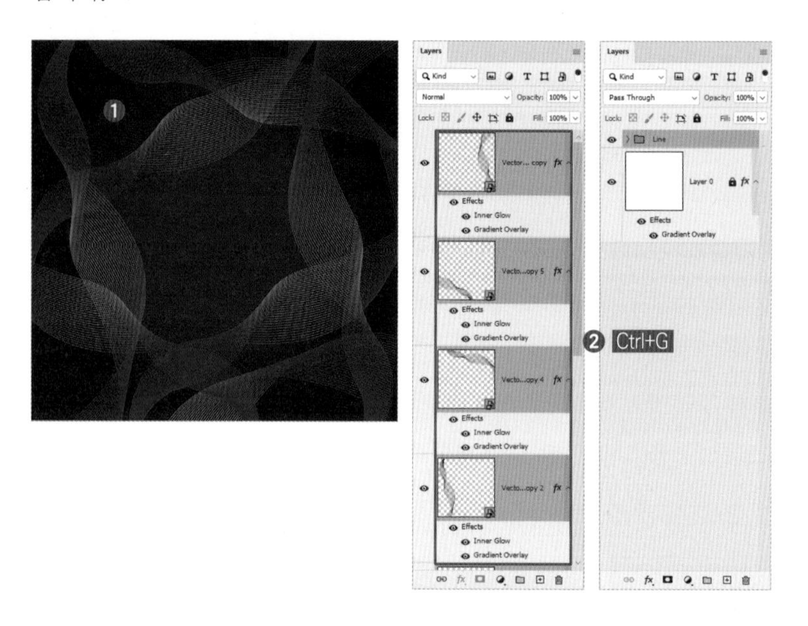

11 디자인 마무리_ ❶Layers 패널에서 **[layer 0]** 레이어 위에 레이어를 추가하고 이름은 Gradient로 변경합니다. ❷툴 바에서 **[그레이디언트 도구]**를 선택하고 **전경색: 흰색(#ffffff)**으로 설정한 후 ❸옵션 바에서 Gradient: Basics>Foreground to Transparent, Style: Radial Gradient로 설정합니다. ❹작업 창 중앙에서 바깥쪽으로 드래그해서 전경색(흰색)이 점점 투명해지는 그레이디언트를 적용합니다.

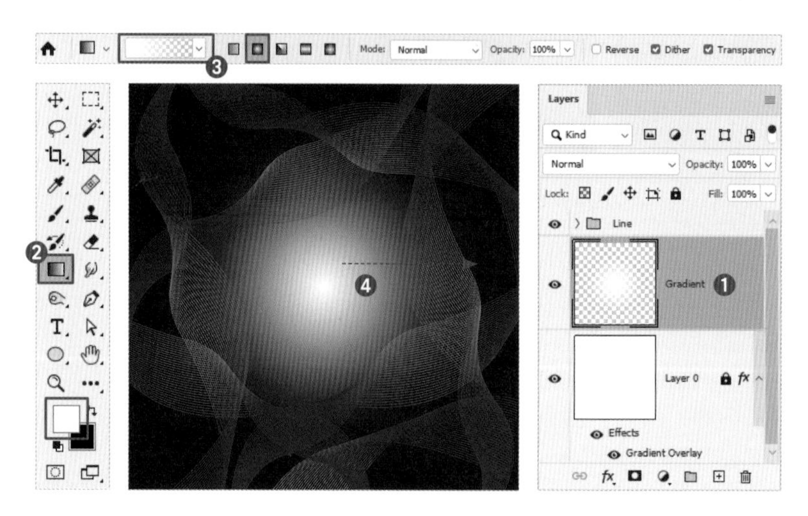

12 Layers 패널에서 **Blending Mode: Soft Light, Opacity: 79%**로 설정하여 자연스럽게 합성하고, 적절한 텍스트를 입력해서 완성합니다.

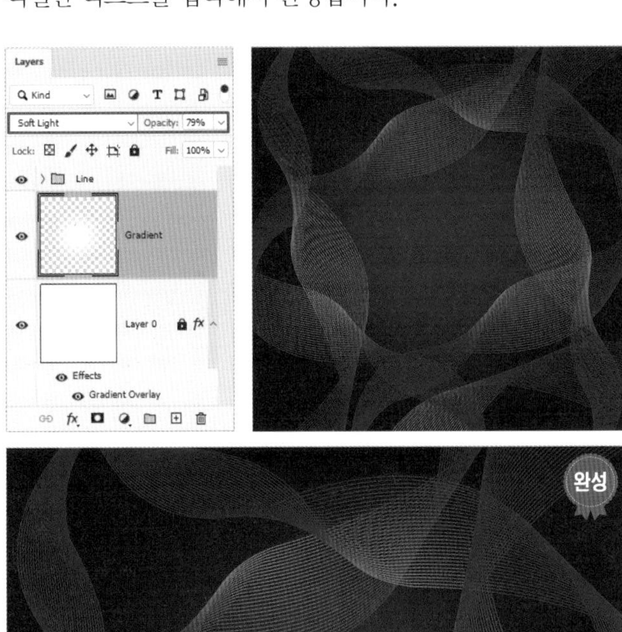

Idea 60

랜덤 색상 적용으로 만든 패턴

일러스트레이터에서 선으로 면을 만들고 색을 랜덤으로 적용하여 패턴을 만들고, 포토샵에서 이미지와 합성하여 완성하는 실습입니다.

난이도 ★★★★☆

예 제 BlendPattern.ai
Food.jpg

완 성 BlendPattern.psd

Pathfinder

Blend Front to Back

01 **패턴 그리기_** ❶[일러스트레이터]에서 Ctrl + N을 눌러 900×900Points로 새 창을 만들고, ❷툴 바에서 **[선분 도구]**를 선택한 후 **칠**:None, **선**: **검정(#000000)**으로 설정합니다. ❸작업 창에 맞춰 테두리 및 가로, 세로, 대각선 방향으로 드래그하여 선분을 그립니다.

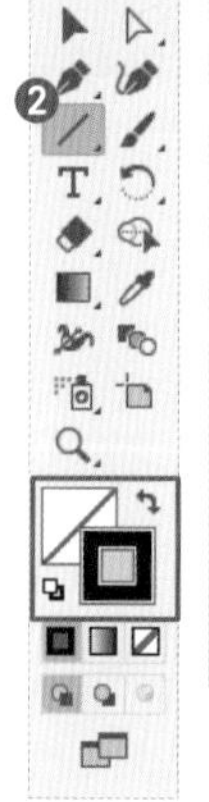

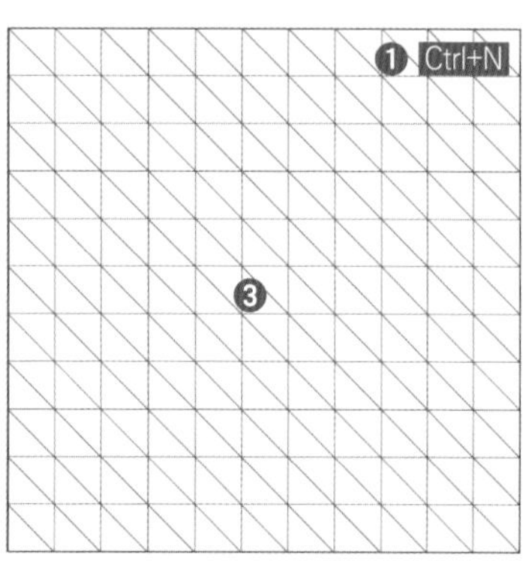

02 ❶ Ctrl + A 를 눌러 모든 선분을 선택한 후 ❷Pathfinder 패널(Shift + Ctrl + F9)에서 [Divide] 아이콘을 클릭합니다. 패스 선에 따라 선분이 면으로 분할됩니다.

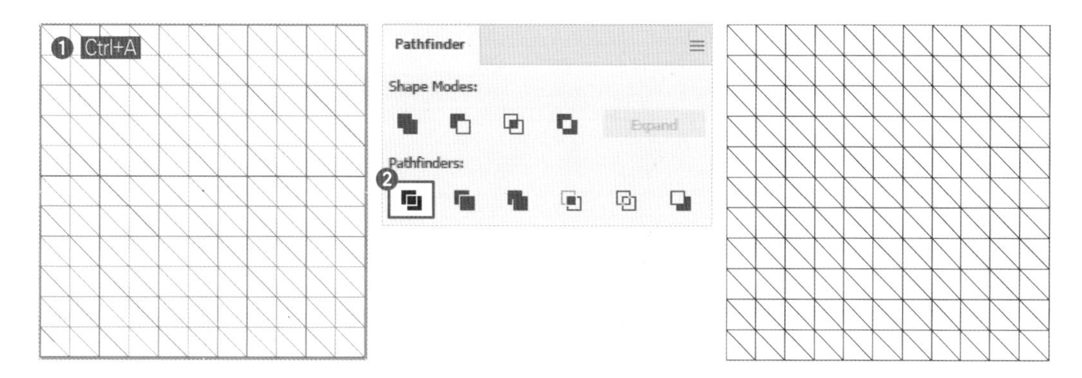

03 랜덤 색상 적용_ ❶툴 바에서 Fill: 검정(#000000)으로 설정하여 모든 면을 검은색으로 칠합니다. ❷Layers 패널에서 레이어를 펼쳐 가장 위에 있는 면의 [눈] 아이콘을 비활성화한 후 ❸작업 창에서 해당 면의 위치를 확인합니다.

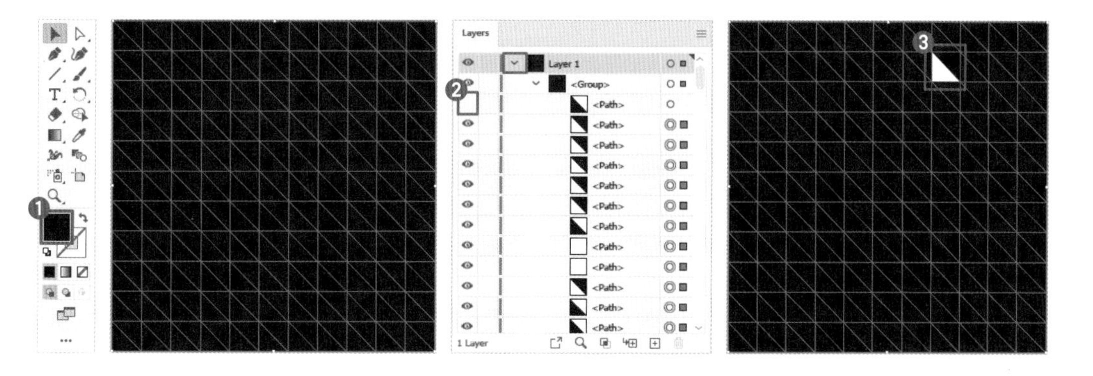

04 ❶다시 맨 위에 있는 면의 **[눈]** 아이콘을 활성화합니다. ❷툴 바에서 **[직접 선택 도구]**를 선택하고 ❸작업 창에서 앞서 확인한 면을 클릭해서 선택한 후 ❹툴 바에서 **칠: 흰색(#ffffff)**으로 설정하여 흰색으로 바꿉니다.

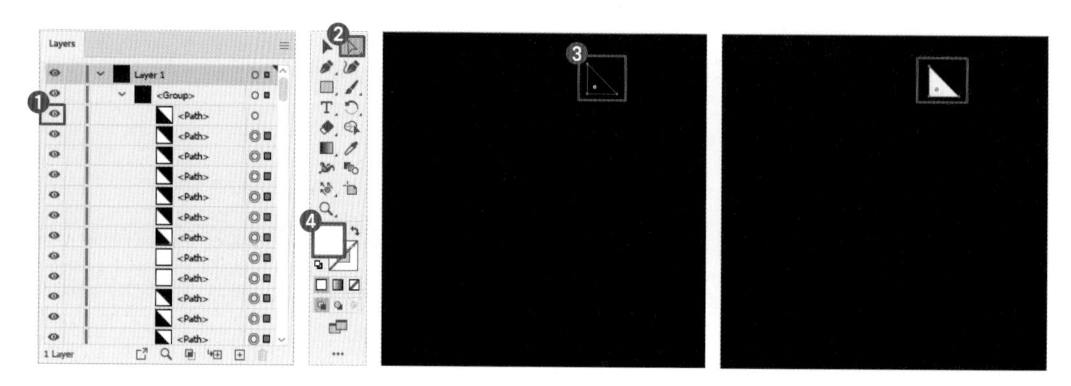

05 ❶ Ctrl + A 를 눌러 모든 면을 선택한 후 ❷메뉴 바에서 **[Edit-Edit Colors-Blend Front to Back]**을 선택합니다. 선택 중인 색이 다양한 단계로 블렌딩되어 각 면에 적용됩니다.

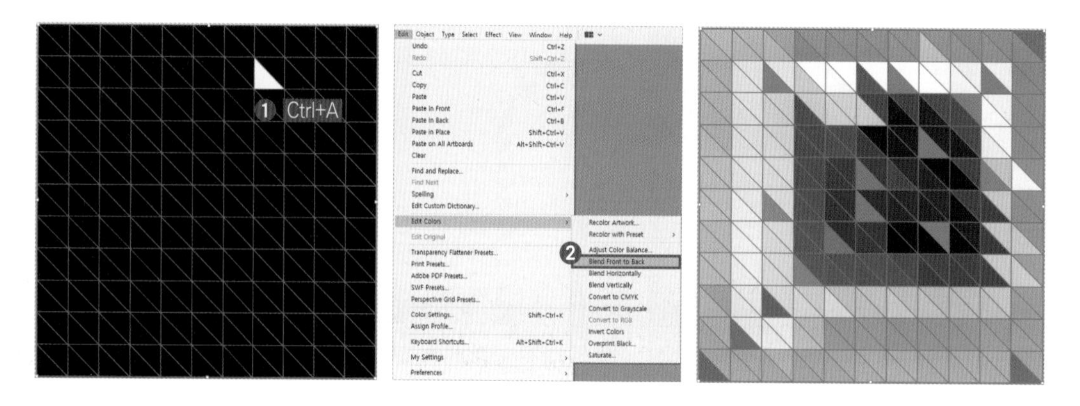

06 ❶메뉴 바에서 [Edit Colors-Recolor Artwork]을 선택합니다. ❷팝업 창이 열리면 [Advanced Options]을 클릭한 후 ❸Recolor Artwork 창에서 [Randomly change color order]를 클릭해서 마음에 드는 배색이 나오면 ❹[OK]를 클릭하여 적용합니다.

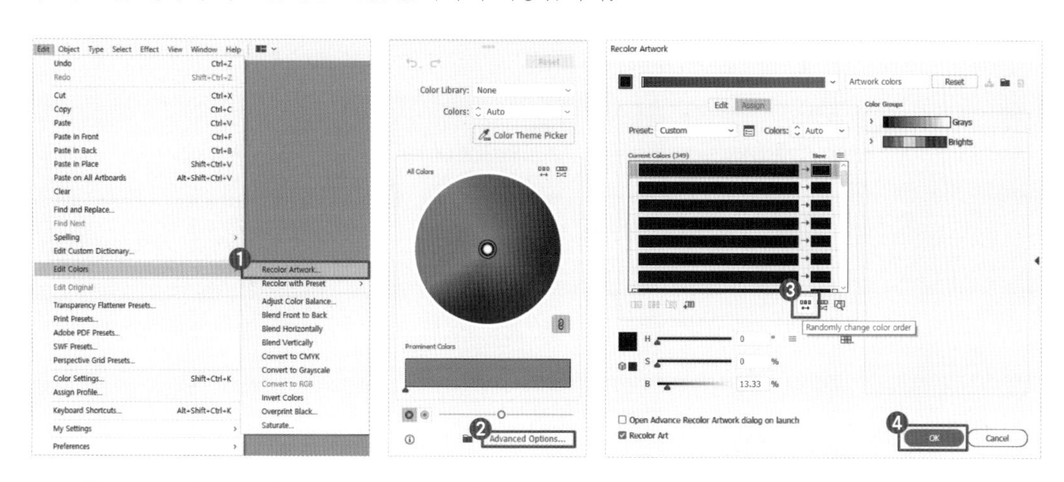

위 과정까지 완성한 결과물은 [BlendPattern.ai] 예제 파일에서 확인할 수 있습니다.

07 **포토샵 합성_** ❶[포토샵]을 실행한 후 Ctrl + O를 눌러 Food.jpg 예제 파일을 엽니다. ❷일러스트레이터에서 완성한 패턴을 포토샵으로 드래그하여 배치합니다.

08 Layers 패널에서 패턴 오브젝트를 선택하고 **Blending Mode: Soft Light**로 설정하여 배경 이미지와 자연스럽게 합성하여 완성합니다.

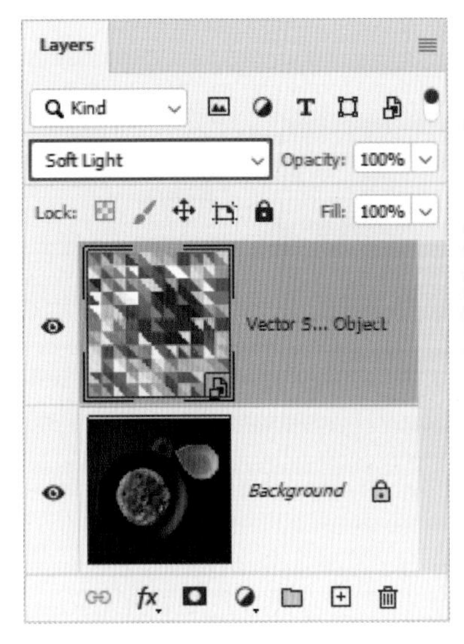

검은색 배경에 일러스트레이터에서 만든 패턴을 배치한 후 [Blending Mode: Multiply]로 설정하면 어두운 패턴 배경으로 활용할 수 있습니다.

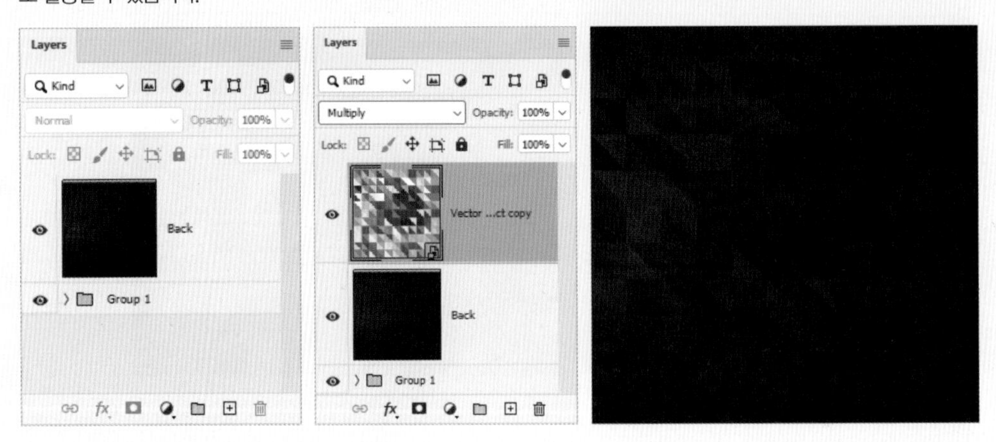

텍스트로 구성된 3D 입체 큐브

일러스트레이터의 3D 기능을 활용하여 텍스트로 구성된 입체 큐브를 완성합니다. 원하는 폰트나 사이즈, 내용을 자유롭게 구성하여 큐브를 만들 수 있습니다.

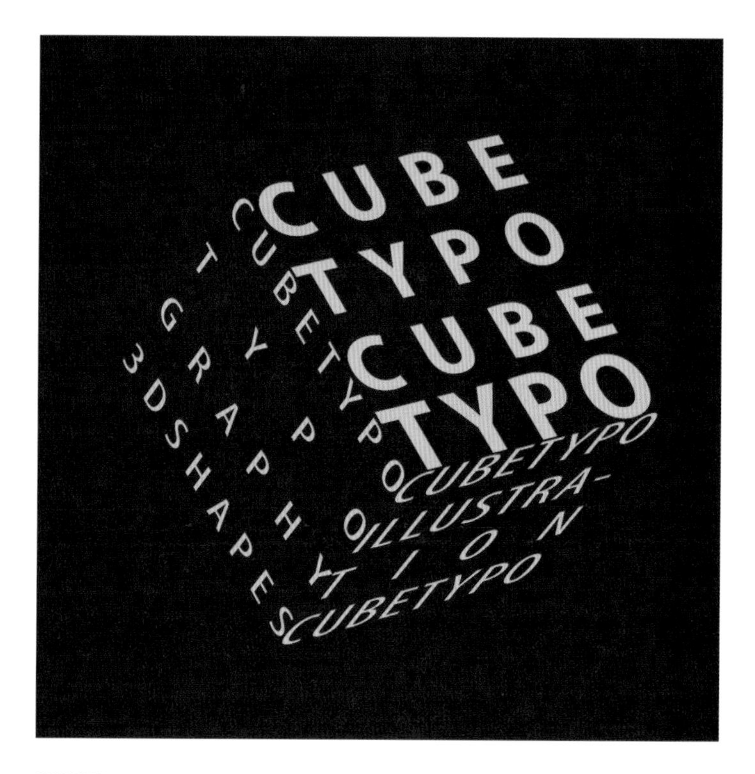

난이도 ★★★☆☆

완 성 Cubetypo.ai

3D

Extrude&Bevel

01 텍스트 입력_ ❶ Ctrl + N 을 눌러 900×900 Points로 새 창을 만들고, ❷툴 바에서 **[문자 도구]**를 선택한 후 **칠: #FFCC00, 선: None**으로 설정합니다. ❸작업 창에서 Shift 를 누른 채 드래그하여 정사각형 형태로 텍스트 박스를 만들고 폰트를 다르게 지정해서 다음과 같이 3종류의 텍스트 박스를 완성합니다.

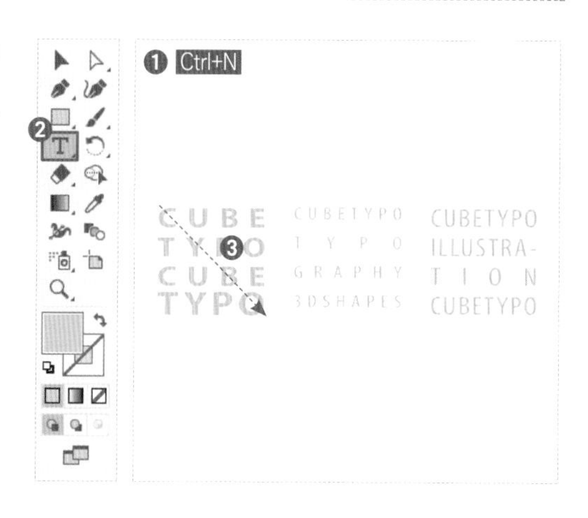

02 심볼 등록_ ❶Symbols 패널(Shift + Ctrl + F11)을 열고 각 텍스트 박스를 Symbols 패널로 드래그합니다. ❷Symbol Options 창이 열리면 그대로 [OK]를 클릭하여 심볼로 등록합니다. 작업 창에서 심볼로 등록한 텍스트 박스는 모두 삭제합니다.

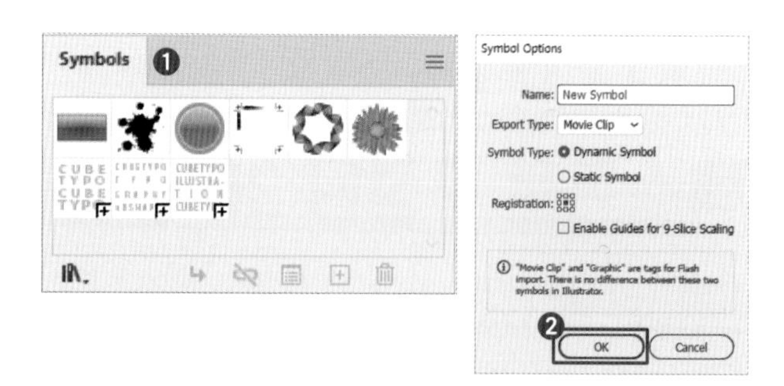

03 큐브 생성_ ❶툴 바에서 **[사각형 도구]**를 선택하고 ❷작업 창에서 Shift 를 누른 채 한 변의 길이가 **200pt** 정도로 드래그해서 임의의 색상으로 채워진 정사각형을 그립니다.

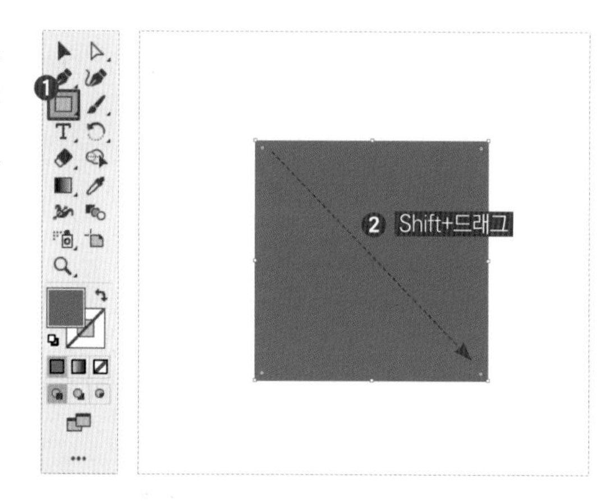

04 ❶메뉴 바에서 **[Effect-3D-Extrude&Bevel]**을 선택합니다. ❷3D 옵션 설정 창이 열리면 다음과 같이 회전 각도를 조절하고, ❸미리 보기 결과를 보면서 **Extrude Depth** 옵션 값을 적당하게 조절합니다. ❹이어서 각 면에 심볼을 적용하기 위해 **[Map Art]**를 클릭합니다.

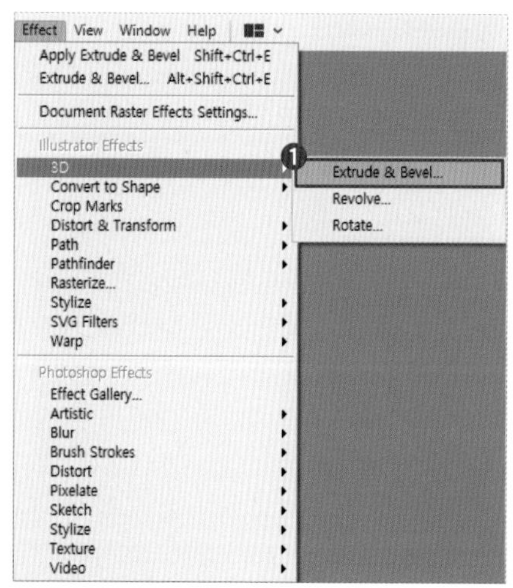

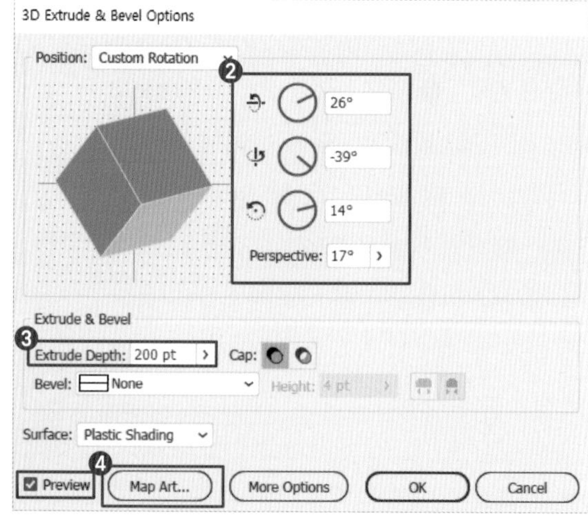

05 **심볼 적용_** Map Art 창이 열리고, 작업 창을 보면 심볼로 채울 면이 빨간색 테두리로 구분됩니다. ❶Map Art 창에서 **Symbol: (첫 번째 텍스트 박스)**로 설정한 후 ❷**[Scale to Fit]**을 클릭하여 면에 맞춥니다.

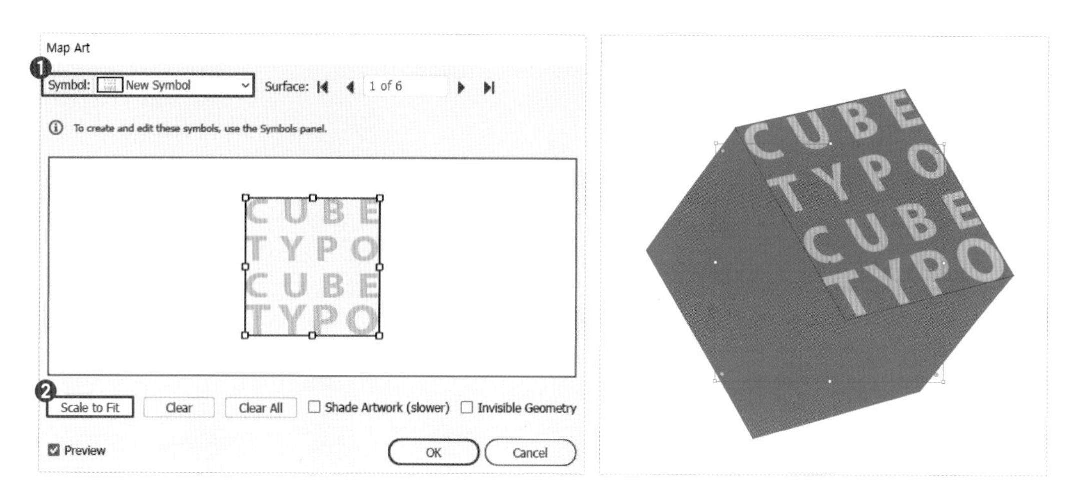

06 ❶Map Art 창 오른쪽 위에 있는 오른쪽 화살표를 클릭하여 패턴 적용 면을 변경합니다(4 of 6). ❷**Symbol: (두 번째 텍스트 박스)**로 설정하고, ❸**[Scale to Fit]**을 클릭하여 면에 맞춥니다.

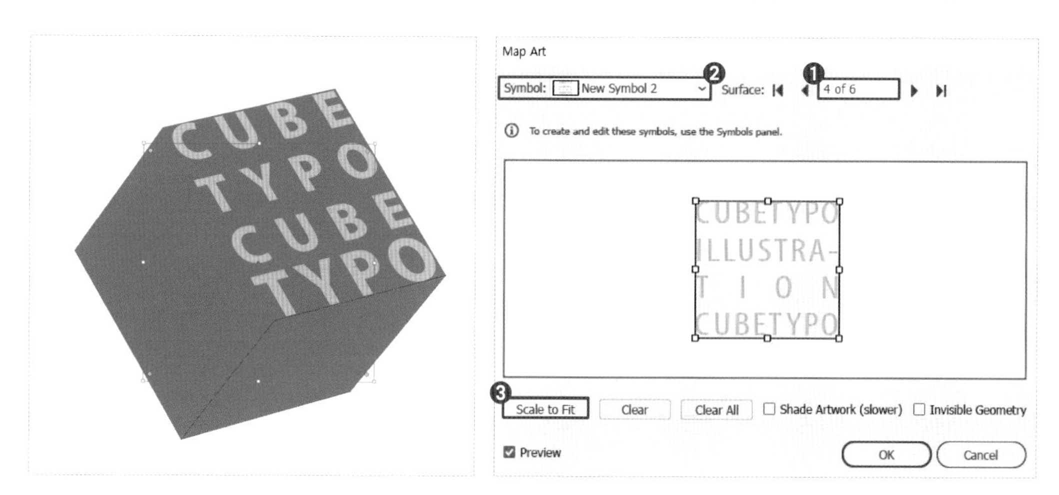

07 Map Art 창의 미리 보기에서 조절점을 드래그하여 다음과 같이 텍스트 박스를 회전시키면 실제 큐브에서는 똑바로 표시됩니다.

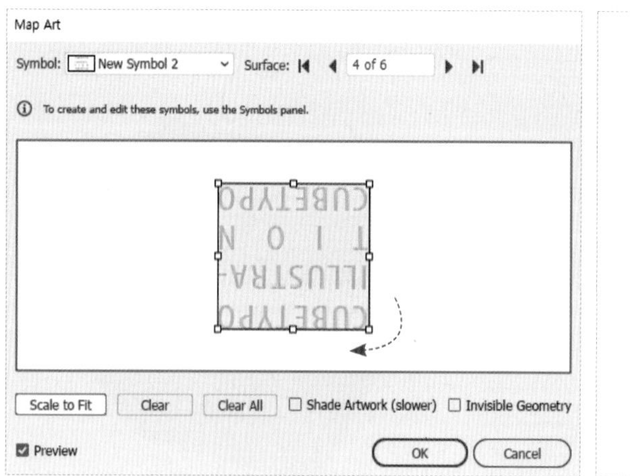

08 ❶Map Art 창에서 패턴 적용 면을 변경하고(5 of 6), ❷**Symbol: (세 번째 텍스트 박스)**로 설정합니다. ❸미리 보기에서 텍스트 박스를 회전시킨 후 ❹**[Scale to Fit]**을 클릭하여 세 면에 텍스트 박스 배치를 마칩니다.

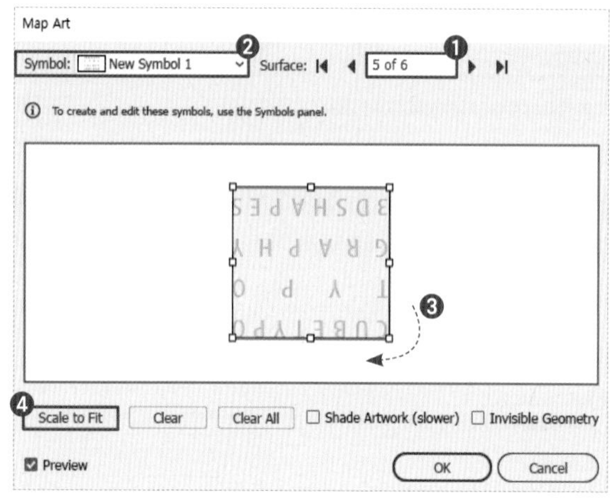

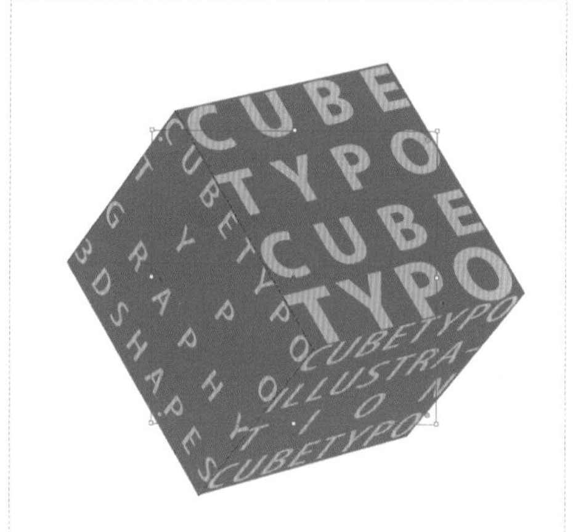

09 디자인 마무리_ ❶Map Art 창에서 **Invisible Geometry: 체크**로 설정하여 면의 배경색을 삭제하고 ❷[OK]를 클릭합니다. 3D 옵션 관련 창에서도 [OK]를 클릭하여 텍스트 큐브를 완성합니다.

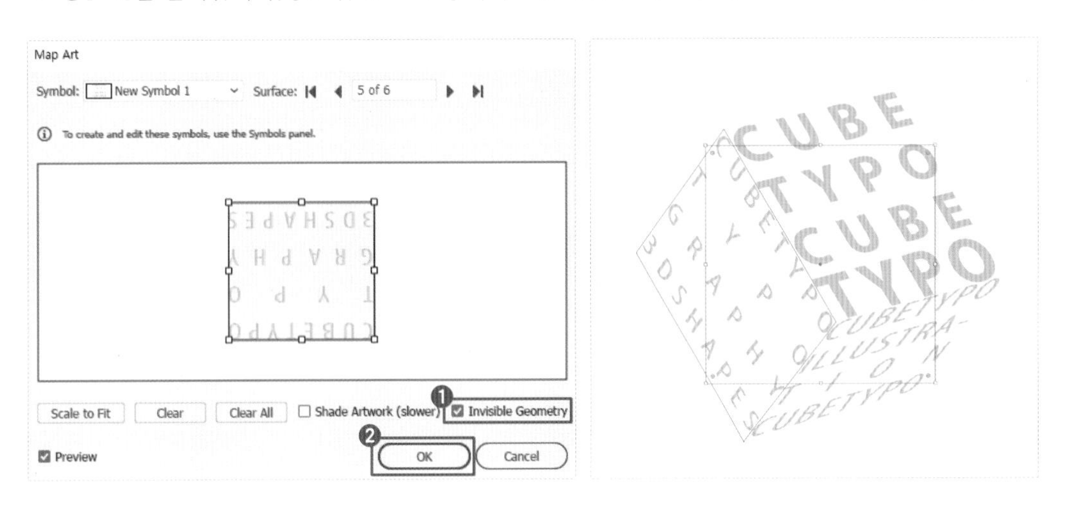

10 작업 창에서 검은색 사각형을 그린 후 Shift + Ctrl + [를 눌러 맨 뒤로 보내서 완성합니다.

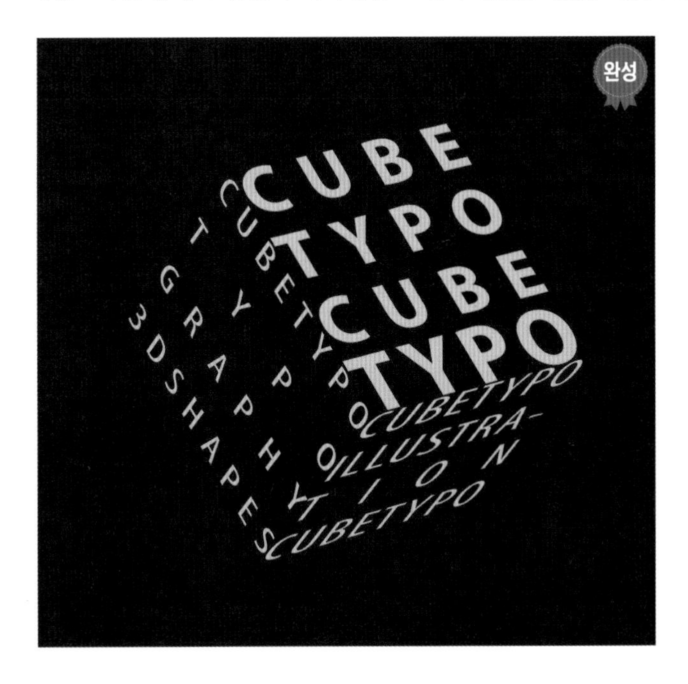

Idea 찾아보기

찾아보기

찾아보기